McCawleyの統語分析

McCawleyの統語分析

The Syntactic Phenomena of English

上野 義雄

［著］

開拓社

まえがき

　英語の統語論を扱った *The Syntactic Phenomena of English*, The University of Chicago Press（初版 1988 年，第 2 版 1998 年）（以下第 2 版を *SPhE*² で示す）は，シカゴ大学教授でアメリカ言語学会会長でもあった故 James D. McCawley（1938-1999）の最後の著書である．（ご本人は生前だれからも Jim と呼ばれることを好んでいたので，このまえがきとあとがきでは Jim と呼ばせていただく.）本書『McCawley の統語分析』は，Jim が *SPhE*² で提示した統語分析について，その内容の一部を解説したものである．*SPhE*² を一言で紹介するならば，「英語のさまざまな統語現象（syntactic phenomena）について，意味に基づいた分析を展開した変形文法の本」と言えるであろう．Jim は，初版のまえがきで自身の枠組みを "a highly revisionist version of transformational grammar" と呼んでいた．

　日本の多くの言語学研究者にとって，Jim の名前は「生成意味論（generative semantics）」の名前とともに（すなわち，30 歳前後の Jim として）記憶されているためか，*SPhE*² で提示された Jim 晩年の統語論を昔の生成意味論と同じだと誤解している人がしばしば見受けられる．確かに，*SPhE*² で提示されている分析はかつての「生成意味論」的な精神に基づいてはいるものの，当時の「生成意味論」とは大いに異なる．Linguistic Wars を経て，Jim がほぼ 30 年間独自に発展させ，独力で磨き上げてきた枠組みである．

　*SPhE*² は包括的な英語統語論の基本図書であり，実際，Huddleston and Pullum（2005）や Aarts（2011）など現代を代表する記述英文法書では生成文法による英語分析の参照文献として挙げられている．また，今日多くの研究者・大学院生にも読まれている．さらに，国内外の英語学関係の学術書や論文でも頻繁に参考文献として挙げられている．しかし，多くの研究者・大学院生に読まれていると言っても，研究テーマを探したり例文を見つけたりするための資料集として利用されている程度にとどまっており，Jim 晩年の統語論がどのようなものであったのかについては，残念ながらほとんど理解されていないのではないだろうかという危惧を筆者は長年抱いてきた．

　Jim が 1999 年 4 月 10 日に 61 歳で亡くなってから早くも四半世紀が過ぎようとしている．*SPhE*² の改訂作業に関係した者として（*SPhE*² の Preface to the Second Edition の末尾を参照），そこで Jim が提示した統語分析がどのようなも

v

のであり，また，その全体像を受け入れた場合にどのような問題点が残り，それは Jim の枠組みでどのように克服されうるのかという，Jim 晩年の統語論の総括のようなものが必要であろうという思いに駆られて，本書を執筆した．以下の章でいろいろと些末な点にも触れるであろうが，Jim がどんな些細な質問や指摘に対しても興味深そうに耳を傾け回答してくれたことを思い出す．本書を，かつての教え子から Jim への（提出期限が大幅に過ぎてしまった）ターム・ペーパーのつもりで執筆した．

　本書は序章とそれに続く 11 章から成る．序章でまず Jim の統語分析での基本的枠組みをまとめてから，それをもとに，第 1 章以降順次主要なトピックを取り挙げて，Jim の統語分析を紹介し，その問題点を論じ，さらにその問題点を克服するために Jim の枠組みに沿った代案としてどのようなものが可能なのかについて考察し，Jim の気持ちに寄り添った筆者なりの提案を行った．第 1 章以降はそれぞれの章が独立して読めるように執筆したつもりである．$SPhE^2$ は，まえがき，目次，参照文献リスト，索引を除いた本文だけでも 781ページもある大著である．もちろん，本書の 11 章だけで紹介しきれるものではない．しかし，Jim の枠組みで特徴的な統語分析はほぼカバーしたつもりである．

　本文中にはできるだけ $SPhE^2$ の関連するページをかぎかっこで明示した．読者の方々には，より正確により深く理解するために，ぜひともその関連箇所をご自身でお読みになることをお薦めしたい．また，本文中では学術書という手前 McCawley と表記したが，お読みになる際には Jim と心の中で読み替えられることをお薦めしたい．さらに，本書と $SPhE^2$ をお読みになりながら，意味に基づいた統語分析から変形による派生という手段を取り去ったらどのようなアプローチが展開できるのかという大変興味深い問題にも思いをめぐらせてみて欲しい．

　これはまったく筆者個人の見解であるが，今後もし主流派生成文法（mainstream generative grammar, MGG）が「派生（derivation）」という概念を保ったまま残っていくものならば，しかも，文法理論の説明対象に統語現象と意味現象が共に含まれるものならば，意味現象を踏まえた統語分析として Jim が $SPhE^2$ で採ったアプローチ，また意味現象の背後に存在する意味・論理構造そのものの分析として Jim が McCawley (1993) で採ったアプローチは，それぞれ文法論（生成文法であれ認知言語学であれ）を志す未来の世代のために残っていくだけの価値があるものと，筆者は信じている．

目 次

まえがき　v

序　章 ……………………………………………………………… 1

第1章　繰り上げ ………………………………………………… 20

　はじめに ………………………………………………………… 20
　1.　McCawley の主語への繰り上げ …………………………… 20
　2.　McCawley の主語への繰り上げの問題点 ………………… 24
　3.　本書での繰り上げ分析 ……………………………………… 26
　4.　目的語への繰り上げ ………………………………………… 31
　5.　Attraction to Tense と繰り上げ …………………………… 35
　6.　McCawley の法助動詞の扱い ……………………………… 37
　7.　tough 構文の扱い …………………………………………… 41
　まとめ …………………………………………………………… 44

第2章　テンス …………………………………………………… 46

　はじめに ………………………………………………………… 46
　1.　McCawley のテンスの扱い方 ……………………………… 46
　2.　McCawley の TR の問題点 ………………………………… 48
　3.　TR と *Have* 削除 …………………………………………… 52
　4.　AT と TH ……………………………………………………… 54
　5.　倒置を伴う疑問文と *Do-support* ………………………… 57
　6.　Not と AT と TH ……………………………………………… 61
　7.　深層構造における多重テンス ……………………………… 67
　8.　*Have* 削除適用の有無 ……………………………………… 70
　9.　主語動詞一致 ………………………………………………… 71
　まとめ …………………………………………………………… 77

vii

viii

第3章　助動詞 ……………………………………………………… 79

はじめに ………………………………………………………………… 79
1. いわゆる「助動詞」とは？ ……………………………………… 82
2. 法助動詞について ………………………………………………… 86
3. 完了 have ………………………………………………………… 88
4. 進行 be …………………………………………………………… 90
5. 受身 be …………………………………………………………… 94
6. 助動詞配列の説明 ………………………………………………… 98
7. 進行 be + having + V-en ……………………………………… 101
8. AT と TH（再論） ……………………………………………… 102
9. テンスと時の表現 ……………………………………………… 104
10. テンスと頻度副詞 ……………………………………………… 106
11. 応用例 …………………………………………………………… 109
まとめ ………………………………………………………………… 113

第4章　否定倒置 ………………………………………………… 115

はじめに ……………………………………………………………… 115
1. 否定倒置 ………………………………………………………… 115
2. Q'L の必要性 …………………………………………………… 117
3. McCawley の否定辞編入 ……………………………………… 119
4. McCawley の *Some* to *Any* ………………………………… 121
5. 改訂版否定倒置 ………………………………………………… 123
6. McCawley の派生制約の問題点 ……………………………… 130
7. 否定倒置と否定辞繰り上げ …………………………………… 132
8. *There* 挿入再考 ……………………………………………… 135
まとめ ………………………………………………………………… 137

第5章　数量詞句繰り下げ ……………………………………… 138

はじめに ……………………………………………………………… 138
1. 数量詞句繰り下げ（再論） …………………………………… 139
2. 繰り下げ ………………………………………………………… 147
3. Q' としての wh ………………………………………………… 148
4. 数量詞遊離 ……………………………………………………… 155
5. *There* 挿入再論 ……………………………………………… 160
6. Q'L と Equi ……………………………………………………… 164

目　次　　　　　　　　ix

7.	*Only* 分離	165
8.	Antecedent Contained Deletion	169
9.	受身過去分詞直前に現れる only	172
	まとめ	174

第6章　補文 ·· 176

	はじめに	176
1.	補文標識の扱い	176
2.	that 節	178
3.	for 節	180
4.	-ing 節	184
5.	主語節と一致	187
6.	前置詞と補文標識	193
7.	コントロール構文	195
8.	隠れ補文	201
	まとめ	203

第7章　関係節 ·· 205

	はじめに	205
1.	McCawley の関係節分析概観	205
2.	McCawley の関係節統語構造	207
3.	McCawley の指示指標	209
4.	制限的定形 wh 関係節	211
5.	that 関係節	214
6.	定形裸関係節	215
7.	関係節縮約	215
8.	疑似関係節	220
9.	非制限的関係節	223
10.	ACD 構文再論	226
11.	V′ 削除による Bach-Peters 文	229
12.	制限的関係節と patch	233
13.	不定詞関係節	236
	まとめ	241

x

第8章　統語範疇 ……………………………………………………… 242

はじめに ……………………………………………………………… 242
1.　統語範疇決定要因 ……………………………………………… 249
2.　個々の統語範疇の検討 ………………………………………… 249
　2.1　NP について ……………………………………………… 252
　2.2　S について ………………………………………………… 252
　2.3　P′ について ……………………………………………… 253
　2.4　Aux について …………………………………………… 255
　2.5　Adv について …………………………………………… 255
　2.6　Det について …………………………………………… 257
　2.7　Pronoun について ……………………………………… 258
3.　tree pruning について ………………………………………… 260
4.　深層構造について ……………………………………………… 266
　まとめ …………………………………………………………… 269

第9章　照応表現 ……………………………………………………… 270

はじめに ……………………………………………………………… 270
1.　McCawley の AD 分類 ………………………………………… 273
2.　McCawley の AD 条件 ………………………………………… 278
3.　McCawley の 2 条件の確認 …………………………………… 292
4.　再帰代名詞と相互代名詞の AD 条件 ………………………… 302
　4.1　再帰代名詞について ……………………………………… 302
　4.2　相互代名詞について ……………………………………… 305
5.　McCawley の深層構造における人称代名詞 ………………… 309
6.　McCawley の AD 分析への補足 ……………………………… 313
　まとめ …………………………………………………………… 316

第10章　名詞化 ……………………………………………………… 318

はじめに ……………………………………………………………… 318
1.　McCawley の 2 つの名詞化変形 ……………………………… 319
2.　McCawley の Det の扱いと Article Replacement …………… 328
3.　McCawley の動作主名詞化と受動者名詞化 ………………… 329
4.　名詞化変形適用への制限 ……………………………………… 331
5.　派生名詞を修飾する形容詞 …………………………………… 334
　まとめ …………………………………………………………… 336

目　次　　　　　　　　xi

第 11 章　不連続構造 ……………………………………………… 338

はじめに …………………………………………………… 338
1.　不連続構造とは ……………………………………… 338
2.　McCawley の樹形図公理とその問題点 ………………… 341
3.　SCR の公理化 ………………………………………… 349
4.　McCawley の RNR 分析について …………………… 350
まとめ ……………………………………………………… 355

あとがき ………………………………………………………… 357

参考文献 ………………………………………………………… 360

索　引 …………………………………………………………… 365

序　章

　この序章では，$SPhE^2$ における McCawley 晩年の統語分析の枠組みを概観する．筆者は以前に McCawley 晩年の統語論の全体像について，ごく簡単ではあるが以下のように紹介した．

> 彼の理論では，深層構造（deep structure）と表層構造（surface structure）についてそれぞれ適格な局所統語構造のリストが定められていた．McCawley 晩年の統語理論（$SPhE^2$, 1999）は生成意味論（generative semantics）の枠組みを保っており，深層構造は order-free の句構造による意味表示であり，深層構造での局所統語構造に関する制約リストである deep structure combinatoric rules を満たすものであった．一方，表層構造は表層構造での局所統語構造に関する制約リストである surface structure combinatoric rules を満たすものであった．この2つの統語構造の間のミスマッチを解消するために，strict cyclic principle に従って一連の循環変形規則（cyclic transformations）がまず適用され，次いで循環後変形規則（postcyclic transformations）が適用された．つまり，それぞれの文の派生は，その意味表示である「深層構造」と表層統語構造である「表層構造」との間のミスマッチを解消するように一連の変形規則が適用されて，surface structure combinatoric rules を満たす表層構造へと収束するというものであった．
>
> （上野（2020: 89）より抜粋）

　上の引用を補足する目的で，以下に McCawley の統語分析の基本方針を列挙し，簡単にコメントを加える．かぎかっこ付きの数字は $SPhE^2$ の該当箇所のページを示す．

・$SPhE^2$ の内容については，その中の初版のまえがき（Preface to the First Edition）に概要が書いてある．そこから4か所を引用する．

What I have written is a book that is useful for the sort of syntax course that I regularly participate in at the University of Chicago: a two-quarter sequence ... which is devoted to detailed analysis of a large number of syntactic phenomena in English and to exposition of the ideas of syntactic theory that are valuable as aids to exploring and understanding syntactic phenomena. [xv]

The syntactic theory that I develop in this book is a highly revisionist version of transformational grammar that probably no one other than myself accepts in all its details and to which I refuse to give any name. It has been my intention in developing this approach to syntax to exploit those ideas of more orthodox transformational grammar that I find of genuine value and to provide worthy alternatives to those parts of "standard" transformational frameworks that I regard as misguided or perverse. [xvi]

I think the value of any theory is in the extent to which it makes phenomena accessible to an investigator: the extent to which it helps him to notice things that he would otherwise have overlooked, raises questions which otherwise would not have occurred to him, and suggests previously unfamiliar places in which to look for answers to those questions. [xvi]

Syntax is a vast area that holds enough puzzles and problems to fill many lifetimes of scholarly activity. [xvii]

・Transformation（以下「変形」）("the transformations of a language are a system of rules specifying how underlying and surface syntactic structure are related in that language" [xvi]）の適用は the principle of strict cyclicity（以下「厳密循環適用原則」）に従う [170]．すなわち，まず最も深い（最下位の）domain（以下「（適用）領域」ないし「サイクル」）で該当する cyclic 変形（以下「循環変形」）をすべて適用し，次にそれを含む直上の領域で該当する循環変形をすべて適用し，順次直上の領域に上がっては該当する循環変形をすべて適用しつつ，最上位の領域に至るまでこれを続ける．strict とは，ひとたび上位の領域で変形を適用したなら，下位の領域にもどって変形を適用することはできないという意味である．つまり，変形はその適用条件を満たす最小の領域で適用しなければならないということである．この厳密循環適用原則は McCawley の統語分析の「背骨」になっていると言える．この点につ

いて [29] で次のように述べている.

> The principle of the cycle will in fact be our most powerful tool for predicting the ways in which transformations interact with one another. … and the more domains there are, the more the cyclic principle implies about the interactions of transformations.

・厳密循環適用原則が最大限に活かせるように [29, 164], すべての構成素を循環変形の適用領域として認める [36, 170] (McCawley (1982b: 6, 126 note 87, 1999:37)). 例えば, 目的語がコントローラーの Equi-NP-Deletion (以下 Equi) や目的語への繰り上げでは, その変形の適用に関わる領域はその変形の governor (その変形の適用を可能にする語彙のこと) [138-141] であるコントロール動詞や繰り上げ動詞が成す句 V′ なので, その V′ がこれらの変形の適用領域となる. この点に関して, [164] で次のように述べている.

> In the following chapters, I will pursue a research program of seeking analyses that exploit the principle of the cycle to predict the interactions of transformations that are posited. The program will be successful if the analyses that it leads to are on other grounds desirable, for example, if the rules can be stated in their pristine forms and the deep structure posited accurately represent the meanings of the sentences.

・厳密循環適用原則のために, lowering (以下「繰り下げ変形」) によって移動した要素は当該の領域の直下の領域にすべて含まれるようになるので, 1 つの領域に複数の循環変形が適用される場合には, 繰り下げ変形が最後に (ただ 1 つだけ) 適用されることになる [170, 581].

・これらの結果, 循環変形相互には固定した順序付け ("a fixed order of application of transformations") が不要になる [29, 178, 242, 264 note 25, 635]. $SPhE^2$ で同一領域に複数の変形が適用される場合には ([161-3] 参照), 筆者が知る限り, (a) 繰り下げは厳密循環適用原則のために最後に適用 [581], (b) feeding order [158] で順序付けが不要 ([161] の "random sequential" の場合), (c) Elsewhere Principle [163] で順序が決まる, という状況になっている. ただし, このことを厳密に実行するためには, 各変形をできるかぎり明示的かつ厳密に定式化しなければならない. しかし McCawley の場合は明示的定式化ということをあまり気にしなかったために, 例えば主語動詞一致 (subject-verb agreement) (以下, 一致) が繰り

上げの前にも後にも適用されるというような状況が起こってしまう [264 note 25]. 同一領域に複数の変形が適用される場合について [163] で次のように述べている.

> For the remainder of this book, I will adopt a fairly agnostic position on how rules applying to the same domain interact. I will argue, in fact, that there are far fewer cases in which rules apply to the same domain than is generally alleged, so that the question of how rules applying to the same domain interact arises much less frequently than is generally thought.

・循環変形の中でも主語変更を伴う変形 ("subject-changing transformations" [85]) を McCawley は重視した. それは次の 5 つの変形のことである：受身変形 [85], There 挿入 [94], 数量詞遊離 (quantifier float) [97], 主語からの外置 (extraposition of subject complement) [103], Tough 移動 (Tough-movement) [107]. これらについて, 次のように述べている [85]. （下線と注は筆者による.）

> These transformations are discussed here [chapter 4 のこと] because of their role in chapter 5 in justifying analyses in which various infinitive and participial expressions are derived from underlying Ss: the infinitive or participial expression can be a V′ such as is derived by one of the subject-changing transformations, and the hypothesized S will be needed in order to provide a domain for that transformation to apply to.

・Deep structure（以下「深層構造」）は, 厳密な意味での意味・論理構造そのものではなく, 意味・論理構造を反映した統語構造である [36, 344, 645, 652]. ("syntactic deep structure" や "deep syntactic structure" [20, 39, 52 note 9] という表現がこの点を明らかに示している.) McCawley のことばによれば "Deep structures are approximate semantic structures." [344, 645] ということである. この点に関して次のように述べている.（下線は筆者による.）

> The deep structures of the analyses developed below will correlate fairly closely with at least one notion of meaning in that they involve constituents that play a semantic role in the sentence but do not necessarily correspond to any constituent of surface structure. [38]

> In the course of this book, I will bring into the discussion of the vari-

序　章　　　　　　　　　　　　　　　5

ous syntactic analyses comments on the extent to which they allow
for a close match between syntactic structure, especially deep syntac-
tic structure, and semantic structure. It will develop that a very close
match can be achieved. [39]

なお，論理構造（logical structure）の詳細については，McCawley (1993) を
参照.

・深層構造は（下の図を参照），Deep Structure Combinatoric Rules（以下
　DCR）という適格性条件を満たさなければならない [174]. この中には，
　深層構造では許されるが表層構造では許されない構造（例えば，$[_s$ NP 0$']$
　や $[_s$ Q$'$ S] など）が含まれるはずであるが，残念ながらこのリストが
　$SPhE^2$ のどこにも存在しない. また，動詞などの語彙の valence specifi-
　cation（= strict subcategorization frame）（例えば，動詞 put は $[_v$ ___ NP
　P$']$ を満たす位置に現れるなど）は深層構造で満たさなければならないので
　[20, 24]（"*put* is required to be accompanied in deep structure by both constitu-
　ents" [23]），このような語彙に伴う指定も DCR に含まれると考えられる.
・深層構造の最も深い領域から上位の領域に向かって順次，cyclic transfor-
　mation（以下「循環変形」）が厳密循環適用原則に従って適用され，shallow
　structure（以下「前表層構造」）に至る [174]（下の図を参照）.
・前表層構造に postcyclic 変形（以下「循環後変形」）[171-2] が適用されて，
　surface structure（以下「表層構造」）に至る [174]（下の図を参照）.
・循環後変形は，すべて姉妹間または叔母・姪間で隣接する 2 つの節点に
　関する変形（つまり local transformation）である [173, 263 note 18].
・表層構造は（下の図を参照），Surface Structure Combinatoric Rules（以下
　SCR）という適格性条件を満たさなければならない [24, 36, 174, 314-5]
　(McCawley (1982b: 7, 192-5))．この点について，次のように述べている.

I will argue in chapter 10 that languages in fact abound in combina-
toric rules that relate directly to surface structure and have nothing to
do with deep structure. [24]

These restrictions will indirectly restrict the possibilities for combin-
ing transformations in a derivation, since the application or nonappli-
cation of an "optional" transformation will sometimes make the dif-
ference between conformity to and violation of a restriction on
surface structure, that is, restrictions on surface structures make par-
ticular instances of an optional transformation in effect obligatory or

in effect inapplicable. [36]

McCawley は，さらに Emonds の "structure preserving" を表層構造に
かかる制約（つまり SCR が存在すること）として解釈した [331-2]．（この点
について，第 8 章第 1 節，梶田（1974: 388-90）を参照．）[315] には SCR のリ
ストがあるが，これは完全なリストではなく，McCawley が言うように
"a selection of" SCRs に過ぎない．すべての表層構造を認めるためには
いろいろと追加しなければならない．

【補足】 このリストの中で注意すべきは [$_{NP}$ S]（正確には [$_{NP}$ Comp′]）である．
think, believe, know などの目的語 that 節は表層構造において NP 節点に支配
されていると McCawley は分析した（例えば [94, 327, 552]）．しかし，これには
いろいろと問題がある．例えば，動詞や形容詞がその補部に P′ を取る場合，そ
の前置詞の目的語に [$_{NP}$ Comp′] が現れた時には循環後変形で前置詞が削除され
るという分析（[122, 172]）を McCawley は採用した．もしそうならば，[121
(18), 122(21)] の例 I'm ashamed [that I neglected you] では形容詞 ashamed
が表層構造で NP（詳しくは [$_{NP}$ Comp′]）を補部に取っていることになってしま
う．（SCR [$_{NP}$ Comp′] に関する問題点については第 8 章 2.3 を参照．）ひとつの解決
法は表層構造における [$_{NP}$ Comp′] の NP 節点はもし機能していないならば表層
構造に至る前に tree-pruning（以下，刈り込み）で削除されると分析することであ
る．実際 McCawley の場合も，for, to 節の [$_{NP}$ Comp′] の場合には，Comp′ の
主語が Equi や繰り上げで失われると刈り込みにより，S 節点とその母の Comp′
節点，さらにはその母の NP 節点までも刈り込みにより自動的に削除されて，
表層構造には V′ だけが現れるという分析になっていた [134]．

・McCawley は，表層構造に不連続構造（discontinuous structure）を認め
た．すなわち，構成素構造（支配関係）を保ったままで先行関係だけを変
える移動（RNR の場合の fusion を含む）を積極的に認めた [47, 94, 284, 308
note 11, 327, 377 note 2, 481 note 5, 481 note 5, 482 note 14, 535]．通常の移
動では支配関係と先行関係を両方とも変更するが，不連続構造を作り出す
移動では先行関係だけを変更する．私見だが，この点で移動に伴うコスト
が不連続構造の方が低いという見方が可能である．であるとするならば，
不連続構造を示す移動の方が通常の移動よりも起こりやすいとも考えられ
る．生成文法以前の 1940 年代から 50 年代のアメリカ構造言語学では，
不連続構造は広く用いられていた [47]．詳しくは第 11 章を参照．
・派生の各段階（循環後変形適用後も含めて）で刈り込みが適用されて，機能
していない（"nonfuctional"）節点は削除される [53 note 21, 155 note 8,

204]．詳しくは第 8 章第 3 節を参照．
- Well-formed な深層構造（つまり DCR を満たす深層構造）であっても，well-formed な表層構造（つまり SCR を満たす表層構造）に至らない派生（つまり派生が途中で "crash" する場合）も起こり得る [649]．
- 以上概略を述べた McCawley 晩年の統語論の枠組みは次のようになる（[56, 174], McCawley (1999: 39)）．

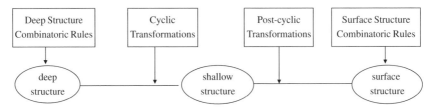

- この枠組みに基づいた文の派生（derivation）について，McCawley は以下のように述べている．

> The analyses developed here describe only indirectly the constraints on what the various words of English can be combined with in surface structure. Restrictions on the ways in which verbs, prepositions, interrogative expressions, and so forth can combine in surface structure are not stated directly but are consequences of rules that really specify what are **possible derivations**. [23]

> In the conception of a grammar assumed in this book, neither deep structure nor surface structure, nor any other linguistic level, has any "priority" in relation to other levels. A grammar specifies what derivations a language allows, by means of rules of which some (the "combinatoric" rules) specify what structures are allowed on particular levels, and others (the "transformations") specify how the stages in a derivation may or must differ from one another. In speaking, or in understanding speech, one mentally constructs a derivation, assembling structures on all levels simultaneously, in such a way that (if all is successful) the structures and the relations among them conform to the rules of one's mental grammar. [177-8]

この記述から，McCawley にとっての文構造とは，その文の深層構造から表層構造にいたる一連の樹形図全体（つまり派生全体）のことであると，理解できる．

8

- McCawley は *SPhE*^{2} の Chapter Three Some Tests for Deep and Surface Constituent Structure [55-86] において，さまざまなレベルの統語構造を調べるためにどのような手段が使えるかを整理している．深層構造を調べる手段には，人称代名詞などの固有代名詞（essential pronouns）の先行詞，ambient it や idiom chunks などの funny NP の分布，存在の there の分布，quantifier のスコープ，（最初に適用される）変形の入力などがある．表層構造を調べる手段には，ゼロ V′（V′ 削除）などの派生 AD（derived anaphoric devices）の先行詞や循環後変形の出力などがある．さらに，前表層構造を調べる手段には，循環変形の出力，分裂文と疑似分裂文（焦点の位置に現れるものは構成素を成す），等位構造（等位項になるものは構成素を成す：見た目だけの等位構造と区別するために both, either, neither を使う）とそれに関する現象（Conjunction Reduction, Right Node Raising, Stripping, Gapping），焦点（focus）を伴う要素の出現位置（例えば，only はその焦点を含む構成素の先頭に現れる，too はその焦点を含む構成素の末尾に現れる）などがある．

- wh 句は，wh 移動（これも循環変形）の引き金である [$_{Comp}$ Q] に引き寄せられて，（Q′L 適用後の）元の位置から一気に [$_{Comp}$ Q] まで移動して，[$_{Comp}$ Q] と入れ替わる．つまり，wh 移動は attraction to Q という解釈である．よって，"successive cyclic"（つまり，Comp-to-Comp ないし SpecCP-to-SpecCP）という分析は採用しない [480 note 3, 498, 518 note 4, 531]（Mc-Cawley (1982b: 5)）．

- wh 句は他の quantified NP とスコープ関係を持つので [659]，深層構造では S の外側に位置する「数量詞句（quantifier phrase, Q′）」として（つまり [$_S$ Q′ S] の Q′ として）分析する [654]．したがって，繰り下げの循環変形である「数量詞句繰り下げ（Q′ Lowering）」（以下 Q′L）により S 内の対応する束縛変数の位置に一度降りて，そこから必要に応じて他の語句を伴って（pied-piping），Q′ の外側にある [$_{Comp}$ Q] まで一気に wh 移動することになる．Q′L 適用の後に wh 移動という順序は，もちろん，厳密循環適用原則による．したがって，wh 疑問文の深層構造の概形は次のようになる．

[Comp′ [Comp Q] [S [Q′x wh-] [S ... x ...]]]

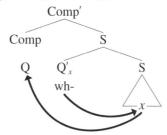

- McCawley の統語範疇（syntactic category）は，プロトタイプ論に基づき，fuzzy category として捉え，意味的（semantic），内統語的（internal syntactic），外統語的（external syntactic）（deep と shallow の 2 種類）という主に 3 つの要因から決まる [192; 1993: 561 note 14] (McCawley (1982b: 5, 184-5))．したがって，派生の途中で構成素を取り巻く要因が変われば，その統語範疇も変わることになる [202]．（詳しくは第 8 章を参照．）
- 統語範疇と関連して，McCawley はかなり制限された X-bar syntax を使った [13-4]．すなわち，すべての統語範疇に関して，word-level は範疇記号のままで表し（例えば，N, A, V, P, Adv, Comp, 0），それぞれが（必要ならば補部を伴って）phrase-level になったものには（N′, A′, V′, P′, Adv′, Comp′, 0′ のように）プライム記号を 1 つ付けた．修飾語（統語的には adjunct）が付いた場合は，修飾語は被修飾語の統語的性質（特にその external syntax）を変えないので，その全体の統語範疇は元の被修飾語の統語範疇のままである．すなわち，N′, A′, V′, P′, Adv′, Comp′, 0′ に修飾語が付いても，N′, A′, V′, P′, Adv′, Comp′, 0′ のままである．したがって，McCawley にとっての最大投射は single-bar と言うことになる．ただし，S と NP は X-bar syntax の範囲には入らない [190-1]．特に，NP は N の投射ではなく bar-level とは無関係で，意味的に項（深層構造で logical category としての argument に対応するもので，代名詞や [Det N′] を含む）であることを表す fuzzy category である [191-2]．したがって，例えば，主語や目的語の that 節や to 不定詞句などは NP として扱われる．また，項の位置（argument position）を占める existential there や idiom chunk なども NP として扱われる．
- 統語範疇と関連して，McCawley は何を修飾するかに応じて副詞類（P′ などを含む adverbials）の機能を 3 種類に分けた．S を修飾する副詞類は Ad-S，V′ を修飾する副詞類は Ad-V′，V を修飾する副詞類は Ad-V で

ある [197, 664]．よって，S に Ad-S が付加したものの統語範疇は S のまま，V′ に Ad-V′ が付加したものの統語範疇は V′ のまま，V に Ad-V が付加したものの統語範疇は V のままということになる．また，Ad-S to Ad-V′（これも循環変形）という Ad-S をその直下の Ad-V′ の位置に下すという繰り下げ変形を多用した [58, 239, 254, 667]．

・McCawley が $SPhE^2$ で用いた統語構造はそのほとんどが二又枝分かれ（binary branching）である．三又枝分かれ（ternary branching）が現れるのは，動詞が補部を 2 つ取る場合（give などの [$_v$ V NP NP]，put などの [$_v$ V NP P′]，talk などの [$_v$ V P′ P′] など）と二又枝分かれの V′ が変形により三又枝分かれの V′ になる場合（There 挿入と目的語への繰り上げ）に限られる．

・60 年代末の生成意味論時代の McCawley が用いた深層構造での「語彙分解（lexical decomposition）」とそれに伴う「述語繰り上げ（predicate raising）」については（McCawley (1968b)），$SPhE^2$ ではごく限られた範囲でだけ使われている [438, 685]．またこれに伴い，規則性の高い語形成（特に「名詞化（nominalization）」）は深層構造から表層構造に至る派生で扱っている [410]．例えば，名詞化変形で動詞から行為名詞を派生する際に，名詞化接辞に対応する意味要素 ACTION などを深層構造で用いた．名詞化の詳細については第 10 章を参照．

・派生を用いる統語論では，McCawley のような（「生成意味論」的に）意味・論理構造（に近い統語構造）から表層構造を派生するアプローチと，主流派生成文法のように表層構造（ないしは派生のある段階まで組み立てられた表層構造）から Logical Form と呼ばれる（意味構造に近い）表示を派生するアプローチとの 2 種類が存在している．主流派生成文法では移動に伴う痕跡（trace）を想定しているので，LF の派生に当って reconstruction という手法が用いられる．[652-5] に主流派生成文法が reconstruction で説明した現象を，Q′L と wh 移動の組み合わせを使って彼のアプローチでどのように説明できるかという例が挙がっている．Q′L については第 5 章を参照．

【補足】　この結果，主流派生成文法では，表層構造から派生された LF は，Mc-Cawley 流の（「生成意味論」的な）意味表示を反映した深層構造と意味の表現力の点で同等であるかのように信じられている（上野 (1997) 参照）．しかし，VP を使った Bach-Peters sentence の場合には（例えば，The boy who had wanted to Ø finally got the prize that his parents mistakenly thought that he hadn't Ø.），意

味・論理構造を反映した McCawley の深層構造から VP 削除で派生できるが [376 exercise 17, 380 note 25]，一方，この種の Bach-Peters sentence の表層構造から reconstruction によって意味表示に近い LF を派生することは不可能であると考えられる（上野 (1997)）．この点に限れば，McCawley の統語論の方が主流派生成文法よりも説明力が高いことになる．この VP を使った Bach-Peters sentence は，2 つのアプローチ（すなわち，意味表示に近い深層構造から表層統語構造を派生するアプローチと表層統語構造から意味表示に近い LF を派生するアプローチ）が説明力の点で異なることを示す例として注目すべき現象である．なお，McCawley が提案したこの文の派生については第 7 章第 11 節を参照．また，AMG での説明は Ueno (2015: 221) を参照．

・「痕跡 (trace)」については，第 1 版の McCawley (1988) では採用する必要性を全く認めていなかった．しかし第 2 版では，分析に使わなかったものの，[184 note 7, 691 note 12] などに痕跡の考え方に興味を抱いていたことがうかがえる（$SPhE^2$ の index で trace の項を参照）．

【補足】　実際，1991 年 12 月にシカゴ大学言語学科内で配布された "Notes towards a 2nd edition of *The Syntactic Phenomena of English*" という資料の 1 ページ目には以下の記述がある．（以下の引用内のページ数は第 1 版のページ数である．）

Three considerations that could be used to argue for adopting some version of 'traces' within my general approach:

(i)　(p. 293) As Yoshio Ueno has pointed out to me, while the framework developed in SPhE correctly accounts for the unacceptability of examples like (8a'''), in which Raising-to-Object has applied in an A', it does not account for the unacceptability of variants of (8a''') in which the offending NP or P' is moved out of the A' by a transformation:

*Who/*Of whom were you certain to be the culprit?

*No one is easy for us to be certain to be the culprit.

However, if movement Ts leave traces, the traces can be taken as creating a surface instance of the *[$_{A'}$ A NP S] configuration, which the surface combinatorics disallows.

(ii) 302–3. With cliticization treated as I have it here, it would have to be in the cycle in order for it to interact with cyclic Ts as it does in (17–18), but it is also local; it would thus require that I give up the attractive generalization that Ts are postcyclic if and only if local. But if movement Ts leave traces and the traces are enough to inhibit Cliticization, Cliticization could be taken to be postcyclic and the generalization about local Ts upheld.

(iii) 312–13. The unacceptability of examples like (12, 14), in which the 'internal S′ is not followed by any overt material, could be assimilated to a fairly pristine internal S Constraint if the moved material left traces and the traces counted as making the S non-final in its constituent.

・60年代の McCawley の統語論で特筆すべき点は，句構造規則（phrase structure rules）を「書き換え規則（rewriting rules）」として解釈する Chomsky (1957, 1965) らの立場に対して，「節点許容条件（node admissibility conditions）」(McCawley (1973/76: 39, 1982b:156 note 19, 1993: 18)) （つまり well-formed な句構造であるための constraint ないし template）として解釈するという立場を提案したことである．これは，1965年7月の Richard Stanley からの私信に基づいて McCawley (1968a) (McCawley (1973/76) に再録) で提案された．70年代末に開発された非変形生成文法である GPSG（とその後継 HPSG）や LFG は（また今日の主流派生成文法でも）この考え方を土台にしている．構文別の「変形」に生涯こだわり続けた McCawley の若い時分の提案が非変形生成文法のみならず主流派生成文法の礎となったという事実は，きわめて興味深い．なお，McCawley (1968a) は彼が30歳前に書いた論文で，Geoffrey Pullum (私信) によれば，「生成意味論」時代の McCawley をもっともよく代表する論文で，音韻論から統語論に転向したばかりの若者が書いたとは信じられないとのことであった．

【補足】 一般に，A → B を書き換え規則（rewriting rule）として解釈するとは，「A という記号を B という記号列に書き換える」ということである．自動詞文 The boy walked. を例にして，書き換え規則と文の「派生（derivation）」を説明してみる．この文の派生には次の書き換え規則を使う．

S → NP VP
VP → V
NP → Det N
Det → the
N → boy
V → walked

この自動詞文は，上の6つの書き換え規則を適用して，下の左側のように派生

される．（下線部はどの記号を次の行で書き換え規則を使って置き換えたかを示す．）

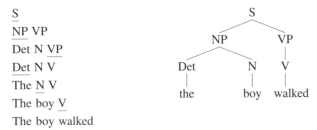

```
S
NP VP
Det N VP
Det N V
The N V
The boy V
The boy walked
```

上の左側の派生（derivation）から，一般的な規約に従って，右側の句構造標識（P-marker）が得られる．ただし，同じ句構造標識が異なる多くの派生から得られることになる点に注意．

　McCawley の「節点許容条件」は，このような書き換え規則による派生を介さないで，句構造規則から直接に句構造標識の well-formedness を判定するというものであった．例えば，句構造規則 S → NP VP は，節点 S が節点 NP と節点 VP を直接支配して，節点 NP が節点 VP に先行するという内容の制約（constraint）または型（template）を表していると解釈する．問題の句構造標識に含まれる S がこの制約を満たしていれば，この S 節点は admissible であると判定する．句構造標識は，そこに含まれるすべての節点が何らかの句構造規則により admissible と判定されるときに admissible（つまり well-formed）と定義する．McCawley の提案はおおよそこのようなものであった（McCawley（1973/76: 35-40, 1993: 18, 63），梶田（1974: 235-236, 239-241），研究社『新英語学辞典』pp. 906-7, Partee et al.（1993: 448）を参照．McCawley の方式では，句構造標識決定に伴って，書き換え規則による派生という中間段階が不要になる．梶田（1974: 241）は，「現在のところ，書き換え規則としての解釈より節点許容条件としての解釈の方が妥当であると考えられる．」と述べている．

　context-sensitive な句構造規則を含む場合には，書き換え規則による解釈と節点許容条件による解釈とでは明らかに差が出る．例えば，Dogs sleep. という自動詞文の句構造標識を次の句構造規則から説明してみる．

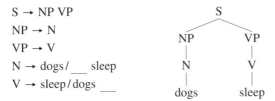

```
S → NP VP
NP → N
VP → V
N → dogs/___ sleep
V → sleep/dogs ___
```

節点許容条件としてこれらの句構造規則を解釈すると，上に掲げた句構造標識は

well-formed と判定できる.(つまりすべての節点は admissible である.)しかし,書き換え規則として解釈すると,S から NV までは書き換え規則で派生できるが,Dogs sleep という語列は(書き換え規則の文脈指定のために)派生できない.したがって,上に掲げた句構造標識は得られない.

・この点と関連して,「書き換え規則(rewriting rule)」(例えば V → sings)の名残で,通常の樹形図では語彙が現れる位置(いわゆる terminal node)とその統語範疇のラベルが現れる位置(いわゆる preterminal node)との間には両者を結ぶ枝(branch)が存在する.「書き換え規則」としての句構造規則を破棄した McCawley にとっては,樹形図でその枝は一貫して存在しない.(本書もその方式に従っている.)彼にとって,枝の存在は "consist of" の解釈で,例えば,[$_S$ NP V′] の樹形図には 2 本の枝があるが,それは "S consists of NP and V′" という解釈が成り立つからである.同様に自動詞文の V′ である [$_{V'}$ V] も "V′ consists of V" という解釈である.一方,[$_V$ sings] などでは,"V is sings." または "sings is a V." という解釈であって,"V consists of sings." の解釈ではない.すなわち,McCawley は語彙とその統語範疇とは単一節点を成すという立場を採った [50-1 note 6] (McCawley (1982b: 184)).

・生成文法における文の派生は,あたかも文の製造過程として "sentence factory" [23-4, 25, 53 note 15, 177] (McCawley (1982b: 7)) によく例えられるが(つまり "the metaphor of rules / transformations as operations"),McCawley はこの捉え方にはさまざまな問題があり危険であると警鐘を鳴らしていた [18, 23-4, 51 note 6, 53 note 15, 177-8] (McCawley (1982b: 7, 126 note 87, 184)).

・言語習得(language acquisition)については,*SPhE*^{2} では [10 note 5] 以外はほとんど語っていない.(索引で acquisition of language を参照.)これについては McCawley (1983) を参照.ただ,言語習得に関する記述が [8-9] にある.(下線は筆者による.)

I find it plausible to suppose that there are neural structures specific to the acquisition, retention, and use of linguistic knowledge, though I find it extremely implausible to suppose (as many linguists appear to) that neural structures specific to language are responsible for the whole of language acquisition or the whole of language processing; rather, there is surely a division of labor between neural structures that are specific to language and structures not dedicated to linguistic knowledge (e.g., your general-purpose learning faculties don't turn themselves off while you are acquiring your native language).

For example, the popular idea that grammars must be nonredundant is quite implausible when viewed from the perspective of a scenario for language acquisition in which children extend the coverage of their internalized grammars by making minimal alterations in them. Under such a conception of language acquisition, a child might learn several highly specific rules before hitting on an insight that enabled it to learn a general rule that rendered them superfluous; but learning the general rule would not cause the child to purge the now-redundant special rules from its mental grammar.

・また，言語処理（language processing）については，「主語」や「目的語」などの文法関係（grammatical relations）に基づいた言語処理を考えていた [9, 180-2]．また，次のように述べている．[53 note 15] から引用．

… whether one accepts the metaphor of a grammar as a sentence factory is independent of whether one identifies a grammar with a procedure that is employed in actual language use for constructing sentences. Transformational grammarians have commonly taken grammars to have a form that corresponds to the factory metaphor but have maintained that sentences are produced in some fashion other than sheer replication of the assembly line …. It is generally recognized, e.g., that the sequence of steps in a transformational derivation could not possibly correspond to the temporal sequence of corresponding mental events, since, e.g., one normally starts uttering a sentence before one has fully decided what one is going to say, and thus construction of a whole deep structure cannot yet have been completed when construction of the surface structure begins.

　以上の点から分かるように，McCawley 晩年の統語論はいわゆる「生成意味論」の基本的精神（すなわち，意味表示から表層統語構造を派生するという方針や，繰り下げ変形を用いる，深層構造を規定する DCR と表層構造を規定する SCR を設定するなど）を維持しつつも，それを独自に発展させ磨き上げたものであった．したがって，$SPhE^2$ や McCawley 1999 に描かれた統語論は 60 年代末から 70 年代初頭にかけての「生成意味論」時代の彼の理論（McCawley (1973/1976) など）とは相当に異なる．多くの生成文法関係者にとっては，McCawley の名前

は「生成意味論」の名前とともに（すなわち，30歳前後のMcCawleyとして）記憶されているようで，そのためか，$SPhE^2$やMcCawley (1999) で提示されたMcCawley晩年の統語論が昔の「生成意味論」と同じだと勘違いしている人がしばしば見受けられる.

ちなみに，これはまったくの私見だが，McCawleyの言語学上の主要業績は，60年代末から70年代初頭にかけて「生成意味論」をLakoff, Postal, Rossと推進したことよりも，次の3点であろう.

(a) Chomsky and Halle (1968) の古典的生成音韻論を日本語分析に初めて適用したこと (McCawley (1965) *The Accentual System of Modern Standard Japanese*. Doctoral dissertation, MIT; McCawley (1968) *The Phonological Component of a Grammar of Japanese*. Mouton.)

(b) 2冊の大著 (McCawley (1993) と $SPhE^2$) をこの世に残したこと

(c) 句構造規則を「書き換え規則」として解釈することを破棄して，「節点許容条件」として解釈することを提案したこと

(a) の点に関連して，McCawley (1988/1998) の書名の省略形が $SPhE$ であり，Chomsky and Halle (1968) の書名 *The Sound Pattern of English* の省略形が SPE であることは，筆者には偶然の一致とは思えない. また，(b) の点に関連して，両書ともに彼が若い時分に意味を重視した「生成意味論」を推進しLinguistic Wars という嵐をくぐり抜けた経験が十分に生かされている内容であり，McCawleyでなければ書けなかった書物である. McCawley (1993) は彼の Linguistic Logic 1&2 の授業の教科書で，$SPhE^2$（と初版のMcCawley (1988)）は彼の Syntax 1&2 の授業の教科書であった.（c) の点については，主流派生成文法においても句構造規則を使う場合には節点許容条件として解釈することが普通になっていると思われる.

【補足】(b) の2冊の大著について，Lawler (2003) から引用する.

> McCawley's logic book (1993) and syntax book (1998), both in second edition, will probably be his most enduring contributions to the literature of linguistics. They are both reasonable and readable, and together they constitute a constructive proof that generative grammar can be used to describe language. They are designed for the future, both as textbooks and reference books, a hard combination to bring off.

この序章を閉じるにあたって，McCawleyに関するコメントを思いつくままにいくつか追加する.

序章　　　　　　　　　　　　　　　　　　17

- McCawley によれば，「変形」について深く考えたいのならば，Geoffrey Pullum の博士論文（1976）*Rule Interaction and the Organization of a Grammar* と Edwin Williams の博士論文（1974）*Rule Ordering in Syntax* が必読とのことであった [163, 170, 173].
- 筆者が syntax の分野で major exam を受けるために reading list を組んで彼に承認を求めたときに（1991 年），（GPSG と LFG 関連の主要文献に加えて Chomsky の著書については *Syntactic Structures* から *Barriers* まですべてリストに入っていたが）*The Logical Structure of Linguistic Theory* の序論の部分は必読だから，reading list に追加するようにとの指示を受けた.
- McCawley はさまざまな文法理論に興味を持っていて，筆者が在学（1990-1994）中に授業で直接習ったものは，Otto Jespersen の文法，Montague grammar, categorial grammar, relational grammar である．また，在学中（1990 年）に generalized phrase structure grammar（GPSG）をぜひ学ぶようにとのアドバイスを受けた.
- McCawley から受けた多くのアドバイス中でもっとも心に残っているものは，「いくつかの統語理論を学んで，それぞれの長所と短所を注意深く見よ.」というものと，「ひとたびアプローチを決めたら，そのアプローチを厳密かつ徹底的に使って，できる限り多くの現象を分析してみよ.」というものであった（Ueno（2014）の Preface 参照）．1992 年に筆者が major exam を受けた際に，McCawley から出された問題の 1 つは，「3 つの統語理論を取り上げて，それぞれの理論で等位構造がどのように扱われ，また，等位構造制約がどのように説明されているかを論ぜよ.」というものであった.
- McCawley はかなり早い時期から認知言語学に理解と共感を示していた．例えば，degree of category membership を考慮した prototype として統語範疇の扱いが McCawley（1982b: 177, 197-198）（初出 1977）に描かれている．また，Lakoff（1987）*Women, Fire, and Dangerous Things* と Langacker（1987）*Foundations of Cognitive Grammar* Vol. I の謝辞にも McCawley の名前が挙がっている.
- McCawley は polyglot としても有名であった．筆者の在学中（1990-1994）に McCawley が開講した統語論の授業は，筆者が記憶する限りでは，毎年の英語統語論のほかに，日本語統語論，スペイン語統語論，中国語統語論，ハンガリー語統語論，ヒンディー語統語論であった．これらの言語での統語分析は，彼自身の統語分析法の各言語への応用であった．これらの言語の McCawley のレベルは，必要な例文を自分で作ることができて，

その作った例文をネイティブスピーカーに提示してさまざまなコンテクストを指定しつつ適格性判断を求め，その過程でその例文に手を加えることができるほどであった．McCawley には，自分自身の言語直感が働く例文だけを論拠に使うという姿勢が見て取れた．（他人の適格性判断をそのまま鵜呑みにすることの危険性を常に用心していたと，筆者は理解している．）近年，特に主流派生成文法の論文・著書では，著者自身がまったく言語直感を持っていない言語（それどころか著者自身はまったく知らない言語）の例文について，他の研究者の適格性判断だけを論拠にして自分の主張を展開するという傾向が著しいと，筆者は個人的に感じている．類型論ならまだしも，統語論の場合には非常に危うい行為だと思う．（例えば，すでに触れたように Lakoff（1968）以来 VP 削除による BP 文は作れないと言われてきたが，よくよく調べてみると実は可能であることが判明したなど，良く調べられている英語ですらこのようなことが起こる．また，下で触れるように，一見非文と思える語列が実は適切なコンテクストに埋め込むと適格になる場合がある．）

・McCawley の syntax の授業では，何語を扱った場合でも，参加しているネイティブスピーカーに授業中に使う例文の acceptability judgment を "perfect", "pretty good", "pretty bad", "horrible" の 4 段階の尺度で必ず求めた．語句を変えたり，語順を変えたり，特定の場面・コンテクストに埋めこんだりして，judgment がどのように変わるのかを観察していた [xiii note 1]．（発話の場面・コンテクストは McCawley が重視した点で，[4] に "Without, if you don't mind." と "Bush imagines poached." の例が挙がっている．）$SPhE^2$ で使われている例文の多くは，何十年にも渡って毎年の英語統語論の授業で McCawley が繰り返し acceptability judgment を取ったものなので，その信頼性はきわめて高いと言える．

・McCawley は日ごろの読書や会話，テレビ番組からさまざまな統語的にめずらしい生の用例（主に英語，ほかに，スペイン語，ドイツ語，日本語など）を集めて，年に一度そのデータを現象別に分類・整理して，*A Linguistic Flea Circus* というタイトルでそのコピーを学生・研究者に配布していた．また，食通としても知られていた McCawley は，彼自身が書いたシカゴ市内のレストランガイドを毎年改訂して学生・同僚に配っていた．

・McCawley がデータ集めに熱心だったのは，そのデータを自分のアプローチで説明するためだった．限られた一定の範囲のデータ（文法のコアの部分）を説明するだけならば，どんな理論でもそれなりに説明できるが，説明すべきデータの範囲を広げていったときに，初めて理論の限界が見え，また，理論間の優劣も見えてくる．McCawley はそのような思いからさま

ざまなデータを採取していたのではないだろうか（McCawley (1979: viii)
を参照）.

・「生成意味論」時代の McCawley の論文の中で，筆者が在学中（1990–1994）
に彼から読むようにと勧められたものは，McCawley (1968a) と Mc-
Cawley (1973) だけであった．この事実なども，*SPhE*[2] に生成意味論関
係の論文がほとんど引用されていない点とともに，「生成意味論」時代か
ら亡くなるまでのほぼ 30 年間に McCawley の考えが大きく変わったこ
とを物語っている（McCawley (1982b: 6-8, 1993: xii) を参照）.

・McCawley が 1999 年 4 月に亡くなったとき，彼の論文集 *Against Virtue
in Syntax and Semantics* が The University of Chicago Press から出版直
前で書店での予約受付がすでに始まっていたが，出版中止となった．ま
た，McCawley が数年おきに開講していた授業 The Philosophy of Sci-
ence の内容を元にした本 *A Linguist's Guide to the Philosophy of Sci-
ence* の草稿がほぼ完成に近い形で教え子たちの間に伝わっている．彼は
これも出版しようと予定していたものと思われる（Lawler (2003) 参照）.

・YouTube に McCawley が元気なころの短いビデオが 1 本 "James Mc-
Cawley's interview about Hangul" というタイトルで上がっている.

・また，"History of Linguistics at the University of Chicago" というタイ
トルのビデオも YouTube に上がっている．これは 1 時間 50 分を超える
CLS での討論会の模様で，McCawley の同僚であった Jerry Sadock と
John Goldsmith，彼の教え子であった Donka F. Farkas と Anthony C.
Woodbury の 4 人がかつてのシカゴ大学言語学科と CLS の様子，特に生
前の McCawley の様子について語り合っている.

・2024 年 1 月 4-7 日にニューヨーク市で開催されたアメリカ言語学会
(Linguistic Society of America) 年次総会では，創設 100 周年を記念し
て Centennial Fanfare が演奏された．このファンファーレは，この日の
ために McCawley が生前に作曲したものであった．この曲はネット上で
聞くことができる.

第1章　繰り上げ

はじめに

　この第1章では McCawley の raising（以下「繰り上げ」），すなわち主語への繰り上げ（raising to subject）と目的語への繰り上げ（raising to object）の扱いを検討する．特に，主語への繰り上げは，テンス・助動詞の扱い方やスコープの問題などに直接に関わるので，McCawley の統語論の中で重要な位置を占めている．

　第1節から第3節では主に主語への繰り上げ，第4節では目的語への繰り上げ，第5節と第6節ではテンスと助動詞の基本的な扱い方，第7節では tough 構文を検討する．以下でかぎかっこ付きの数字は $SphE^2$ の該当ページを表す．

1.　McCawley の主語への繰り上げ

　McCawley の主語への繰り上げ [77, 129, 131] は，意味的に1項述語である動詞・形容詞 seem, appear, likely などの他に，Pres や Past などのテンス，さらに，may や have などのいわゆる「助動詞」（McCawley の統語範疇は単なる「動詞」）にも適用される．まず (1) を例として，McCawley の派生を示してみる．

　(1)　The money appears to be in his Swiss account. [131]

(2) McCawley の深層構造

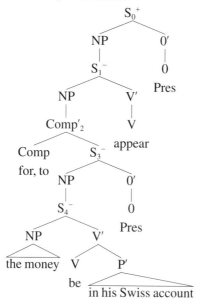

【深層構造へのコメント】
・動詞 be は存在を表す動詞なので深層構造に存在する．
・動詞 appear はその補文に命題（proposition）を取り，命題はテンスを有する [125]．ここでは現在時制（Pres）と分析してある．実際，The money appears to be in his Swiss account now というように補文に副詞 now を加えることはできるが，yesterday を加えることはできない．
・S 節点に付いている符号は，＋が finite（定形節），－が nonfinite（非定形節）を表す．Finite が有標扱いで，nonfinite が無標扱いである [224, 262 note 14]．
・テンス Pres と動詞 appear は意味的に 1 項述語として扱ってある．なお，テンス Pres はどの統語範疇にも属さないので，McCawley はその統語範疇を 0 と表記している [223]．テンスの内側にある主語がその外の主語位置に繰り上がるという点で，「生成意味論」でのテンスの扱い（例えば McCawley (1973/76: 137, 259)）は実質的に VP-internal subject hypothesis を先取りしていると筆者は考えている．
・McCawley は表層構造に現れる to 不定詞句に対して，その深層構造に [$_{\text{Comp}}$ for, to] を主要部とする Comp′ を設定した．この to は Comple-

mentizer placement（以下「補文標識配置」）という循環変形により，直下の V' に付加すると分析した [125].

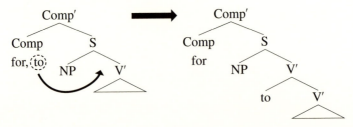

この深層構造に，それぞれの変形が厳密循環適用原則にしたがって，以下のように適用される．

- S_4 では，適用される変形なし．
- S_3 では，S_3 が nonfinite なので，Tense Replacement（以下 TR）[222] により Pres が消去される．
- $Comp'_2$ では補文標識配置がかかり，to は [$_{V'}$ be in his Swiss account] に付加 (adjunction) する．
- S_1 では，McCawley 流主語への繰り上げが以下のように適用される．

(3)

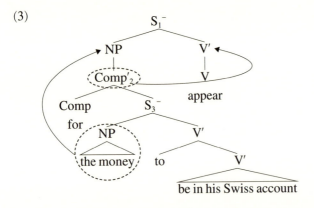

すなわち，補文内の主語 [$_{NP}$ the money] が appear の主語 NP に移動，それに合わせて，残りの [$_{Comp'}$ for to be in his Swiss account] が appear の補部位置に移動し，以下の構造に至る．

(4)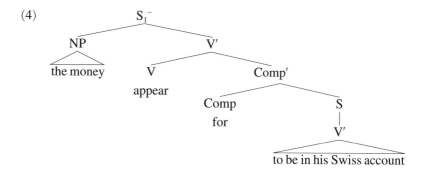

- S_0 では，再び主語への繰り上げがかかり，[$_{NP}$ the money] が Pres の主語 NP に移動，残りの S_1 は Pres の補部位置に移動し ((5) では S_1 は刈り込みにより削除されている)，以下の前表層構造に至る．一致がこの段階でかかり，Pres は一致素性 [3SG] を帯びる．なお S_0 では，appear が (助動詞ではなく) 本動詞なので Attraction to Tense (以下 AT) は適用されることなく，直接に主語への繰り上げが適用される．

(5)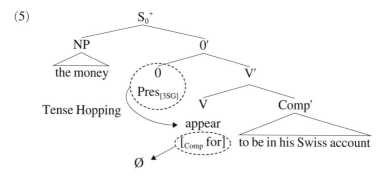

- 最後に，循環後変形の Tense Hopping (以下 TH) [172] と to の直前にある for を削除する規則 *for* Deletion [172]，さらに刈り込みによって (6) の表層構造に至る [131]．

(6)
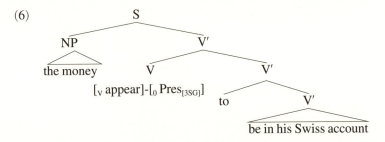

- (5) の構造で，TH により [₀ Pres] がその姪である隣接する動詞 appear に付くのだが，屈折接辞相当の [₀ Pres_{[3SG]}] が V に付けば，全体としてその統語範疇はもちろん V であり，(6) のように [ᵥ [ᵥ *appear*]-[₀ Pres_{[3SG]}]] という複合体を成す．

2. McCawley の主語への繰り上げの問題点

この節では，前節で素描した McCawley の主語への繰り上げについて，その問題点（正確には，筆者にとって問題と思われる点）を指摘する．

- 補文標識として表層構造に決して現れることのない for が深層構造で設定されている．これは，目的語への繰り上げの believe などの McCawley の分析でも同様である．ただし，Belfast English では実際に for to の連続が表層構造で許されるので [156 note 19]，McCawley の分析を維持した上で，この方言では循環後変形の for 削除を欠いていると分析することになる．
- *SPhE*² における主語への繰り上げは，(3) に示したように，(A) 主語 NP 内の S の主語が主文の主語位置へ移動することと，(B) 残りの補文全体 Comp' が繰り上げ動詞（すなわち，繰り上げの governor [141]）の補部位置へ移動することという 2 つの操作から成る [131]．(A) の操作は，主語 NP がそこに含まれる補文の主語 NP によって置き換えられるという操作（関係文法における ascension [155 note 9]）だが，移動として見ると，埋め込まれた主語 NP がそれを支配する NP へ移動するという垂直上方への移動（つまり，移動先が移動元を支配する移動）であり，McCawley の枠組みの中でもこの主語への繰り上げにだけ見られる特殊な移動である．ほかの移動はすべて（目的語への繰り上げ [133] を含め）上位への移動であれ下位への移動（Q'L や Ad-S to Ad-V' など）であれ c- 統御する 2 節点間の現象である．(B) の操作は，要するに governor の補部位置への外置 (extraposition)

であり，it appears / is likely that S などの場合にも必要になる．
・上述の（A）の操作（すなわち，主語 NP 内の S の主語が主節主語位置へ移動するという操作）では，McCawley の場合 for-to 補文の主語を移動することになり，Fixed Subject Condition [528, 544 note 2] に抵触する．このため，Fixed Subject Condition は wh 移動のような非有界移動にだけ関わる条件であるという制限を付けるか，または，深層構造で補文標識 for を想定しない分析に変更するか，どちらかが必要になる．
・finite 節 S^+ は補文標識 that を取るのと対照的に，to の成す nonfinite 節 S^- は補文標識 for を取る．McCawley の [$_{Comp}$ for, to] を補文標識とする分析は，この対称性をあまりはっきりとは捉えていない．この対称性は (7a, b) のような分析ではっきりと捉えられる．

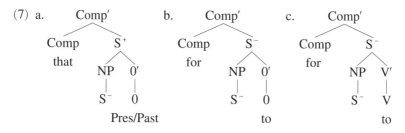

もし，(7b) の深層構造を採用すれば，第一に，この対称性が捉えられる．第二に，補文標識配置という変形が不要になる．ただし，to はテンスと同様に，繰り上げ述語として扱うことになる．(McCawley は Poss -ing や Acc -ing も Comp として扱ったので，この場合の -ing をどう扱うかは別途議論を要する．) 第三に，all などの Quantifier Float は，all などを含む数量詞句を S の外の quantifier phrase（数量詞句）Q′ として扱い（つまり [$_S$ Q′ S] という深層構造），循環変形 Quantifier phrase lowering（数量詞句繰り下げ）（以下 Q′L）で表層構造の位置に降ろすという分析になっていた．この場合，McCawley の分析（つまり for to を Comp として扱い，補文標識配置を使う分析）では，The boys appear to all behave themselves の語順は得られるが，The boys appear all to behave themselves の語順は得られないという弊害があったが，(7b) の分析では，[$_S$ Q′ [$_S$ S to]] と [$_S$ [$_S$ Q′ S] to] と両方の深層構造を許すので，この問題を避けることができる．

本書では，さらに一歩踏み込んで，(7c) の分析を採用したい．この分析では to は動詞扱いになっている．意味的には to は法助動詞に似ていて modal な意味を担うと考えられる．例えば，John is to arrive here tomorrow などに

おける be to は to の modal な意味が現れたものであろう．また，統語的にも to は法助動詞に似ていて，その補部に原形動詞を主要部とする V' を取る．また，助動詞が複数並ぶ場合には法助動詞はその先頭に来るが（例えば may have been being examined），to もまたその先頭に来る（例えば to have been being examined）．to は助動詞と同様に V' 削除で残すことができて，また助動詞と同様にその補部 V' を前置できる．したがって，統語構造上 to は法助動詞と同じ位置を占めていると考えられる．さらに，形態的には，法助動詞は形態的欠如性を示して，原形，現在分詞形，過去分詞形を欠いているが，to も同様に形態的欠如性を示し，現在分詞形，過去分詞形，さらに定形（現在形と過去形）までも欠くという究極的な形態的欠如性を示す．to が唯一の語形で，これは原形に相当すると言える．この to の法動詞分析の利点は，（on を主要部とする P' を P'$_{on}$，that を主要部とする Comp' を Comp'$_{that}$ と表すように）表層構造に現れる to 不定詞句をその主要部が [$_v$ to] である句 V'$_{to}$ として表すことができる点である．この分析では（7c）に示したように，表層構造に現れる to 不定詞句の構造は [$_{v'}$ [$_v$ to] V'] となり，to は V' を補部に取り V' を成す動詞ということになる．（この to の分析は，Ueno (2014: 20) で提案した．）また，[$_v$ to] の成す節 [NP V'$_{to}$] を S$_{to}$ と表記する．ただし，法助動詞を含む動詞との違いは，to はそれ自体原形として完成した語形であり，定形を欠くので，テンスと結びつくことがない点である．したがって，循環変形 Attraction to tense や循環後変形 Tense hopping の適用を受けない．

3. 本書での繰り上げ分析

以上の問題点（と筆者には思えるもの）を解消するために，本書では，Mc-Cawley の基本路線に沿いつつも，次のような繰り上げ分析を提案する．

第一に，主語への繰り上げと目的語への繰り上げの補文では，その深層構造に [$_{Comp}$ for] は存在しないと分析する．これにより，Fixed Subject Condition の問題が避けられる．また，McCawley は補文の意味タイプをその補文標識をもとに分類して，原則として that 補文は命題（proposition）を表し，for 補文は "situation type" ないし "situation class" を表すとした [126, 199]．しかし seem / appear などの to 不定詞補文は命題を表すと考えられるので，深層構造に [$_{Comp}$ for] を設定しないことで，この意味タイプの問題を避けることができる．

第二に，to を究極的な形態欠如性を示す（つまり原形だけの）法動詞として扱い，意味的に 1 項述語であり，統語的にテンスや助動詞と同様に繰り上げ述語と

して扱う．すなわち，(7c) の深層構造を採用する．これにより，補文標識配置変形が不要になる．

第三に，McCawley の主語への繰り上げ（と目的語への繰り上げ）を，主語位置の補文 S の繰り上げ述語の補部位置への外置 (extraposition) E と，その外置された補文 S 内の主語の繰り上げ R とに分解する．この繰り上げ R では，補文内の主語 NP が外置により空き家になった NP へと移動する．これにより，McCawley の繰り上げは E と R という 2 つの変形のこの順序での連続適用（以下 E+R で示す）になる．E → R という順序は feeding order である点に注意．これにより，It appears that S や tough 構文との共通性も捉えられる．

この提案に基づけば，(1) の深層構造は (8) のようになる．

(8) 深層構造（改訂版）

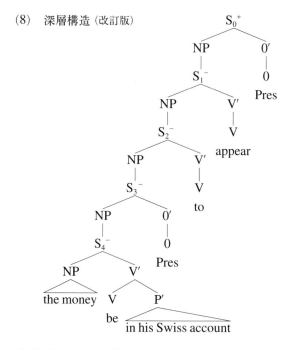

- S_3 を領域として，E+R が適用されて $[_{S3}\ [_{NP}\ \text{the money}]\ [_{0'}\ \text{Pres}\ [_{V'}\ \text{be in his Swiss account}]]]$ という構造に至る．しかし，S_3 は非定形（S^-）なので Tense Replacement（以下 TR）[222] により nonfinite の Pres が削除されて，$[_{S3}\ [_{NP}\ \text{the money}]\ [_{V'}\ \text{be in his Swiss account}]]$ という構造に至る．
- S_2 を領域として，E+R が適用される．すなわち，まず $[_{S}\ [_{NP}\ \text{the money}]\ [_{V'}\ \text{be in his Swiss account}]]$ が $[_{V}\ \text{to}]$ の補部位置に外置され (E)（(9) 参

照），次いで R により [NP the money] がその外置された S 内の主語位置から，空き家になった to の主語位置へと移動する．

(9) （S₃ の外置後）

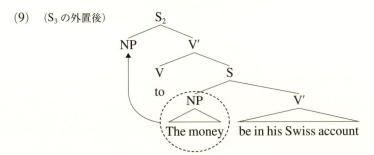

[NP the money] が繰り上げられた後，それを支配していた S 節点は刈り込みにより消去され，S₂ の述部は [V' [V to] [V' be in his Swiss account]] という構造になる．

・S₁ を領域として，E+R が適用される．すなわち，まず appear の補部位置に S₂ が外置され (E)，ついで，R により [NP the money] が空き家になった appear の主語位置へと移動する．

(10)

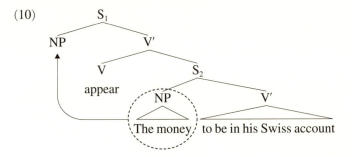

・S₀ を領域として E+R が適用される．すなわち，Pres の補部位置への外置と繰り上げが適用される．この結果，前節で掲げた前表層構造 (5) に至る．（ただし，この提案では for は存在していない．）この段階で一致がかかる．

・最後に，循環後変形 TH が適用されて，前節で掲げた表層構造 (6) に至る．

以上の分析の要点を確認すると，

① 主語への繰り上げの深層構造には補文標識 for は存在しない．

② to を形態的欠如性を示す法動詞として扱う．
③ McCawley 流の主語への繰り上げを，繰り上げ述語である governor の補部位置への外置 (E) と，その外置された S の主語 NP が外置によって空き家になった主語位置へ繰り上がる (R) という 2 つの変形に分けた．この E と R の連続適用を E+R で表記した．ただし，E も R も共通の governor で同一領域で適用され，しかも E → R の順序は feeding order である．
④ R に先立つ補部位置への外置 E は，it appears/is likely that S や tough 構文とも共通する．

次に，It appears that S と It may be that S の派生を考えてみる．

(11) It appears that S の派生（該当箇所のみ）

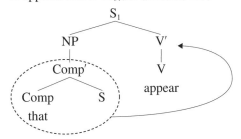

(11) において外置された Comp′ の主語からの繰り上げ移動は Fixed Subject Condition により不可能である（いわゆる *that*-trace effect）．代わりに，外置により空き家になった主語の NP 位置をダミー代名詞 it で埋めることで，It appears that S の構文が派生される．

　この分析は，It must/may/might/could be that S などの構文にも当てはまる．例えば，It may be that S の場合には，深層構造が (12) のようになっているので，[_Comp′ that S] の外置は直ちには適用できない．もし適用した場合には，may の補部が Comp′_that になってしまい，may が原形を主要部とする V′ を補部として取るという語彙的性質が満たせないからである．そこで，(13) のようにダミー動詞 be の原形をまず挿入してからその補部位置へ外置する．

(12) It may be that S の派生（直ちに外置した場合）

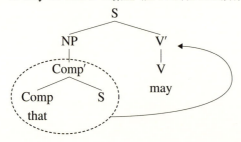

(13) It may be that S の派生（be 挿入後の段階）

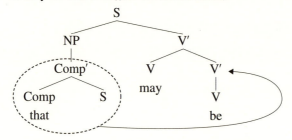

この be 挿入では，単に [$_V$ be] が挿入されるだけではなく，[$_{V'}$ [$_V$ may] [$_{V'}$ [$_V$ be]] というように，挿入された [$_V$ be] がそれ自身 V' を構成するように挿入されている．これは，派生は一般的に SCR を満たす方向に進むので，SCR の 1 つとして指定されている [$_{V'}$ V V'] の構造を満たすように be 挿入が行われるからである．外置により空き家になった主語の NP 位置はダミー代名詞 it で埋めることになる．

　ここまで，McCawley の主語への繰り上げを繰り上げ述語（= governor）の補部位置への外置 E と繰り上げ R とに分解し，E+R の連続適用として分析するという提案について説明した．

　McCawley は主語への繰り上げを受ける統語範疇を NP に限定していたわけではない．[$_{NP}$ [$_S$ X V']] という構造の X の位置（主語の位置）にあるものはその統語範疇の種類を問わず主語への繰り上げを受けることがあると考えていた．McCawley (1982b: 179) に次の 2 つの例が挙げられている．

　　a. [Under the bed] seems to be a good place to hide the money.
　　　 Cf. [Under the bed] is a good place to hide the money.
　　b. [Carefully] seems to be the best way to handle that plutonium.
　　　 Cf. [Carefully] is the best way to handle that plutonium.

【補足】 (11) では，空き家になった主語 NP の位置をダミー代名詞 it で埋めた．では，なぜ (10) でも同様に it の挿入ができないのかという疑問が残る．表層構造を規定する SCR では，$[_{V'}$ V Comp$'_{\text{that}}]$ は広く認められているが，$[_{V'}$ V S$_{\text{to}}]$ は want などごく限られた動詞にしか認められていない．つまり，表層構造で S$_{\text{to}}$ が許される環境が非常に限られている（第 7 章 (41) 参照）．特に，seem や appear はそのような動詞には該当しない．したがって，(10) において R を適用しないで，空き家の主語 NP を it で埋めてしまうと，appear が表層構造で補部に S$_{\text{to}}$ を取ることになってしまう．（動詞 appear や seem が表層構造で満たすべき SCR は，$[_{V'}$ V (P$'_{\text{to}}$) Comp$'_{\text{that}}]$ または $[_{V'}$ V (P$'_{\text{to}}$) V$'_{\text{to}}]$ である．）

4. 目的語への繰り上げ

この節では，前節で提案した主語への繰り上げ分析 E + R がそのまま Mc-Cawley の目的語への繰り上げにも適用できることを確認する．なお，目的語への繰り上げの表層構造が MGG における ECM 分析のような二又 VP（すなわち $[_{V'}$ $[_{V}$ believe] S] など）ではなく，三又 VP 構造（すなわち $[_{V'}$ $[_{V}$ believe] NP V$'_{\text{to}}]$）であることについては，[133–40], Ueno (2014: 160–182) や上野 (2017: 153–164, 2020: 152–160) を参照．(14) を例に目的語への繰り上げを説明する．

(14) The police believe George to be the culprit. [133]

McCawley の目的語への繰り上げ [133–4] は，例えば governor である動詞 believe が深層構造でその目的語 NP のもとに Comp$'_{\text{for}}$ を取り，この for 節内の主語が believe の新たに設けられた目的語 NP の位置に移動するという分析であった．この変形の適用領域は believe の成す V$'$ であり，表層構造での V$'$ は $[_{V'}$ $[_{V}$ believe] NP $[_{V'}$ to V$'$]] という三又 V$'$ 構造になる．

一方，本書での E + R による主語への繰り上げをこの場合にそのまま適用すると，次のような派生になる．

(15) 改訂版深層構造（該当箇所のみ）

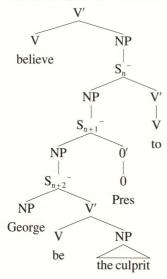

【深層構造へのコメント】
・believe は，意味的に「信念を抱く人物」である experiencer と「その信念の内容」である命題としての theme を取る 2 項述語である．
・believe の補文は命題を表すのでテンスを有する [84 note 14, 125]．
・identity を表す be 動詞 (equative be) は深層構造に存在する．

この深層構造をもとに，派生が以下のように進む．

・S_{n+1} を領域として E＋R が適用され，[$_S$ [$_{NP}$ George] [$_{O'}$ Pres [$_{V'}$ be the culprit]]] という構造に至る．しかし，この S は非定形なので TR により [$_O$ Pres] が削除されて，[$_S$ [$_{NP}$ George] [$_{V'}$ be the culprit]] という構造に至る．（ここでは，繰り上げ後に TR を適用した．一方，(2) と (8) では E＋R 適用前に TR を適用した．どちらの順序が良いのかは後ほど議論する．第 2 章 (9) を参照．）
・S_n を領域として，E＋R が適用されて（つまり，to の補部位置に S_{n+1} が外置され，さらにその外置された節の主語 NP が繰り上げにより空き家になった to の主語位置に繰り上がることで），[$_S$ [$_{NP}$ George] [$_{V'}$ to [$_{V'}$ be the culprit]]] という構造に至る．
・V′ を領域として E＋R を適用する．すなわち，S_n を (16) に示したように，governor である believe の補部位置に外置し，次いで R によりその外置された S の主語 NP を空き家になった目的語 NP の位置に移動する

((17) 参照).

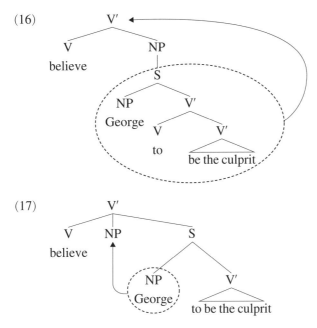

この説明から分かるように，McCawley の目的語への繰り上もgovernorの補部位置への外置 E と繰り上げ R（ただし，空き家になった目的語 NP 位置への繰り上げ）から成る（つまり E+R）と分析できる．

また，受身変形（passivization）は believe が成す S を領域として適用することになるので，自動的に目的語への繰り上げを受けた V′ に受身変形が適用されることになり，George is believed to be the culprit by the police という受身文が派生される．

さらに，この E+R による分析では，Helen made there out to be seven gorillas in the clearing などの例（Ueno (2014: 179) 参照）もまったく同様に説明できる．[$_{V'}$ make [$_{NP}$ S] out] に外置 E が適用されて，[$_{V'}$ make [$_{NP}$ ___] out S]] となり，この外置された S の主語 NP が空き家になった目的語 NP へ繰り上げ R で移動することになる．

目的語への繰り上げについては，McCawley の分析にせよ，本書の分析 E+R にせよ，次のような keep や prevent による目的語への繰り上げの場合が問題として残る．

(18) a.　The mayor kept there from being a riot.　[135]

b. Mary prevented John's leg from being pulled.

McCawleyの暫定的分析[136]では前置詞fromは深層構造には存在せず派生途中で挿入されるというものであった．しかし，このfromはkeep, prevent, stopなど「ある事態の発生を妨げる」という意味の動詞に伴って現れ，妨げるべき事態をsourceとして示しsaveやprohibit, barなどの動詞にも現れる．もしfromがこのような意味を担っていると考えるなら，深層構造においてfromが存在していなければならない．しかし，そう仮定する（すなわち，preventは深層構造でその補部にfromの成すP'を取ると分析する）とこれまでのE＋Rの分析が不可能になってしまう．そこで，本書でもMcCawleyの分析に従ってfromは派生途中で挿入されると分析することにする．

(19) 深層構造（該当箇所のみ）

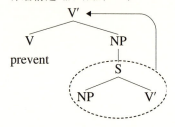

preventが主要部であるV'を領域として，まず補文Sがpreventの補部位置に外置され（E），そのSの主語NPが空き家になった目的語NPに繰り上げRにより移動し，次の構造に至る．

(20) E＋R適用後（S節点は刈り込みで削除）　　[P from]挿入後

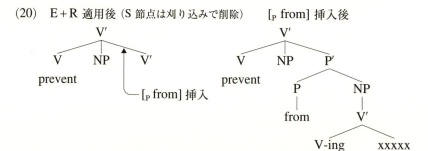

動詞preventの成すV'を領域として，E＋R適用後に，前置詞fromが補部V'の前に挿入される．この前置詞挿入に伴い，前置詞が補部V'に-ing形を要求するという語彙的性質により，V'の主要部動詞は-ing形になる．また，前置詞挿入はSCR [P' P NP]を満たすように行われるので，(20)右側のV'

構造に至る.

【補足】 目的語への繰り上げは, 主流派生成文法の ECM という名称の E (exceptional) が示すように, かなり珍しい現象であることが知られている. 目的語への繰り上げを E + R に分解した本書の立場から見ると, この珍しさは, 動詞の目的語の節 S_{to} をその補部位置に外置 (E) することが珍しい上に, さらに, 動詞の補部位置に外置された節 S_{to} の主語をその動詞の目的語位置に繰り上げる (R) ともまた珍しいという, 二重の珍しさに由来するということになる.

【補足】 これまで論じてきたように, 繰り上げ (主語への繰り上げと目的語への繰り上げ) に伴う節 S_{to} の外置 (E) は, 繰り上げ述語 (主語への繰り上げの場合の seem / appear や likely などと目的語への繰り上げの場合の believe など) の補部位置へ外置されることになっていた. (その理由の 1 つは, 補部位置の節の NP の方が付加位置の節の NP よりも抜き出しがしやすいからであろう.) この点で, it 挿入を伴う通常の主語節や目的語節の外置 (extraposition of subject / object complement) とは異なる. 後者の場合は, McCawley の分析では V や A の補部位置へ移動するのではなく, V′ や A′ に付加する移動 (つまり [v V′ Comp′]) であった [106 (12c), 111 ex.5, 183 ex.3]. つまり, 同じ「外置」と呼ぶ現象でも, S_{to} の外置 (E) は補部位置への移動で, その直後に R を伴う. 一方, 単独の外置は Comp′ に対して適用されて, 付加位置への移動である.

5. Attraction to Tense と繰り上げ

Finite 節 (S^+) に関しての McCawley のテンスの扱い方は, いわゆる「本動詞」にテンスが付く場合は循環後変形の Tense Hopping (TH) が担当し, 一方, いわゆる「助動詞」にテンスが付く場合は循環変形の Attraction to Tense (AT) が担当した [234]. なお, McCawley にとっては, 「本動詞」も「助動詞」もどちらもその統語範疇は動詞であり, 両者の統語的振る舞いの違いは, 「本動詞」は AT の適用を受けずに, 「助動詞」は AT の適用を受ける点に起因すると分析した [254].

第 1 版の McCawley (1988: 167) では, 繰り上げ適用後に AT により助動詞にテンスが付くと分析していた. しかし, これは厳密循環適用原則に違反するので, 第 2 版の $SPhE^2$ では, まず AT により助動詞が上にあるテンスに引き寄せられて [v V-[0 Tense]] という複合体を形成して (まさにその名の通り Attraction to Tense), 次に McCawley 流の繰り上げ (すなわち, 本書の E + R) が適用されるという分析に変更された [234]. (21) の派生を本書の立場でたどってみる.

(21) Ann has finished the report. [234]

(22) 深層構造

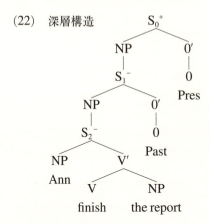

- S_2 には何の変形もかからない．(もし受身変形をかけるならばこの S を領域にしてかける．)
- S_1 を領域にして E+R が適用されて，$[_{S1}$ Ann $[_{0'}$ Past $[_{V'}$ finish the report$]]]$ という構造に至る．この S_1 は非定形節（S^-）なので，TR により $[_0$ Past] は $[_V$ have$_{en}]$ に置き換わり，主要部の統語範疇が 0 から V に変わるのに合わせてそれの成す句の統語範疇も 0′ から V′ に変更になる．したがって，(23) の構造に至る．(McCawley の最初の分析では，Tense Replacement の Past → have に伴って，接辞 -en を Complementizer として導入し，補文標識配置で動詞に付けるという分析を考えたが，それだと厳密循環適用原則の違反を免れない．したがって，have の補部になった V′ では，have 挿入に伴ってその主要部 V に -en が付くという分析になった [231]．)

(23)

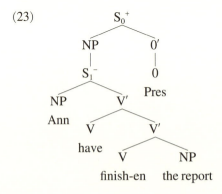

・S_0 を領域として，AT により，[$_V$ have] が [$_0$ Pres] に引き寄せられて上昇し，一体となって [$_V$ [$_V$ have]-[$_0$ Pres]] という複合体を形成する．動詞に屈折接辞相当の [$_0$ Pres] が付いた構造なので，当然，一体化の結果できる統語範疇は V である．この結果，(24) の構造に至る．さらにこの領域のままで E+R が適用されて (25) の構造に至る．(以後，AT と E+R の連続適用を AT+E+R で表す．) ここで一致 (AGR) がかかる．その結果，表層構造 (21) に至る．

(24) AT 適用後

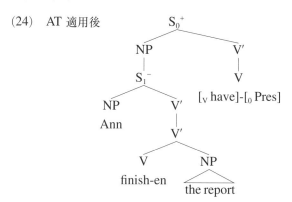

(25) E+R 適用後

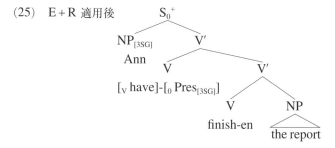

この例を振り返ると，S_1 の領域では E+R+TR という連続適用，S_0 の領域では AT+E+R+AGR という連続適用が起こっている．詳しくは第 2 章と第 3 章で検討するが，E+R+TR も AT+E+R+AGR もともに feeding order になっている．

6. McCawley の法助動詞の扱い

McCawley は法助動詞をすべて繰り上げ動詞として扱った．(この方針では，法助動詞の中には能力の can や意志の will など意味的 1 項述語とは言えない用法を持

つものがあるが, それらの用法を無視していることになる [261 note 3 末尾].) しかも, 常にテンスを伴った定形しか存在しない法助動詞であるにもかかわらず, McCawley は法助動詞本体とテンスとに分解して分析した. (この点, Chomsky (1957) の助動詞分析 Aux → Tense (Modal) ... も同様である.) 例えば, must の場合も, 深層構造で [$_0$ Pres] の下位に [$_V$ must] があり, 後者が AT により前者の位置に引き寄せられて一体化するという分析になっている. この分析の長所は, (26) のような遊離数量詞を含む文が曖昧であることが説明できる点である.

(26) The boys must all have gotten drunk. [631]

この文の解釈には 2 つあって, 第一の解釈はこの語順通りに, all が must の補文内で解釈される場合 (以下 must > all で示す) である. 第二の解釈は, all が must の補文の外で解釈される (すなわち, all のスコープに must が入ると解釈される) 場合 (以下 all > must で示す) である. このような曖昧さを説明する場合に McCawley の取った方針は, 2 つの異なるスコープを表示した深層構造が派生の結果同じ表層構造に至ると分析することであった. 具体的には, (26) の 2 つの解釈について (27) と (28) の派生を考えた.

(27) must > all の場合の派生

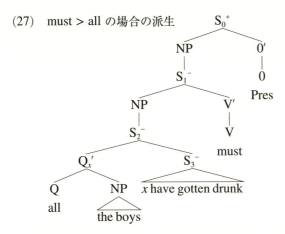

- S_3 に至るまでにすでに, Tense Replacement とそれに伴う E + R が適用されている.
- S_2 を領域として, Quantifier Float と Q'L が適用可能だが, Q'L はその名称通り lowering で, その適用により Q' は変数 x に代入されて, Q' の元の位置には存在しなくなるので, 厳密循環適用原則により, Quantifier Float が先に適用されることになる [631(2)]. したがって, まず Quantifi-

er Float が適用されて [x all have gotten drunk] となり，次いで Q'L が適用されて [$_{S_2}$ The boys [$_{V'}$ all [$_{V'}$ have gotten drunk]]] に至る．
・S$_1$ を領域として E+R が適用されて，[$_{S_1}$ The boys must all have gotten drunk] となる．
・S$_0$ を領域として AT+E+R が適用されて，[$_{S_0}$ The boys must-Pres all have gotten drunk] という表層構造に至る．

(28)　all > must の場合の派生 (cf. [632(6a')])

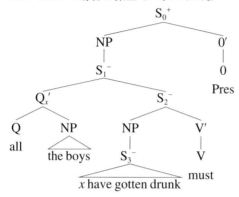

・この構造では，Q' が [$_0$ Pres] と [$_V$ must] の間に割り込んでいる点に特徴がある．

派生は以下のように進む．
・S$_2$ を領域として E+R が適用されて，[$_{S_2}$ x must have gotten drunk] となる．
・S$_1$ を領域として Quantifier Float と Q'L が適用されて，(29)の構造に至る．

(29)

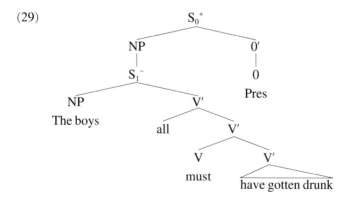

・S_0 を領域として AT により，[$_V$ must] が [$_0$ Pres] の位置に引き上げられて一体化し，以下の (30) のようになる．この AT の適用では，[$_V$ must] は Ad-V′ である all を飛び越して適用されている．McCawley は循環変形の適用では付加構造（この場合は V′ 付加構造）を無視して適用可能であると考えていた（"cyclic transformations skip over modifiers" [235]）．

(30)

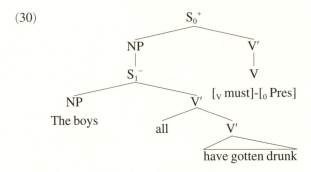

・さらに，S_0 を領域として E+R が適用されて [$_{S0}$ The boys must-Pres all have gotten drunk] という表層構造に至る．

以上の説明から分かるように，(26) の all > must という解釈の説明は，(28) のように法助動詞 must を動詞本体と現在時制に分けて，all を含む数量詞句 Q′ がその中間に位置するという深層構造（つまり，Pres > all > must）を設定することにより説明できた．この深層構造から表層構造の must all という語順を可能にしていたのが AT であった．

法助動詞をテンスと法助動詞本体に分けて分析するという McCawley の扱い方を採用した場合には，適格な深層構造が適格な表層構造に至らずに，派生が途中で "crash" する場合が起こり得ることになる．例えば，だれもが must を現在形として使うことはもちろんだが，過去形としては使う話者と使わない話者に分かれる [261 note 5]．must を過去形として使わない話者の場合には，must-Past に対応する語彙が存在しないことになる．つまり，そのような話者の場合には，深層構造で Past の直下に must を埋め込んだ構造は well-formed だが，must を AT によって引き上げて Past と合体させた時点で，must-Past を実現する音形が存在しないので，派生はここで crash することになる．このような状況は，Chomsky (1957) での Aux の扱いでも同じである．Aux → Tense + (Modal) + (have -en) + (be -ing) で導入された Aux は Past + must という組み合わせを許すので，Affix hopping 後に must-Past となったものを何らかの仕組みで排除しなければならない [261 note 6]．

上で「must-Past を実現する音形が存在しない」と述べたが，動詞の活用形すべてに渡って McCawley は表層構造に至って初めてその音形が与えられると考えていたと思われる．もしこれを語彙挿入の一種と考えるのであれば，McCawley の枠組みでは深層構造での語彙挿入（屈折以前の動詞原形など），派生途中での語彙挿入（be 動詞や完了 have の挿入や *Do*-support など），表層構造での語彙挿入（音形付与）というように語彙挿入が派生のさまざまなレベルに分散していることになる．さらに，McCawley の名詞化（nominalization）の扱いでは [417]，例えば [$_N$ [$_V$ destroy]-[$_N$ ACTION]] が destruction という名詞として実現すると分析するので，すでに語彙挿入を受けた動詞に意味要素が付いて，再度語彙挿入を受けるという状況も起こる．（他動詞 open を [$_A$ open] + CAUSE の実現として分析することも同様 [685].）*SPhE*^{2} の index には "lexical insertion" という項目が入っていないので，この点に関して McCawley がどう考えていたのか不明である．

7. tough 構文の扱い

(31) のような tough 構文の派生には外置と繰り上げ（ただし目的語 NP から主語 NP への繰り上げ）が関係しているので，これまで論じてきた主語への繰り上げの分析を踏まえて，ここでその分析を考えてみる．McCawley は tough 構文に関して，easy や difficult などの形容詞を 1 項述語として扱った分析 [108] と 2 項述語として扱った分析 [110] の 2 つを論じている．

本書での繰り上げの分析を踏まえると，tough 構文の分析では（1 項述語でも 2 項述語でも），難易を表す形容詞の主語 NP にある節（つまり [$_{NP}$ Comp'$_{for}$] ないし [$_{NP}$ S$_{to}$]）が当該形容詞を governor としてその形容詞の補部位置に外置され (E)，次いで空き家になった主語 NP へ，外置された節の目的語 NP が移動するという分析になる．（ここで，S$_{to}$ は [$_{S^-}$ NP [$_{V'}$ [$_V$ to] V']] という [$_V$ to] の成す非定形節 S$^-$ を表す．）この目的語 NP の主語 NP への移動を tough-movement（以下 TM）と呼ぶ [108]．（ただし，McCawley の場合には節の外置を A' への付加と分析した [108, 110].）この外置 E と TM の連続適用を E + TM で表すことにする．easy や difficult などの形容詞を 2 項述語として扱う場合には，E + TM 適用の前に Equi がかかって主語内の節の主語が削除される．

以下では具体的に，形容詞 difficult を 2 項述語として扱った場合の tough 構文の派生を考えてみる．2 項述語としての形容詞 difficult は「難しい事柄」と「その難しさを経験する人」の 2 つを項に取り，The book was difficult for me のように「難しい事柄」が主語に，「経験者」が形容詞の補部 P'$_{for}$ として現

れる．本書の立場では，(31) の深層構造は (32) のようになる．

(31) John is difficult for me to dislike.　[108]
(32) 深層構造 (cf. [110(10)])

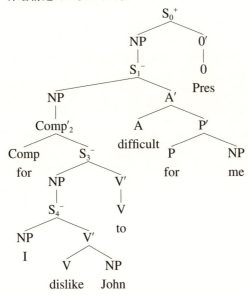

【深層構造についてのコメント】
・この場合 E+TM の governor は形容詞 difficult であるので，E+TM の適用領域はこの形容詞の成す S である．この関係を捉えるためにも，深層構造に be 動詞は存在せずに派生途中で挿入されると分析する [141-2]．
・この TM が移動であって Equi ではない根拠は，idiom chunk (McCawley の"funny NP") でも John's leg is easy to pull [107] (しかし，*The cat was easy to let out of the bag. [115 note 20]) のようにこの構文の主語として現れることが可能なものが存在するからである．
・S_4 の主語は [$_{P'}$ for me] をコントローラーとして Equi により削除される．

(32) の深層構造から派生が以下のように進む．

・S_4 の領域には何もなし．
・S_3 を領域として E+R により，[$_{S3}$ I [$_{V'}$ to dislike John]] に至る．
・Comp$'_2$ の領域には何もなし．
・S_1 を領域として，外置してから Equi をかけると，S_1 の一部分である A′

を領域にして Equi をかけたことになるので厳密循環適用原則に違反する．そこで，最初に Equi をかけてから外置し，[s [NP ___] [A′ difficult [P′ for me] [Comp′ for to dislike John]]] に至る．この場合の外置を，McCawley は A′ への付加と考えたが [142]，本書では繰り上げに伴う外置と同様に，governor（ここでは形容詞 difficult）の補部位置への外置と分析する．外置の後，TM により目的語 [NP John] が空き家になった主語の位置に移動して，[S1 [NP John] difficult [P′ for me] [Comp′ for to dislike]] に至る．この段階で be 挿入を行う．(もしここで be 挿入をしないと，派生は crash する．なぜならば，S_0 で AT がかからず，したがって E+R だけがかかり，[s [NP John] [0′ [0 Pres] [A′ difficult for me [Comp′ for to dislike]]]] となり，循環後の Do-Support がかかってしまい，[s John does A′] の構造に至り，do が原形を主要部とする V′ を補部に取るという語彙的性質が満たされないのでアウトになってしまうからである．) be 挿入はそれ自身が V′ を成すように挿入される（すなわち，SCR として認められている [V′ [V be] A′] を満たすように挿入される）点に注意．そうすると，[S1 [NP John] [V′ be [A′ difficult [P′ for me] [Comp′ for to dislike]]]] に至る．

- S_0 を領域として，AT により be が引き上げられて [V be-Pres] を成し次いで E+R+一致が適用されて，前表層構造である [s [NP John] [V′ [V be-Pres[3SG]] [A′ difficult [P′ for me] [Comp′ for to dislike]]]] に至る．
- 最後に，循環後変形の for 削除 [172] がかかって，次の表層構造に至る．

(33)　表層構造

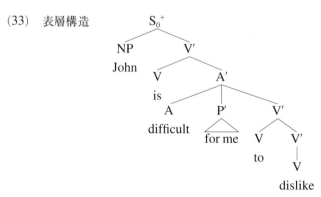

なお，McCawley による TM の分析では，外置を介する派生 [108, 142] と外置を介さない派生 [109] と両方とも扱っていた．しかし，[109] における記述を見る限り外置を介さない派生を支持していたことは明らかである．この外置を介さない TM は関係文法（relational grammar）で言うところの ascen-

44

sion であり，TM の結果主語 NP から追い出されて文法関係を失った Comp′
が chômeur として形容詞 difficult の成す A′ に付加されることになった [115
note 21, 155 note 9] と McCawley は理解した．（付加位置は主語や目的語などの文
法関係を表す位置ではないので，chômeur となった構成素が現れる位置としてはふさわ
しい位置であると McCawley は考えていた．）

　しかし，chômeur となった構成素が付加位置に現れるという見解は Mc-
Cawley の枠組みでは問題がある．主語への繰り上げである seem/likely など
の 1 項述語や助動詞・テンスの場合も，McCawley にとってはやはり ascen-
sion であるが，この場合は chômeur となったはずの（主語を失った）節は，
McCawley の分析ではそれぞれの governor の補部位置に現れるのであって，
V′，A′，0′ の付加詞として現れるのではない．

まとめ

　この章では，第 1 節で McCawley の主語への繰り上げを振り返り，第 2 節
でその問題点を指摘し，第 3 節で McCawley の基本方針に沿う代替案として，
彼の主語への繰り上げを governor の補部への外置（E）とその外置された位置
から空き家になった NP 位置への繰り上げ（R）との 2 つの変形に分解し，主
語への繰り上げを E と R の連続適用 E+R として分析するという提案を行っ
た．（E → R は feeding order である．）またこの提案に伴って，to 不定詞の to を
modal な意味を担う形態的欠如性を持つ動詞であり，繰り上げ述語として扱
うことを提案し，また seem や likely などの繰り上げ述語の深層構造には
Comp$_{for}$ が存在しないという分析を提案した．第 4 節では，これらの提案が目
的語への繰り上げにもそのまま適用できることを確認した．また，第 5 節で
は，AT に伴う繰り上げも，E+R として同様に扱うことができることを確認
した．第 6 節では，McCawley の法助動詞の扱い方を確認し，AT に関連し
て，それが Quantifier Float とどのように関わるのか，また法助動詞と数量詞
とのスコープ曖昧性という現象を McCawley がどのように説明したのかを振
り返った．第 7 節では，形容詞 difficult による tough 構文の派生を検討した．
形容詞の主語が Comp′$_{for}$ で，それが形容詞の補部位置に外置される点は主語
への繰り上げの前半（E+R の E）と共通だが，外置された Comp′ 内の主語 NP
ではなく（実際，この段階では主語 NP は Equi によりすでに消去されている）目的語
NP が外置により空き家になった主語 NP の位置に移動する点で，主語への繰
り上げとは異なっていた．

　以上の議論により，主語への繰り上げであれ，目的語への繰り上げであれ，

繰り上げ（raising）とは，その変形の governor である動詞や形容詞やテンスの主語（や目的語）位置から補部位置へ外置された節の主語 NP がその節の外部に移動する規則であると規定できる．ただし，その NP の移動先は，外置により空き家になった主語 NP または目的語 NP の位置であった．

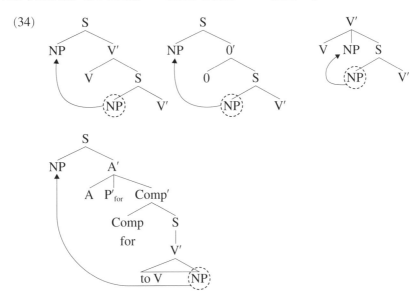

第2章　テンス

はじめに

　第1章では，McCawley の raising（繰り上げ）の概要とその問題点について論じ，さらにその問題点を克服するために McCawley の基本路線に沿った代案を提案した．その代案とは，彼の繰り上げを外置（E）と繰り上げ（R）との連続適用（以下 E+R）に分解するというものであった．ここで E とは繰り上げ述語の主語位置にある節（つまり，[NP S] の S や [NP Comp'] の Comp'）を E の governor（すなわち，その繰り上げ述語自体）の補部位置へと移動するものであった．また R とはこの E の適用により空き家になった主語 NP の位置へ，外置された節内の主語 NP を移動するというものであった．

　主語への繰り上げ（seem/likely などの1項述語，助動詞，テンスの場合を含む）では R は E で空き家になった主語位置への移動として，また目的語への繰り上げ（believe などの場合に加え，make out や prevent/keep などの場合を含む）では R は E で空き家になった目的語位置への移動として現れる．また，E+R における適用順序 E → R は feeding order になっている．

　McCawley のテンスの扱いについてはすでに第1章でその概略を紹介したが，この章では，第1章の結論をもとにして彼のテンスの扱いを詳しく検討し，その問題点を指摘し，彼の基本路線に沿った代案を提出する．以下でかぎかっこ付きの数字は $SPhE^2$ の該当ページを表す．

　なお，Automodular Grammar（AMG）での統語構造，形態構造，意味構造におけるテンスの扱いに関しては，Ueno (2014) と上野 (2020) を参照．

1.　McCawley のテンスの扱い方

　McCawley の深層構造において，テンス（現在時制を表す Pres と過去時制を表す Past）は意味的に許される限り "a stack of tenses" [224] としていくつでも自由に生じることが許されていた．しかし，表層構造におけるテンスの現れ方

46

は，finite な節（以下「定形節」）での動詞（「助動詞」を含む）の現在形・過去形と nonfinite な節（以下「非定形節」）での完了の have だけという具合にきびしく制限されていた．この表層構造でのテンスの現れ方を説明するために，McCawley は Tense Replacement（以下 TR）と *Have* Deletion（以下「*Have* 削除」）という 2 つの cyclic 変形（以下「循環変形」）を採用した [222-3]．また，統語構造におけるテンス（Pres と Past）はどの統語範疇にも属さないので，McCawley は 0 という範疇記号を用いて表し，テンスの投射する句は 0′ と表した [223]．

　定形節においていわゆる「助動詞」がテンスと結びつくことを説明するために，McCawley は Attraction to Tense（以下 AT）という「助動詞」がその直上のテンスの位置に引き上げられるという循環変形を用いた [233-4]．また，AT を受けない動詞（つまり，いわゆる「本動詞」）がテンスと結びつく規則は Tense Hopping（以下 TH）で，これは postcyclic 変形（以下「循環後変形」）に分類された [172]．何らかの理由で TH がかからない場合（例えば，疑問文倒置でテンスだけが文頭に出た場合やテンスと動詞の間に not が割り込んでいる場合など）には，その宙ぶらりんなテンスを循環後変形である *Do*-support が救うことになる [18, 172-3]．

　テンスを有する節の深層構造を設定する場合に，McCawley は時を表す副詞的表現との共起関係に着目した [222]．

(1)　テンスと時の表現（下線部）の共起関係
　　a.　Fred is in Uruguay right now.
　　　　Fred may be in Uruguay right now.
　　　*Fred may have been in Uruguay right now.
　　b.　Fred arrived at 2:00 yesterday.
　　　*Fred may arrive at 2:00 yesterday.
　　　　Fred may have arrived at 2:00 yesterday.
　　c.　Fred has drunk a gallon of beer by now.
　　　*Fred may drink a gallon of beer by now.
　　　　Fred may have drunk a gallon of beer by now.
　　d.　Fred had already mailed the letter when I talked to him.
　　　*Fred may already mail the letter when I talked to him.
　　　　Fred may have already mailed the letter when I talked to him.

a から d の各グループの最初の例から分かるように，right now は現在形の定形節と共起する．yesterday は過去形の定形節と共起する．by now は現在完了形の定形節と共起する．already ~ when I talked to him は過去完了形の定

形節と共起する．一般的に定形節の表層構造では，テンスに関して（1）に示したように，Pres，Past，Pres+$have_{en}$（つまり現在完了），Past+$have_{en}$（つまり過去完了）という4種類の区別があるが，非定形節の表層構造ではその4種類の区別が2種類（すなわちゼロと$have_{en}$）にまとめられてしまう [221]．その状況を捉えたのが（2a）の4つの規則であるが，これらは（2b）の2つの規則に整理できる．ただし，完了 have の連続が生じた場合に余分な have を消去する規則（後述の Have 削除）が必要になる．

(2) a． テンスの現れ方（定形節 → 非定形節）　　b． 2つの規則に整理

$$\begin{cases} Pres \to \emptyset \\ Past \to have_{en} \\ Pres\ have \to have_{en} \\ Past\ have \to have_{en} \end{cases}\qquad \begin{cases} Pres \to \emptyset \\ Past \to have_{en} \end{cases}$$

(2) で，$have_{en}$ は完了助動詞の have を表し，en は，その助動詞の補部 V′ の主要部が過去分詞形でなければならないという語彙的性質を表す．なお，この en を Comp として扱って，Complementizer Placement（以下「補文標識配置」）で当該動詞に付けるという分析方法は，Principle of Strict Cyclicity [170]（以下「厳密循環適用原則」）に違反するので採用できないと McCawley は結論した [231]．

2. McCawley の TR の問題点

まず，McCawley の TR の概要を紹介し，その問題点について考える．彼は TR を次のように定式化した．

(3)　McCawley による TR の定式化（= (2b)）[222]

$$\left.\begin{array}{l} Pres \to \emptyset \\ Past \to have_{en} \end{array}\right\} in\ nonfinite\ Ss$$

この TR の使い方を（4）を例として，McCawley の派生で示す．（派生では，簡単のために P′ である by now を無視する．）ただし，繰り上げは，第1章での結論に従って E+R に分解して考える．

(4) George may have drunk a gallon of beer by now. [222]

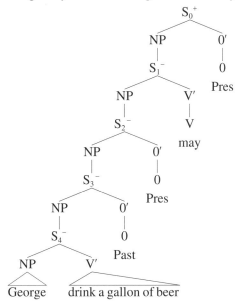

【深層構造へのコメント】by now から分かるように，may の意味的補文は現在完了である．それは，Pres の補文の中に Past が埋め込まれている構造である．(つまり，George drink a gallon of beer という命題を Prop で表すと，その現在完了形は (Pres (Past (Prop))) ということになる．) 最上位の S は finite だが (+でマーク)，それ以外の S は nonfinite 扱いである (−でマーク)．また，法助動詞 may は深層構造ではテンス Pres と法助動詞本体の may とに分けてある (第1章第6節参照)．この深層構造から，以下のように派生が進む．

・S_3 を domain (以下「領域」) として，McCawley の TR (3) がかかり (ただし後ほど改訂)，(5) の構造になる．[$_0$ Past] の Past が have に置き換わったので，その統語範疇はもちろん V に変わる．McCawley は have の挿入に伴って ("concomitant")，その主語補文の動詞が過去分詞形 (-en) に変わると考えた [231]．

(5)
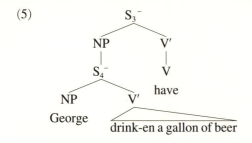

- 次に同じ S_3 を領域として E+R がかかり，[$_{S3}$ George [$_{V'}$ have [$_{V'}$ drink-en a gallon of beer]]] となる．
- 非定形の S_2 を領域として TR (3) が再度かかり Pres が消去されて，[$_{S2}$ George [$_{V'}$ have drink-en a gallon of beer]] の構造（= S_3 の cyclic output）になる．
- S_1 を領域として E+R がかかり，[$_{S1}$ George [$_{V'}$ may [$_{V'}$ have drink-en a gallon of beer]]] となる．
- S_0 を領域として AT+E+R がかかり（第1章第5節参照），表層層構造 [$_{S0}$ George [$_{V'}$ [$_V$ may-Pres] [$_{V'}$ have [$_{V'}$ drink-en a gallon of beer]]]] に至る．

McCawley の TR の問題点は，(3) の定式化では TR が非定形節で適用されることは分かるが，派生のどのタイミングで（E+R の前か後か）適用されるのかが不明だという点である．[231(33)] から分かることは，McCawley は TR を E+R の前に適用することを考えていた．(4) (5) の派生はその考えに従ったものである．

しかし，もし TR が E+R 適用前の [$_S$ [$_{NP}$ S] 0'] という構造に適用できると仮定した場合には，実はこの環境で E+R は定形節 (S^+) にも非定形節 (S^-) にもかかり，一方 TR は（E+R の適用環境の一部である）非定形節にしかかからない．よって，Elsewhere Principle [163] によれば，TR が E+R に優先して適用されることになる．つまり，この仮定の下では，Elsewhere Principle の予測通りに McCawley の派生が進んでいることになる．具体的には，もしテンスが Pres ならば，次のような状況になる．

(6) McCawley の TR の適用前と適用後（Pres の場合）

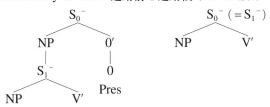

(6) の左側の場合，厳密循環適用原則にしたがって，S_1 の領域で循環変形がかかった後に，次に S_0 の領域に上がり，非定形なので McCawley の TR を適用して [$_0$ Pres] を消去する．すると，tree-pruning（刈り込み）により，主要部 0 を失った 0′ 節点もさらに主語としての機能を失った NP 節点も削除されることになる．結局，S_0 が S_1 を直接支配する構造になり，刈り込みにより下の S_1 節点も削除されて，(6) の右側の構造に至る．通常ならば，2 階建て節構造は E + R の適用で 1 階建て節構造になるのだが，ここでは刈り込みだけで 1 階建て節構造になっている．つまり，ここではテンス [$_0$ Pres] は単に削除されるだけで何の働きもしていない．

一方，Past の場合は (7) のようになる．(7a) の構造に S_0 を領域として McCawley の TR を適用すると，have$_{en}$ が挿入され，(7b) の構造になり，ついで E + R が適用されて (7c) の構造に至る．

(7) McCawley の TR の適用前 (a) と適用後 (b)（Past の場合）

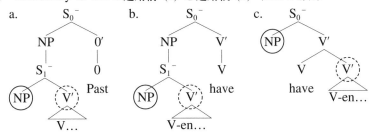

McCawley は have$_{en}$ の挿入と同時にその主語内の V′ の主要部動詞が過去分詞形になる（(7b) 参照）と分析した [231]．つまり，have$_{en}$ が挿入された際に，1 項述語 have の主語の節（(7b) の S_1）の V が過去分詞形になる（つまり，-en が付く）ということになり，have からかなり離れた動詞の語形変化を認めなければならなくなる．これはあたかもある特定の自動詞が文主語を取る際に，その文主語内の動詞に特定の語彙や語形を要求するようなもので，きわめて考えにくい．

以上まとめると，McCawley の TR を採用した場合（すなわち TR の適用領域を [_S NP 0'] と仮定して，E+R の前に適用した場合）には，Elsewhere Principle に合ってはいるものの，Pres に関しては 2 階建て節構造が通常の E+R ではなく刈り込みによって 1 階建て節構造になるという奇妙な点がある．一方，Past に関しては have_en 挿入と同時にその後ろに来るはずの V を過去分詞に変えたいのだが，have_en 挿入の時点で当該の V は文主語内の V になっており，この語形変化は遠すぎるという問題がある．この 2 点を解決するために，McCawley の統語分析の特徴である「テンスは繰り上げ述語である」という点に着目して，この特徴を最大限に生かす分析を次節で提案する．

次に McCawley の *Have* 削除を検討する．これは，(8) のように定式化された循環変形である [223]．

(8) McCawley の *Have* 削除

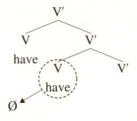

もし，この削除規則をこの定式化のように上位の have の成す V' を領域として適用すると解釈すると，厳密循環適用原則に違反してしまう．なぜならば，上位の [_V have] もちろん [_0 Past] に由来しているわけで，であるとすれば McCawley の TR がすでにこの上位 [_V have] の直上の非定形節 (S¯) を領域として適用されているはずだからである．したがって，この問題を避けるためには *Have* 削除の定式化に非定形節を領域とする変形であることを盛り込まなければならない．

3. TR と *Have* 削除

前節で指摘した問題点を解決するために，以下のようにそれぞれの変形を修正する．まず，TR については，テンスが繰り上げ述語として働いた後，つまり E+R 後に適用されるように定式化する．

(9) 本書での TR (E + R 適用後で適用領域は S⁻)

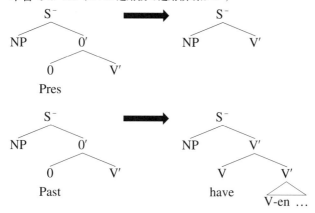

このTRでは，その入力は，PresであれPastであれ，E+Rが適用された（すなわち，繰り上げ述語として働いた）後である．テンスが繰り上げ述語として働いた後で，TRによる削除なり挿入なりを受けることになる．さらにこのTRでは，have_en 挿入と同時にその補部 V′ の主要部が過去分詞形になることが，局所的な範囲で，すなわち主要部とその補部の主要部との間で（ちょうど動詞 depend がその補部に on を主要部とする P′_on を取るように）説明できる．なお，TR の適用領域は非定形節（S⁻）である．(9) のように TR を定義すると，E → R → TR は同一の非定形節を領域とした feeding order になる．また，have_en が挿入されてその補部 V′ の主要部動詞が過去分詞形 V-en になった段階で，have_en を have と表記することにする．（すなわち，実質的に -en が Affix Hopping を受けたという解釈を採る．）

第2節で指摘した Have 削除の問題を解決するために，この削除規則を (10) のように改訂する．すなわち，この規則は非定形節（S⁻）を領域として適用されることを明示する．

(10) 本書での *Have* 削除

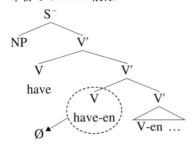

(10) において，have-en の -en は上位の have に由来し，V-en の -en は削除されるべき下位の have に由来している．なお，この変形の名称は *Have* 削除だが，実際に削除されるのは上位の have から過去分詞形を求められた have-en（すなわち，過去分詞形 had）である．

4. AT と TH

McCawley の AT はいわゆる「助動詞」を対象に適用されて，その名の通りに「助動詞」がテンスの位置に引き上げられる循環変形である [234-5]．彼の場合には，いわゆる「助動詞」とは AT の適用を受ける動詞のことで（したがって，その統語範疇は V）である．つまり，助動詞らしい統語的振る舞いの原因は AT の適用であると捉えていた [254]．以後，AT の適用を受ける動詞を $V_{[+AT]}$ と表す．(11) の平叙文を例として，AT を含む派生をたどってみる．

(11) Mary can speak Japanese.

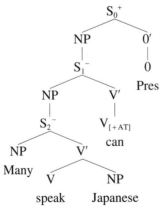

- S_1 を領域として E + R がかかり，[$_{S1}$ Mary [$_{V'}$ can [$_{V'}$ speak Japanese]]] となる．
- S_0 を領域として，まず，AT が (12) のように適用される．AT は，いわゆる「助動詞」がテンス（この場合は Pres）に引き寄せられる循環変形で，[$_{V[+AT]}$ can] が屈折接辞的な [$_0$ Pres] に引き寄せられてそれと一体となる．その際に，動詞に屈折接辞が付いてもその範疇は動詞のままであるので [$_V$ [$_{V[+AT]}$ can]- [$_0$ Pres]] という複合体を形成する．

(12)

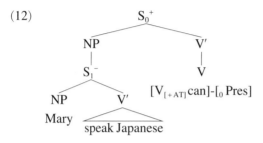

- (12) に再び E + R がかかって，表層構造 [$_{S0}$ Mary [$_{V'}$ [$_V$ can-Pres] speak Japanese]] に至る．一致（AGR）はこの段階でかかる．したがって，S_0 を領域として AT + E + R + AGR という連続適用が起こっている．この順序もやはり feeding order である．

(12) に示したように，定形節においては AT により（まさに Attraction to Tense の名前の通りに）「助動詞」がテンスの位置に引き上げられて一体となり，その後に E + R が適用される．しかし，第 1 版（McCawley (1988:231-2)）では，まず E + R（McCawley の場合には単一の「主語への繰り上げ」）が適用されてその後に AT が適用されていた．しかし，1990-1991 年 Winter Quarter の "Syntax 2" で，筆者がこのような主語への繰り上げ後の AT の適用は厳密循環適用原則に違反すると指摘したために，第 2 版では (12) に示した方式に変更になった [234]．しかし，残念ながらこの変更が $SPhE^2$ の全体に及んでおらず，ところどころ [例えば，243, 256-7, 489, 633 などで] 第 1 版のままになっている．

次に，循環後変形である TH の例を見る．(13) を例にして派生をたどってみる．

(13) Mary speaks Japanese.
深層構造

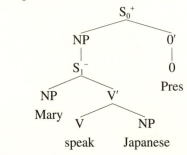

・S_0 を領域として，動詞が speak なので AT はかからずに E+R だけがかかり，(14) の前表層構造 (shallow structure) に至る．ここで一致がかかる．つまり，S_0 を領域として E+R+AGR の連続適用が起こっている．

(14)

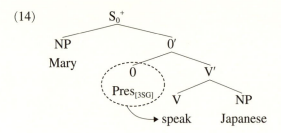

・循環後変形である TH がかかり (15) の表層構造に至る．なお，Elsewhere Principle のために，(14) で TH の代わりに *Do*-support が適用されることはない ((21) 参照)．

(15)

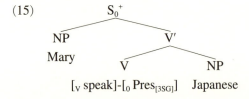

(11) (13) の派生で注意すべき点がある．(16a) は AT がかかる場合，(16b) は AT がかからずに E+R だけがかかる場合である．(16a) の $V_{[+AT]}$ は AT が適用される動詞 (つまりいわゆる「助動詞」) を表す．(16b) の V にはその目印がない．

(16)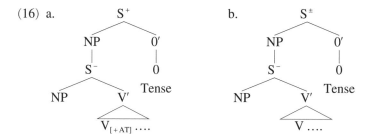

ATもE+Rも両者ともほぼ同じ環境で適用される規則である．ただし，両者の違いは，(i) AT ではその適用対象である動詞が AT を受けることのできる動詞 $V_{[+AT]}$ でなければならない．さらに，(ii) AT は定形節 (S^+) に限られている．McCawley が言うように，動詞がいわゆる「助動詞」らしい振る舞いをするかどうかは，その動詞が AT を受けるかどうかで決まる [254]．(16a) では，その環境が (i) (ii) の点で (16b) の環境の特殊な場合になるので，Elsewhere Principle [163] により AT が E+R に優先してかかることになり，結果としてその後に E+R が適用されることになる．この連続適用をこれまで AT+E+R と表記してきた．(AT → E → R は feeding order である．) 実際，もし (16a) で最初に E+R をかけると，0′ を領域として AT をかけることになり，結局，厳密循環適用原則に違反してしまう [234]．

5. 倒置を伴う疑問文と *Do*-support

Yes/no 疑問文の派生を考えてみる．まず，AT が適用できる動詞（すなわち「助動詞」）の場合を考えてみる．

(17) Can Mary speak Japanese?
深層構造

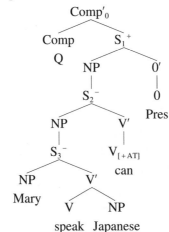

【深層構造へのコメント】 McCawley は，疑問文深層構造の Comp に疑問文マーカー (interrogative marker) Q が存在すると仮定した [488, 492, 654]．本書ではその仮定に従う．can の範疇が $V_{[+AT]}$ となっているが，これは can が AT の適用を受ける動詞であることを示している．

派生は以下のように進む．

・S_2 を領域として E + R がかかり，$[_{S2}$ Mary can speak Japanese] となる．

・S_1 を領域として AT + E + R が適用されて，$[_{S1}$ Mary $[_V$ can-Pres] speak Japanese] となる．

・$Comp'_0$ を領域として，循環変形である疑問文倒置 (interrogative inversion) がかかり [233-5]，表層構造 $[_{Comp'}$ $[_{Comp}$ Q] $[_V$ can-Pres] $[_S$ Mary speak Japanese]] に至る．ただし，疑問文倒置の適用は AT を受けた動詞（すなわちテンスを伴った $V_{[+AT]}$，つまり $[_V$ $V_{[+AT]}$-$[_0$ Pres/Past]]) またはテンスそのもの（つまり $[_0$ Pres/Past]）に限られる点に注意．

【主語助動詞倒置の表層構造へのコメント】 McCawley の表層構造では，倒置された助動詞は Comp 位置に移動するのではなく，その直前の位置に移動する [235, 488]．(that 節内では I think $[_{Comp'}$ that never before have the media played such a major role] 598 のように否定倒置が起こり，倒置された助動詞が that 節内の否定語句の直後の位置に移動している点に注意．この場合の倒置ではテンスを伴った「助動詞」は Comp の位置へ移動していない．) したがって，倒置を伴う wh 疑問文

の表層構造は McCawley の場合三又構造の Comp′ になる（(20) を参照）[21, 490]. もし疑問文が wh 句を含み wh 移動（attraction to Q としての解釈）が適用される場合には，wh 句は [Comp Q] に引き寄せられて Comp 位置に移動し，[Comp Q] と入れ替わる [490, 493].

【補足】 倒置を伴う wh 疑問文の表層構造が三又構造（wh 句＋定形助動詞＋非定形節）であることの根拠として，McCawley は次のデータを提示している [490].

    a.　How many books did [Safire praise and Simon denounce]?

    b.??How many books [did Safire praise and did Simon denounce]?

    c.??How many books [has Safire praised and will Simon denounce]?

a は wh 句＋定形助動詞＋非定形節において，非定形節は構成素を成すので等位接続可能であることを示す．一方，b と c は定形助動詞＋非定形節が等位接続できないことを示す．これは，定形助動詞＋非定形節が構成素を成していないことを意味する．

　また，倒置を伴う wh 疑問文の場合には，Comp′$_Q$ を領域として疑問文倒置と wh 移動がともに適用されるが，McCawley は wh 移動 → 倒置の順に適用されると分析した [490]. この点に関して，筆者の理解を述べる．第一に，主語が wh 句の場合には，最初に wh 移動をかけると，疑問文倒置（助動詞が主語 NP を飛び越してその前に移動する）が適用できなくなり，*Who did ___ paise the book? の派生を防ぐことができる．第二に，疑問文倒置は root transformation である [174]. つまり，wh 移動が起こることは Comp′$_Q$ だけで完全に決まるが，疑問文倒置が起こるかどうかは Comp′$_Q$ だけでは決まらず，この Comp′$_Q$ の上位にこれを埋め込んでいる統語構造が存在しないこと（つまり Comp′$_Q$ が独立した発話を成すこと）が条件になる．したがって，厳密循環適用原則の観点から述べると，wh 移動の適用領域は Comp′$_Q$ だが，疑問文倒置の適用領域はそれよりも上位ということになり，wh 移動 → 疑問文倒置の順に適用しなければならないことになる．

次に，AT が適用できる動詞（すなわち「助動詞」）が存在しない場合を考えてみる．

(18)　Does Mary speak Japanese?
　　　深層構造

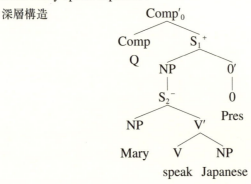

・定形節 S_1 を領域として E+R がかかり，(19) の構造に至る．なお，第9節で扱うが，主語動詞一致 (AGR) はこの段階でかかり，Pres は [3SG] という一致素性を帯びる．したがって，S_1 の領域では，E+R+AGR という連続適用が起こる．

(19)

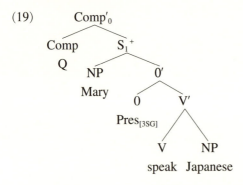

・Comp'_0 を領域として，循環変形である疑問文倒置がかかり，一致素性 [3SG] を帯びた [$_0$ Pres] が [$_{\text{Comp}}$ Q] の直後の位置に移動し，(20) の前表層構造に至る．

(20)

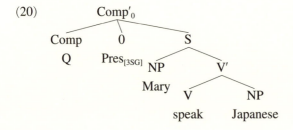

・最後に，循環後変形である *Do*-support がかかって，do と Pres[3SG] が一体（[v [v do]-[0 Pres[3SG]]]）となり，表層構造 Does Mary speak Japanese? に至る．

ひとたび疑問文倒置がかかってしまうと，(20) のようにテンス Pres と本動詞 speak は隣接した叔母と姪の関係ではなくなるので，(local 変形としての) 循環後変形である TH はもはや適用できなくなってしまい，*Do*-support しか適用できない状況になっている．

しかし，TH と *Do*-support がともに適用可能な場合（疑問文倒置がかからないテンスの場合）には，両者の適用条件を比べると，TH の適用条件（つまり入力）は *Do*-support の適用条件（つまり入力）の特殊な場合になっているので，Elsewhere Principle [163] により TH が *Do*-support に優先して適用されることになり，その結果 *Do*-support はかからない [173]．

(21)

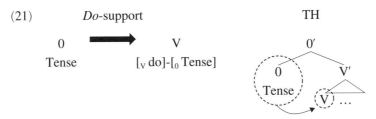

6. Not と AT と TH

否定文における not とテンスの関わり方を考察する．定形節否定文の場合には，McCawley の深層構造では，文否定の not の位置は一貫してテンスよりも上位であった [240, 257, 571, 576, 579]．この場合には，循環変形である Negative Placement（以下 NgP）(23) が適用されて，助動詞の否定短縮形（例えば hasn't）が現れるという分析になっている．例として，(22) の派生をたどってみる．

(22)　Ann hasn't written the letter.　(cf. [240(17)])
　　　McCawley の深層構造

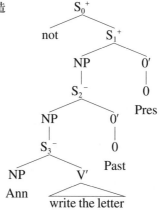

この深層構造から派生は以下のように進む．

- 非定形節 S_2 を領域として E＋R＋TR がかかって，[$_{S2}$ Ann have write-en the letter] に至る．
- 定形節 S_1 を領域として AT＋E＋R＋AGR がかかり，[$_{S1}$ Ann have-Pres$_{[3SG]}$ write-en the letter] に至る．
- 定形節 S_0 を領域として，もし Ad-S to Ad-V′ [58, 239, 355] により not を [$_{V'}$ have-Pres write-en the letter] の adjunct の位置に下して [$_{S0}$ Mary [$_{V'}$ not [$_{V'}$ have-Pres$_{[3SG]}$ write-en the letter]]] とし，そこに NgP をかけて表層構造を派生したとすると，NgP が V′ に対して適用されることになるので，厳密循環適用原則に違反してしまう．そこで，McCawley は NgP の解釈を変えて，not が have-Pres$_{[3SG]}$ を上に引き上げると [259, 575] (すなわち，あたかも attraction to *not* として) 解釈し直した．つまり，have-Pres$_{[3SG]}$ が not の位置に引き上げられてその位置で一体となり，複合体 [$_V$ [$_V$ have-Pres$_{[3SG]}$]-not] を形成し [576]，この複合体が繰り上げ述語と見なされて E＋R がかかって表層構造にいたるという派生を McCawley は考えた [576].

ただし，McCawley 自身が認めているように，この最後のステップはかなり複雑である [576-7].

(23) McCawley の NgP

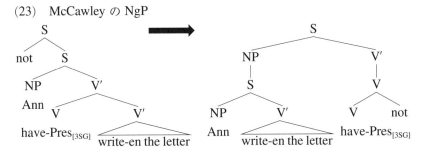

　左側が NgP 適用前の構造である．右側が NgP 適用後の構造である．ここで起こっていることを確認すると，NgP により not の位置に [$_V$ have-Pres$_{[3SG]}$] が引き上げられ一体となり，その結果複合体 [$_V$ [$_V$ have-Pres$_{[3SG]}$]-not] が形成される．これが 1 項述語と見なされて（1 項述語に not が付加しても 1 項述語のまと考えて），主語に節を取るようになり（右側の [$_S$ [$_{NP}$ S] V′]），通常の繰り上げ述語と同様に E+R がかかる状況が生じたというわけである．

　この説明の複雑さを少しでも解消するために，本書では，あらかじめ not を n't という接語（語幹ではなくテンスを伴った語に付くので clitic である）の形にしておき（[42(b)] を参照），テンスと同じ 0 という統語範疇を与えて繰り上げ述語として扱うことを提案する．これをもとに，NgP を AT と同様に定義する．つまり，NgP を attraction to *n't* と解釈する．(24) の NgP 適用後に E+R がかかる．

(24) 本書での NgP （T$_{[AGR]}$ は一致素性を伴ったテンスを表す．）

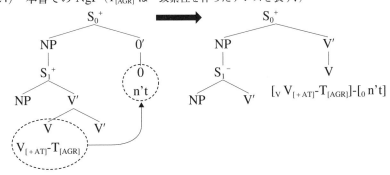

　(24) で，丸で囲んだ V が単なるテンス（例えば [$_0$ Past$_{[AGR]}$]）の場合には，このテンスが n't に繰り上がり複合体 [[$_0$ Past$_{[AGR]}$]-[$_0$ n't]] を形成し，E+R 適用後に循環後変形の *Do*-support により，Mary didn't write the letter が派生さ

れる．この場合，E+R 適用後の複合体 [[$_0$ Past$_{[AGR]}$]-[$_0$ n't]] に対して TH を適用することは不能である．なぜならば，(21) に示したように，TH は（一致素性を伴った）テンスだけが動詞に付く循環後変形だからである．一方，接語である n't には，表層構造でテンスを伴った「助動詞」（すなわち，[$_V$ V$_{[+AT]}$-T$_{[AGR]}$]）に付かなければならないという形態的条件がかかっているので，*Do-support* が必要になる．（接語 n't の形態的条件のために，複合体 [[$_0$ Past$_{[AGR]}$]-[$_0$ n't]] が TH により「本動詞」に付くことはそもそも不可能であった点に注意．）

残る問題は，NgP の適用を受けない否定文（つまり，短縮されていない not が現れる否定文）(25) (26) がいかに派生されるかということである．

(25)　Ann did not write the letter.

(26)　Ann has not written the letter.

まず，(25) の例を考える．文否定の not を (22) と同様にテンスの外側に置いた McCawley の深層構造を設定した場合には，Ad-S to Ad-V′ が適用可能なので，Ann not [$_{0'}$ Past [$_{V'}$ write the letter]] という構造に至り，循環後変形 TH により *Ann not wrote the letter が派生されてしまう．（McCawley はこの場合を考慮していなかった．）これは，well-formed な深層構造が well-formed な表層構造に至らない派生の例である．この派生を避けるためには，本書では not の分布に関する SCR [$_{V'}$-[$_0$ not] V′$^-$]（すなわち，not は表層構造で非定形 V′ への付加詞であるという規則）を設けて（cf. [571]），この SCR により上の非文が排除されると分析する．（SCR については [314] と序章を参照．）なお，McCawley は SCR も DCR も範疇記号だけで書かれている場合と特定の語彙項目に言及する場合と 2 種類に分けていた．前者を gross combinatorics，後者を petty combinatorics と呼んで区別した（McCawley (1982b: 201 note 7)）．

本書では，語としての not も（その接語形 n't と同様に）繰り上げ述語 0 として設定し，他の繰り上げ述語と同様に E+R の適用を受けると分析することを提案する．(27) の左側は過去形否定文 (25) の深層構造で（cf. [601(17)]），否定命題に過去時制という指定が付いたという解釈を表している．これは，Ann wrote the letter を肯定命題に過去時制という指定が付いたと捉えるのに対応している．

(27)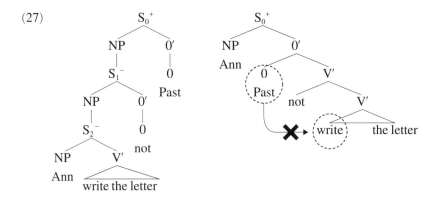

この左側の深層構造から派生は以下のように進む．

- 非定形節 S_1 を領域として，通常の繰り上げ述語と同様に E+R がかかり，[$_{S1}$ Mary [$_{V'}$ not [$_{V'}$ write the letter]]] となる．この時，本来なら [$_{0'}$ [$_0$ not] V'] というように 0' が残るはずであるが，SCR ではそのような構造は認められておらず，かわりに上述の SCR [$_{V'-}$ [$_0$ not] V'$^-$] という表層構造（すなわち，not が非定形 V' の付加詞である表層構造）が認められているので，[[$_0$ not] V'] という構成素を V' として扱う．なお，McCawley の立場では，派生の途中である統語範疇に関わる要因が変われば，それに応じてその統語範疇そのものも変わることを認めていた（序説を参照）．ここでは，(25) で示されているように，not write the letter という構成素は，補部に原形 V' を要求する did の補部になっているので，外統語的 (external syntactic) 要因から実際に V' を成していると考えられる．
- 定形の S_0 を領域として，(AT はかからないので) E+R がかかって，(27) 右側の前表層構造に至る．循環後変形 TH をかけようとするが，McCawley にとっての循環後変形は local 変形なので，隣接する姉妹の間かまたは隣接する叔母・姪の間しか適用できない（序章を参照）．したがって，TH の適用は不可能なので *Do*-support がかかり表層構造に至る．

同様の扱い方を，現在完了否定文 (26) にも適用する．

(28)
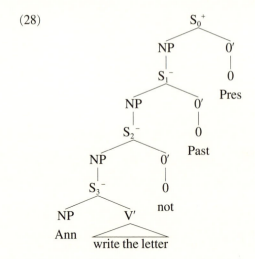

【深層構造についてのコメント】 否定命題（NOT (Ann write the letter)）の現在完了形という解釈を表している.

派生は以下のように進む.

- 非定形節 S_2 を領域として E+R がかかり, [$_{S2}$ Ann [$_{V'}$ not [$_{V'}$ write the letter]]] という構造に至る. (27) と同様に構成素 [[$_0$ not] V'] を V' として扱う.
- 非定形節 S_1 を領域として E+R+TR がかかり, [$_{S1}$ Ann [$_{V'}$ have [$_{V'}$ not [$_{V'}$ write-en the letter]]]] という構造に至る.
- 定形節 S_0 を領域として AT+E+R+AGR がかかり, [$_{S0}$ Ann [$_{V'}$ have-Pres$_{[3SG]}$ [$_{V'}$ not [$_{V'}$ write-en the letter]]]] という表層構造に至る.

文否定の not とテンスとの関係について, 本書では not がテンスの外側にある深層構造 (22) (24)（この場合には not は接語形 n't）と not がテンスの内側にある深層構造 (27) (28) との 2 種類を認めた. 前者の深層構造にだけ (24) の NgP が適用されて, 定形助動詞＋n't の短縮形が表層構造に現れる. つまり, 表層構造の定形助動詞＋n't では not > Tense の解釈を表し, 一方表層構造で定形助動詞＋not の 2 語がこの順序で現れる場合には Tense > not の解釈を表していることになる. 実際, McCawley はつぎの例を挙げていた [627 note 17].

(i) *How much money didn't you spend? (not > Past の解釈)

第 2 章　テンス　　　67

(ii)　How much money did you not spend? (Past > not の解釈)
　　　(＝How much money remained unspent?)

7.　深層構造における多重テンス

　McCawley にとっての深層構造は意味・論理構造をもっとも良く反映した
統語構造なので (序章を参照)，時を表す副詞的表現 (time adverbials) との意
味的共起関係をもとに，深層構造におけるテンスを設定した.

(29)　a.　When John arrived, Mary had left an hour before.　[225]
　　　b.　When John arrived, Mary had already left.
　　　c.　When John arrived, two days earlier Mary had already left.
　　　d.　Ever since I started practicing surgery, my patients have usually
　　　　　taken a stiff drink an hour or two before I operated.
　　　e.　As long as I've been conducting radio talk shows, the people
　　　　　who call in have all lived in Chicago since they were children.

(29a) は，もし時間の参照点 (reference point) を過去の時点 when John ar-
rived から今現在 (＝発話時) に引き戻すと，主節の表す事態は Mary left an
hour ago ということになる. つまり，a は過去の過去 (過去の事態をさらに過去
にした「大過去」)，すなわち Mary leave という命題を Prop で表すと Past (Past
(Prop)) ということになる. (29b) は，もし参照点を過去の時点 when John
arrived から今現在に引き戻すと，主節の表す事態は Mary has already left と
いうことになる. つまり，b は現在完了を過去にしたもの，すなわち Past
(Pres (Past (Prop))) ということになる. (29c) は，もし時間の参照点を過去
の時点 when John arrived から今現在に引き戻すと，主節の表す事態は Two
days ago Mary had already left (過去の時点における過去完了) ということにな
る. この過去時の参照点をさらに今現在にもどすと，その事態は現在完了の
Mary has already left ということになる. したがって，(c) は現在完了を 2 度
過去にしたもので，Past (Past (Pres (Past (Prop)))) ということになる.
(29d) は，現在完了に過去 (Past) を埋め込んだと解釈される例である. My
patients take a sniff drink という命題を Prop で表すと，Pres (Past (Past
(Prop))) ということになる. また (29e) は，現在完了に現在完了を埋め込ん
だと解釈される例である. All the people who call in live in Chicago という
命題を Prop で表すと，Pres (Past (Pres (Past (Prop)))) ということになる.
　例えば，(29a) の深層構造は次のようになる (簡単のために時の修飾句は無視).

(30)

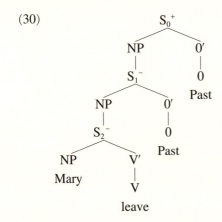

【深層構造についてのコメント】　(29a) の when John arrived は上位の Past を修飾し，an hour before は下位の Past を修飾する．

この深層構造から派生は以下のように進む．

・非定形節 S_1 を領域として E＋R＋TR がかかって，[$_{S1}$ Mary [$_{V'}$ have [$_{V'}$ leave-en]]] という構造に至る．
・定形節 S_0 を領域として AT＋E＋R がかかって，[$_{S0}$ Mary [$_{V'}$ have-Past [$_{V'}$ leave-en]]] という表層構造に至る．

次に，より複雑な (29c) の派生を考えてみる．深層構造（簡単のために時の修飾句は無視）は次の通りである．

(31)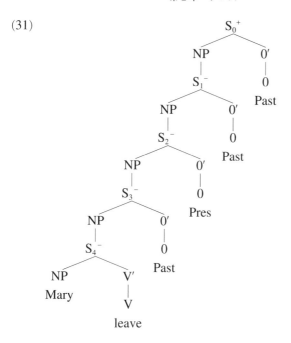

【深層構造についてのコメント】 (29c) の when John arrived は一番上の Past を修飾し, two days earlier は上から2番目の Past を修飾し, already は一番下の Pres + Past を修飾する.

この深層構造から派生は以下のように進む.

・非定形節 S_3 を領域として E + R + TR がかかって, [$_{S3}$ Mary [$_{V'}$ have [$_{V'}$ leave-en]]] という構造に至る.
・非定形節 S_2 を領域として E + R + TR がかかって Pres が削除され, [$_{S2}$ Mary [$_{V'}$ have [$_{V'}$ leave-en]]] という構造 (= S_3 の cyclic output) に至る.
・非定形節 S_1 を領域として E + R + TR がかかり, [$_{S1}$ Mary [$_{V'}$ have [$_{V'}$ have-en [$_{V'}$ leave-en]]]] という構造に至り, *Have* 削除 (10) がかかって [$_{S1}$ Mary [$_{V'}$ have [$_{V'}$ leave-en]]] という構造に至る.
・定形節 S_0 を領域として AT + E + R がかかって, [$_{S0}$ Mary [$_{V'}$ have-Past [$_{V'}$ leave-en]]] という表層構造に至る.

8. *Have* 削除適用の有無

　(32) のような非定形節で，現在完了 (Pres + Past) を過去 (Past) に引き戻した過去完了形の場合に，*Have* 削除がかかった形 (32b) とかかっていない形 (32a) とが存在し，特に *Have* 削除がかかっていない形 (32a) についての適格性判断に個人差が大きいことが知られている [226-7]．*Have* 削除がかかっていない形 (32a) を適格だと判断する話者の場合，この *Have* 削除という規則をそもそも習得していないのであろうと，McCawley は述べている．*Have* 削除が適用されている用例 ((32b) のように，非定形節で過去の表現が when の前置詞句と副詞 already と 2 つ必要) の頻度が低いので習得しない話者が存在するのであろうと，McCawley は推測した．

(32) a. %Nancy is believed to have had already mailed the letter when I talked to her. [221, 226-7]

　　 b. Nancy is believed to have already mailed the letter when I talked to her.

　 Cf. It is believed that Nancy had already mailed the letter when I talked to her.

実際，*Have* 削除が適用されていない実例はかなり多い．(33a, b) は非定形節の例で，(33c) は定形節の例である．

(33) a. The measures came too late. By the time Wuhan was locked down on Jan. 23, 5 million people from the city were estimated <u>to have had already dispersed</u> across the country and overseas, leading to the spread of the coronavirus to every single Chinese province and region. (https://foreignpolicy.com/2020/03/16/taiwan-china-fear-coronavirus-success/)

　　 b. Radjabov intentionally postponed announcing his withdrawal out of spite, despite <u>having had already made up</u> his mind. (https://chess24.com/en/read/news/what-to-do-now-with-radjabov)

　　 c. The vaccine should be offered regardless of whether someone <u>has already had been</u> infected with the virus or not. (https://www.co.door.wi.gov/DocumentCenter/View/3645/FAQ-COVID-19-VACCINE)

Chomsky (1957) では Aux → Tense (Modal) (have -en) (be -ing) とい

う句構造規則が（Affix Hopping とともに）提案されて，深層構造に単一の Aux という節点が設定された [260 note 3, 263 note 18]．この句構造規則に関して注意すべき点として，第一に，完了 have が 2 つ現れることがそもそも不可能になっている．第二に，(29) の例でみたようにテンスだけに限っても時の表現とテンスとの意味的共起関係を正確に捉えた深層構造を設定しようとすると，この Chomsky の句構造規則ではまったく不十分である．（私見だが，S 構造から LF を派生する理論では，このような時の副詞表現とテンスとの対応関係を捉えた構造が LF で派生できるのか，はなはだ疑問である．）第三に，表層構造で助動詞の連鎖が単一構成素 Aux をなしているということはありえない [216]．この点，McCawley の SCR [$_{V'}$ V V′] の繰り返し適用（例えば，[$_V$ must [$_{V'}$ have [$_{V'}$ been [$_{V'}$ being [$_{V'}$ examined by the doctor]]]]] のような表層構造）は，助動詞連鎖の表層構造を的確に捉えている．

9. 主語動詞一致

英語の場合には，テンスを伴った動詞である定形動詞（[$_V$ V-[$_0$ T]]）（[$_0$ T] はテンスを表す）は主語 NP と主語動詞一致（subject verb agreement）を示す．厳密に言うと，定形節の主語 NP とその節のテンス [$_0$ T] とが人称・数という一致素性（AGR）についてその値を共有する．一致は循環変形であり [243]，以下のように分析する．まず，定形動詞が「助動詞」の場合には，一致の適用は定形節（S$^+$）を領域として AT＋E＋R 適用後で，すなわち (34) の環境で適用される．

(34) 本書における主語と助動詞の一致

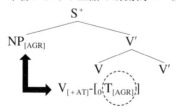

法助動詞や動詞過去形など形態上顕在的一致が現れない場合でも，もちろん一致は成立していると考えねばならない．すなわち，定形動詞は常に主語と一致した一致素性を伴っている．例えば，(35) のような V′ 等位接続の場合には，等位構造制約によってそれぞれの V′ の主要部 must と has が共通の値（ここでは 3SG）の一致素性を持っていると考えなければならない．

(35) John [$_{V'}$ [$_{V'}$ must be sleepy] and [$_{V'}$ has been drinking a lot of coffee]].

なお，受身変形，主語からの外置，tough 移動などの there 挿入以外の主語を変える変形 (subject-changing transformations) は，厳密循環適用原則に従って，テンスの内側で (つまり，AT の適用前に) すでに適用済みである．したがって，AT＋E＋R がかかることで下位の節の主語が上位のテンス節の主語として現れて，そこで一致がかかる (すなわち AT＋E＋R＋AGR という連続適用)．ただし，there 挿入の場合には，挿入のタイミングと主語動詞一致のタイミングの問題があるので別途扱う．

次に，定形動詞が「助動詞」(すなわち $V_{[+AT]}$-[$_0$ T]) でない場合には，循環後変形の TH や Do-support の前 (かつ倒置の前) に一致が適用される．すなわち，(36) の環境で一致がかかる．

(36) 本書における主語と定形本動詞の一致

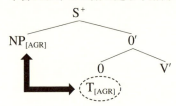

一致の後，一致素性を伴ったテンスが循環後変形の TH で主動詞に付く，あるいは，一致素性を伴ったテンスが倒置されて循環後変形 Do-support を受けて，do と一致素性を伴ったテンスとが一体化し，[$_V$ [$_V$ do]-[$_0$ T$_{[AGR]}$]] となる．

最後に，there 挿入での一致を考察する．この場合の深層構造として，試しに，McCawley に従ってテンスの外側に existential quantifier (∃) の Q′ が存在するという分析を考えてみる [635]．

(37)　There is an error in the proof.
McCawley の深層構造

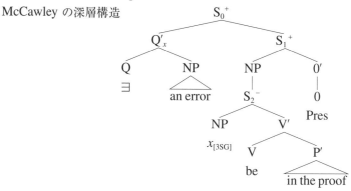

【深層構造へのコメント】 be 動詞は存在を表すので (existential *be*) 深層構造に存在すると分析する．また，an error は existential quantifier ∃ による Q′ として扱う．

　例えば，次のような派生が考えられる．一般的に，Q'_x に対応する束縛変数 x は，Q′ 繰り下げ（以下 Q′L）適用時点で，その Q′ に含まれる NP（この場合 an error）によってその一致素性の値（この場合 [3SG]）が決まっていると考えられる．例えば，(38a, b, c) では，それぞれの深層構造 (38a′, b′, c′) から Q′L で派生されるのだが，Q′ は最上位の束縛変数に降りて行き，その他の束縛変数は Q′ に含まれる NP の一致素性と同一の一致素性を持った代名詞として現れる．この Q′L に伴う現象を説明するためには，(i) 最上位以外の束縛変数は（変数としては individual variable なのだが）代名詞として現れる，(ii) その代名詞は Q′L 適用時点での Q′ を先行詞として，それと同じ一致素性を持つ代名詞が現れる，と本書では考えることにする．（詳しくは第5章 (10) と第9章 (43) の議論を参照．）この場合，束縛変数の代名詞化は Q′L の一環と（つまり Q′L の一部と）本書では考える．言い換えれば，束縛変数はその Q′ と同じ一致素性を持っていると考えることができる．

　なお，McCawley は，このような束縛変数が代名詞として現れる場合は，Q′L 適用後の NP と残りの束縛変数が同一指示となり，その同一指示関係から代名詞が一致素性を得ると考えていたようだ（[155] note 11 参照）．しかし，McCawley のように考えると，束縛変数の代名詞化が Q′L 適用後ということになり，厳密循環適用原則の違反が起こってしまう．

(38)　a.　A student submitted his report to his school before he died.

a′. [$_{Q'}$ ∃ a student]$_x$ [$_S$ Past [$_S$ x submit x's report to x' school before [$_S$ Past [$_S$ x die]]]].
b. Some students submitted their report to their school before they died.
b′. [$_{Q'}$ ∃ some students]$_x$ [$_S$ Past [$_S$ x submit x's report to x' school before [$_S$ Past [$_S$ x die]]]].
c. There is a dog in its kennel.
c′. [$_{Q'}$ a dog]$_x$ [$_S$ Pres [$_S$ x be in x's kennel]].

したがって，(37) の深層構造で束縛変数 x は対応する Q′ と同じ一致素性 3SG を持っていると考えることにする．さらに，existential *there* の人称は，There is/*am only me in the room のように，あらかじめ3人称と指定されていると考えられる．すなわち，there の一致素性は，その人称は既定 (3人称) で，数 (SG か PL か) と性 (M か F は N か) だけが未定であるという状況になっている．

(37) の深層構造で，S$_1$ を領域として AT＋E＋R＋AGR がかかり，(39) の構造に至る．ここで，1回目の一致がかかる．

(39)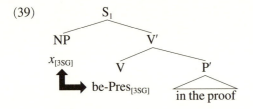

次に S$_0$ を領域として，まず McCawley の there 挿入 [635] がかかり，(40) の構造になる．ここで再び一致がかかって，there は [3SG] の一致素性を持つことになる．

(40)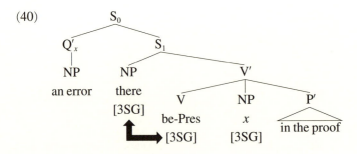

最後に Q′ 繰り下げがかかり，変数 x の位置に [$_{NP}$ an error] が降りて表層構造 (41) に至る．

(41)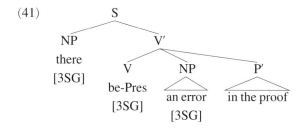

しかし，この派生には問題がある．there 挿入をかけた時点 (40) で領域が S_0 に上がっているにもかかわらず，一致が実質的に S_1 を領域として適用されている点である．これは厳密循環適用原則に違反している．

しかも，この分析では (42) のような非定形節を含む場合の一致がうまく説明できない．

(42) a. There {seems to be an error | seem to be errors} in the proof.
　　 b. There {is believed to be an error | are believed to be errors} in the proof.

この種のデータを説明するためには，テンスは外側（上位）にあり，その内側で there 挿入が適用され，一致素性を伴った there が繰り上げを受けると分析しなければならない．具体的には，(42a, b) の深層構造の一部に (43) の構造が含まれている．

(43)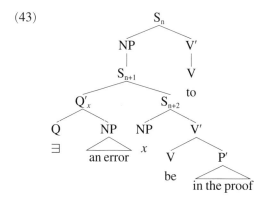

there の一致素性（3 人称既定，数・性未定）については，2 つの可能性が考え

られる．いずれにしても，there 挿入時点で there は一致素性を伴っていると考えることができる．一致素性を伴った there を [NP[AGR] there] で表す．

第一の可能性は，非定形節 S_{n+1} を領域としてまず there 挿入がかかり，次いで，この挿入された主語位置の [NP there] が Q′ に残っている NP an error をあたかも先行詞としてそこから一致素性を得て，その後に Q′L がかかる．（この状況は，Left Dislocation で主語位置の代名詞が主題位置の NP から一致素性を得るという状況と同じである．）

第二の可能性は，そもそも there は existential quantifier の具現化（(37)(40) 参照）なので，その there が存在を主張している存在物がただ 1 つなのか複数個なのか，またその性は何なのかに関する情報は，there 挿入適用時点ではすでに定まっているものと考えられる．例えば，次の例で his と言った時点でそれが単数か複数か定まっていることと同様である．

   (i)   His was a naturally apprehensive nature.

   (ii) I thought in my vanity of censorship that his were not true and sober words.

いずれにしても，挿入時点で there はすでに確定した一致素性を伴っていると考えることができる．本書では第二の分析を採用する．

一致素性を伴った [NP[AGR] there] は (43) において to による E+R を受ける．(42a) の場合には，さらに seem による E+R とテンスによる E+R を受け，[NP[AGR] there] と最上位の [0 Pres] との間に (36) の一致が適用され，この Pres が同一の一致素性を得る．最後に，一致素性を伴った Pres[AGR] が TH で seem に付く．一方，(42b) の場合には，目的語補文内で there 挿入がかかり，次いで [NP[AGR] there] に目的語への繰り上げと受身変形が適用される．[NP[AGR] there] が be believed の主語として現れ，AT+E+R が適用されて，[NP[AGR] there] が [V be-Pres] と（(34) の一致規則に従って）一致することで Pres が同一の一致素性を得ることになる．

このような一致素性を伴った [NP[AGR] there] が繰り上げを受けて上へ移動するという分析を徹底して，(37) の深層構造として本書ではテンスが外側で Q′ が内側という構造 (44) を採用する．

(44) There is an error in the proof の本書での深層構造

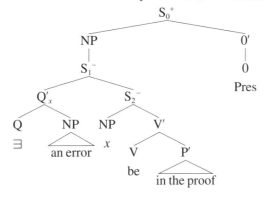

この深層構造から派生は以下のように進む．

- S_1 を領域として there 挿入と Q'L がかかり，主語 NP の位置に一致素性を伴った [NP[AGR] there] が挿入され，[S1 [NP[AGR] there] [V' [V be] [NP an error] [P' in the proof]]] に至る．
- S_0 を領域として AT + E + R + AGR がかかり，複合体 [V [V be]-[0 Pres[AGR]]] ができて表層構造 (41) に至る．

まとめ

　この章では，$SPhE^2$ におけるテンスの扱い方とそれに関する諸問題について検討した．第 1 節では，時の副詞類との共起関係を重んじた McCawley のテンスの扱い方を概観した．第 2 節では，McCawley 流の Tense Replacement と Have 削除について，その問題点を論じた．第 3 節では，Tense Replacement と Have 削除についてその改訂版 (9) (10) を提案した．第 4 節では，循環変形である Attraction to Tense と循環後変形である Tense Hopping の適用について考えた．第 5 節では，循環変形である疑問文倒置と循環後変形である Do-support について考察した．第 6 節では，文否定の not とその接語形 n't をテンスや助動詞や to と同様に，繰り上げ述語として扱うことを提案した．接語形 n't に関する Negative Placement (NgP) (24) を提案した．第 7 節では，McCawley に従って深層構造における多重テンスの必要性について考えた．第 8 節では，Have 削除が適用されない用例が存在することと，それはなぜなのかについて McCawley の考えを紹介した．第 9 節では，主語動詞一致を McCawley に従って循環変形 (34) (36) として定式化した．また，

there 挿入の there （代名詞扱い）の一致素性（特に，その数素性）決定について，there は挿入時点で一致素性を伴っているという提案と，テンスの内側に存在数量詞の Q' が存在する深層構造 (44) を提案した．この結果，繰り上げが適用される段階では，一致素性を伴った there が繰り上がっていくことになる．

第 3 章　助動詞

はじめに

　この第 3 章では，*SPhE*[2] の Chapter Eight Auxiliary Verbs [215-66] の内容を検討する．その準備として，第 1 章では McCawley の繰り上げ（raising）の扱いについて検討した．また，第 2 章では彼のテンスの扱いについて検討した．これまでの章での主な結論は次の通りである．

【第 1 章より】
・McCawley の繰り上げを，繰り上げ述語の主語位置の節をその補部位置へ外置（extraposition）（以下 E）することと，その外置された節の主語 NP を空き家になった繰り上げ述語の主語位置へ移動する繰り上げ（以下 R）とに分解する．同一領域における E と R の連続適用を E+R と表記する．ここで，E → R は feeding order である．派生の各段階で機能していない節点を削除する変形を tree-pruning（刈り込み）と呼ぶ．

(1)　E+R

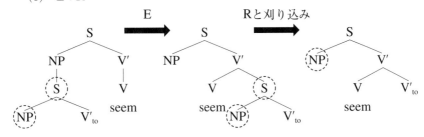

テンス (Pres または Past; まとめて T で表す) の場合

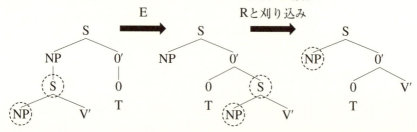

- to 不定詞句の to を，法助動詞と同様に modal な意味を担うものと考えて，統語範疇を動詞 (V) (つまり「法動詞」，しかも語形は原形だけ) と分析し，繰り上げ述語として扱う．したがって，法助動詞と同様に E+R が適用される．ただし，to は $V_{[+AT]}$ ではないので AT の適用は受けない．また原形だけなので TH の適用も受けない．E+R の適用により，表層構造において [$_V$ to] は V′ を補部に取り [$_{V'}$ [$_V$ to] V′] という構造を成す．この動詞句を V'_{to} で表記する．

- McCawley の Attraction to Tense (以下 AT) は，定形節 (S^+) を領域としてテンスを帯びていない「助動詞」$V_{[+AT]}$ がテンス [$_0$ T] の位置に引き上げられてテンスと一体となり，[$_V$ $V_{[+AT]}$-[$_0$ T]] という複合体を成すという循環変形である．(動詞 $V_{[+AT]}$ に屈折接辞相当の [$_0$ T] が付いたのでこの複合体の統語範疇は V である．) この直後に E+R が適用される．ここで，$V_{[+AT]}$ は AT の適用を受ける動詞 (すなわち「助動詞」) を表す．同一領域 (S^+) における AT と E と R と AGR の連続適用 (これも feeding order) を AT+E+R+AGR で表す．

(2) AT+E+R

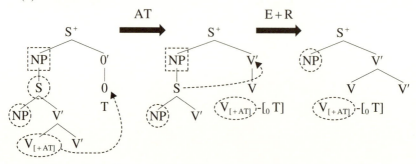

【第2章より】

・McCawley の Tense Replacement（以下 TR）の改訂版として (3) を提案した．ここで TR は E + R 適用後に同一領域 S⁻ で適用される．E + R + TR の連続適用は feeding order である．なお，S⁻ は非定形節を表す．

(3) 本書での TR

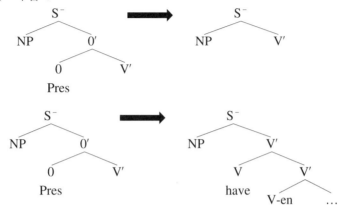

TR により，[₀ Pres] は削除され，[₀ Past] は have_en に置き換えられる．実際には，この置き換えに伴って [ᵥ have] の補部 V′ の主要部は V-en（過去分詞形）に変わる．

・McCawley の *Have*-deletion（以下「*Have* 削除」）の改訂版として (4) を提案した．

(4) 本書での *Have* 削除

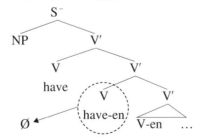

・文否定の not とその接語形 n't をともにテンスと同様に統語範疇 0 の繰り上げ述語として扱うことを提案した．ただし，not には E + R が適用される一方，n't には接語ゆえに Negative Placement（NgP）が適用される．

これは，[ᵥ V_{[+AT]}-[₀ T]] を引き寄せて [ᵥ [ᵥ V_{[+AT]}-[₀ T]]-[₀ n't]] という複合体を成す変形である．その後に E+R が適用される．NgP+E+R の連続適用は feeding order である．
- not に関して [ᵥ'₋ [₀ not] V'⁻] という SCR（ここで V'⁻ は非定形 V' を表す）を提案した．これにより，Mary does [not [like the boy]]. は文法的と判断され，一方，*Mary [not [likes the boy]]. のような文は非文として排除される．
- McCawley に従って，主語動詞一致（Subject-verb agreement, AGR）を循環変形として (5) のように定式化した．
- there 挿入の there の一致素性 AGR については，その人称は 3 人称とあらかじめ指定されていて，性・数だけが未指定である．
- Existential quantifier の具現形である there は，挿入の時点で問題の存在物は何なのかは話者にはわかっているはずなので，一致素性を伴った there ([_{NP[AGR]} there]) が挿入されるという提案をした．
- 定形の there 構文では，時制の内側に existential quantifier の成す Q' が存在するという深層構造を提案した．

(5) 主語動詞一致と there 挿入での一致

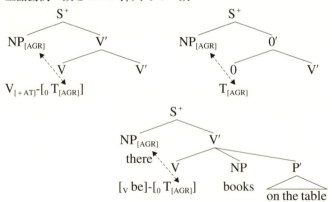

以下の記述におけるかぎかっこ付きの数字は，$SPhE^2$ の該当ページを表す．

1. いわゆる「助動詞」とは？

いわゆる「助動詞」という語類を特徴づける統語的性質として次のような現象がある．

【Not の分布に関して】

文否定の not は，テンスを有する（すなわち定形の）「助動詞」の直後に現れるが（例えば Mary will / does not speak Japanese.），定形本動詞の場合にはその直前にも直後にも現れない（例えば *Mary not speaks Japanese. *Mary speaks not Japanese.）．また，定形「助動詞」だけが not の接語形 n't による短縮否定形（can't, won't, don't など）を作る．

【倒置】

疑問文（と付加疑問文，また，その他いくつかの環境）で，定形「助動詞」だけが主語 NP の直前に現れるという倒置を起こす．

【V′ 削除】

少なくとも 1 つの「助動詞」（ないしは，「助動詞」に相当する be 動詞や to）を残して，その直後の補部（ほとんどの場合には V′）が削除される．

【強調（McCawley の retort）】

肯定文の肯定性をそれと対応する否定文との対比で際立たせるために，また否定文の否定性をそれと対応する肯定文との対比で際立たせるために，定形「助動詞」（否定文では，定形「助動詞」の短縮否定形）に対照強勢（contrastive stress）が置かれる [252]．McCawley は肯定文 retort（例えば，Mary DOES speak Japanese.）に伴う *Do*-support がどのように発動されるのかに関して何も語らなかった．もちろん，否定文 retort の場合には，n't を含む短縮否定形が否定性を担うので対照強勢を伴う（例えば Mary DOESN'T speak Japanese.）．また，文否定の not が現れる場合にはこの not が対照強勢を伴う（例えば Mary does NOT speak Japanese.）．

　この肯定文 retort の *Do*-support の発動について，本書では次の分析を提案する．接語 n't の分析（第 2 章（24）を参照）と同様に考えて，肯定文 retort の文の深層構造最上位に肯定性（positivity）を表す $[_0 \text{Pstv}]$ を設定し，表層構造でこれが付いた定形助動詞が（対応する否定文との対比で）対照強勢を受けると分析する．

　　(7)　肯定文 retort の深層構造

　　　　Mary DOES speak Japanese.　(cf. Mary DOESN'T speak Japanese.)

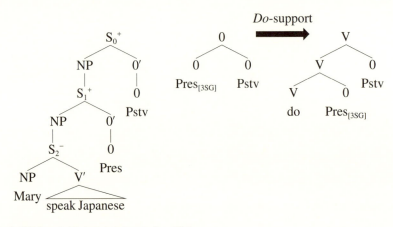

この深層構造から派生は以下のように進む.

- 定形節である S_1 を領域として E+R+AGR がかかり, Mary [$_{0'}$ [$_0$ Pres$_{[3SG]}$] [$_{V'}$ speak Japanese]] の構造に至る.
- S_0 を領域として, n't の場合や AT の場合と同様に考えて, テンス Pres$_{[3SG]}$ が Pstv に引き上げられて一体となり, [$_0$ [$_0$ Pres$_{[3SG]}$]-[$_0$ Pstv]] を形成する. その後に E+R がかかり, Mary [$_{0'}$ [$_0$ [$_0$ Pres$_{[3SG]}$]-[$_0$ Pstv]] [$_{V'}$ speak Japanese]] という前表層構造に至る.
- [$_0$ [$_0$ Pres$_{[3SG]}$]-[$_0$ Pstv]] に対して循環後変形である Tense Hopping (以下 TH) はかからないので (TH は一致素性を伴った Pres ないし Past だけを対象として適用されるので), *Do*-support がかかって表層構造にいたる (右側の図を参照). does-Pstv は対照強勢を受けて DOES として実現することになる.

McCawley にとっては, いわゆる「助動詞」は ("Aux" や "I" などとして動詞から区別されるべきものではなく) 単に V' を補部に取る動詞 (V) に過ぎなかった. 彼のことばを借りれば "auxiliary verbs as main verbs" [220, 572] である. McCawley は次の類型論的事実を, "auxiliary verbs as main verbs" の根拠の1つと考えていた [44-5]. すなわち,「助動詞」が「本動詞」の成す V' の前に来るのか後ろに来るのかは, 動詞がその補部に非定形 V' を取るときに動詞がその非定形 V' の前に来るのか後ろに来るのかと強く相関する. (つまり,「助動詞」はあたかも補部に非定形 V' を取る動詞のように振舞っている.) 一方, 助動詞＜本動詞の語順は決定詞＜名詞の語順とは類型論的に相関しない. (つまり, D がその後ろに補部 NP を採るということと, I ないし T がその後ろに補部 VP を採ることとは類型論的には無関係である.)

第 3 章 助動詞 85

【補足】 McCawley は自身の助動詞分析を "auxiliary verbs as main verbs" と
呼んでいたが，それは二重の意味でそう呼んでいたものと筆者には思える．1 つ
の意味は，上に述べた通りで，「助動詞」は表層構造で V′ を補部に取る動詞で，
ただ AT を受ける点だけが異なる動詞である（つまり $V_{[+AT]}$），という意味であ
る．もう 1 つの意味は，"... in the underlying structure each auxiliary verb is
the main verb of its own S" [101] から分かるように，「助動詞」は深層構造で節
を主語に取る 1 項動詞（seem や appear と同じ繰り上げ動詞）である（つまり $[_S [_{NP}$
S] $[_V$ V]] における V である）という意味である．

　ただし，この「助動詞」という語類は AT を受けるという点で他の動詞とは
異なると McCawley は分析した [254] (McCawley (1973/1976: 257 note 1))．
実際，「助動詞」が短縮否定形を形成する場合，倒置を受ける場合，強調（Mc-
Cawley の retort）の場合には，その前提として，その「助動詞」がテンスを有す
る（つまり，定形である）こと，すなわち AT という循環変形の適用を受けた動
詞でなければならなかった．つまり，循環変形 AT の適用によって「助動詞」
がテンスと一体となることがこれらの現象の前提となっている．
　McCawley が語の統語範疇を決定する際には [186-214]，当該の語が成す句
に関する internal syntactic な要因と external syntactic な要因 [192] に加え，
その語自体の形態的性質も重視した [187, 197, 216]．これらの観点から「助動
詞」という語類を振り返ってみる．まず，形態的性質については，この語類は
通常の動詞と同様にテンスと結びつき，さらに法助動詞を除けば，非定形（原
形，現在分詞形，過去分詞形）が揃っている．これらは動詞の形態的特徴である．
次に，external syntactic な要因について考えてみる．表層統語構造において，
「助動詞」を主要部とする句は，例えば他の V′ と等位接続が可能である，他の
V′ と同様に副詞での修飾は可能だが，形容詞での修飾は不可能である，他の
V′ と同様に主語 NP を補って（定形）節を形成するなど，通常の動詞句（V′）
と同じ振る舞いを示す．最後に，internal syntactic な要因について考えてみ
る．「助動詞」は V′ を補部に取る．この点は，他の V′ を補部に取る動詞と共
通である．しかも，法助動詞と同様に原形 V′ を補部に取る動詞（help など）も
存在する．完了 have や受身 be と同様に過去分詞形 V′ を補部に取る動詞（get
や remain など）も存在する．進行 be と同様に現在分詞形 V′ を補部に取る動
詞（keep など）も存在する．
　上述したように，「助動詞」と本動詞との唯一の違いは，前者（本書では
$V_{[+AT]}$ で表示）は循環変形 AT の適用を受けてテンスを帯びるが，後者は AT
ではなく循環後変形 TH の適用を受けてテンスを帯びるという点である．「助

動詞」というものを，McCawley のように「AT の適用を受ける動詞」として
規定した場合には，節内の唯一の動詞であるという意味で本動詞であっても
AT を受けて助動詞のように振る舞う本動詞が存在しても何ら不思議はない．
例えば，be 動詞やイギリス英語における所有の have などである [238]．英語
の動詞という品詞の中では，「AT を受ける」（(2) における [+AT]）ということ
が有標で，「AT を受けない」ことが無標である．

　また，McCawley の見方は英語と類縁関係にある言語との見通しの良い比
較・対照を可能にする．例えば，英語と同じゲルマン語であるドイツ語の場合
には，すべての定形動詞は yes/no 疑問文で倒置されて文頭に立つ．すなわち，
すべての動詞が AT の適用を受けるということである．つまり，動詞という品
詞の中に，AT の適用を受けるかどうかという区別がないことを意味し，した
がって，Do-support のような現象も存在しないことになる．（もし，「助動詞」
という品詞を「普遍的な品詞」として立てると，ドイツ語のような言語ではこの品詞が
存在しないということになり，「助動詞」という品詞の普遍性が問題になる．）この点に
関しては，動詞の素性 [AUX] との関連で Ueno (2014: 49) を参照．

2. 法助動詞について

　may や must などの法助動詞は表層構造では定形しか存在しないが，Mc-
Cawley の場合には深層構造でテンスと法助動詞本体とに分けて分析した [229,
571]（第 1 章第 6 節参照）．したがって，法助動詞本体は AT により必ずテンス
をもらわなければならない．McCawley の分析の長所は，助動詞の直後に現
れた遊離数量詞に関するスコープ曖昧性が説明できるという点である（第 1 章
第 6 節参照）．

　法助動詞の特徴は，上述のように定形しか存在しないことである．すなわ
ち，表層構造では必ず Pres または Past を伴っている．定形しか存在しない
ので，もちろん，原形，現在分詞形，過去分詞形は存在しない．つまり，法助
動詞は欠如的形態 (defective morphology) を示す．しかも，法助動詞の中に
は，現在形のみで過去形を欠いているものが存在する．例えば，must は現在
形 (must-Pres) としてはだれもが認めるが，過去形 (must-Past) としての must
の使用は認めない話者が多い．実際，When I received the news, I must
leave. のような例では適格性判断が分かれる [261 note 5]．この現象が意味す
ることは，Chomsky (1957) での Aux → Tense (Modal) (Have -en) (Be
-ing) という分析でも，過去時制を伴った must（つまり must+Past）を排除す
るために，何らかの仕組み（表層フィルターや must+Past に対応する音素列が存在

しないなど）が必要だということである.

　法助動詞の2つ目の特徴は，その補部 V′ の主要部に原形を要求することである. したがって，原形を持たない動詞は法助動詞の後ろに現れることができない. 例えば，法助動詞の後ろにもう1つ法助動詞が現れることは原則として不可能である.（ただし，McCawley (1979: 260 note 6; [261 note 7]) を参照.）興味深いのは，本動詞と法助動詞の両方に使える need の場合でも，法助動詞として使った場合（例えば need + not + 原形 V′）には，（本動詞としてはすべての活用形が揃っているにもかかわらず）やはり定形しか存在しない. 実際，*Sam is believed to need not go home. も *Sam's needing not go home is remarkable. もともに不適格である. また，Fred is to leave at 5:00. における be to も原形 V′ を補部にとって法助動詞として働く（McCawley (1979: 260 note 6; [263 note 19])）. この場合も，be 動詞自身は活用形がすべて揃っているにもかかわらず，この法助動詞としての用法の場合には定形しか許さない. 実際，*Fred is believed to be to leave at 5:00. も *Fred's being to leave soon is scandalous. も *Fred may be to leave at 5:00. もすべて不適格である [263 note 19].

　この点に関して私見を述べる. この現象（すなわち，本来は活用形がすべて揃っているにもかかわらず，法助動詞として使われた場合には定形しか使えなくなるという現象）は，法助動詞という語類が広い意味でモダリティ（modality）を表すという意味的特性に起因すると考えられる. 日本語古文の場合でも，もっぱらモダリティだけを担う助動詞「む」や「じ」など（形態的には語ではなく接辞）は，非定形（未然形と連用形）は存在せずに，終止形，連体形（係助詞「ぞ，なむ，や，か」による結びとしての文末終止），已然形（係助詞「こそ」による結びとしての文末終止）という定形しかその活用形が存在しない. 蛇足だが，モダリティを担う古文助動詞に定形しか存在しないということは，動詞語幹から始まって一連の「助動詞」（形態的には接辞）が接続したときに，その本動詞語幹＋助動詞連鎖の末尾（縦書きなら一番下）にモダリティ助動詞が現れるということを意味する. これは，英語の場合の助動詞連鎖＋本動詞の中で法助動詞がその先端に現れる現象と同じことである.

　法助動詞が定形しか存在しないという現象，すなわち，その形態的欠如は，したがって，究極的にはそのモダリティという意味的特性から説明されるべきであろう（例えば，Langacker (1991: 241) などを参照）. また，法助動詞が原形を補部に取るという性質も，モダリティという意味特性から説明できるのかもしれない. モダリティで描かれる事態は非現実事態であり，それは日本語古文の場合は未然形が表していると言われている. 実際，「む」と「じ」は未然形接続である. 同様に考えると，英語の場合は，動詞活用形の中で非現実事態を語る

ことのできる語形（非現実の色に染めることのできる活用形）は，仮定法での過去形を別にすれば，（例えば仮定法現在のように）原形であると言えるのではないだろうか．この原形の性質は，例えば現代日本語における動詞の場合に，英語の原形に相当する終止形（ル形）が，その叙法的無標性のゆえに文脈次第では非現実・未現実を表すことが可能になっているという事実（例えば，「戦争が終わるように祈る」と呼応する（上野（近刊）を参照））．

アメリカ南部方言の中には，You might could have been killed yesterday. のように 2 つないし 3 つの法助動詞を許す方言がある [261 note 7]．このような例では（法助動詞が 3 つ並んだ場合も含めて），McCawley に従って，最後のもの（すなわち，原形動詞直前の法助動詞）だけが定形法助動詞として機能していて，それ以外の法助動詞は再分析により副詞（Ad-S 由来の Ad-V'）として機能していると分析する．この点に関して，英語の maybe（語源的には it may be that の短縮）やフランス語の peut-être が文修飾副詞として成立したという事実はきわめて示唆的である．

3. 完了 have

McCawley の 1971 年の論文 Tense and time reference in English (McCawley (1973/1976) に再録；初出は 1969 年 4 月 15 日オハイオ州立大学での口頭発表）以来 1999 年に亡くなるまで McCawley の英語テンス分析の土台になっていたのは，Hofmann (1966) の Past tense replacement and the modal system という論文（McCawley (1976) に再録）であることはよく知られている．

本書の原稿を準備中の 2021 年 3 月に，この論文の著者である Hofmann 氏が長らく日本に滞在して様々な大学で教鞭を執りすでに亡くなられていたことを知って，非常に驚いた．氏は，影山太郎氏と共著で 1986 年に『*10 Voyages in the realms of meaning*──10 日間意味旅行』というタイトルの教科書をくろしお出版から出版なさっていた．これは当時言語学・意味論入門用の教科書としても非常に人気のあった本であったと，筆者も記憶している．くろしお出版のウエブサイトには氏について次の記述が残っていた（2021 年 3 月にアクセス）．「1937 年シカゴ生まれ．イリノイ大学（物理学専攻）から MIT の大学院を経て，パリ第 4(新ソルボンヌ）大学で言語学の博士号取得．アメリカ，カナダ，フランス，中国，日本で研究と教育に従事し，欧米では機械翻訳のプロジェクトにも参加．島根大学，富山大学，北陸大学，熊本県立大学で教鞭をとり，1994 年没．」第 2 章の第 2 節と第 3 節で検討した McCawley の TR と *Have* 削除 [222-3] は Hofmann 氏の提案に基づくものであった．

McCawley は TR と *Have* 削除を採用したので，表層構造における現在完了形に対応する深層構造は少なくとも 1 つの Pres が少なくとも 1 つの Past を埋め込んだものという可能性を許している．つまり，深層構造で（核になる命題を Prop で表すと）最上位のテンスが Pres である Pres（…(Pres（Past（…(Past（Pres（Past（Prop))))…)))…）など無数の多重テンス（"a stack of tenses"）が TR と *Have* 削除の適用により表層構造では現在完了として実現する．過去完了についても同様で，深層構造で最上位のテンスが Past で，ほかにもう 1 つ Past が多重テンスに現れていれば，どのようなテンスの組み合わせでも過去完了として実現する．テンスと時の副詞的表現との共起関係を深層構造で捉えようとすると，このように多様な多重テンスの可能性を認める必要があった（第 2 章第 7 節参照）．なお，現在完了と過去完了の意味分析については，McCawley（1973/1976: 262-72），McCawley（1981a），McCawley（1993: 438ff.），上野（2020: 319-347）を参照．

McCawley のテンス分析では，表層構造に現れるすべての完了 have は深層構造の Past に由来する．したがって，Past + Past などから have の連続が生じる場合には，*Have* 削除で余分な下位の have が削除される．しかし，Mc-Cawley が指摘したように [226, 262 note 10]，この *Have* 削除を習得していない話者が存在する．実際，*Have* 削除がかかっていないために 2 つの完了 have が表層構造に現れる例は，McCawley が指摘した非定形節（to have had や having had の形で）に限らず定形節（have had や has had の形で）にも頻繁に起こる（第 2 章第 8 節参照）．*Have* 削除 (4) そのものは非定形節（S⁻）を領域にして適用されるのだが，それが適用されない場合には，上位の非定形の have が下位の have-en を保ったまま，その後の AT の適用によりテンスを得て帯びて表層構造に現れることになる．つまり，*Have* 削除がかからない場合に，二重の have が非定形節のみならず定形節にも起こり得る．実際，定形節でもそのような例が多いことを第 2 章第 8 節で指摘した．

興味深い点は，現在分詞形/動名詞形の場合には double *-ing* constraint が知られていて [323]，隣接する -ing 形は不適格と判断される場合がある．また，これと同様に，隣接する同一形態（例えば，隣接する同一前置詞など）も不適格と判断される場合がある [321]．第 7 節で取り上げる二重の be を避ける話者もこのような制約に従っていると考えられる．このような効果は，*Have* 削除を習得していない話者の中には見られないようだ．つまり，同一形態の連続である had had V-en を適格だと判断する話者が存在する．実例を 2 つ挙げる．（この場合，2 つの had は同一発音だが，前の had は過去形で後ろの had は過去分詞形であるので語形が異なる点に注意．）

(6) 過去形 had + 過去分詞形 had の例
   a. At least 27 people died when they were thrown overboard. According to local media, many of those on board had had been leaving the capital, Honiara, after the government told people to return to their home islands ahead of a potential virus lockdown.
   (https://www.bbc.com/news/world-asia-52268119)
   b. McCloskey took an interest in Cook's case in 1990. He and his group had had been working to exonerate wrongly convicted inmates since 1983.
   (https://www.texasmonthly.com/the-culture/the-usual-suspect/)

4. 進行 be

　表層構造においては，進行 be ((7) では be_{PROG}) はその補部に現在分詞形 (ing 形) を主要部とする V' を取る．McCawley の場合には，この現在分詞の接辞 -ing を Comp として扱い，Complementizer Placement によって当該動詞に付くと分析した [230] (McCawley (1973/1976: 258))．例えば，McCawley によれば現在進行形の文 (7) は次のように派生される．

(7) The FBI is investigating Max. [230]
　　深層構造

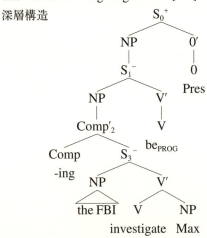

・S_3 を領域として，もし受身をかけるならこの領域でかけることになる．
・$Comp'_2$ を領域として Complementizer Placement がかかり，-ing が [_V

investigate] に付く．
- S_1 を領域として E+R がかかり，$[_{S_1} [_{NP}$ The FBI$] [_{V'}$ be $[_{V'}$ investigating Max$]]]$ に至る．
- 定形節 S_0 を領域として AT+E+R+AGR がかかり，表層構造 $[_{S_0} [_{NP}$ The FBI$] [_{V'}$ be-Pres$_{[3SG]} [_{V'}$ investigating Max$]]]$ に至る．

この McCawley の分析では，進行 be の補部に現れる V-ing（以下進行 -ing）も，Acc -ing や Poss -ing に現れる -ing 形（以下補文 -ing）も，すべて深層構造では Comp ということになってしまう．しかし，両者の分布は異なる．進行 -ing は進行 be の補部 V' の主要部であり，この補部 V' は意味的に動作や過程を表すものに限られる．一方，補文 -ing にはこの意味的制限がなく，この -ing は Past に由来する完了 have を含め，法助動詞以外の V' の主要部動詞（状態動詞を含む）すべてに付く．

両者を区別するために，本書では，進行 -ing については，進行 be ((7) の深層構造での be$_{PROG}$) が V' を補部に取った段階で（つまり E+R 適用後に），(8) に示したように be$_{PROG}$（以下では have$_{en}$ にならって be$_{ing}$ と表す）の語彙的性質としてその補部 V' の主要部 V が -ing 形で現れると分析する．（一般的に，X という語がその補部の主要部に特定の語形を求める場合に，それは単に X という語の語彙的性質が現れたと見なすだけで，補部の主要部の語形を変える操作を独立した変形とは考えない．もし独立した変形と考えてしまうと，厳密循環適用原則の違反が起こってしまう．）なお，have$_{en}$ の場合にならって，be$_{ing}$ の場合でも，その補部 V' の主要部 V が -ing 形で現れた後では，be$_{ing}$ を単に be と表記する．

(8) 進行 be とその補部 V'

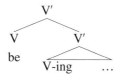

これは，完了 have$_{en}$ がその補部に V' を取った段階でその主要部 V が過去分詞形 V-en に変わり，その結果，完了助動詞そのものは単に have と表記されるという分析と同じである（第2章第3節参照）．つまり，have$_{en}$ の en にも be$_{ing}$ の ing にも上位の主要部から下位の主要部への Affix Hopping の解釈を当てはめていることになる．

一方，補文 -ing については，第1章第2節で述べたように，その扱いについては別途議論が必要である．まず，McCawley の分析は，(7) のように

-ing は深層構造で Comp であり，補文標識配置により [Comp' [Comp -ing] [S- NP V']] おける V' の主要部に付くというものである．この分析の代案としては，深層構造における補文 -ing を Comp ではなく，屈折接辞として現れるテンス [0 T] と同様に [0 -ing] と分析するというものである．これには2通りの可能性がある．1つは，(9a) である．あたかも AT のように，下にある動詞が [0 -ing] の位置に上がり，[v V [0 -ing]] という複合体を成すというもの．その後にいつも通りに E＋R が適用されることになる．もう1つは，(9b) である．上にある [0 -ing] が下の動詞に降りて一体化するというものである．

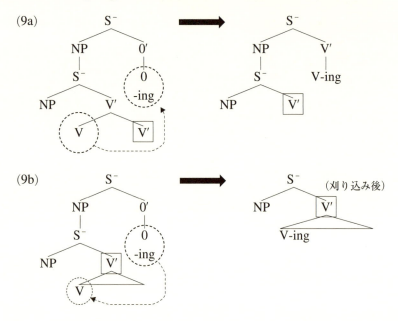

補文 -ing の McCawley による Comp 分析についての疑問点は，Russia('s) invading Ukraine などの -ing 節は深層構造で Comp' を成すわけだが，表層構造で Comp' らしさに欠ける点である．例えば，-ing 節の先頭に疑問詞であれ関係詞であれ wh 句が現れることは不可能である．これは -ing 節の先頭に（表層構造で）Comp 位置が存在していないことを示していると理解できる．

McCawley の気持ちに寄り添って考えれば，-ing が補文標識配置で動詞に付いた後は，Comp 位置が空になるので，Comp 節点がその母の Comp' 節点とともに刈り込みにより削除されたとも考えられる（(10) 参照）．しかし，もし -ing 補文の間接疑問文 (embedded interrogative) が存在したと仮定すると，その補文の深層構造での Comp は [Comp Q, -ing] となる．(McCawley の場合に

は，[_Comp for, to] のように Comp 節点に 2 つの要素が入ることを許していた．）もしそうならば，補文標識配置で -ing は直下の動詞に降りて行き，Comp には Q が残っているので wh 移動が可能になる．したがって，-ing を Comp として扱うと，McCawley の分析は -ing 補文の間接疑問文を許すことになってしまう．

(10)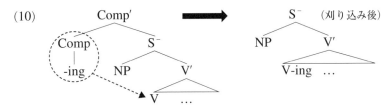

(9a) の分析の問題点は，-ing により引き上げられる動詞が完了 have や受身 be などもともと AT を受ける資格のあるものの場合には，その補部が V′ なので問題が起こらない．「助動詞」が引き上げられて V-ing が形成され，その後問題なく E+R が適用できる．ところが本動詞の場合には，V-ing 形成後にうまく E+R が適用できない状況が生じる．例えば，当該本動詞が NP と P′ を補部に取る場合を考えてみる．動詞が -ing に繰り上がった後で，動詞を欠いた S に無理に E+R をかけることになる．

(11)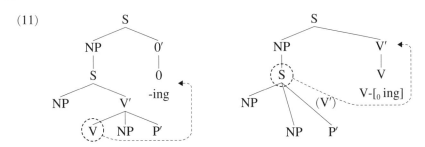

さらに問題なのは，E の後で R を適用するのだが，これでは V-ing が繰り上げ述語ではないにもかかわらず繰り上げ述語として扱われてしまうということである．したがって，この (9a) は破棄せざるをえない．

本書では [_0 -ing] から V への繰り下げ変形である (9b) を採用する．これにより，本書の立場では Comp は that と for の 2 つだけとなり，補文標識配置という循環変形は不要になる．この点を確認する．McCawley の補文標識は次の 4 種類であった．

    a. that   b. for, to   c. acc, -ing   d. 's, -ing

このうち，補文標識配置が関わるのは b, c, d である．まず b の場合，McCawley は補文標識配置で to を直下の V' に付加した．本書では，to を法動詞 [$_V$ to] として扱い，繰り上げ述語として分析する（第1章 (7c) 参照）．次に，c と d の -ing については本書ではこれを [$_0$ -ing] として扱い，ただし [$_0$ -ing] が直下の動詞に繰り下がると分析する ((9b) 参照)．c の acc については，本書では非定形節用の SCR [$_{S^-}$ NP$_{acc}$ V'] を設定し，これに任せる（第6章 (3d) 参照）．この SCR は [$_{Comp}$ for] (McCawley の [$_{Comp}$ for, to]) が導く非定形節の主語が対格で現れることも ([$_{Comp'}$ for [$_{S^-}$ NP$_{acc}$ [$_{V'}$ to V']]] のように) カバーする．最後に，d の 's については，Equi と組み合わせることにより，通常の属格 NP と同じ扱いをする（第6章 (7c) 参照）．

5. 受身 be

McCawley の受身変形は，もっとも単純な形で ("a pristine form" [123, 249]) 述べられていて，他動詞を governor とし，その他動詞の成す非定形節 S$^-$ を領域として適用される．したがって，他の助動詞やテンスは受身変形の適用領域に含まれていない [41-2, 242, 249]．しかも，McCawley は受身 be の出現も受身変形の一部として組み込んだ．彼の受身変形は以下の通りである [87]．

(12)　McCawley の受身変形

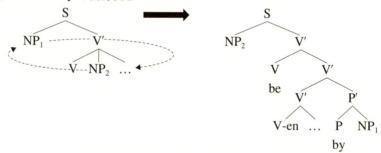

ただし，動作主を表す by 前置詞句 (P'$_{by}$) が現れない受身文 (reduced passive)（例えば，The Earth was formed 4 billion years ago. Chomsky's *Syntactic Structures* was written in 1956. [91]) では，McCawley は深層構造の動作主に抽象的な Unspec を設定し，受身変形適用後に循環後変形で前置詞句 by Unspec を削除するという扱いを採用した [92, 173]．

　McCawley は，受身変形で主語になる NP（つまり能動態の目的語 NP）と governor の V とは V'-mate の関係になければならないという条件を述べてい

る [90]．これは，目的語 NP を支配する最初の V′ と V を支配する最初の V′ とが一致するという条件であるが，このままではこの条件は誤りであろう．この条件を深層構造に関する条件と理解しても，受身変形の入力に課される条件と理解しても，[$_S$ NP [$_{V'}$ V [$_{NP}$ (Comp) [$_S$ NP V′]]]] のような行為者と補文とを取る 2 項動詞の場合に，主節の動詞と補文の主語とは V′-mate の関係になってしまうからである．

　受身変形の一部として受身 be の出現を組み込む必要があるのかどうかという吟味は $SPhE^2$ では行われていない．おそらく，McCawley は受身変形に伴って現れる「受身助動詞」が言語ごとに異なっているので（例えば，ドイツ語では "become" の意味の werden，日本語では自発・可能の接辞 -(r) are-），その指定も個別言語の受身変形に組み込んだものと思われる．しかし，have や get など受身 be を伴わない受身 V′ を補部に取る動詞が存在することや，分詞構文や付帯状況 with での受身 be を伴わない受身 V′ が現れるなどの場合を考慮して，本書では受身 be を含めない受身変形を提案する．（もちろん，McCawley のように be 動詞を含めて受身変形を定義した場合には，be が不要な環境では「be 削除変形」を設ける必要がある．）

(13)　本書での受身変形

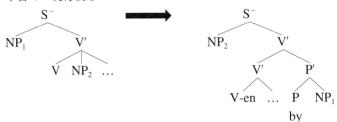

受身変形 (13) は，次の 3 つの要因が組み合わさった結果である．

(A)　他動詞の目的語（＝受動者）が受動態では主語として現れる．
(B)　他動詞の主語（＝動作主）は受動態では現れないことが多いが，もし現れる場合には P′$_{by}$ として現れる．
(C)　受動態では動詞が過去分詞形（V-en）に変わる．

　第一に，主語 NP の位置は，一般的に SCR [$_S$ NP V′] の NP 位置であるので，(A) により，能動態の目的語 NP は受動態ではこの NP 位置に現れる．第二に，(B) は P′$_{by}$ が動詞補部ではなく何らかの付加詞であることを示唆している．特に，変形の出力は一般に入力の構造をできる限り保とうとする傾向

があるので，入力側の他動詞が取る補部構造をできるかぎり出力側で保とうとすると，新たに追加される P'_{by} は（S または V' の）付加詞にならざるをえない．SCR には P' 付加詞に関して，Ad-S としての $[_S\ S\ P']$ と Ad-V' としての $[_V\ V'\ P']$ との 2 つの規則がある [315]．受身文では，主語は動作の受け手であり，述語 V' はその受け手が受けた動作を指定する．その際に動作主（つまり，動作の出所^{でどころ}）はどのような動作を受けたかという，受けた動作の指定の一部として理解される．よって，動作主を表す P'_{by} は V' 付加詞として現れると考えられる．第三に，(C) により入力の V は出力では V-en に変わる．これらの点を 1 つの統語構造にまとめると，(13) の出力の統語構造になる．

　(13) の出力である受身節が $[_0\ T]$ や $[_0\ \text{-ing}]$ や $[_V\ to]$ の主語節になっている（つまり，$[_S\ [_{NP}\ S]\ 0']$ や $[_S\ [_{NP}\ S]\ V']$ における主語の S）場合には，E＋R 適用後に派生が "crash"（以下「破綻」）してしまう．実際，過去分詞形 V-en は動詞の完成された語形なので，そこに屈折接辞のテンスや -ing が付くことは不可能である（すなわち $*[_V\ [_V\ \text{V-en}]\text{-}[_0\ \text{T}/\text{-ing}]]$）．to はその語彙的性質としてその補部 V' の主要部に動詞原形を要求するが，過去分詞形はその要求を満たせない（すなわち $*[_V\ to\ [_V\ \text{V-en}\ ...\ ]]$）．さらに，受身節がテンス $[_0\ \text{Past}]$ を述語とする主語節になっていて，なおかつ，このテンスが非定形（S⁻）の環境に生じている場合には，この Past が TR により $have_{en}$ になり，これに伴って補部 V' の主要部 V を過去分詞形に変えなければならないが，すでに受身で過去分詞形 V-en になっていて，これは完成した語形なので，さらにこれにもう 1 つ -en を付ける（つまり，もう一回過去分詞化する）ことは不可能なので（すなわち $*[\text{V-en}]\text{-en}$ なので）派生が破綻する．したがって，これらの派生破綻を避けるためには，どうしてもこれらの環境での形態的要求を共通に満たせるものを挿入する必要がある．ダミー do は，現在形と過去形というテンスを伴った形しか存在しないうえに，その補部の主要部に動詞原形を要求するという制限が付いている．しかも，do の挿入規則である *Do*-support は循環後変形である．これらの環境での要求をすべて満たすことができるものは循環変形としての「be 挿入」である．第 1 章第 7 節で見たように，tough 構文を含む形容詞述語文の場合に be 挿入はどっちみち必要であった [141-2, 187]．そこで，「be 挿入」の可能性を考えてみる．この場合も，挿入に伴って $[_{V'}\ [_V\ be]\ V']$ というように SCR $[_{V'}\ V\ V']$ を満たすように挿入されると考える．結果的に McCawley の受身変形の出力と同じ構造になる．McCawley 自身も受身の be は受身 V' に付加されるのが SCR の観点から見て最善であるという指摘をしている [316]．なお，McCawley は挿入された be 動詞が成す構造 $[_{V'}\ [_V\ be]\ V']$（ただし V' の主要部は過去分詞形）を付加構造と見たが，もちろん $[_V\ be]$ が新たな主要部と

第 3 章　助動詞　　　　　　　　　　　　　　　　　　　　97

して挿入され，その補部として過去分詞形を主要部とする V′ を取っていると見ても（これが本書の立場），結果的に同じである．

(14) be 挿入

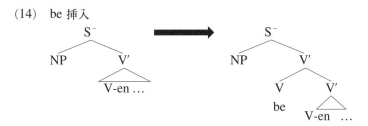

be 挿入を考える利点は，動作主を表す P'_{by} が，be 動詞の成す V′ に付加するのではなく，過去分詞の成す V′ に付加することが自動的に言えることである．実際，(15a) で，受身が適用された領域である S_0 を領域として be 動詞を挿入する場合，すなわち，矢印で示した位置に挿入することになるが，SCR である [$_{V'}$ V V′] の構造を満たすように挿入するので，(15b) の丸で囲んだ [$_V$ be] のように S_0 の娘の V′ に付加するように挿入（実際には，新たな主要部として挿入）するしかない．もし，S_0 の娘の V′ がさらに V′ を娘として有する場合に，その下の V′ に付加するように be 動詞を挿入すると（(15c) の場合），S_0 を領域としているのではなく，その下の V′ を領域にしていることになり厳密循環適用原則に違反してしまうことになる．

(15)

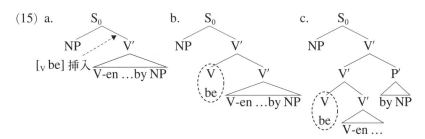

ただし，McCawley は，受身 be の位置について，最終的に (15b) と (15c) の両方の場合を認めた [317]．(15c) の可能性を残した理由は，ただ単にこの構造を排除することを示す根拠がないという消極的な理由であった．しかし，上に示したように，P'_{by} を含む受身変形と be 挿入とを分ける本書の立場を採った場合には，(15c) の構造は厳密循環適用原則の違反を含む構造として排除されるべきであるということになる．

なお，McCawley は受身 be の出現を受身変形の一部に組み込んだが，この

be の出現は（受身変形の一部としての）「be 挿入」によるものであると捉えていた [316]．挿入変形に関して，McCawley は 3 つの条件を提示している [316]．(i) 挿入後の構造が最大限に SCR を満たすものであること．(ii) 挿入変形の対象すべてに一律に同じ効果をもたらすこと．(iii) 挿入後の構造はできるかぎり入力構造を保つこと．例えば (iii) により，付加位置への挿入（つまり Chomsky-adjunction）の方が補部位置への挿入（つまり daughter-adjunction）よりも入力構造を保っていると McCawley は見ていたことになる．この 3 条件を満たすような挿入が (15b, c) になると，彼は考えていた．

6. 助動詞配列の説明

　英語の定形節では，「助動詞」が Tense + (Modal) + (have$_{en}$) + (be$_{ing}$) + (be$_{passive}$) という順序で表層構造に現れることが Chomsky (1957) 以来知られている．ただしテンスは最初に位置する動詞（「助動詞」を含む）の上に現れる．McCawley はこの配列順序を次のように説明した [231]．

【表層構造で定形動詞が最初に来る理由】
深層構造における最上位のテンス（このテンスの成す節は S$^+$）は，循環変形 AT によりそのテンスの直下にある V$_{[+AT]}$（つまり「助動詞」）に付くか，V$_{[+AT]}$ が存在しない場合には循環後変形 TH により本動詞に付くかのどちらかである．それ以外の（つまり最上位より下位の）テンスは非定形節（S$^-$）に生じることになるので，派生の過程で TR により消去されるか完了 have$_{en}$ に変わるかするので，定形節（S$^+$）の表層構造 [$_S$ NP V$'$] では必ずテンスを伴った定形動詞（助動詞であれ本動詞であれ）がこの V$'$ の主要部となる．

【表層構造で定形法助動詞が最初に現れる理由】
法助動詞は定形（現在形と過去形）しか存在しないので，表層構造ではテンスを伴って現れなければならない．すなわち，深層構造でテンスを伴わない法助動詞が最上位のテンスの直下に位置して，AT によりテンスと一体化しなければならない．さらに，法助動詞はその形態的欠如性のために，原形を欠くので他の法助動詞の直後に現れることはない．また，過去分詞形を欠くので完了 have や受身 be の直後に現れることもない．さらに，現在分詞形を欠くので進行 be の直後に現れることもできない．

　以上の説明では，法助動詞の形態的欠如性が原因であるということになる．しかし，すでに述べたように，この出現位置の背景には法助動詞がモダリティを担うという意味的要因がある点に注意すべきである．

第 3 章　助動詞　　　99

【表層構造で完了 have が 1 つしか現れない理由】

もし Past 由来の完了 have が複数生じた場合には，*Have* 削除により下位の have は削除される．ただし，*Have* 削除の規則を習得していない話者の場合には，複数の完了 have が現れる（第 2 章第 8 節参照）．

【表層構造で進行 be の直後に受身 be 以外の助動詞は現れない理由】

進行 be の直後には現在分詞形が必要なので，法助動詞は不可能である．完了 have と受身 be（挿入による be 動詞）は現在分詞形を有する．しかし，進行 be には，その補部 V′ が活動（activity）または過程（process）を表さなければならないという意味的制約（以下，意味的制約 I と呼ぶ）がかかっている [227]．例えば，状態を表す動詞は（16a, c）のように進行形にならないが，その動詞に more and more などの修飾語を付けて過程を表すようにすると（16b, d）のように進行形が可能になる [227]．

(16)　進行 be の意味的制約 I
　　　a. *Alice is understanding the problem.
　　　b. I'm understanding this problem less and less the more I think about it.
　　　c. *Ted is resembling his father.
　　　d. Ted is resembling his father more and more every day.

さらに，進行 be の現在形または過去形の指す時点が，その現在分詞形の表す活動や過程が進行中である時間帯に含まれていなければならないという意味的制約（以下，意味的制約 II と呼ぶ）もかかっている [227]．

(17)　進行 be の意味的制約 II
　　　a. When I ran into Janet, she was cursing her boss.
　　　b. *Fred is having arrived at 2:00 yesterday.
　　　c. *George is having drunk a lot of beer by now.

例えば，(17a) で進行 be である was は when I ran into Janet の時点を指すが，この時点は cursing her boss という活動が進行中であった時間帯に含まれていると理解できる．一方，(17b) では，進行 be である is が指す時点は発話時で，この発話時は having arrived at 2:00 yesterday で表される活動が進行中である時間帯に含まれているとは理解できないので不適格になっている．(17c) では，having drunk a lot of beer by now は発話時まで継続されたビール飲みという活動の発話時における結果を表す．結果は状態の一種なの

で，制約Ⅰに違反する．また，発話時での活動の結果なので，その活動自体には発話時は含まれていないとも考えられる．その場合には，制約Ⅱにも違反する．いずれにしても，このような理由で進行形が不適格になっていると考えられる．このように，進行 be には意味的制約（ⅠとⅡ）がかかっているために，完了 have はほとんどの場合にその制約を満たすことができなくなり，進行 be の補部に完了 have の V′ が現れることが不可能になっている（ただし第7節参照）．一方，受身 be＋受身 V′ はこの意味的制約に抵触しないので，進行 be の補部として現れることが可能である．

【表層構造で受身 be がほかの助動詞の前に現れることがない理由】

受身変形は，他動詞を governor としてその他動詞の成す S を領域として適用されるので，そのような S は深層構造で他のすべてのテンスや助動詞の下位（内側）に位置する．このような，テンスも助動詞も含まない領域である S に対して受身変形（と be 挿入）をかけると，テンスや助動詞連鎖の最後に受身 be＋過去分詞形他動詞が現れることになる．なお，本書では受身 be を挿入として扱うことにした（(13) 参照）．この場合，そもそも be 挿入は，受身過去分詞がその直前に来る助動詞やテンスがその補部に及ぼす形態的条件を満たせないので発動される．したがって，挿入される位置は受身過去分詞の直前の位置に限られる．すなわち，受身変形適用直後に be 挿入が (15b) のように適用されなければならない．

　なお，give のような ditransitive verb に2回受身をかける（すなわち，1回目の受身適用で間接目的語が主語になり，2回目の受身適用で残っている直接目的語が主語になる）ことは不可能である．動詞の形態を見ると，1回目の受身適用で V-en という語が形成され，2回目の受身適用で *[V-en]-en が形成されなければならないが，過去分詞を形成する接辞 -en（規則動詞なら -ed として，不規則動詞なら語幹内の母音交替 Ablaut として実現）は動詞語幹に付く屈折接辞なので，語として完成した V-en に（これが接尾辞として現れようとも Ablaut として現れようとも）さらに接辞 -en を付けることは形態的に不可能である．また意味的な観点からも，受身変形は動作主（agent）的な主語 NP と受動者（patient）的な目的語 NP に対して適用されるので，2回目の受身変形適用はこの条件を満たしていない．

　また，日本語の場合には，動詞語幹に対して受身接辞 -(r)are- が2つ付くことがある．その場合には，動詞語幹直後の -(r)are- が直接受身の接辞で，2番目の -(r)are- が間接受身の接辞である．直接受身は英語の受身と同様に目的語を主語に変更するという文法関係変更を伴うが，間接受身はニ格をコント

ローラーとするコントロール構文を成すので，文法関係変更という直接受身とは異なる機能を持ち，1つの動詞語幹に対して語幹＋直接受身接辞＋間接受身接辞というように，受身接辞が2つ付くことが可能になっている．詳しくは，上野 (2021) を参照．

　以上の点を踏まえて，再度助動詞列 Tense + (Modal) + (have$_{en}$) + (be$_{ing}$) + (be$_{passive}$) を見直してみると，もっとも深く埋め込まれた助動詞が「主語変更変形（subject-changing transformations）」である受身変形に伴う挿入 be 動詞で，それより上位の（すなわち，その前の）助動詞はすべて繰り上げ述語になっている．つまり，主語変更変形（すなわち，動詞の項構造に直接変更を加える変形）を適用するならもっとも深く埋め込まれた領域で最初に適用して表層構造に現れる主語を確定して，それ以降はその主語がそのまま上へ上へと繰り上がって行くという構造になっていることがわかる．

7. 進行 be＋having＋V-en

　McCawley は，個人差ないし方言差として，Tense + (Modal) + (have$_{en}$) + (be$_{ing}$) + (bePASSIVE) から逸脱する場合をいろいろと指摘している．例えば，be$_{ing}$ + be$_{passive}$ の連続を，be の形態を保っている場合（すなわち，be being と been being の場合）だけを許容しない話者が存在する [260 note 1]．また，アメリカ南部方言の一部では，2つ以上の法助動詞を許す場合がある [260 note 2, 261 note 7]（第2節参照）．さらに，2つの完了 have を許す話者が存在する [260 note 2, 262 note 10, 226-7]（第3節および第2章第8節参照）．

　この節では，進行 be＋having＋V-en が許される場合を考察する [228, 260 note 2, 262 note 17]．前節で進行 be の補部 V′ には意味的制限 I と II がかかっていることを指摘した．この点に関連して，どんな状態動詞でも「一時的状態の繰り返し（repeated temporary states）」を表す場合には (18a, b) のように進行形が可能になることが知られている [228]．一時的状態の繰り返しは，単なる恒常的な状態ではなく，過程（process）として見なされるために進行形が可能になっていると考えられる．（状態動詞が現在進行形の形を取ることで発話時点近傍という時間的枠がはめられて一時的状態を表すようになり，さらに副詞 always が付くことで，その一時的状態が繰り返し起こっているという過程としての解釈が可能になったものと，考えられる．）この (18a, b) の場合と同様に，完了形を進行形にした be having V-en が一時的状態の繰り返しとして解釈できる場合には，Paul Schachter が指摘した (18c) のような適格な文が得られる．ただし，McCawley によれば，この適格性判断には個人差が大きいとのことである [262

102

note 17].

(18) 状態動詞の進行形（一時的状態の繰り返しと解釈できる場合）[228]
- a. You amaze me—you're always knowing things that I would expect only an expert to know.
- b. It's uncanny—whenever I run into you, you're always looking like some other person I know.
- c. Whenever I see you, you're always just having returned from a vacation.

　この (18c) が興味深いのは，Chomsky (1957) 以来指摘されてきた助動詞配列の規則を違反していることである．これはまさに，進行 be の補部 V′ にかかっている制限が，単なる統語的な条件（V-ing を主要部とする V′ を補部に取るという条件）だけではなく，実はさらに意味的な条件（すなわち，上述の意味的制約 I と II）もかかっていることを示していると理解できる．

8. AT と TH（再論）

　第 2 章第 4 節で確認したように，McCawley は動詞がテンスを帯びる方法を 2 つに分けた．AT と TH である．AT は循環変形で，ある特定の動詞（いわゆる「助動詞」，つまり本書の $V_{[+AT]}$）だけが AT によりテンス（$[_0 T]$）の位置に引き上げられてテンスと一体化し，$[_V V_{[+AT]}\text{-}[_0 T]]$ という複合体を成す．一方，TH は循環後変形で，AT を受ける資格のない動詞（いわゆる「本動詞」）に対して適用されて，前表層構造が出来上がった後に，テンスがその動詞の位置に降りてきてテンスと一体化するものであった．詳しくは，第 2 章第 4 節を参照．

　動詞がテンスを帯びるその帯び方をなぜこのように 2 つに分ける必要があったのか，というそもそもの理由は，助動詞と本動詞の統語的振る舞いの違いを捉えるためであった．第 2 章第 4 節で述べたように，「助動詞」だけがいわゆる NICE properties を示す．言い換えると，本動詞はこれらの性質を示さない．この違いが，McCawley の場合には，AT 適用の有無の一点に集約されていた．AT の適用を受けた動詞は「助動詞」の特徴である NICE properties を示し，AT の適用を受けない動詞は NICE properties を示さない．これら AT の適用を受けない動詞については，循環変形である AT 以外の方法でテンスを帯びる方法が必要であった．それが，循環後変形の TH である．

　では，そもそも TH を AT とは異なるもう 1 つの循環変形として定式化す

ることはできなかったのであろうか？ McCawley はこの点について [171-2] で考察している．

　TH をもし循環変形だとすると，AT によりテンスの位置に引き上げられなかった動詞に対しては，[₀ T] の成す定形節 S⁺ を適用領域としてまず E+R が適用される．

(19)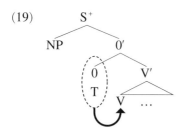

この状況で（[₀ T] が V に下がって [33(22b)]）T と V とが一体となった場合には，この変形 TH を 0′ を領域として適用していることになり，結局，厳密循環適用原則に違反してしまう．このような考えが McCawley にあったのであろう．

　しかし，次のような解釈も可能である．TH は AT と同様に定形節に限られている．したがって，TH 適用の領域も（上述の 0′ ではなく）S⁺ であると定義することも可能である．この場合には，厳密循環適用原則の違反が起こっていないことになる．

(20)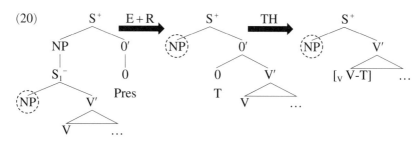

そのような分析は可能ではあるが，このようにして本動詞が循環的にテンスを受け取ってしまうと，循環変形である V′ 削除で問題が起こってしまう．

(21) V′ 削除
　　a. If Tom owns a Mercedes, Susan does too.　[30]
　　b. The audience listened to the speaker, and the ushers did too.

V′ 削除では時制付き動詞句 (owns a Mercedes や listened to the speaker) を，時制付き動詞句を先行詞として丸ごと削除することはできない．もしそうすると，(21a) の後半は Susan too となり，(21b) の後半は and the ushers too となってしまう．(ただし，(21b) の and the ushers too の場合には，McCawley が指摘しているように，結果的に Stripping であり，これは V′ 削除とは異なる現象である．) したがって，派生の最後の段階 (すなわち，(22) の S_0 の領域) までテンスと本動詞の一体化を行わないでいて，V′ 削除が次のように S_0 を領域として適用されると分析する必要がある．

(22) V′ 削除が適用される段階 (S_0 を領域として)

    a. [$_{S0}$ [$_{P'}$ If Tom Pres [$_{V'}$ own a Mercedes]], [$_S$ Susan Pres [$_{V'}$ own a Mercedes] too]].

    b. [$_{S0}$ [$_S$ The audience Past [$_{V'}$ listen to the speaker]], and [$_S$ the ushers Past [$_{V'}$ listen to the speaker] too]].

V′ 削除により後半の V′ が削除された後に，前半の V′ の本動詞が TH によりテンスと一体化するわけだが，この TH の適用は (もし TH が循環変形であるとすると) 厳密循環適用原則に違反している．よって，TH を循環変形に分類することは不可能である．また，V′ 削除後に残る (22a) 後半の Pres と (22b) 後半 Past については，*Do*-support により，それぞれ does と did になるわけだが，この *Do*-support も循環変形として分類することが不可能であることが分かる．結論として，「助動詞」対象の循環変形 AT と区別して，本動詞対象の TH と *Do*-support は循環後変形として扱うことが必要であることが確認できた．すなわち，McCawley の扱い方が最善であったということになる．

9. テンスと時の表現

深層構造におけるテンスとそれを修飾する時の副詞的表現の位置関係に関して，McCawley は 4 つの可能性を提示した [255]．下の (23) では，テンスを T で時の副詞的表現を P′ で表した．まず，時の副詞的表現は，深層構造では命題そのものを修飾し，したがって Ad-S である [255]．(23a) では P′ がテンス句 (0′) の叔母の位置，(b) では P′ が 0′ の姪の娘の位置の場合である．この 2 つが P′ が Ad-S の場合である．(c) は，テンスが深層構造に存在せずに，P′ の意味に応じて派生の途中で挿入されるという場合である．(d, d′) は P′ が Ad-S ではなく，0′ に含まれている場合で，(d) では P′ が 0 の補部に，(d′) では 0′ の付加詞になっている構造である．

第 3 章　助動詞　　　　　　　　　　　　　　　　　　　　　105

(23) 深層構造におけるテンスと時の P′ との位置関係 (V が本動詞の場合)

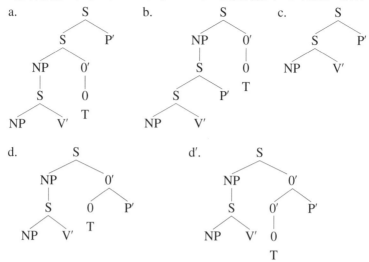

　McCawley はこれらの可能性を指摘したのみで，何の議論もせずに ("I will arbitrarily adopt the (a) structure" [255]) (23a) を採用した．ここでは，これまでの議論をもとにそれぞれの可能性を吟味してみる．(23a) では，表層構造で P′ が Ad-S としても，また循環変形 Ad-S to Ad-V′（序章「McCawley の統語論全体像」参照）を適用すれば Ad-V′ としても現れることが可能である．(23b) では，うまく E+R が適用できたとしても P′ が表層構造で Ad-V′ としてしか現れず，Ad-S として現れる可能性が許されていない．(23c) では，P′ の意味に応じて適切なテンスが現れると言っても，そのテンスがどこに現れるのか（また，派生のどの段階で現れるのか）不明な点が多々あり採用できない．(23d, d′) では，うまく E+R が適用できたと仮定しても，P′ が Ad-V′ として現れるだけで，Ad-S として現れる可能性が許されていない．結局，時の副詞的表現が表層構造では Ad-S としても (Ad-S to Ad-V′ を適用して) Ad-V′ としても現れることが可能であるという事実を問題なく捉えられるのは (23a) だけということになる．したがって，McCawley の選択（すなわち，深層構造においてはテンス句 0′ の叔母の位置にそのテンスを修飾する時の副詞的表現が現れなければならないという条件）は結果的に正しかったことになる．

　【補足】　時の表現 P′ の深層構造における位置は (23a) であるという McCawley の結論は，V′ 削除に関する現象で問題が起こる．次の例 ([55(1)] より) では，V′ 削除の 2 つの異なるかけ方が可能であるという事実から，P′ がテンスを有す

る V′ に付加している表層構造（[$_{V'}$ [$_{V'}$ plays poker] [$_P$ on Saturdays]]）であると McCawley は結論した.

- a. John plays poker on Fridays and Nancy does Ø too.
- b. John plays poker on Fridays and Nancy does Ø on Saturdays.

（a, b）の両方において，等位構造全体を領域として V′ 削除がうまく適用される ためには，TH 適用以前の第 1 等位項の V′ も第 2 等位項の V′ も [$_{0'}$ Pres [$_{V'}$ [$_{V'}$ play poker] P′$_{on}$]] のように，テンスを伴わない V′ の付加構造が生じていなけれ ばならない（[67 (31)] 参照）. これは（23a）の深層構造に Ad-S to Ad-V′ を適 用した場合には不可能である. テンスを有する節では，Ad-S to Ad-V′ を適用す るとテンス句 0′ の付加構造（[$_{0'}$ [$_{0'}$ [$_0$ Pres] V′] P′]）が生じるからである. この問 題を避けるためには，（23b）の深層構造を例外的に認めるか，または，Ad-S to Ad-V′ の適用に際して時の表現 P′ をテンス句 0′ を超えてその内側にある V′ に まで降ろすことを例外的に認めるか，どちらかを採用しなければならない.

10.　テンスと頻度副詞

前節では，テンスと時の副詞的表現の深層構造における位置関係について吟 味し，McCawley が採用した方式（時の副詞的表現とそれが修飾するテンス句とは 叔母と姪の位置関係にあること）が最善だったことを確認した. この節では，テ ンスと頻度副詞（often や sometimes など）の深層構造における位置関係につい て吟味したい.

AT によりテンスを得た動詞（つまり [$_V$ V$_{[+AT]}$-[$_0$ T]] という複合体，以下「定形助 動詞」）を含む文の場合には，頻度副詞は（24a, c）のように定形助動詞の直後 に現れるのが最も自然である. なお，（24b, d）の適格性判断？は筆者による.

(24)　頻度副詞の位置
- a. Fido was often kicked by John.
- b. ?Fido often was kicked by John.
- c. Mary has often visited Tokyo.
- d. ?Mary often has visited Tokyo.

（24b, d）の頻度副詞＋定形助動詞の語順は，時の副詞的表現と同様に深層 構造では頻度副詞がテンス句（0′）の叔母の位置（(23a)，つまり最上位）にあり， AT＋E＋R 適用後に Ad-S to Ad-V′ により頻度副詞が定形助動詞の直前の位 置に降りてくるという派生に依る. しかし，頻度副詞は意味的に核になる命題

を直接に修飾していると考えるべきであり，(b, d) のおかしさはこの点に起因していると考えられる．実際，頻度副詞 often を時の副詞 already に変えると，(24b) は Fido already was kicked by John. のように響きが良くなる．

一方，自然な語順である (24a, c) での定形助動詞＋頻度副詞の語順は，深層構造で頻度副詞が核になる命題 ((24a) では John kick Fido, (24c) では Mary visit Tokyo) を修飾する Ad-S に由来する．この核の命題 S^- に必要ならば受身変形をかけて，次いで上の領域で Ad-S to Ad-V' をかけ，さらに上の領域で AT＋E＋R などがかかり表層構造に至る．この AT の適用により，定形助動詞＋頻度副詞の語順が表層構造に生じる．(この場合の AT 適用の際には，助動詞は Ad-V' になった頻度副詞を飛び越えて上のテンスに引き寄せられる点に注意.)

頻度副詞で問題になるのは (25) のような定形本動詞の場合である．often が意味的に最も自然な位置 (核の命題を修飾する Ad-S) にある時の派生を考える．(25) は often に対して Ad-S to Ad-V' が適用され，次いでその上の定形節 (S^+) の領域で E＋R がかかった時の (前表層構造における) テンス句 0' の様子である．

(25)　John often kicks Fido.
　　　Ad-S to Ad-V' と E＋R 適用後

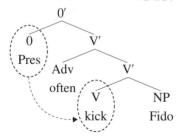

この前表層構造でもし循環後変形 TH がかからないと仮定した場合には，*Do-support* がかかることになり，*John does often kick Fido. という非文に至る．(ただし，ここでは does に強勢がない場合だけを考える．つまり (7) の retort の解釈を除いて考える.) よって，TH が頻度副詞 often を超えて適用可能であることを認めなければならない．これは TH が local である [173] というこれまでの McCawley の循環後変形の解釈に反する (序章「McCawley の統語理論全体像」参照)．ところが，テンスと動詞の間に not が介在する場合には，テンスが not を飛び越えるように TH を適用することはできない．(その結果，*Do-support* が発動されるわけなので.)

(26) John does not kick Fido.

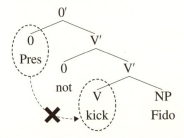

したがって，テンスと本動詞の間に頻度副詞が介在する場合には TH は適用できるが，その間に文否定の not が介在する場合には TH が適用できないという状況になっている．この違いをどう説明するかが問題になる．残念ながら，McCawley はこの場合について記述的に現象を述べるだけで，(筆者がこれまでに読んだ範囲では) 明確な分析を語っていない．本書では，TH の適用条件を緩めた上で，(27b) の SCR に任せるという方法を提案したい．

(27) a.　　　　　　　　　　b.

(27a) は一般的な V′ 付加構造の表層構造 (もちろん，SCR の1つ) である．X としては Ad-V′ などの副詞が該当する．V′ は定形でも非定形でも構わない．一方 (27b) は，第2章第6節 (25) (26) で提案した not に関する SCR で，not は非定形 V′ (V′⁻ で表す) の付加詞として表層構造に現れなければならないというものである．(a) と (b) はともに V′ の付加構造だが，(b) の V′ は非定形に限られる上に X の位置に語彙項目 not が指定されている．よって，(b) は (a) の特別な場合と見なせるので，Elsewhere Principle [163] により，not に関する規則 (b) が (a) に優先して適用されることになる．つまり，(a) は X が not の場合には適用できないことになる．

したがって，(26) においてもしテンスが TH の適用により not を飛び越えて本動詞に降りて行きテンスと本動詞がその位置で一体化した場合には，not が定形 V′ に付加している表層構造に至り (27b) の SCR に違反する．よって，TH を適用せずに *Do*-support を適用しなければならないことになる．一方，テンスが副詞 often を飛び越えて本動詞に降りて行きテンスと本動詞がその位置で一体化した場合には，定形 V′ の付加構造ができてそれは (27a) を満たしている．したがって，TH 自体は，テンスが下の本動詞に降りるときに介在する付加詞を飛び越して降りても構わないということになる．つまり，かなりゆ

るやかに TH を規定できる．(28) に示したように，TH は主要部であるテンスがその補部 V′ の主要部（すなわち，テンスの直近の主要部）に降りて本動詞と一体化する循環後変形（具体的には，主要部から主要部への繰り下げ移動）であると規定できる．したがって，(29) に示したように，テンスと本動詞とは叔母・姪関係でかつ隣接している必要はないことになる．

(28) 本書での TH（循環後変形）

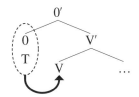

テンス句の主要部 [₀ T] は
その補部 V′ の主要部に付く．
その際に，T と V の隣接性は問わない．

(29) TH によりテンスが隣接していない本動詞に付く場合
    a. John [_Adv often but not always] kicks Fido.
    b. John [_V′ often [_V′ kindly [_V′ tells Mary what to do]]].
    c. 例文 (b) の場合の TH の適用

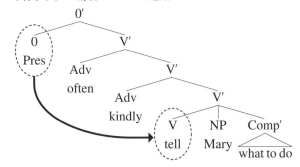

(29c) に示したように，(29b) における TH の適用では，Ad-V′ を 2 つ（頻度副詞 often と様態副詞 kindly）飛び越してテンスが本動詞の位置に降りて来る．この場合ももちろん，テンス [₀ Pres] がその補部 V′ の主要部 V に降りて来ていることに変わりはない．この表層構造は定形 V′ の付加構造 [_V′+ often [_V′+ kindly V′+]] になるので (27a) の SCR を満たしている．

11. 応用例

McCawley が「助動詞」の章の最後にまとめとして扱った例文の派生を，本書でのこれまでの議論をもとにたどってみる．

(30) I haven't gone to church because I wanted to in years. [257]

表層構造

[$_S$ I [$_{V'}$ haven't [$_{V'}$ [$_{V'}$ gone to church] {$_{P'}$ because I wanted to}] {$_{P'}$ in years}]]].

深層構造

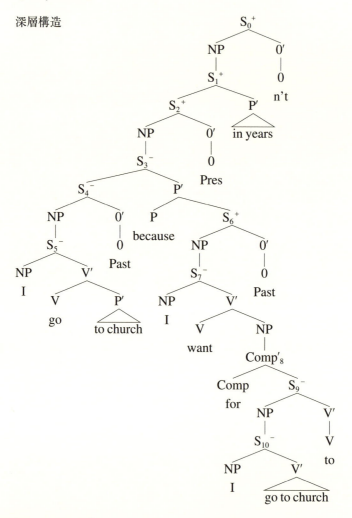

【深層構造のコメント】

・in years は Ad-S である．しかも，negative polarity item (NPI) なので否定のスコープに入っている．

第 3 章　助動詞　　　111

・because は定形節を補部に取る前置詞である.
・want の目的語は, $[_\text{NP} \text{Comp}'_\text{for}]$ である. この for は Equi 適用後に to と
　隣接するようになるので, 循環後変形の for 削除 [172] により削除される.
　(Equi については, 第 6 章第 7 節を参照.)

この深層構造から派生は以下のように進む.

・非定形 S_4 を領域として E + R + TR がかかって, $[_{S4} \text{I} [_{V'} \text{have go-en to}$
　church]] の構造に至る.
・S_9 を領域として E + R がかかり, $[_{S9} \text{I} [_{V'} \text{to go to church}]]$ の構造に至る.
・S_7 を領域として Equi がかかり, $[_{S7} \text{I} [_{V'} \text{want} [_\text{Comp'} \text{for to go to}$
　church]]] という構造に至る.
・定形節 S_6 を領域として E + R がかかり, $[_{S6} \text{I} [_{0'} \text{Past} [_{V'} \text{want} [_\text{Comp'} \text{for to}$
　go to church]]]] の構造に至る.
・S_3 を領域として, V′ 削除 (Comp′ 内の go to church を削除) と P′ に対する
　Ad-S to Ad-V′ がかかり (順序不同), $[_{S3} \text{I} [_{V'} [_{V'} \text{have go-en to church}] [_{P'}$
　because I Past want for to]]] という構造に至る. この段階では, P'_because
　は $[_{V'} \text{have go-en to church}]$ への付加詞である.
・定形節 S_2 を領域として, まず AT がかかり have が Pres に引き寄せられ
　て一体化し, その後に E + R がかかって (つまり AT + E + R), $[_{S2} \text{I} [_{V'} [_{V}$
　have-Pres] $[_{V'} [_{V'} \text{go-en to church}] [_{P'} \text{because I Past want for to}]]]]$ とい
　う構造に至る. この段階では, AT の結果 P'_because は $[_{V'} \text{go-en to church}]$
　への付加詞になっている点に注意.
・S_1 を領域として, in years に対して Ad-S to Ad-V′ がかかり, $[_{S1} \text{I} [_{V'} [_{V'}$
　have-Pres $[_{V'} [_{V'} \text{go-en to church}] [_{P'} \text{because I Past want for to}]]][_{P'} \text{in}$
　years]]] という構造に至る. この段階で, NPI の in years は have-Pres
　を主要部とする V′ への付加詞になっている点に注意.
・S_0 を領域として, NgP により have-Pres が接語 n't の位置に引き上げら
　れて, その後に E + R がかかり, 表層構造に至る. この段階で, NPI の
　in years は $[_{V'} \text{go-en to church}]$ への 2 つ目の付加詞になっている点に注
　意. すなわち, 表層構造では, $[_{V'} \text{go-en to church}]$ に最初の P'_because が付
　加し, 次いでその外側に NIP の P'_in が付加するという 2 重の付加構造 $[_{V'}$
　$[_{V'} \text{V}' \text{P}'] \text{P}']$ になっている.

以上のように (30) は派生される.
　第 2 章で否定文を扱った際に, McCawley の Negative Placement (以下

NgP) を修正して，接語 n't を統語範疇 0 として扱い，NgP はテンスを伴った [$_V$ V$_{[+AT]}$-[$_0$ T]] をこの接語の位置に引き上げるという（すなわち，attraction to n't としての）扱いを提案した（第2章 (24) 参照）．この場合の深層構造では，もちろんこの接語はテンスの外側に存在する．一方，語としての not も統語範疇 0 として扱うが，これについては SCR [$_{V'^-}$ not V'$^-$] を提案して，これによりその表層構造が規制されると分析した．この SCR のために，深層構造で語としての not はテンスの内側に現れなければならない（第2章 (27) 参照）．この2つの異なった扱い方のために，(31) のように文中に複数の文否定の not が現れることが可能になる．McCawley は，深層構造でそれぞれの S は否定の対象になりうると考えていた．確認の意味で，(31b) の派生を考えてみる．

(31) 2つの not を含む文
    a. You can't not say anything—we insist on hearing your opinion! [245]
    b. Sam hasn't been not paying taxes recently.　[573]

(32) (31b) の深層構造

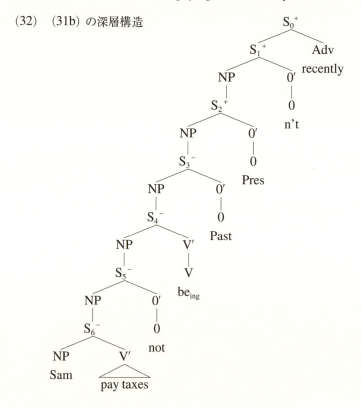

第 3 章　助動詞　　　113

この深層構造から派生は以下のように進む.

- 非定形節 S_5 を領域として E+R がかかり, $[_{S5}$ Sam $[_{0'}$ not pay taxes$]]$ となり, SCR との関係で $[_{S5}$ Sam $[_{v'}$ not pay taxes$]]$ として扱う. 第 2 章 (27) の非定形節 S_1 の解説を参照.
- 非定形節 S_4 を領域として E+R がかかり, $[_{S4}$ Sam $[_{v'}$ be $[_{v'}$ not pay-ing taxes$]]]$ となる. ここで, paying taxes は意味的にもちろん activity だが, not paying taxes もまた activity と見なされていることになる.
- 非定形節 S_3 を領域として E+R+TR がかかり, $[_{S3}$ Sam $[_{v'}$ have $[_{v'}$ be-en $[_{v'}$ not pay-ing taxes$]]]]$ となる.
- 定形節 S_2 を領域として AT+E+R がかかり, $[_{S2}$ Sam $[_{v'}$ have-Pres $[_{v'}$ be-en $[_{v'}$ not pay-ing taxes$]]]]$ となる.
- 定形節 S_1 を領域として NgP 適用後 E+R がかかり, $[_{S1}$ Sam $[_{v'}$ [have-Pres]-n't $[_{v'}$ be-en $[_{v'}$ not pay-ing taxes$]]]]$ となる.
- 定形節 S_0 を領域として, Ad-S to Ad-V′ の適用は随意的で, 表層構造に至る. したがって, 文末副詞 recently は表層構造において, Ad-S または Ad-V′ のどちらかである.

まとめ

　この章では, 第 1 章と第 2 章での議論をもとに, $SPhE^2$ の Chapter Eight Auxiliary Verbs の内容を検討した. 第 1 節では, McCawley がいわゆる「助動詞」をどのように捉えていたかを振り返った.「助動詞」という語類の統語範疇は動詞 (V) であり, ただし AT の適用を受けるという特徴を有する動詞 ($V_{[+AT]}$) であった. 第 2 節では, 法助動詞の 2 つの特徴 (定形しか存在しない点と, 補部に動詞原形を要求する点) について吟味した. 第 3 節では, 完了 have について検討し, McCawley の TR と *Have* 削除を用いたテンス分析を振り返った. 第 4 節では, 進行 be について検討した. この be が補部に要求する -ing 形は, McCawley の Comp としての扱いではなく, 完了 have が補部 V′ に求める過去分詞形の場合の -en と同様に, 進行 be の補部に V′ が現れたときに, この be の語彙的性質として補部 V′ の主要部に -ing 形を要求すると分析することにした. さらに, この場合の -ing を補文の場合の -ing (すなわち, Poss -ing と Acc -ing) と区別することにした. 第 5 節では, 受身 be について検討した. McCawley のように受身変形に be の出現を組み込むのではなく, be を含まない形で受身変形を定式化した. そして, be は受身変形適用後に同じ

領域で挿入されると分析した．この「be 挿入」は，tough 構文を含む形容詞述語文などで用いた「be 挿入」と同じ循環変形である．第 6 節では，「助動詞」配列についての McCawley の説明を振り返った．第 7 節では，通常の「助動詞」配列とは異なる「進行 be＋完了 having」という語順が可能になる場合について，McCawley の説明を紹介した．第 8 節では，動詞がテンスを帯びる方法について，McCawley は循環変形 AT と循環後変形 TH の 2 つに分けたのだが，そうせざるを得なかった理由を確認した．第 9 節では，深層構造におけるテンスとそれを修飾する時の副詞的表現の位置関係を吟味した．時の副詞的表現は，表層構造において Ad-S としても Ad-V′ としても現れることができる．この事実に合う分析は，McCawley の結論のように，テンス句 0′ の叔母の位置にそれを修飾する時の副詞的表現が存在するという分析である．第 10 節では，テンスと頻度副詞の関わり方を検討した．これとの関連で，頻度副詞を含む一般の V′ 付加詞と文否定の not との表層構造における違いを TH の適用条件を緩めることと SCR との組み合わせで説明することを提案した．第 11 節では，「助動詞」が関係する興味深い McCawley の例を 2 つ取り上げ，これまでの議論を踏まえてそれらの派生をたどった．

第4章　否定倒置

はじめに

　第1章から第3章までは，$SPhE^2$ における繰り上げ，テンス，そしていわゆる「助動詞」の扱いを検討した．この第4章では，これまでの議論をもとに否定倒置（negative inversion），特に数量詞付き名詞句（quantified NP）を含む否定倒置について，McCawley の扱い方を検討する．否定倒置との関連で，彼の循環変形である *Some to Any* [579]，Negative Incorporation（「否定辞編入」，以下 NI）[579]，Negative Raising（「否定辞繰り上げ」，以下 NR）[595]，さらには数量詞句繰り下げ（Q′ Lowering，以下 Q′L）とその derivational constraint（以下「派生制約」）[648] についても検討することになる．これまでと同様に，かぎかっこ付きの数字は $SPhE^2$ の該当ページを示す．

　なお，Automodular Grammar（AMG）における否定倒置や数量詞付き名詞句の扱いに関しては，Ueno（2014: 66-74, 221-251）と上野（2020: 235-313）を参照．

1.　否定倒置

　次は否定倒置文の例である．

　(1)　否定倒置文
　　　a.　Under no circumstances would he help me.　[582]
　　　b.　At no time did they reveal the news.

　まず，この表層構造を認める必要があるので，次の Surface Combinatoric Rule（以下 SCR）を提案する．(2a) において，P′[neg] とは (1) の under no circumstances や at no time のように (2b, c) で規定される否定語 no を含む P′ を表す．(2a) は否定倒置文の表層構造が満たすべき条件で，McCawley に従って三叉構造を想定する [584].

115

(2) 否定倒置に関連する SCR
 a. 否定倒置文の SCR [$_S$ P'$_{[neg]}$ V S] ただし, V は定形助動詞 ([$_V$ V$_{[+AT]}$-[$_0$ T]]) を表す.
 b. P'$_{[neg]}$ の SCR [$_{P'}$ [$_{neg}$] P NP$_{[neg]}$]
 c. NP$_{[neg]}$ の SCR [$_{NP[neg]}$ [$_{Det}$ no] N']

(1b) について, これまでの議論をもとに McCawley の派生 [583] をたどってみる.

(3) (1b) の McCawley の深層構造 (cf. [583(26)])

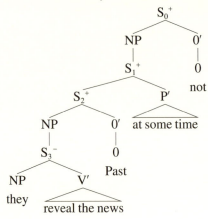

【深層構造についてのコメント】
・not は第 2 章 (27) での議論を踏まえて, 繰り上げ述語 0 として扱ってある.
・時を表す P' は McCawley に従ってテンス句 (0') の叔母の位置にある (第 2 章第 9 節参照). ただし, この P' は some を含んでいるので, 本来ならば Q'$_x$ である some time が上にあり, Q'L により [$_{P'}$ [$_P$ at] [$_{NP}$ x]] に降りて at some time になるという分析が必要である.
・P' 内の some は not のスコープ内にあるので, 循環変形 Some to Any [579] の適用を受ける.
・Some to Any 適用後の at any time と not とが一体となり at no time になるのだが, これは McCawley の循環変形 NI (否定辞編入) による.
・NI 適用の際に not を P' の位置に降ろすと, その後の否定倒置が S$_0$ の領域ではなく, その下の領域 S$_1$ にかかることになってしまうので, 厳密循環適用原則に違反する. そこで, 逆に P' を not の位置に上げて at no

time とする分析を採る [583]．その後に否定倒置がかかる．

以上をもとに，派生は以下のように進む．

- 定形節 S_2 を領域として E+R が適用されて，[$_{S2}$ They [$_{0'}$ Past [$_{V'}$ reveal the news]]] に至る．（主語動詞一致はここでかかる．）
- S_1 を領域として，何も適用されない．
- S_0 を領域として，
  > まず *Some* to *Any* がかかり，[$_{S0}$ not [$_{S1}$ [$_{P'}$ at any time] they Past reveal the news]] に至る．ただし，S_2 とその姉妹の P′ との間にはまだ linear order が定まっていない．
  > 次に，NI により [$_{P'}$ at any time] が not の位置に上がり一体となり，[$_{S0}$ [$_{P'[neg]}$ At no time] they Past reveal the news] に至る．（厳密には，not at any time が at no time になる点については説明が必要である．）
  > (4) の否定倒置がかかって，前表層構造 [$_{S0}$ [$_{P'[neg]}$ At no time] Past [they reveal the news]] に至る．
- 最後に，循環後変形 *Do*-support がかかり表層構造に至る．

否定倒置は次のように定式化する．

(4)　McCawley の否定倒置（循環変形）（後に (18) として改訂）

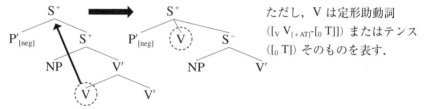

ただし，V は定形助動詞（[$_V$ V$_{[+AT]}$-[$_0$ T]]）またはテンス（[$_0$ T]）そのものを表す．

2. Q′L の必要性

次の否定文では，some of your remarks が否定のスコープの外にあるように解釈される．

(5)　The dean didn't approve of some of your remarks. [580]
　　（= There were some of your remarks that the dean didn't approve of.）

この解釈を意味・論理構造を反映した深層構造で表すために，McCawley は

深層構造で数量詞付き名詞句（quantified NP）を数量詞句（quantifier phrase）Q' として扱い，Q' がそのスコープの節と姉妹関係になる [$_S$ Q' S] という深層構造を用いた．この深層構造を認めるために，[$_S$ Q' S] という Deep Structure Combinatoric Rule（DCR）が必要となる [56, 174]．合わせて，派生の途中で Q'_x がその姉妹の S に含まれる同一変数 x の位置に降りるという循環変形「数量詞句繰り下げ（Quantifier phrase lowering）」（以下 Q'L）を採用した [581]．この考えに基づけば，(5) の深層構造は次のようになる [580].

(6) (5) の深層構造

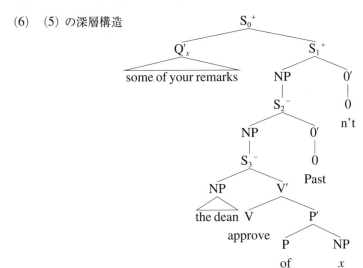

【深層構造についてのコメント】
・Q'_x の姉妹の節 S_1 には同じ変数 x が含まれている．
・Q'_x は否定接語 n't のスコープ（=S_2）の外側に位置している．
・これまでの結論にもとづき，否定接語 n't をテンスと同様に範疇 0 として扱う（第 2 章第 6 節参照）．

この深層構造から派生が以下のように進む．

・定形節 S_2 を領域として E+R がかかり，[$_{S2}$ the dean [$_{0'}$ Past [$_{V'}$ approve of x]]] という構造に至る．
・S_1 を領域として *Some to Any* が適用可能だが該当するものが何もない．次に Negative Placement（以下 NgP）により Past が n't の位置に引き上げられて，[$_0$ [$_0$ Past]-[$_0$ n't]] を構成する．（NgP については第 2 章 (24) を参照．）その後 E+R がかかり [$_{S1}$ the dean [$_{0'}$ [$_0$ Past-n't] [$_{V'}$ approve of x]]]

という構造に至る.

- S_0 を領域として，Q'L がかかり $[_{S_0}$ the dean $[_{0'}$ $[_0$ Past-n't$]$ $[_{V'}$ approve of some of your remarks$]]$ という前表層構造に至る．（もしここで再度 *Some to Any* をかけようとすると，S_0 の一部である 0' に適用することになるので厳密循環適用原則の違反になる.）

- 接語 n't と一体となった $[_0$ Past-n't$]$ には循環後変形 TH が適用できないので（第2章 (24) 参照），代わりに循環後変形 *Do*-support がかかって表層構造に至る.

3. McCawley の否定辞編入

次の (7) は，Many dogs like yogurt. の否定として解釈される．しかもこの例では，数量詞付き名詞句 many dogs（深層構造では Q'）に not が否定辞編入 (NI) によって取り込まれている.

(7)   Not many dogs like yogurt. [584]

McCawley が指摘するように，not を取り込むことのできる Q' は，深層構造において not の直下（"immediate scope"）にある Q' に限られる [585]．すなわち，not とそれを取り込む Q' との間には他の Q' が介在していてはならない．この条件を確認するためには，Q' を2つ含む否定文，例えば (8a) について考えてみる.

(8)   Q' を2つ含む否定文
　　　a.   Not many women admire all men.   [585]
　　　b.   not $[$(many women)$_x$ $[$(all men)$_y$ $[x$ admire $y]]]$
　　　c.   not $[$(all men)$_y$ $[$(many women)$_x$ $[x$ admire $y]]]$
　　　d.   Not all men are admired by many women.
　　　e. *Many women admire not all men. （ただし，(8c) の解釈として *）
　　　f.   (many women)$_x$ $[$not $[$(all men)$_y$ $[x$ admire $y]]]$

(8a) は (8b) のように解釈できるが，not と many women の間に別の Q' が割り込んだ (8c) の解釈は許さない．この (8c) の解釈は (8d) として表現される．一方，(8d) において受身を適用しなかった (8e) は，(8c) を深層構造に持つ文としては不適格である．理由は，Q'L に関する派生制約 [648-9]（すなわち，主語の位置がすでに数量詞付き NP で占められている場合には，その V' 内に Q'L で他の数量詞付き NP を降ろすことはできないという制約）に違反しているからで

ある．なお，この制約（(21) の派生制約 I を参照）は派生の連続する 2 つの段階（つまり，Q'L 適用の前後）に関する条件なので，その意味で global な条件ではない点に注意 [585]．ただし，(8e) は (8f) を深層構造に持つ文としては適格である．

(7) の派生の説明で，McCawley はどういうわけか，深層構造 $[_S$ not $[_S$ $[_{Q'x}$ many dogs$]$ $[_S$ x like yogurt$]]]$ ((9) 参照) に，まず Q'L を適用して many dogs を主語位置に降ろし，その後に NI により not を主語位置の many dogs に降ろした [584]．その結果，immediate scope 条件の問題，ひいては，この条件が global な条件であるという問題が起こることとなってしまった．その結果，McCawley は "I will leave this issue unresolved" と言って解決するのを諦めている [586]．

この問題を避けるために，本書では以下の派生を提案する．まず，immediate scope 条件を満たすように NI を定式化する．すなわち，(10) のように Q' をその直上の not の位置に上げて，not が Q' の主要部 Q に入り込んで一体となり not を含む新たな主要部 Q が形成されると分析する（これが [583] での McCawley の考え）．Q が意味的に not を含むことは，few と not many や little と not much などの同義性を考えれば，決して不自然なことではない．

(9)　Not many dogs like yogurt ($=$ (7)) の深層構造

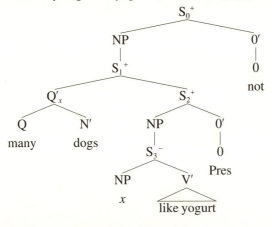

この深層構造から派生は以下のように進む．

・定形節 S_2 を領域として E+R がかかり，$[_{S2}$ x $[_{0'}$ Pres $[_{V'}$ like yogurt$]]]$ という構造に至る．
・S_1 を領域としては，Q'L を適用しない．

- S_0 を領域として,まず (10) の NI がかかって Q′ が not の位置に上がり $[_{Q'} [_Q \text{not many}] [_{N'} \text{dogs}]]$ という新たな Q′ が形成されて,その後に Q′L が適用されて前表層構造 $[_{S2} [_{NP} \text{not many dogs}] [_{0'} \text{Pres} [_{V'} \text{like yogurt}]]]$ に至る.
- 最後に循環後変形 TH がかかり表層構造に至る.

この例のように,NI を attraction to *not* と解釈して,次のように定式化する [583].

(10) McCawley の NI (循環変形)

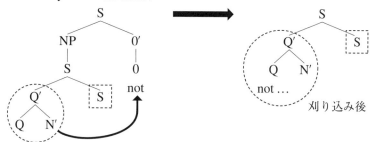

刈り込み後

なお,この NI に伴って,$[_Q \text{not any}]$ は $[_Q \text{no}]$ として扱うことを認める必要がある.$[_Q \text{some}]$ が existential quantifier ($\exists$) に相当するので,$[_Q \text{no}]$ は実質的に existential quantifier の否定 ($\neg\exists$) ということになる.

4. McCawley の *Some to Any*

次の (11) のように,V′ 削除の適用に際しては some を含む V′ とその some を negative polarity item (以下 NPI) の any に置き換えた V′ とは同一であるという扱いになる.つまり,any は some が否定のスコープ内に現れた場合に生じる異形態 (allomorph) である.McCawley はこの any の出現を *Some to Any* という循環変形 (12) で説明した.

(11) V′ 削除と some/any
    a. John didn't talk to anyone, but Mary did. (= talked to someone) [578]
    b. The dean hasn't recommended any changes, but the president has.
        (= has recommended some changes)

(12) McCawley の *Some to Any* (循環変形)

Some to Any は not とそのスコープの S を含む最小の範囲を領域として適用される循環変形で，not の姉妹 S ($=S_1$) が支配する some をすべて any に変える変形である．しかし，McCawley が指摘しているように，主語に some が含まれているときには，(13a, b) のように *Some to Any* の適用後に問題が起こる．具体的には，派生の最後の段階である (12) の状態で *Some to Any* がかかって some はすべて any に変わり，その後に E+R がかかって any を伴った主語が文頭に現れる．一方，(13c) は否定を含む P′ ($P'_{[neg]}$) による否定倒置文で，主語に any が現れることが可能になっている．

(13) 主語の NPI any
    a. *Anyone can't give you any help. [578]
    a′. [$_O$ n't] [$_S$ Pres [$_S$ can [$_S$ someone give you some help]]] (a の深層構造概形)
    b. *Anything wasn't shown to anyone.
    b′. [$_O$ n't] [$_S$ Past [$_S$ Unspec show something to someone]] (b の深層構造概形)
    c. [$_{P'\ [neg]}$ Under no circumstances] was [$_S$ any money paid to anybody].

(13a, b) のような場合を排除するためには変形 *Some to Any* に加えて追加の条件が必要であるが，McCawley はこの非文の原因が "*any* is outside the V′ containing the negative that is supposed to license it" であるということを記述するだけで，具体的に McCawley の枠組みのどのような条件を使ってこの非文を排除するのかについては語っていない．本書ではもっとも単純に考えて，McCawley の指摘した内容を SCR として解釈し，(13a, b) の非文を (14) の SCR で排除することを提案する．この SCR の内容をまとめると，表層構造においては否定表現 ($NP_{[neg]}$, $P'_{[neg]}$, not, V-n't) が NPI any を c-統御しなければならない，ということである．

(14) NPI any に関する SCR

a. [$_S$ NP$_{[neg]}$ [$_{V'}$ ... any ...]]
b. [$_S$ P'$_{[neg]}$ V [$_S$ ... any ...]] （ただし，V は定形助動詞）
c. [$_{V'-}$ not [$_{V'-}$ ... any ...]]
d. [$_{V'}$ [$_V$ V-n't] [$_{V'}$ ... any ...]] （ただし，V は定形助動詞）

すなわち，NPI any は（深層構造のみならず）表層構造においても否定のスコープに入っていなければならない．ただし，表層構造における否定のスコープとは否定表現（否定語 not や never の他に，P'$_{[neg]}$, NP$_{[neg]}$, 助動詞否定短縮形）の姉妹構成素（V' や S）のことである．したがって，否定語を伴っていない主語 NP が any を含む (13a, b) のような場合には，その any は表層構造で否定のスコープに入っていない（つまり，(14) の SCR のどれにも該当しない）ので非文ということになる．なお，これらの SCR は表層構造での NPI any の分布に関する条件なので，some は ((5) のように表層構造でたとえ否定のスコープに入っていても) 排除されない点に注意．

5. 改訂版否定倒置

McCawley による (15) の文の派生 [583] には問題がある．まず，McCawley の派生をたどってみる．

(15) At no time did anything unusual happen. [582]
McCawley の深層構造 [583]

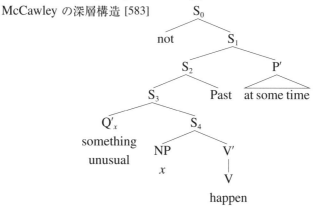

McCawley の派生では，この深層構造をもとに派生は以下のように進む．

・S$_3$ を領域として Q'L がかかり，[$_{S3}$ Something unusual happen] という構造に至る．

- S_2 を領域として E + R がかかり，[$_{S2}$ Something unusual [$_{O'}$ Past happen]] という構造に至る．
- S_1 を領域として，何も適用しない．
- S_0 を領域として，
  - まず *Some to Any* により some time が any time に，something が anything に変わる．
  - 次いで，NI により [$_{P'}$ at any time] が not の位置に上がり一体となり at no time となり，[$_{S0}$ [$_{P'}$ at no time] [$_S$ anything unusual Past [$_{V'}$ happen]]] という構造に至る．
  - ここに否定倒置 (4) がかかり，前表層構造 [$_{S0}$ [$_{P'}$ at no time] Past [$_S$ anything unusual [$_{V'}$ happen]]] に至る．ただし，*Some to Any* → NI → 否定倒置は feeding order である．
- 最後に循環後変形 *Do*-support がかかって，表層構造に至る．

この McCawley の派生における問題点は，深層構造に P' として at some time を設定したことである ((3) で指摘済み)．本来ならば，some time が数量詞付き名詞句なので [$_{Q'y}$ some time] と [$_{P'}$ at [$_{NP}$ y]] とに分けるべきであった．そこで，(15) の深層構造として 2 つの Q' を含むものを採用し，これまでの議論で得た結論をもとに再度派生を追ってみる．スペースの都合で unusual を省略する．

(16) 訂正版深層構造

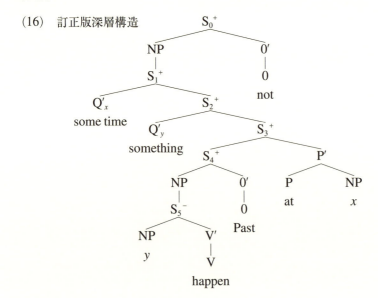

第 4 章　否定倒置　　　　　　　　　　　　　　　　　125

この深層構造をもとに派生が進むが，2 つの可能性を考えてみる．

【第 1 の派生】
・定形節 S_4 を領域として E + R がかかり，$[_{S4}$ y $[_{0'}$ Past happen]] という構造に至る．
・S_3 を領域として，何も適用せず．
・S_2 を領域として Q'L により，$[_{S2}$ $[_{S4}$ something Past happen] at x] という構造に至る．
・S_1 を領域として Q'L により，$[_{S1}$ $[_{S4}$ something Past happen] at some time] という構造に至る．しかし，この Q'L の適用は，something が x を c- 統御しているので (at x は Ad-S の P' なので，McCawley の c- 統御の定義 [353(10')，354(15)] によれば，something は x を c- 統御していることになる点に注意)，McCawley が示唆した派生制約 [649] に違反している．この点は，第 6 節で検討する．
・S_0 を領域として，
  ➤ まず *Some* to *Any* により，$[_{S0}$ not $[_{S4}$ anything Past happen] at any time] という構造に至る．
  ➤ 次に NI により $[_{P'}$ at any time] が not の位置に上がり一体となり，$[_{S0}$ $[_{P'}$ at no time] $[_{S4}$ anything Past happen]] という構造に至る．
  ➤ 否定倒置 (4) により $[_{S0}$ $[_{P'}$ at no time] Past $[_{S4}$ anything happen]] という前表層構造に至る．
・最後に循環後変形 *Do*-support がかかり，表層構造に至る．

　この派生の問題点は，some time を Q'L で $[_{P'}$ at x] に降ろしてから NI で not の位置に上げたことである．先に定式化した (10) の NI に違反している．実際，この派生では，もし not と some time の間にもう 1 つ Q' があったとしても，immediate scope の条件が満たされていないにもかかわらず派生が可能になってしまう．そこで，(10) を遵守した派生を考える．

【第 2 の派生】
・S_4 を領域として E + R がかかり，$[_{S4}$ y $[_{0'}$ Past happen]] という構造に至る．
・S_3 を領域として，何も適用せず．
・S_2 を領域として Q'L がかかり，$[_{S2}$ $[_{S4}$ something Past happen] at x] という構造に至る．
・S_1 を領域として，何も適用せず．

126

・S_0 を領域として,

> まず *Some* to *Any* により, [$_{S0}$ not [$_{S1}$ [$_{Q'x}$ any time] [$_{S4}$ anything Past happen] at *x*]] という構造に至る.

> 次に (10) の NI により [$_{Q'}$ any time] が not の位置に上がり一体化して no time となり, [$_{S0}$ [$_{Q'x}$ no time] [$_{S4}$ anything Past happen at *x*]] という構造に至る.

> Q'L により, [$_{S0}$ [$_{P'}$ at no time] [$_{S4}$ anything Past happen]] という構造に至る. 厳密に言うと, anything が *x* を c- 統御しているので, この Q'L の適用は McCawley が示唆した派生制約 [649] に違反している (第 6 節参照).

> (4) の否定倒置により [$_{S0}$ [$_{P'}$ at no time] Past [$_{S4}$ anything happen]] という前表層構造に至る.

・最後に循環後変形 *Do*-support がかかり, 表層構造に至る.

この第 2 の派生では, 最後の否定倒置の適用が Q'L の後で同じ S_0 を領域として適用されているので (実質的に S_1 に対して否定倒置をかけていることになり) 厳密循環適用原則に違反している. したがって, この派生では厳密循環適用原則の違反を避ける工夫が必要である. そこで, 本書では次の扱い方を提案する.

テンス (統語範疇 0) の場合には, これまで深層構造の各 S 節点について $^{+}$ (定形) か $^{-}$ (非定形) かがあらかじめ (precyclic に) 指定してあると考えた [234, 264 note 20]. 同様に否定 not (統語範疇 0) についても, その深層構造で否定 not のスコープに入る定形節 ([$_0$ not] の姉妹の S^{+}節点とそこから S^{+}節点だけをたどって降りて行ける S^{+}節点) にはあらかじめ *n* とマークしてあると考える. つまり, *n* でマークされた S^{+} は否定スコープに入っている定形節であることを表す. この考えに従えば, (16) の訂正版深層構造は (17) のようになる.

(17) (15)の再訂正版深層構造

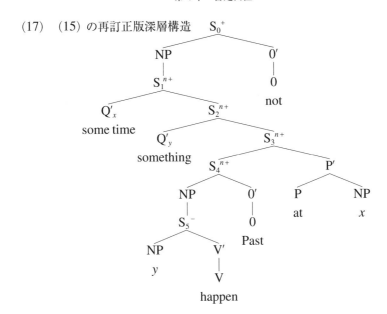

この n マークと併せて，循環変形である否定倒置 (4) を以下のように改訂する．

(18) 本書での否定倒置（循環変形）

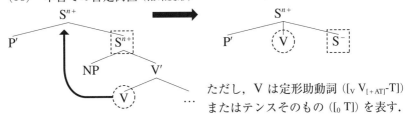

ただし，V は定形助動詞 ($[_V V_{[+AT]}\text{-}T]$) またはテンスそのもの ($[_0 T]$) を表す．

この改訂版否定倒置により，(17)においては S_3^{n+} を領域として（変数のみで否定表現が存在していなくとも）否定倒置が適用可能となり，$[_{P'}$ at $x]$ $[_0$ Past$]$ $[_S$ y happen$]$ という構造に至る．以下では，(17)の深層構造と(18)の否定倒置変形に基づいて(15)の派生を再度たどってみる．

- S_4^{n+} を領域として，E＋R がかかり $[_{S4}$ y $[_{0'}$ Past happen$]]$ という構造に至る．
- S_3^{n+} を領域として，否定倒置(18)がかかり $[_{S3}$ $[_{P'}$ at $x]$ $[_0$ Past$]$ $[_{S4}$ y happen$]]$ という構造に至る．

・S_2^{n+} を領域として，Q'L がかかり $[_{S2}\ [_{P'}\ at\ x]\ [_0\ Past]\ [_{S4}\ something\ happen]]$ という構造に至る．

・S_1^{n+} を領域として，何も適用せず．

・S_0^+ を領域として，

  ➢ まず，*Some* to *Any* により $[_{S0}\ not\ [_{S1}\ [_{Q'x}\ any\ time]\ [_{S2}\ [_{P'}\ at\ x]\ [_0\ Past]\ [_{S4}\ anything\ happen]]]$ という構造に至る．

  ➢ 次いで（10）の NI により $[_{Q'x}\ any\ time]$ が not の位置に上がって一体となり，新たな Q' である $[_{Q'x}\ no\ time]$ を成す．

  ➢ Q'L により $[_{Q'x}\ no\ time]$ が変数 x の位置に降りて前表層構造に至る．（ただし，主語 anything が x を c- 統御しているので，McCawley の示唆した Q'L の派生制約に違反している．）

・最後に循環後変形 *Do*-support がかかり，表層構造に至る．

この派生では，S_0 を領域として否定を含む Q'_x に Q'L が適用される時点ではすでに否定倒置の形が出来上がっている．しかも，派生終了後にもし万一 x の位置に否定表現が現れていなければ，否定倒置に関する SCR（2a）の違反となり排除される．つまり，表層構造では x の位置に否定表現が必ず現れなければならないことになる．

この分析は，複数の P' 付加詞を含む否定倒置文にも適用できる．例として，（19a）を同様に分析してみる．

(19)　複数の P' 付加詞を含む場合

　　a.　At no time did anything unusual happen in any places.

第 4 章 否定倒置　　129

b. (a) の深層構造

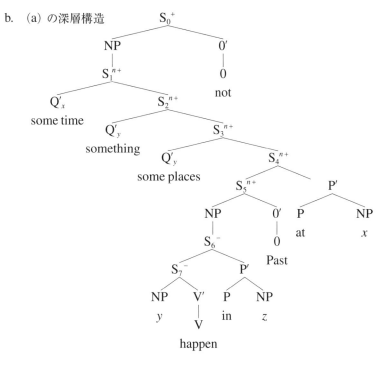

この深層構造から派生は以下のように進む．

- S_6 を領域として Ad-S to Ad-V′ がかかり，[$_{S6}$ y [$_{V'}$ happen in z]] という構造に至る．
- S_5 を領域として E+R がかかり，[$_{S5}$ y [$_{0'}$ Past [$_{V'}$ happen in z]]] という構造に至る．
- S_4 を領域として否定倒置 (18) が適用されて，[$_{S4}$ [$_{P'}$ at x] Past [$_S$ y [$_{V'}$ happen in z]]] という構造に至る．
- S_3 を領域として Q′L がかかり，[$_{S3}$ [$_{P'}$ at x] Past [$_S$ y [$_{V'}$ happen in some places]]] という構造に至る．
- S_2 を領域として Q′L がかかり，[$_{S2}$ [$_{P'}$ at x] Past [$_S$ something [$_{V'}$ happen in some places]]] という構造に至る．
- S_1 を領域として，何も適用されない．
- S_0 を領域として，
  ➤ まず *Some* to *Any* がかかり，[$_{S0}$ not [$_S$ [$_{Q'x}$ any time] [$_S$ [$_{P'}$ at x] Past [$_S$ anything [$_{V'}$ happen in any places]]]]] という構造に至る．

➢ 次いで (10) の NI により [$_{Q'_x}$ any time] が not の位置に上がり一体となり，新たな Q' である [$_{Q'_x}$ no time] が形成される．
➢ Q'L により [$_{Q'_x}$ no time] が変数 x の位置に降りて，[$_{S_0}$ [$_{P'}$ at no time] Past [$_S$ anything [$_{V'}$ happen in any places]]] という前表層構造に至る．
・最後に循環後変形 *Do*-support がかかり，表層構造に至る．

この例から分かるように，複数の P' 付加詞を含む否定倒置文では，その深層構造において，否定倒置を受ける P' に含まれる数量詞付き名詞句が Q' として他の Q' よりも上位でかつ not の直下に現れて NI の適用を受ける．また，その否定倒置を受ける P' は他の P' 付加詞よりも上位に位置する．具体的には，否定倒置を受ける P' はテンスの外側に，その他の P' はテンスの内側現れることになる．その結果，表層構造で文頭に否定を含む P' が現れたなら，他の P' 付加詞は Ad-S to Ad-V' の適用を受けて V' 付加詞として文末に現れる．

6. McCawley の派生制約の問題点

McCawley は Q'L に関する派生制約がどのようなものであるのかについては明確には述べなかったが，"a constraint against movement of a quantified NP into, say, a position c-commanded by a quantified NP" [649] という制約を示唆している．この制約は (20a) において (20a') の解釈が存在しないことを示すには十分であるが，(20b) において (20b') の解釈が可能なこと ([650] (4) 参照) (つまり，(20b') を深層構造，(20b) を表層構造とする派生が可能であること) が言えなくなってしまう．つまり，McCawley の示唆した制約は修正する必要がある．

(20)　2 つの Q'L

    a.　Few students failed every course.　[649] (a' の解釈としては *)

    a'.　[(every course)$_y$ [(few students)$_x$ [$_S$ x failed y]]]　(x は y を c- 統御)

    b.　Few students failed in every quarter.　(ただし，[$_{P'}$ in every quarter] は Ad-S)

    b'.　(every quarter)$_y$ (few students)$_x$ [$_S$ [$_S$ x failed] [$_{P'}$ in y]]　(x は y を c- 統御)

深層構造 (20a') の場合には，まず few students が Q'L で主語の位置に降りて，それが目的語の変数 y を c- 統御するので，McCawley が示唆した派生制約により，every course は変数 y に降りられないという状況になっている．

つまり，(20a′) の深層構造は well-formed だが，これが well-formed な表層構造に至る派生が存在しない．よって，(20a) は (20a′) の解釈を許さないということになる．一方，深層構造 (20b′) の場合には，まず few students が $Q'L$ で主語の位置に降りて，それが y を c-統御するので every quarter は変数 y に降りられないはずだが，実際には (20b) はこの (20b′) の解釈を許すので，この $Q'L$ の適用を認めなければならない．なお，付加構造を含む場合の c-統御の McCawley による定義は [353, 354] を参照．

以上の考察を踏まえて，$Q'L$ に関する派生制約を 2 つ提案する．(21) の派生制約 I は McCawley が示唆した派生制約の改訂版である．なお，派生制約 II に関しては，第 2 章 (38) を参照．ここで「最上位の変数」とは，とりあえず「他の同一変数を c-統御する変数」と理解しておく．

(21) $Q'L$ に関する派生制約

派生制約 I

主語が (すでに $Q'L$ の適用を受けて) 数量詞付き名詞句である場合には，その V′ 内の変数に対して $Q'L$ は適用できない．

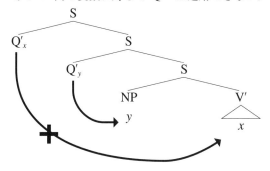

派生制約 II

Q′ の姉妹の S がその Q′ に対応する複数の束縛変数を含む場合には，$Q'L$ は最上位の束縛変数に対して適用される．ただし，残りの束縛変数は Q′ と同じ一致素性を持つ人称代名詞として現れる．

なお，派生制約 I の意図は，深層構造における 2 つの Q′ のスコープ関係は表層構造で保たれなければならない (つまり，逆転できない) ということである．第 5 章では，(21) の不備を修正して，最終版 (第 5 章 (10)) を提案する．

7. 否定倒置と否定辞繰り上げ

　従来から think や suppose などの特定の動詞に関しては，補文が否定文の場合にその補文内の not が主節に現れるという現象，いわゆる「否定辞繰り上げ (negative raising)」（以下 NR）が指摘されてきた．NR を許すかどうかは，補文を取る動詞の語彙的特性である（上野 (2017: 146) 参照）．例えば，ほとんど同じ意味である think と guess とでは，前者は NR を許すが，後者は方言により判断が分かれる [595-6]．以下では，その補文内から NR を許す動詞のことを「NR 動詞」と呼ぶことにする．

　この NR に関して興味深い点は，NR 適用後に，(22) に示したようにその補文内に否定倒置の痕跡（すなわち，否定語を除いた NPI だけの P′ による「否定倒置」）が残ることである．この場合，補文内で否定倒置により節頭に置かれている P′ ないし Adv′ には NPI の any などが含まれている．なお，(22a) では suppose が，一方 (22b) では think が NR 動詞である．

(22)　補文内の否定倒置節からの NR
　　　a.　I don't suppose that under any circumstances would he help me. [598]
　　　b.　I don't think that under any circumstances did he help her.

　本書では，前節まで論じてきた否定倒置の分析を使って，McCawley の NR 分析 [599-602] とは異なる NR 分析を提案したい．第 5 節で提案した n マークを付与した (22b) の深層構造は次の通りである．

第 4 章 否定倒置　　133

(23)　(22b) の深層構造

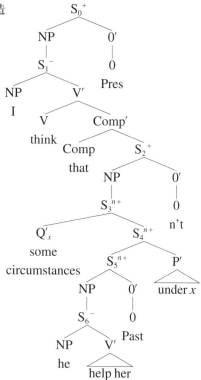

この深層構造から派生は以下のように進む．

- 定形節 S_5 を領域として E + R がかかり，[$_{S5}$ he [$_{0'}$ Past help her]] という構造に至る．
- S_4 を領域として否定倒置 (18) がかかり，[$_{S4}$ [$_{P'}$ under x] Past [$_S$ he help her]] という構造に至る．
- S_3 を領域として Q'L がかかり，[$_{S3}$ [$_{P'}$ under some circumstances] Past [$_S$ he help her]] という構造に至る．
- S_2 を領域として Some to Any (12) がかかり，[$_{S2}$ n't [$_{S3}$ [$_{P'}$ under any circumstances] Past [$_S$ he help her]]] という構造に至る．
- S_1 を領域として，何も適用せず．
- S_0 を領域として，NR (24) により補文最上位の n't を S_0 のテンス Pres に付加する．(なお，この際に飛び越している動詞 think は NR 動詞である点に注意．) [$_0$ [$_0$ Pres] [$_0$ n't]] が構成されて，それ以後は通常の派生通りに，

そのまま S_0 を領域として E + R がかかり，$[_{S0}$ I $[_0$ Pres-n't] think that $[_S$ $[_{P'}$ under any circumstances] Past $[_S$ he help her]]] という前表層構造に至る．

・最後に，循環後変形 *Do*-support が 2 か所 (Past と Pres-n't) に適用されて表層構造に至る．

この派生の特徴は，第一に *n* マークにより S_4 を領域として (18) の否定倒置が適用可能になっている．また第二に，n't に関して S_2 を領域として NgP (第 2 章 (24) を参照) が適用されずに，n't を (24) の NR により補文最上位の位置から NR を許す主節動詞のテンスに付加した点である．(もし接語 n't ではなく単なる not の場合には，NR 動詞の成す V′ に付加すると考えておく．)

この派生の例をもとに，次のように NR を定義する．(24) では，(25) のような長距離 NR を許すように述べてある．なお，AMG による意味構造とそれに基づいた推論を用いたこの現象の説明については，上野 (2017: 145-150) を参照．

(24) 否定辞繰り上げ (NR) (接語 n't の場合；循環変形)
補文最上位の否定接語 $[_0$ n't] を定形主節に移動し，そのテンスに付加する．ただし，移動の際に飛び越す主節動詞を含めた途中の動詞はすべて NR 動詞でなければならない．

(25) 長距離 NR の例 (上野 (2017: 148) より) (下線は NR 動詞)
   a. I don't <u>suppose</u> John <u>thinks</u> we'll arrive until Sunday.
   b. I don't <u>believe</u> that he <u>wants</u> me to <u>think</u> that he did it.

この NR の適用領域は，最上位の NR 動詞の成す節の直上のテンス節 ((23) では $S_0{}^+$) である．当該テンス $[_0$ T] を governor とした E + R が適用される前に NR がかかる．(E + R の後に NR を適用すると厳密循環適用原則に違反する．) ただし，(22) のような文を表層構造で認めるためには，(2) の否定倒置文の SCR を以下のように改訂する必要がある．

(26) 否定倒置の SCR (改訂版)
   a. $[_{S+}$ P′$_{[neg]}$ V S$^-$]   ただし，V は定形助動詞を表す．
   a′. $[_{Sn+}$ P′$_{[any]}$ V S$^-$]   ただし，V は定形助動詞を表す．
   b. P′$_{[neg]}$ の SCR $[_{P'[neg]}$ P NP$_{[neg]}$]
   b′. P′$_{[any]}$ の SCR $[_{P'[any]}$ P NP$_{[any]}$]
   c. NP$_{[neg]}$ の SCR $[_{NP[neg]}$ $[_{Det}$ no] N′]
   c′. NP$_{[any]}$ の SCR $[_{NP[any]}$ $[_{Det}$ any] N′]

第 4 章　否定倒置　　135

ただし，(b′, c′) の any は NPI である．

なお，NPI の any は (12) の *Some to Any* の適用によって生じるので，NPI any は否定文に現れなければならない．また，(26a′) の節 S^{n+} は，n マークが深層構造のみならず表層構造にも当てはめることにすると，I don't think / suppose などの補部節も，否定のスコープに入り定形節なので，S^{n+} ということになる．

8. *There* 挿入再考

第 3 節で，NI を (10) のように Q′ が直上の not の位置に上がり，その not を取り込んで一回り大きな主要部 Q を形成するというように定式化した．そこで注意したように，この NI は no を Det として含む文で必要になる．その例として，これまでの議論を踏まえて，次の *there* 挿入文の派生を考えてみる．なお，*there* 挿入については第 2 章第 9 節を参照．

(27) a.　There was no error in any part of the proof.
　　 b.　(a) の深層構造

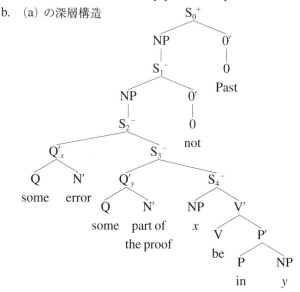

【深層構造へのコメント】
・(27a) は否定命題 There be no error in any part of the proof の過去形と考える．

- テンスの内側で *there* 挿入がかかる点については，第 2 章 (42) (43) を参照．
- *not* のスコープに入る S はすべて非定形（S⁻）なので，*n* マークは起こらない．
- この場合の be 動詞は存在動詞なので深層構造に存在する．

この深層構造をもとに，派生は以下のように進む．

- S_4 を領域として，P' は Ad-S ではなくまたこの節は定形（つまり S^{n+}）でもないので (18) の否定倒置はかからない．
- S_3 を領域として Q'L がかかり，$[_{S_3}\ x\ [_{V'}\ \text{be in some part of the proof}]]$ という構造に至る．
- S_2 を領域として（*some* が existential quantifier 相当なので）*there* 挿入がかかり，$[_{S_2}\ [_{Q'}\ \text{some error}]\ [_S\ [_{NP[3SG]}\ \text{there}]\ [_{V'}\ \text{be}\ x\ \text{in some part of the proof}]]]$ という構造に至る．
- S_1 を領域として，まず (12) の *Some to Any* がかかり $[_{S_1}\ \text{not}\ [_{S_2}\ [_{Q'}\ \text{any error}]\ [_S\ [_{NP[3SG]}\ \text{there}]\ [_{V'}\ \text{be}\ x\ \text{in any part of the proof}]]]]$ という構造に至る．次いで (10) の NI がかかり，$[_{S_1}\ [_{Q'}\ \text{no error}]\ [_S\ [_{NP[3SG]}\ \text{there}]\ [_{V'}\ \text{be}\ x\ \text{in any part of the proof}]]]$ という構造に至る．さらに Q'L がかかり，$[_{S_1}\ [_{NP[3SG]}\ \text{there}]\ [_{V'}\ \text{be}\ [_{NP}\ \text{no error}]\ [_{P'}\ \text{in any part of the proof}]]]$ という構造に至る．この際，(21) の派生制約 I の違反はない．
- S_0 を領域として，AT + E + R + AGR がかかり表層構造に至る．

最後の S_0 の領域を詳しく見ると，AT を適用した時に次の構造に至る．

(28)　AT 適用直後

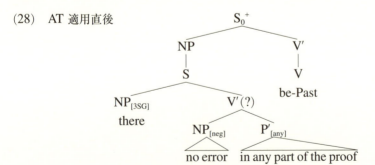

AT により，主動詞である be 動詞をテンス Past の位置に上げたので，その結果，主要部 V を欠いた V' が現れることになる．この構造に E + R をかけるので，その結果は $[_S\ \text{there}\ [_{V'}\ [_V\ \text{be-Past}]\ [_{V'(?)}\ \text{NP P'}]]]$ という構造になる．表

層構造でこの機能していない（主要部を失った）V′(?) は刈り込みにより削除されると考えると，結局 McCawley の三又（ternary branching）の V′ 構造である [$_S$ there [$_V$ [$_V$ be-Past] NP P′]] という表層構造になる．

まとめ

この章では，$SPhE^2$ における否定倒置（negative inversion）の扱い方とそれに関連する諸問題について検討した．第 1 節では，否定倒置変形を（4）（後に（18）として改訂）のように定式化した．第 2 節では，McCawley の Q′L の必要性を確認した．第 3 節では，negative incorporation（NI）の性質を検討し，その定式化（10）を提案した．第 4 節では，McCawley の循環変形 *Some to Any* を検討し，（12）のように定式化した．第 5 節では，McCawley の否定倒置文の派生を検討して問題点を指摘した．それを解決するために，n マークを導入し，従来の否定倒置（4）を（18）のように改訂した．第 6 節では，Q′L に関する McCawley の示唆した派生制約を検討し，その改訂版（21）を提案した．第 7 節では，否定倒置と否定辞繰り上げ（negative raising）の関わり方について検討し，否定辞繰り上げを（24）のように定式化した．それに沿って，（22b）の例文について McCawley とは異なる派生（23）を提案した．第 8 節では，これまでの分析をもとに *there* 挿入について再考した．また，この章で扱った現象の表層構造を認可するために，SCR として（14）と（26）を提案した．

第 5 章　数量詞句繰り下げ

はじめに

　この第 5 章では，$SPhE^2$ の Chapter 18 Scope of Quantifiers and Negations [630-662] の内容を，「数量詞句繰り下げ（Quantifier Phrase Lowering）」（以下 Q'L）[581] という循環変形を中心に検討する．なお，McCawley は unrestricted quantification を破棄して restricted quantification を一貫して採用した (McCawley (1993: xii, xx, 172))．以下の論述におけるかぎかっこ付きの数字は，$SPhE^2$ の該当ページを表す．

　以下の例文のいくつかで，単純未来の will [253] を扱う必要あるので，ここで前もってその扱い方を決めておく．単純未来の will（深層構造においては Fut）はモダリティの will と区別して（McCawley (1993: 431)）テンスとして扱うことにし，以下の Tense Replacement（以下 TR）が適用をされるものとする．（なお，Pres と Past に関する TR については第 2 章第 2 節，第 3 節を参照．）したがって，Past や Pres とまったく同様に，Fut は未来時を表す副詞的表現と共起する場合には，その表現は深層構造において Fut の成すテンス句（0'）の叔母の位置に生じると仮定する．Pres や Past の場合の TR とまったく同様に，Fut の場合も E＋R＋TR の連続適用は feeding order である．

(1)　テンスとしての will に関する TR
　　　[₀ Fut] → Ø　（適用領域は S⁻ で，E＋R 適用後）（例えば It's likely to rain tomorrow.)

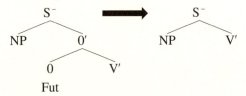

　　　[₀ Fut] → [ᵥ will]　（適用領域は S⁺ で，E＋R の適用後）（例えば It will

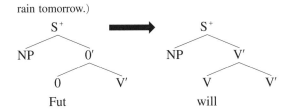
rain tomorrow.)

1. 数量詞句繰り下げ（再論）

McCawley のアプローチを採った場合に $Q'L$ が必要になることについては，第 4 章第 2 節で例示した．また，$Q'L$ とその適用に関する「派生制約 (derivational constraint)」については，第 4 章第 6 節で以下の派生制約を提案した．この章ではこの制約の精密化を図りたい（(10) を参照）．

(2) $Q'L$ に関する派生制約（第 4 章 (21) より）

派生制約 I

主語が（すでに $Q'L$ の適用を受けて）数量詞付き名詞句である場合には，その V' 内の変数に対して $Q'L$ は適用できない．

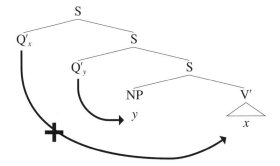

派生制約 II

Q' の姉妹の S がその Q' に対応する複数の束縛変数を含む場合には，$Q'L$ は最上位の束縛変数に対して適用される．ただし，残りの束縛変数は Q' と同じ一致素性を持つ人称代名詞として現れる．

McCawley によれば，派生制約 I は多くの話者にとって絶対的なものではなく，この派生制約に従った解釈の方が従っていない解釈よりも得やすいという傾向があるということを示しているにすぎない [649, 651]．ただし，2 つの

Q′ の一方が肯定で他方が否定である場合には，この派生制約の効果が強く出る [650] とのことである．例えば，次の例 (3a, b) では肯定と否定の数量詞が使われているので，多くの話者にとっては，(3a) では few > every の解釈のみが可能，(3b) では every > few の解釈のみ可能という状況になっている．

(3) few と every のスコープ関係
    a. Few students failed every course. [649]
    b. Every student failed few courses.

以下で，派生制約 I の例として，(3a) では few > every の解釈のみが可能である事情を詳しく見てみる．

(4) (3a) の深層構造

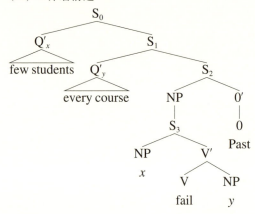

派生は厳密循環適用原則に従うので，上の深層構造で，まず S_2 を領域としてテンスに関する E+R が適用され，次いで S_1 を領域として循環変形 Q′L が適用されて every course が目的語の変数 y の位置に降りて，その後に S_0 を領域として few students が主語の変数 x の位置に降りる．ここまで派生制約 I の違反はない．したがって，(3a) の文は few > every という解釈を許す．一方，(3a) の深層構造として (5) を設定して厳密循環適用原則に従って派生を進めた場合には，2 回目の Q′L の適用で every course を主語位置の few students を超えて目的語の位置に降ろすことになるので派生制約 I を違反してしまう．したがって (3a) は every > few とは解釈できない．

(5) (3a) のもう 1 つの深層構造 (派生制約 I 違反)

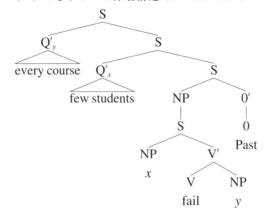

つまり，(5) は深層構造としては well-formed だが，派生途中で派生制約 I の違反が起こるので well-formed な表層構造には至らない（すなわち，(5) から (3a) に至る派生が存在しない）という訳である．(3a) において，every > few の解釈（深層構造 (5) が表す解釈）は存在しない（ないしは得にくい）ということになる．その理由はもちろん，(5) の深層構造から (3a) を派生する際に派生制約 I に違反するからである．

McCawley は，数量詞のスコープと統語構造との関係について，いくつかの要因をまとめている [651]．まず，表層構造での数量詞句の位置がそのまま深層構造でのスコープ関係を示している場合がある．（つまり，c-統御関係が深層構造と表層構造でミスマッチなしで保たれている場合である．）これには，表層構造での主語の数量詞付き名詞句が V′ 内の数量詞付き名詞句よりも広いスコープを持つ場合が含まれる．また，個々の数量詞の語彙的性質でスコープが決まる場合がある．例えば，each はもっとも広いスコープを要求する数量詞である．さらに，同一節内では，語順で前に現れた数量詞句の方が後に現れる数量詞句よりも広いスコープを持つ傾向がある．

次の文 (6) は，someone と seem のスコープ関係について曖昧であり，2 通りに解釈できる．May (1985) は reconstruction を用いてこのことを説明した．McCawley の場合には，表層構造 (6) が 2 つの異なるスコープを明示した深層構造から派生されることを示すことで (6) の曖昧性を示した．

(6) someone と seem のスコープ関係
    Someone seems to have broken into the house. [652]（曖昧）
    2 つの深層構造概形（have を現在完了ではなく過去と解釈した場合）

a. $[_{S0}\ [_{Q'x}\ \text{someone}]\ [_{S1}\ [_0\ \text{Pres}]\ [_{S2}\ \text{seem}\ [_{S3}\ [_V\ \text{to}]\ [_{S4}\ [_0\ \text{Past}]\ [_{S5}\ x$ break into the house]]]]]]

b. $[_{S0}\ [_0\ \text{Pres}]\ [_{S1}\ \text{seem}\ [_{S2}\ [_V\ \text{to}]\ [_{S3}\ [_{Q'x}\ \text{someone}]\ [_{S4}\ [_0\ \text{Past}]\ [_{S5}\ x$ break into the house]]]]]]

(6a) の深層構造は someone のスコープは文全体という解釈を表している．すなわち，There is someone who seems to have broken into the house という解釈 (つまり，someone > seem というスコープ関係) である．一方，(6b) の深層構造は someone が seem の補文のみをスコープに取るという解釈を表している．すなわち，It seems that there is someone who broke into the house. という解釈 (つまり，seem > someone というスコープ関係) である．

　(6) の曖昧性の説明には特別な道具立てが不要で，Q′ に関して2つの異なる深層構造と通常の派生のステップだけで説明できるので，McCawley は Q′L を用いる利点として捉えた [652]．

　Q′L は 60 年代末の生成意味論の "quantifier lowering" に由来する変形である (McCawley (1973/76: 150) 参照)．当時は，every や some などの quantifier (その深層構造での範疇は V) そのものに適用された．McCawley の Q′L は数量詞句 (quantifier phrase) に対して適用される．つまり，単に数量詞 (Q) だけが文の外側に出ているのではなく，$[_S\ Q'\ S]$ のように数量詞句 (Q′) (つまり，Q とその変数の定義域を規定する NP や N′ である「定義域表現 (domain expression)」) も Q′ の一部として S の外側に出ている (McCawley (1993: 23-24))．したがって，もし定義域表現の N′ が制限的関係節で修飾されていれば，その関係節も主要部 Q とともに S の外側に出ている構造となる．このために，McCawley の場合には Antecedent-contained deletion (ACD 構文) が通常の V′ 削除だけで説明可能になっている (第 8 節参照)．

　生成意味論から発展した McCawley 晩年の枠組みでは，意味・論理構造を反映した深層統語構造から表層統語構造を派生するという基本的方針なので，深層構造において Q′ はそのスコープである命題 S の外側に位置するという構造 (すなわち $[_S\ Q'\ S]$) を必然的に採用することになり，表層構造を派生する際に繰り下げ変形である Q′L の使用は避けられない．一方，主流派生成文法 (mainstream generative grammar, MGG) である解釈意味論 (interpretive semantics) では，May の 1977 年 MIT 博士論文で "Quantifier Rule"(「数量詞規則」，以下 QR) という繰り上げ変形が提案されて，表層統語構造からスコープ関係を明示した「論理構造 (logical form, LF)」を派生するという分析が始まった (中村 (1983: 317))．この場合には，当然表層構造の数量詞句に対して

繰り上げ規則の QR を適用することになる. 言い換えると, MGG で繰り下げの Q'L ではなく繰り上げの QR を採用している理由は, 表層構造からスコープ関係を明示した LF を派生しようという方針からの必然的な帰結である. すなわち, 意味・論理構造から表層統語構造を派生する枠組みでは繰り下げの Q'L が必要になり, 表層構造から LF を派生しようという枠組みでは繰り上げの QR が必要になる. どちらの場合も, 理論的な枠組みの基本設計図に由来する必然的な帰結である. したがって, 「繰り下げ変形」を用いる分析を「変形規則の一般的性質と矛盾する」(例えば, 中村 (1983: 315)) などと単純に批判することは的外れであろう. (繰り下げ変形を採用することの効用については第 2 節を参照.) また, (2) の派生制約 I は Q'L の適用直前と適用直後の 2 つの隣接する派生段階にだけ言及しているので, global rule ではない.

Q'L に関する派生制約 II によって最上位の変数に Q' が繰り下げられるわけだが, その際の「最上位の変数」とは, 単に, 他の同一変数を c- 統御するだけではなく ((7a) の場合), 他の同一変数を c- 統御する NP 内の属格名詞句の位置にある変数も「最上位」として認める必要がある ((7d, d', e) の場合).

(7) 「最上位の変数」(下線部は同一変数解釈を示す)

    a. Before <u>he</u> went home, <u>each student</u> turned in <u>his</u> assignment. [656]

    b. ??Before <u>he</u> went home, I gave <u>each student</u> an assignment.   [656]

    c. ??Before <u>each student</u> went home, I gave <u>him</u> an assignment.   [656]

    d. <u>Every boy</u>'s mother thinks that <u>he</u> is a genius.   [657]

    d'. <u>Every boy</u>'s mother's friends think that <u>he</u> is a genius.

                                                (Ueno (2014: 292))

    e. The head master asked <u>every boy</u>'s mother to encourage <u>him</u>. [657]

これに合わせて, (2) の派生制約 I についても主語の属格 NP が数量詞句である場合を考慮する必要がある. 例えば (3a, b) について, Few teachers' students failed every course (few > every の解釈のみ) や Every teacher's students failed few courses (every > few の解釈のみ) は曖昧性を示さない. したがって, 派生制約 I を後述の (10) のように一般化する必要がある.

McCawley は分裂文や疑似分裂文の場合も検討している [657-8].

(8) 疑似分裂文における数量詞付き名詞句

    a. What <u>every candidate</u> regretted was that <u>he</u> got so few votes.

144

[658]

cf. Every candidate regretted that he got so few votes.

b. What I asked every candidate was whether he would vote to cut taxes.   [658]

cf. I asked every candidate whether he would vote to cut taxes.

c. What every boy's mother believes is that he is a genius.

d. What the head master asked every boy's mother was to encourage him.

これらを踏まえて，McCawley は次の条件を提案した [658].

"I thus tentatively conclude that, subject to the qualification about genitives given in connection with (8) [上の (7d, e) のこと], pronouns with a quantified NP as antecedent are subject to the constraint that there be a cyclic output in which they are c-commanded by the antecedent." (注と下線は筆者による)

この McCawley の制約（下線部）の述べ方では，数量詞付き NP を含む文について，その深層構造から表層構造に至るすべての循環出力（cyclic outputs）をチェックして，少なくとも 1 つの循環出力が c-command 条件を満たしていることを確認しなければならないということになる．したがって，この述べ方では "global" [585] な派生制約になってしまう．そこで，次のように考えることを提案する．(9) は疑似分裂文 (8c) の深層構造概形である．McCawley は分裂文と疑似分裂文の深層構造の概形を語っただけで，それらの文の派生については詳細に語らなかった [65, 83 note 5]．(9) の深層構造概形は McCawley の考えに沿ったものである．ここでの [v be] は identity を示すもの（equative be）で，存在を示す [v be] と同様に深層構造に存在すると仮定する．

(9) (8c) の深層構造概形

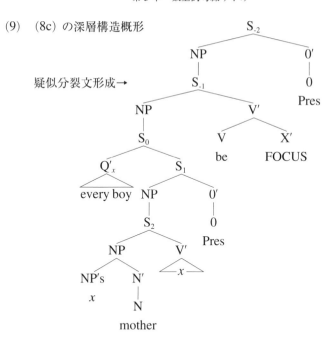

上の深層構造概形において，S_0 を領域として $Q'L$ がかかり，この際に通常通りにこの $Q'L$ の適用に関して派生制約 II が適用されて，[$_{S0}$ every boy's mother believes that he is a genius] という構造に至る．S_{-1} を領域として（疑似）分裂文形成がかかると考えると，McCawley のような制約の述べ方をする必要はなくなり，(10) に任せることができる．ただし，(疑似) 分裂文形成の適用前後で代名詞の束縛変数解釈は保たれると仮定する．実際，(疑似) 分裂文形成とは，入力の文を基に，その一部を焦点として equative be の補部に配置し，残りの部分をその前提として (that 節や wh 節の形で) 表す操作である．これは単に情報の位置付けを明確化する操作に過ぎないので，この適用前後で代名詞の束縛変数解釈は保たれると仮定することは自然であろう．

これまでの議論を踏まえて，以下の改訂版を提案する．なお，派生制約 I の改訂版では，すでに遊離数量詞が V' に付加している場合 ((26b) を参照) も考慮した．なお，以下の制約では ((37) や第 7 章 (27) で ACD 構文に関連して述べることを先取りして)，変数 x を指示指標と同様に NP 節点へのインデックスとして扱った．したがって変数 x は NP_x のように表してある．この場合，束縛変数解釈の代名詞は [$_{NPx}$ he] などと表す．

(10) 本書での $Q'L$ 派生制約

- QNP の定義

  数量詞付き名詞句 (quantified noun phrase, QNP) とは次の (i) または (ii) を満たす構造のことである.

  (i)　$[_{QNP} [_{Det} Q] N']$　　　　　　　(ii)　$[_{QNP} QNP's N']$

- 「最上位の変数」の定義

  「最上位の変数」とは, その変数 NP_x 自身, または NP 内で先頭の属格 NP が NP_x である NP (例えば $[_{NP} NP_x's N']$) がその他の同一変数 NP_x をすべて c- 統御することである.

- 派生制約 I

  主語が QNP である V', または, Q が付加した V' の場合に, そのような V' 内の変数に対して Q'L は適用できない. ただし, この派生制約は絶対的なものではなく, これに違反した派生はその解釈が得にくくなるという性質のものである.

- 派生制約 II

  Q'_x の姉妹の S が複数の同一変数 NP_x を含む場合には, Q'L は最上位の変数 NP_x に対して適用される. その際に, 残りの変数 NP_x は Q'_x と同じ一致素性を有する (つまり Q'_x を先行詞とする) 人称代名詞として現れる.

派生制約 II について 2 点補足する. 第一に, Q'L に伴う束縛変数の代名詞化は, あくまでも Q'L と一体の操作であると理解しなければならない. (もし Q'L 適用後に残りの変数の代名詞化が起こると理解すると, 厳密循環適用原則の違反になってしまう.) 具体的には, Q'L により Q' が最上位の変数に降りる前に, まずすべての変数がこの Q' を先行詞として代名詞になり (つまり Q' と同じ一致素性を持つ代名詞に変わり), 次いで Q' 自体が最上位の変数に降りて代名詞と入れ替わると考えることにする. (この点については, 第 9 章 (43) も参照.)

第二の補足は, 派生制約 II では, なぜ Q' が最上位の変数に降りるように制限されているのかという点について. 束縛変数がひとたび人称代名詞に変わってしまうと, 第 9 章第 2 節で論じる照応表現 (AD) に関する「表層構造条件」[359] が適用されることになる. もし, Q'L によって最上位ではない変数に Q' が降りたとすると, その Q' よりも上位の変数由来代名詞は同一指示の Q' を c-command することになり, 「表層構造条件」に違反してしまう. 言い換えると, 束縛変数由来の代名詞が「表層構造条件」を満たすように Q'L を適用しようとすると, Q' は最上位の変数に降りるしかないという状況になっている.

2. 繰り下げ

繰り下げ変形（Lowering）とは以下のように定式化できる循環変形のことである．

(11) 繰り下げ変形

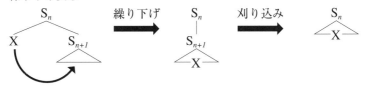

$SPhE^2$ で採用されている繰り下げ（を一部に含む）変形は，Q'L のほかに次のものがある．Ad-S to Ad-V′ [254, 667]，TH（循環後変形）[30, 171]，Nominalization [410]，Extraposition of Complement（ただし主語からの場合）[102]，*Only* Separation（第 7 節参照）[642]，Quantifier Float（第 4 節参照）[631]，*There* Insertion（第 5 節，第 2 章第 9 節参照）[635]，Complementizer Placement [124]（第 1 章 (2) 参照）．

【補足】 Quantifier Float や *There* Insertion などの場合には，Q′ の Q だけが繰り下がり，Q の定義域表現は Q′ の元位置に残っているので，(11) で定義した繰り下げ変形には該当しない．しかし，この後の Q'L は (11) の意味での繰り下げになる．このように，一般的に同一領域に一見繰り下げが 2 つ適用されているように見える場合には，最初の適用では Q だけが繰り下がり，その定義域表現は Q′ の元位置に残ったままになっている．（この繰り下げは (11) の意味での繰り下げではない．）二番目の適用では，この残っている定義域表現が最上位の変数の位置に繰り下がることになる．この二番目の適用が (11) の意味での繰り下げである．したがって，1 つの領域に (11) の意味での繰り下げ変形が 2 つ適用されることはありえない．

【補足】 同一領域に複数の循環変形が適用される状況で，その内の 1 つが (11) の意味での繰り下げ変形である場合には，その繰り下げ変形が最後に適用されなければならない．もし，先に繰り下げ変形を適用すると，次に適用する変形は実質的に下位の領域に変形をかけたことになり，厳密循環適用原則に違反するからである [581]．

従来の「繰り下げ変形」批判には，このような変形を認めると変形の種類が多様になってしまい，「変形をきびしく制約する」という目標に反するという

批判があった（第1節参照）．しかし，第一に，繰り下げ変形は厳密循環適用原則と共に，変形順序付けが不要であることを可能にするという大切な役割を担っている．厳密循環適用原則により，同一領域に複数の変形が適用される場合には繰り下げ変形を最後に適用しなければならない，また，同一領域に複数の繰り下げ変形が適用される場合は存在しないなど，変形の順序付けについて有益な予測をもたらす．つまり，McCawley の場合には繰り下げ変形を採用することで，「変形順序付け不要」という大きな成果が得られたわけである．第二に，第1節で述べたように，（生成意味論的に）意味・論理構造を反映した深層統語構造から表層統語構造を一連の変形適用により派生するという枠組みでは，Q′ などは深層構造でそのスコープである S の外側に位置するので，表層構造を派生するためには繰り下げ変形の採用は避けられない．第三に，McCawley の Ad-S to Ad-V′ は，命題（S）を修飾する時や場所などの表現（Ad-S）は随意的に V′ 付加詞（Ad-V′）としても現れることがあるという事実を捉えた繰り下げ変形である．Ad-S to Ad-V′ は，表層構造で V′ 付加詞（深層構造でAd-S または Ad-V′）が複数存在する場合には Ad-S 由来の Ad-V′ が外側に，本来の Ad-V′ が内側に存在すること（すなわち，[v [v V′ Ad-V′] Ad-S] という表層構造）を正しく予測する（第8章 (6) 参照）．このように，McCawley の個々の繰り下げ変形を吟味すると，McCawley 晩年の統語論の枠組み（序章を参照）を前提としたときに問題の現象をなぜ繰り下げ変形として分析するのか，その事情や利点が分かってくる．

3. Q′ としての wh

次の例文 (12) では，McCawley が指摘したように which woman が every Englishman のスコープ内で（つまり every > which として）解釈される．つまり，wh 句は数量詞句とスコープ関係を持つ．このために，wh 句（の一部分）も Q′ として扱う必要があると McCawley は結論した [533, 652, 661 note 9]．(12) の深層構造概形は (13) の通りである．

(12) Which woman does every Englishman admire the most? [659] (every > which の解釈で)

(13) 深層構造概形

$[_{Comp'0} [_{Comp} Q] [_{S1} [_{Q'x} \text{every Englishman}] [_{S2} [_{Q'y} \text{which woman}] [_{S3}$ Pres $[_{S4} NP_x \text{ admire } NP_y \text{ the most}]]]]]$

(12) の派生は，(13) から厳密循環適用原則に従って以下の通りに進む．

第 5 章　数量詞句繰り下げ　　　149

・S_3 を領域として E+R を適用し，$[_{S3}$ NP$_x$ $[_{0'}$ Pres $[_{V'}$ admire NP$_y$ the most]]] という構造に至る．(the most は Ad-V' と考えておく.)
・S_2 を領域として，Q'L により which woman が変数 NP$_y$ の位置へ降りて，$[_{S2}$ NP$_x$ $[_{0'}$ Pres $[_{V'}$ admire which woman the most]]] という構造に至る.
・S_1 を領域として，Q'L により every Englishman が変数 NP$_x$ の位置へ降りて，$[_{S1}$ Every Englishman $[_{0'}$ Pres $[_{V'}$ admire which woman the most]]] という構造に至る.
・Comp'$_0$ を領域として，まず wh 移動により $[_{NP}$ which woman] が $[_{Comp}$ Q] の位置へ移動して，次いで疑問文倒置によりテンスが wh 句の直前の位置に移動して $[_{Comp'}$ $[_{NP}$ Which woman] Pres $[_S$ every Englishman $[_{V'}$ admire the most]]] という構造に至る.
・最後に，循環後変形 *Do*-support により表層構造 (12) に至る.

【補足】 この派生では，Comp'$_Q$ (主要部 Comp が Q である Comp') を共通の領域として疑問文倒置と wh 移動がともに適用されている．この状況では，Mc-Cawley は wh 移動 → 疑問文倒置の順で派生を行った [21-2, 42-3, 167, 490]. この辺の事情を確認しておきたい.

A) McCawley は疑問文マーカー (interrogative marker) Q を Comp として扱った [491-2, 661 note 9].

B) McCawley は wh 移動を attraction to Q と解釈して，wh 句が (successive cyclic ではなく) 一気に $[_{Comp}$ Q] の位置に移動して $[_{Comp}$ Q] と入れ替わる (すなわち wh 句移動後に $[_{Comp}$ Q] は無くなる) と定義した [493].

C) McCawley は疑問文倒置を，主語 NP を飛び越してその直前の位置に (つまり wh 句または $[_{Comp}$ Q] と主語 NP の間の位置に) 移動すると定義した [488]. (この定義により，主節主語が wh 句の場合，wh 移動後には疑問文倒置は起こらない.)

D) 疑問文倒置の適用領域は主節疑問文 (つまり embedded question ではなく independent question [488]) の Comp'$_Q$ である (つまり疑問文倒置は root 変形 [174] である). 問題の Comp'$_Q$ が主節疑問文かどうかは，その Comp'$_Q$ の上位 (外部) を見て初めて決定できる．一方，wh 移動の適用は Comp'$_Q$ の内部だけで決定できる．したがって，厳密循環適用原則の観点からは，wh 移動 → 疑問文倒置という順序に決まる.

wh 句を Q' として扱う際には，最小限の wh 句が Q' として深層構造に現れて，まずそれが Q'L により対応する変数の位置に降りて，そこで pied-piping [435, 662 note 9] により wh 移動に必要な語句を引き連れて wh 移動により [Comp Q] の位置に移動することになる。例えば，wh 句 whose old picture of John では，Q′ として扱われるのは who のみで ([Q′ [Q wh] [N′ person]])，Q′L により [NP NP$_x$'s old picture of John] の変数の位置に降り，その後 pied-piping により [NP whose old picture of John] 全体が wh 移動により [Comp Q] の位置に移動する。

このように wh 句（の一部）を Q′ として扱うと，McCawley が示したように，Heycock (1995) が指摘した次の曖昧性が説明できる。

(14)　How many people did she decide to hire?　[653(13a)]（曖昧）

この曖昧性の原因は，2 つの数量詞句 [Q′M [Q ∃] M set of x-many persons] [Q′y [Q ∀] $y \in M$] が意味的に decide の補文の中で解釈されるのか外で解釈されるのかという点である。もし，これら 2 つの Q′ が補文の外で解釈される場合には，"How many people are there such that she decided to hire them?" という意味になり，そのおおよその深層構造は (15a) のようになる。一方，これらの Q′ が補文の中で解釈される場合には "What is the number such that she decided she should hire that many people?" という意味になり，そのおおよその深層構造は (15b) のようになる。

(15)　(14) の 2 つの深層構造概形 (cf. [653(13a′, a″)])
　　a.　[Comp Q] [Q′x [Q wh] x number] [Q′M [Q ∃] M set of x-many persons] [Q′y [Q ∀] $y \in M$] [0 Past] [she decide [V to] [0 Fut] [S she hire y]]
　　b.　[Comp Q] [Q′x [Q wh] x number] [0 Past] [she decide [V to] [Q′M [Q ∃] M set of x-many persons] [Q′y [Q ∀] $y \in M$] [0 Fut] [S she hire y]]

次の (16a, b, c) は Heycock (1995) が reconstruction を用いて説明したものである。(16a) と (16b) では，wh 句に John が含まれ，補文主語に同一指示の代名詞 he がある。(16c) は，wh 移動がかかっていないという点を除けば (16b) と構造的に同じである。それぞれの McCawley の深層構造は以下のようになる。なお，McCawley は指示指標（referential index）が深層構造ですでに指定してあるという「古典的な」立場を採っていた [176-80, 337]。McCawley の照応表現（anaphoric devices）については，[335-380] や本書第 9 章を参照。

(16)　Heycock (1995) より
　　a.　*How proud of John$_i$ do you think he$_i$ is?　[652]

b. Which allegations about John$_i$ do you think he$_i$ will deny?

c. *I think he$_i$ will deny many allegations about John$_i$.

(16a) の McCawley の深層構造概形

[$_{Comp'}$ [$_{Comp}$ Q] [$_{S0}$ [$_{Q'x}$ [$_Q$ wh] x degree] [$_{S1}$ Pres [$_{S2}$ you think [$_{S3}$ Pres [$_{S4}$ he$_i$ x-much proud of John$_i$]]]]]]

(16b) の McCawley の深層構造概形

[$_{Comp'}$ [$_{Comp}$ Q] [$_{S0}$ [$_{Q'x}$ [$_Q$ wh] x allegations about John$_i$] [$_{S1}$ Pres [$_{S2}$ you think [$_{S3}$ [$_0$ Fut] [$_{S4}$ he$_i$ deny x]]]]]]

(16c) の McCawley の深層構造概形

[$_{Comp'}$ [$_{S0}$ [$_{Q'x}$ [$_Q$ many] x allegations about John$_i$] [$_{S1}$ Pres [$_{S2}$ I think [$_{S3}$ [$_0$ Fut] [$_{S4}$ he$_i$ deny x]]]]]]

まず，非文 (16c) の派生をたどってみる．

・S$_3$ を領域として E＋R により，[$_{S3}$ he$_i$ [$_{0'}$ [$_0$ Fut] [$_{V'}$ deny x]]] という構造に至り，冒頭 (1) の TR により，[$_{S3}$ he$_i$ [$_{V'}$ [$_V$ will] [$_{V'}$ deny x]]] という構造になる．

・S$_1$ を領域として E＋R がかかり，[$_{S1}$ I [$_{0'}$ Pres [$_{V'}$ think he$_i$ will deny x]]] という構造に至る．

・S$_0$ を領域として Q'L がかかり，[$_{S0}$ I [$_{0'}$ Pres [$_{V'}$ think he$_i$ will deny many allegations about John$_i$]]] という前表層構造に至る．なお，この時点ですでに Q'L が適用されているので，代名詞に関する循環出力条件 (Condition on cyclic outputs) [362]（第 9 章第 2 節）（これも厳密循環適用原則に従う [655]）はもはや適用できない点に注意．したがって，循環出力条件の違反は起こっていない．

・循環後変形 TH がかかり表層構造に至る．この表層構造では，he$_i$ がそれと同一指示の John$_i$ を c- 統御しているので，AD に関する表層構造条件 (Conditions on surface structure) [359]（第 9 章第 2 節）の違反が起こっている．これが非文の原因である．

次に適格文 (16b) の派生をたどってみる．

・S$_0$ までは (16c) と同様に派生が進み，[$_{S0}$ you [$_{0'}$ Pres [$_{V'}$ think he$_i$ will deny which allegations about John$_i$]]] という構造に至る．Q'L を適用した後なので，S$_0$ を領域としてこの構造に循環出力条件はかからない．

- 最上位の Comp′ を領域として，wh 移動により [$_{NP}$ which allegations about John$_i$] が Comp に移動し，次いで倒置により Pres が Comp の直後の位置に移動し，前表層構造に至る．ここで循環出力条件が適用されるが，その違反はない．
- 循環後変形の *Do*-support により表層構造に至る．ここで AD に関する表層構造条件がかかるが，その違反はない．

最後に非文 (16a) の派生をたどってみる．

- 深層構造では，Q′ は how だけであり，補文の述語として [$_{A′}$ *x*-much proud of John$_i$] がある．
- S$_4$ を領域として be 挿入がかかり，[$_{S4}$ he$_i$ [$_{V′}$ be [$_{A′}$ *x*-much proud of John$_i$]]] という構造に至る．この構造は，he$_i$ が John$_i$ を outrank しているので循環出力条件に違反している．
- もしそのまま派生が続いたとすると，S$_3$ を領域として AT + E + R がかかり，[$_{S3}$ he$_i$ is *x*-much proud of John$_i$] という構造に至る．
- S$_1$ を領域として E + R がかかり，[$_{S1}$ You Pres think he$_i$ is *x*-much proud of John$_i$] という構造に至る．
- S$_0$ を領域として，Q′L がかかり [$_{S0}$ You Pres think he$_i$ is how proud of John$_i$] という構造に至る．
- 最上位の Comp′ を領域として，まず倒置がかかり次いで wh 移動がかかり前表層構造 [$_{Comp′}$ [$_{A′}$ How proud of John$_i$] Pres you think he$_i$ is] に至る．wh 移動の際には pied-piping により proud of John$_i$ を伴って，A′ として移動している点に注意．
- 最後に循環後変形 *Do*-support がかかり表層構造に至る．ここでは表層構造条件の違反はない．したがって，(16a) の非文の原因は S$_4$ での循環出力条件の違反ということになる．

(17) の例文は (14) のように一見曖昧性を示しそうだが，代名詞に関する同一指示条件のために曖昧性がなくなっている．具体的には，(17) に含まれる存在数量詞句の likely 補文内での解釈が循環出力条件の違反を起こすために不可能になり，その結果，存在数量詞句が likely 補文の外にある解釈だけが可能になっている．

(17)　How many stories about Diana$_i$ is she$_i$ likely to object to?　[653(14a)]
　　　(曖昧性なし)

(18)　(17) の 2 つの深層構造概形

a.　$[_{Q'}$ ∃$]$ と $[_{Q'}$ ∀$]$ が likely 補文の中（違反を起こす解釈）[653(14a′),
654 (15)]

$[_{Comp'0}$ $[_{Comp}$ Q$]$ $[_{S1}$ $[_{Q'x}$ $[_Q$ wh$]$ x number$]$ $[_{S2}$ Pres $[_{S3}$ likely $[_{S4}$ $[_v$
to$]$ $[_{S5}$ $[_{Q'M}$ $[_Q$ ∃$]$ M set of x-many stories about Diana$_i]$ $[_{S6}$ $[_{Q'y}$ $[_Q$
∀$]$ $y∈M]$ $[_{S7}$ Fut $[_{S8}$ she$_i$ object to $y]]]]]]]]]$

b.　$[_{Q'}$ ∃$]$ と $[_{Q'}$ ∀$]$ が likely 補文の外（適格な解釈）[653 (14a″), 655
(16)]

$[_{Comp'0}$ $[_{Comp}$ Q$]$ $[_{S1}$ $[_{Q'x}$ $[_Q$ wh$]$ x number$]$ $[_{S2}$ $[_{Q'M}$ $[_Q$ ∃$]$ M set of x-
many stories about Diana$_i]$ $[_{S3}$ $[_{Q'y}$ $[_Q$ ∀$]$ $y∈M]$ $[_{S4}$ Pres $[_{S5}$ likely
$[_{S6}$ $[_v$ to$]$ $[_{S7}$ Fut $[_{S8}$ she$_i$ object to $y]]]]]]]]]$

(18a) からの派生をたどってみる.

・非定形節 S_7 を領域として E + R + TR がかかり，$[_{S7}$ she$_i$ object to $y]$ とい
う構造に至る.

・S_6 と S_5 とを領域としてそれぞれ Q′L がかかり，$[_{S5}$ she$_i$ object to x-ma-
ny stories about Diana$_i]$ という構造に至る. この構造では，代名詞 she
が Diana を outrank しているので代名詞に関する循環出力条件の違反が
起きているように見える. しかし，McCawley はすでに述べたように循
環出力条件の適用も厳密循環適用原則に従うと考えたので [655]，Q′L が
かかった領域 S_5 ではこの条件は適用できない.

・S_4 を領域として E + R がかかり，$[_{S4}$ she$_i$ to object to x-many stories
about Diana$_i]$ という構造に至る. ここで，循環出直条件が厳密循環適用
原則に従って適用されて，she が Diana を outrank するので，この条件
の違反が起こっている. また，S_3 と S_2 での循環出力もこの条件に違反し
ている. したがって，この解釈は得られないことになる.

【補足】 [655] での McCawley の循環出力条件の使い方を見ると，X object to
Y における X と Y の outrank 関係は，object to という述語のなす節だけでな
く，それを含む節である X likely to object to Y にも X is likely to object to Y
にも認めていた.

次に，(18b) からの派生をたどってみる.

・非定形節 S_7 を領域として E + R + TR がかかり，$[_{S7}$ she$_i$ object to $y]$ とい
う構造に至る.

- S_6 を領域として E＋R がかかり, [$_{S6}$ she$_i$ to object to y] という構造に至る.
- S_5 を領域として E＋R と be 挿入がかかり, [$_{S5}$ she$_i$ be likely to object to y] という構造に至る.
- S_4 を領域として AT＋E＋R がかかり, [$_{S4}$ she$_i$ be-Pres likely to object to y] という構造に至る.
- S_3 と S_2 を領域としてそれぞれ Q'L がかかり, [$_{S2}$ she$_i$ be-Pres likely to object to x-many stories about Diana$_i$] という構造に至る. ここでは Q'L がかかっているので, 代名詞に関する循環出力条件は適用されない.
- S_1 を領域として Q'L がかかり, [$_{S1}$ she$_i$ be-Pres likely to object to [$_{NP}$ how many stories about Diana$_i$]] という構造に至る. ここでも Q'L がかかっているので, 代名詞に関する循環出力条件は適用されない.
- Comp'$_0$ を領域としてまず wh 移動次いで疑問文倒置がかかり, [$_{Comp'0}$ [$_{NP}$ how many stories about Diana$_i$] be-Pres she$_i$ likely to object to] という表層構造に至る. ここでも循環出力条件の違反は起こっていない. (Mc-Cawley は移動に伴う痕跡を用いなかったので, この段階では she が wh 句内の Diana を outrank するとは言えない点に注意.) しかも表層構造条件の違反も起こっていない. したがって, この派生では適格な表層構造が得られるので, この (18b) の解釈は存在する.

(17) の例では, 表層構造に対して 2 つの適格な深層構造 (≒解釈) が想定できるが, その一方は派生の途中で条件違反を起こすので表層構造には至らず, もう一方は途中で条件違反を起こさずに表層構造に至るという状況になっている. したがって, この表層構造には派生でつながっている深層構造が 1 つだけ存在することになり, 解釈の曖昧性は生じない.

McCawley は Crossover 現象を扱い [659-660], その現象を wh 句とそれを指す代名詞との循環出力条件 (すなわち, wh 移動前の両者を含む最小の循環出力で wh 句がそれを指す代名詞を c- 統御しなければならないという条件 [660]) で説明した. しかし, 循環出力を使わずにもう少し分かりやすく説明したい. McCawley の分析では wh 句はそもそも Q' を成すので, 項の位置から wh 句の移動が起こる前に, Q' の wh 句が Q'L により項の位置に繰り下げられるという段階がある. そこで, この段階に着目して, 本書では次のような説明を提案する.

(19) Crossover 現象
   a. Who$_x$ loves his$_x$ mother? [659]

b. *Whose$_x$ mother does he$_x$ love?

c. (a, b) に共通な深層構造概形

[$_{Comp'0}$ [$_{Comp}$ Q] [$_{S1}$ [$_{Q'x}$ wh person] [$_{S2}$ Pres [$_{S3}$ NP$_x$ love NP$_x'$ mother]]

(19b) の派生では，Q$_x'$ が Q'L により最上位の変数 NP$_x$ ではなく低い方の変数 NP$_x$ に降りてそこから wh 移動しているので，この Q'L 適用がそもそも (10) の派生制約 II に違反している．

(20) Crossover 現象

a. Which actress$_x$ did you ask whether she$_x$ was going to retire? [659]
b. *Which actress$_x$ did she$_x$ say was going to retire?
c. (b) の深層構造概形

[$_{Comp'0}$ [$_{Comp}$ Q] [$_{S1}$ [$_{Q'x}$ wh actress] [$_{S2}$ Past [$_{S3}$ NP$_x$ say [$_{S4}$ Past [$_{S5}$ NP$_x$ be going to retire]]]

(20b) でもやはり，Q$_x'$ が最上位の変数 NP$_x$ ではなく低い方の変数 NP$_x$ に降りているので，この Q'L 適用は (10) の派生制約 II に違反している．したがって，ここで提案した説明法では，(19b) は *He$_x$ loves everyone$_x$'s mother における派生制約 II の違反と同じことであり，(20b) は *She$_x$ said every actress$_x$ was going to retire における派生制約 II の違反と同じことである．

4. 数量詞遊離

McCawley は数量詞遊離 (Quantifier Float, 以下 QF) を，(21) のように定式化した．すなわち，QF とは，Q$'$ の姉妹の S (すなわち S$_1$) の主語位置がその Q$'$ に対応する変数であるときに，その Q がその姉妹 S の V$'$ (ないし 0$'$) に付加するという循環変形である．

(21) McCawley の QF の定式化 (Q は all, both, each に限る) [631] (McCawley (1999: 44-45))

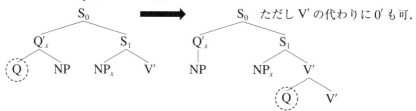

(21) では，QF 適用後に Q'L が適用される．ただし，逆順序の適用は厳密循環適用原則の違反になる．すなわち，最初に Q'L を適用して Q' 全体を主語の変数の位置に降ろし，次いでその主語位置から Q を V' に付加するという派生は，Q'L は S_0 を領域としているにもかかわらず Q の付加は S_1 を領域とすることになるので，厳密循環適用原則に違反する．一般に，繰り下げ変形 (Q'L を含む) はそれぞれの領域で最後に適用されなければならない ((11) と第 1 章第 1 節を参照)．(22a) は，テンス句 0' への付加が起こる QF の例である．

(22) QF の例
    a. The boys all left. [630]
    b. 深層構造

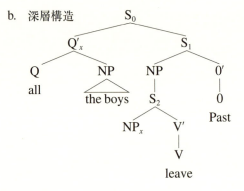

(22a) は (22b) を深層構造として，以下のように派生される．

- S_1 を領域として E+R がかかり，$[_{S1}\ NP_x\ [_{0'}\ Past\ [_{V'}\ leave]]]$ という構造に至る．
- S_0 を領域として，まず QF がかかり $[_{S0}\ [_{Q'}\ [_{NP}\ the\ boys]]\ [_{S1}\ NP_x\ [_{0'}\ all\ [_{0'}\ Past\ [_{V'}\ leave]]]]]$ という構造に至る（ここで all は 0' への付加である）．次いで Q'L がかかり，$[_{S0}\ [_{NP}\ the\ boys]\ [_{0'}\ all\ [_{0'}\ Past\ [_{V'}\ leave]]]]$ という構造に至る．
- 最後に循環後変形 TH がかかり，表層構造に至る．$[_0\ Past]$ が $[_V\ leave]$ と一体になることで，0' 付加構造が V' 付加構造に変わる．

(23a) は数量詞 all のスコープ解釈に関して曖昧性のある例である．all > appear のスコープ関係を表す深層構造 (23a') も，appear > all のスコープ関係を表す深層構造 (23a'') も，ともに同一の表層構造 (23a) に至る．つまり，(23a) の曖昧性は，2 つの異なる深層構造からの派生が可能であることに由来する．

第 5 章　数量詞句繰り下げ　　　157

(23)　all のスコープ曖昧性 (2 つの深層構造から派生される場合)

    a.　　All his conclusions appear to be incorrect. [631] (曖昧)

    a'.　 all > appear の解釈の場合の深層構造概形 (cf. (b))

       $[_{S0}$ $[_{Q'x}$ $[_Q$ all] $[_{NP}$ his conclusions]] $[_{S1}$ Pres $[_{S2}$ appear $[_{S3}$ $[_V$ to] $[_{S4}$ Pres $[_{S5}$ NP$_x$ $[_{A'}$ incorrect]]]]]]]

    a''.　 appear > all の解釈の場合の深層構造概形 (cf. (c))

       $[_{S0}$ Pres $[_{S1}$ appear $[_{S2}$ $[_V$ to] $[_{S3}$ $[_{Q'x}$ $[_Q$ all] $[_{NP}$ his conclusions]] $[_{S4}$ Pres $[_{S5}$ NP$_x$ $[_{A'}$ incorrect]]]]]]]

    b.　　His conclusions all appear to be incorrect. (a の曖昧さなし)

    c.　　His conclusions appear to all be incorrect. (a の曖昧さなし)

(23a') からの派生をたどってみる. この派生では, 変数が一連の繰り上げを受けて, 最後に Q'L を受ける.

- S$_5$ を領域として be 挿入がかかり, $[_{S5}$ NP$_x$ $[_{V'}$ be $[_{A'}$ incorrect]]] という構造に至る.
- 非定形節 S$_4$ を領域として E + R + TR がかかり, $[_{S4}$ NP$_x$ $[_{V'}$ be $[_{A'}$ incorrect]]] という構造に至る.
- S$_3$ を領域として E + R がかかり, $[_{S3}$ NP$_x$ $[_{V'}$ to be $[_{A'}$ incorrect]]] という構造に至る.
- S$_2$ を領域として E + R がかかり, $[_{S2}$ NP$_x$ appear $[_{V'}$ to be $[_{A'}$ incorrect]]] という構造に至る.
- 定形節 S$_1$ を領域として E + R がかかり, $[_{S1}$ NP$_x$ $[_{0'}$ Pres $[_{V'}$ appear $[_{V'}$ to be $[_{A'}$ incorrect]]]]] という構造に至る.
- S$_0$ を領域として Q'L がかかり, $[_{S0}$ $[_{NP}$ all his conclusions] $[_{0'}$ Pres $[_{V'}$ appear $[_{V'}$ to be $[_{A'}$ incorrect]]]]] という前表層構造に至る.
- 最後に, 循環後変形 TH がかかり表層構造に至る.

次に, (23a'') からの派生をたどってみる. この派生では, Q'L が appear 補文内でかかり, Q'L を受けた NP が一連の繰り上げを受ける.

- S$_5$ を領域として be 挿入がかかり, 非定形 S$_4$ を領域として E + R + TR がかかり $[_{S4}$ NP$_x$ $[_{V'}$ be $[_{A'}$ incorrect]]] という構造に至る.
- S$_3$ を領域として Q'L がかかり, $[_{S3}$ $[_{NP}$ all his conclusions] $[_{V'}$ be $[_{A'}$ incorrect]]] という構造に至る.
- S$_2$ を領域として E + R がかかり, $[_{S2}$ $[_{NP}$ all his conclusions] $[_{V'}$ to be $[_{A'}$ incorrect]]] という構造に至る.

- S₁ を領域として E+R がかかり，[_S1 [_NP all his conclusions] appear [_V' to be [_A' incorrect]]] という構造に至る．
- 定形節 S₀ を領域として E+R がかかり，[_S0 [_NP all his conclusions] [_0' Pres [_V' appear [_V' to be [_A' incorrect]]]]] という前表層構造に至る．
- 最後に，循環後変形 TH がかかり表層構造に至る．

(24b) の曖昧性（must > all の解釈と all > must の解釈がともに可能であること）については，すでに第 1 章第 7 節で論じた．

(24) 助動詞と QF
    a. The boys must have all gotten drunk. [631]
    b. The boys must all have gotten drunk. （曖昧）
    c. The boys all must have gotten drunk. （all > must のみ）

McCawley の QF (21) と受身変形（第 3 章 (13)）から (25c, d) の非文が説明できる．

(25) QF と受身変形
    a. All the workers denounced the manager. [634]
    b. The workers all denounced the manager.
    c. *The manager all was denounced by the workers.
    d. *The manager was all denounced by the workers.

(25) の深層構造

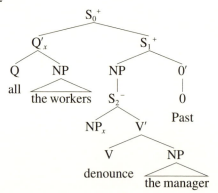

(25b) の派生をたどってみる．

- 定形節 S₁ を領域として E+R がかかり，[_S1 NP_x [_0' Past [_V' denounce the manager]]] という構造に至る.

・定形節 S_0 を領域として QF＋Q'L がかかり，$[_{S_0}$ the workers $[_{0'}$ all $[_{0'}$ Past $[_{V'}$ denounce the manager]]]] という前表層構造に至る.

・最後に，循環後変形 TH がかかり表層構造に至る.

一方，(25c, d) の派生では，上の深層構造の非定形節 S_2 に受身変形がかかり The manager (be) $[_{V'}$ denounce-en by NP_x] という構造に至る．S_0 を領域として QF がかかるはずだが，変数が主語の位置にないので適用は無理である．(25c, d) はそれにもかかわらず（つまり，(21) に違反して）QF をかけているので非文になっている.

次の (26a) は all と only のスコープに関して曖昧性を示さない．また，(26b) は不適格である．下線部は，only の焦点を表す．なお，*Only* 分離（*Only* separation）については [641] と第 7 節を参照.

(26)　QF と *Only* 分離

  a.　The students all only drank <u>beer</u>.（曖昧性なし）

  b. *The students only all drank <u>beer</u>.

(26a) の深層構造概形は $[_{S_0} [_{Q'_x}$ all the students] $[_{S_1} [_{Q'_y}$ only beer] $[_{S_2}$ Past $[_{S_3} NP_x$ drink NP_y]]]] であり，そこからの派生は問題なく表層構造に至る．実際，派生は次のようになる.

・S_2 を領域として E＋R がかかり，$[_{S_2} NP_x [_{0'}$ Past $[_{V'}$ drink NP_y]]] という構造に至る.

・S_1 を領域として *Only* 分離＋Q'L がかかって，$[_{S_1} NP_x [_{0'}$ only $[_{0'}$ Past $[_{V'}$ drink beer]]]] という構造に至る.

・S_0 を領域として QF＋Q'L がかかって，$[_{S_0}$ the students $[_{0'}$ all $[_{0'}$ only $[_{0'}$ Past $[_{V'}$ drink beer]]]] という構造に至る.

・最後に循環後変形 TH がかかり，表層構造に至る.

一方，(26b) は逆のスコープ関係を表し，その深層構造概形は $[_{S_0} [_{Q'_y}$ only beer] $[_{S_1} [_{Q'_x}$ all the students] $[_{S_2}$ Past $[_{S_3} NP_x$ drink NP_y]]]] である．ここからの派生では，Q'_y に Q'L を適用する時点で (10) の派生制約 I に違反するので不適格になる．実際，派生は次のように進む.

・S_2 を領域として E＋R がかかり，$[_{S_2} NP_x [_{0'}$ Past $[_{V'}$ drink NP_y]]] という構造に至る.

・S_1 を領域として QF＋Q'L がかかり，$[_{S_1}$ the students $[_{0'}$ all $[_{0'}$ Past $[_{V'}$

drink NP$_y$]]]] という構造に至る．

・S$_0$ を領域として *Only* 分離をかけて，[$_{S0}$ [$_{Q'y}$ beer] [$_{S1}$ the students [$_{0'}$ only [$_{0'}$ all [$_{0'}$ Past [$_{V'}$ drink NP$_y$]]]]]] という構造になる．次いで QF をかけなければならないのだが，すでにテンス句 0′ に遊離数量詞 all が付加しているので，(10) の派生制約 I のためにその内側の V′ 内の変数 y に Q′L で beer を降ろすことができない．したがって，(26b) の非文は (10) の派生制約 I の違反が原因ということになる．

5. *There* 挿入再論

There 挿入については，主語動詞一致 (subject-verb agreement) との関連ですでに第 2 章第 9 節で論じた．McCawley は *There* 挿入を循環変形として次のように定式化した．

(27) McCawley の *There* 挿入 [635] (McCawley (1999: 42))

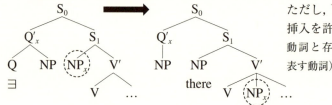

ただし，V は *There* 挿入を許す動詞（be 動詞と存在・出現を表す動詞）に限る．

McCawley のこの *There* 挿入の定式化では，S$_0$ を領域として主語位置の変数が V′ 内の目的語の位置に移動する．（この後に Q′L が適用される．）この部分は繰り下げである．McCawley の枠組みでは，深層構造であらかじめ目的語位置に変数を置き，主語位置を空の NP にしておいてそこに *there* を迎え入れるという分析は不可能である．深層構造は意味・論理構造を反映した統語構造なので，そこにあらかじめ意味を担わない空の NP を設けておくことは不可能だからである．（同じことは，受身や主語への繰り上げや目的語への繰り上げの分析についても言える．）

【補足】 深層構造における NP は，McCawley の場合には，論理構造としての「項 (argument, Arg)」を表す点に注意．このことが意味するのは，McCawley の枠組みでは統語的非対格性の扱い（つまり，目的語の位置の NP が空の主語の位置に移動するという分析）を許さないということである．したがって，McCawley の場合には，非対格性は純粋に一項述語の意味的現象（意味的現象なのでそれに

第 5 章　数量詞句繰り下げ　　　161

応じた統語的現象が伴うのが普通) ということになる. 私見では, これは大きな長所であると考えている.

　存在数量詞付き名詞句 some drugs を含む文は (28a) のようにそのスコープに関して曖昧性を示すが, *There* 挿入を行うと (28b, c, d) のようにその曖昧性が消えて特定のスコープ解釈に限定される. (実際, (27) の定式化から分かるように, there は存在量子化∃の語彙的表現であると理解できる.) (28a) では, believe > some (深層構造で [$_{Q'}$ some drugs] が補文内にある場合) と some > believe (深層構造で [$_{Q'}$ some drugs] が主節最上位にある場合) のどちらの解釈も可能である. 実際, (28a) は, それぞれのスコープ関係を反映した深層構造から Q'L により派生される. 一方, (28b) は, believe > some のスコープ関係を示す深層構造から, believe の補文内で *There* 挿入 + Q'L が適用されて派生されたものであり, スコープ曖昧性はない.

【補足】　本書では第 2 章 (43) (44) で論じたように, there は挿入時点で一致素性を伴っているという立場を採る.

(28)　*There* 挿入と数量詞句

　　a.　Sam believes that some drugs are in short supply. (曖昧性あり)
　　　　[635]

　　b.　Sam believes that there are some drugs in short supply. (曖昧性なし：believe > some のみ)

　　c.　There are some drugs believed to be in short supply (by Sam). (some > believe のみ)

　　d.　There are believed to be some drugs in short supply (by Sam). (believe > some のみ)

　　　　Cf. There seem to be some drugs in short supply.

念のために, (28c) の派生をたどってみる. 深層構造概形は次の通り.

　[$_{S0}$ [$_{Q'x}$ [$_Q$ ∃] [$_{NP}$ some drugs]] [$_{S1}$ Pres [$_{S2}$ Sam [$_{V'3}$ believe [$_{S4}$ [$_V$ to] [$_{S5}$ NP$_x$ in short supply]]]]]]

・S$_5$ を領域として be 挿入かかり, [$_{S5}$ NP$_x$ [$_{V'}$ be in short supply]] という構造に至る.

・S$_4$ を領域として E + R がかかり, [$_{S4}$ NP$_x$ to be in short supply] という構造に至る.

・V$'_3$ を領域として E + R (つまり目的語への繰り上げ) がかかり, [$_{V'3}$ believe

NP$_x$ [$_{V'}$ to be in short supply]] という構造に至る.

・S$_2$ を領域として受身＋be 挿入がかかり，[$_{S2}$ NP$_x$ be [$_{V'}$ [$_{V'}$ believe-*en* [$_{V'}$ to be in short supply]] by Sam]] という構造に至る.

・S$_1$ を領域として AT＋E＋R がかかり，[$_{S1}$ NP$_x$ be-Pres [$_{V'}$ [$_{V'}$ believe-*en* [$_{V'}$ to be in short supply]] by Sam]] という構造に至る.

・S$_0$ を領域として，*There* 挿入＋AGR＋Q'L がかかり [$_{S0}$ [$_{NP[3PL]}$ there] be-Pres$_{[3PL]}$ [$_{NP}$ some drugs] [$_{V'}$ believe-en to be in short supply by Sam]] という表層構造に至る.

次に (28d) の派生をたどってみる．深層構造概形は次の通り.

[$_{S0}$ Pres [$_{S1}$ Sam [$_{V'2}$ believe [$_{S3}$ [$_V$ to] [$_{S4}$ [$_{Q'x}$ [$_Q$ ∃] [$_{NP}$ some drugs]] [$_{S5}$ NP$_x$ in short supply]]]]]]

・S$_5$ を領域として be 挿入かかり，[$_{S5}$ NP$_x$ [$_{V'}$ be in short supply]] という構造に至る.

・S$_4$ を領域として *There* 挿入＋Q'L がかかり，[$_{S4}$ [$_{NP[3PL]}$ there] be some drugs in short supply] という構造に至る.

・S$_3$ を領域として E＋R がかかり，[$_{S3}$ [$_{NP[3PL]}$ there] to be some drugs in short supply] という構造に至る.

・V$'_2$ を領域として，E＋R（つまり目的語繰り上げ）がかかり，[$_{V'2}$ believe [$_{NP[3PL]}$ there] [$_{V'}$ to be some drugs in short supply]] という構造に至る.

・S$_1$ を領域として受身＋be 挿入がかかり，[$_{S1}$ [$_{NP[3PL]}$ there] be [$_{V'}$ [$_{V'}$ believe-en [$_{V'}$ to be some drugs in short supply]] by Sam]] という構造に至る.

・S$_0$ を領域として AT＋E＋R＋AGR がかかり，[$_{S0}$ [$_{NP[3PL]}$ there] be-Pres$_{[3PL]}$ [$_{V'}$ believe-en to be some drugs in short supply by Sam]] という表層構造に至る.

McCawley によれば [636-7]，(29b) の不適格性は意味的要因，すなわち進行 be の補部節（ここでは There be a prisoner tortured）は活動・過程を表すものでなければならないという意味的条件（[227] と第3章 (16) を参照）の違反による．実際，(29c) では進行 be の補部節が活動・過程を表すので適格になっている.

(29) *There* 挿入と進行 be

    a. There was a prisoner being tortured. [636(12)]

    b. *There was being a prisoner tortured. [636(12)]

c.　There were being more and more prisoners executed.　[637(15)]

(29a) の派生を次の深層構造概形からたどってみる.

深層構造概形

$[_{S0} [_{Q'x} [_Q ∃] [_{NP}$ a prisoner$]] [_{S1}$ Past $[_{S2}$ be$_{ing} [_{S3}$ Unspec torture NP$_x]]]]$

・S$_3$ を領域として受身 + be 挿入がかかり, $[_{S3}$ NP$_x$ be torture-en by Unspec] という構造に至る. なお, Unspec については [92] と第 3 章 (12) を参照.

・S$_2$ を領域として E + R がかかり, $[_{S2}$ NP$_x$ be be-ing torture-en by Unspec] という構造に至る. 進行 be の補文 S$_3$ は状態ではなく活動・過程を表している. よって, 意味的条件 ([227] と第 3 章第 6 節を参照) は満たされている.

・S$_1$ を領域として AT + E + R がかかり, $[_{S1}$ NP$_x$ be-Past be-ing torture-en by Unspec] という構造に至る.

・S$_0$ を領域として, *There* 挿入 + Q'L がかかって $[_{S0} [_{NP[3SG]}$ there] be-Past $[_{NP}$ a prisoner] $[_{V'}$ be-ing torture-en by Unspec]] という前表層構造に至る.

・最後に, 循環後変形 [172-3] により by Unspec が削除されて表層構造に至る.

(29b) の派生を次の深層構造概形からたどってみる.

深層構造概形

$[_{S0}$ Past $[_{S1}$ be$_{ing} [_{S2} [_{Q'x} [_Q ∃] [_{NP}$ a prisoner$]] [_{S3}$ Unspec torture NP$_x]]]]$

・S$_3$ を領域として受身 + be 挿入がかかり, $[_{S3}$ NP$_x$ be torture-en by Unspec] という構造に至る.

・S$_2$ を領域として *There* 挿入 + Q'L がかかり, $[_{S2} [_{NP[3SG]}$ there] $[_{V'}$ be $[_{NP}$ a prisoner] $[_{V'}$ torture-en by Unspec]]] という構造に至る.

・S$_1$ を領域として E + R がかかり, $[_{S1} [_{NP[3SG]}$ there] be $[_{V'}$ be-ing $[_{NP}$ a prisoner] $[_{V'}$ torture-en by Unspec]]] という構造に至るはずなのだが, 入力の段階で進行 be の補文が there 存在文になっており, これは活動・過程を表しているとは認められない. よって, 意味的条件が破られている. この結果, この派生は非文に至っているわけである.

非文 (29b) と適格文 (29c) の違いは, Q' が (29b) の a prisoner から (29c) の more and more prisoners に変わっている点である. これにより, 進行 be

164

の補文である there の存在文 There be more and more prisoners executed が状態ではなく活動・過程を表すようになったと考えられる．McCawley が指摘しているように [637]，状態動詞 resemble の進行形は *Ted is resembling his father のように非文であるが，Ted is resembling his father more and more every day [227] とすると適格文になる．これと同じことが（29c）で起こっている．つまり，resemble his father や there be a prisoner tortured は状態（存在も状態の一種）を表すので進行形が不可だが，resemble his father more and more every day や there be more and more prisoners executed は過程を表すので進行形が可能である．

6. Q′L と Equi

コントロール構文においてそのコントローラーが数量詞付き名詞句の場合には，深層構造においてその数量詞付き名詞句は Q′ としてコントロール構文の外に出ている．この場合の派生は，厳密循環適用原則に従って，まず変数であるコントローラーとコントローリーに対して Equi がかかり（Equi については第 6 章第 7 節参照），その後に（10）の派生制約 II に従って Q′L により Q′ がコントローラーの変数の位置に降りてくる．以下の（30a）を例として具体的に見てみる．

(30) 数量詞付き名詞句と Equi
　　a. Every female candidate expected to win in her own district. [637, 改訂版]
　　b. All the candidates expected to win in their own district. [638, 改訂版]

（30a）の派生を次の深層構造概形からたどってみる．

深層構造概形
$[_{S0}$ $[_{Q'_x}$ $[_Q$ every$]$ $[_{N'}$ female candidate$]]$ $[_{S1}$ Past $[_{S2}$ NP_x expect $[_{S3}$ $[_v$ to$]$ $[_{S4}$ $[_0$ Fut$]$ $[_{S5}$ NP_x $[_{v'6}$ win in NP_x's own district$]]]]]]]]$

・非定形節 S_4 を領域として E＋R＋TR がかかり，$[_{S4}$ NP_x $[_{v'}$ win in NP_x's own district$]]$ という構造に至る．

・S_3 を領域として E＋R がかかり，$[_{S3}$ NP_x $[_{v'}$ to win in NP_x's own district$]]$ という構造に至る．

・S_2 を領域として Equi がかかり，$[_{S2}$ NP_x expect $[_{v'}$ to win in NP_x's own

第 5 章　数量詞句繰り下げ　　165

district]] という構造に至る.

・S_1 を領域として E＋R がかかり，$[_{S1}$ NP$_x$ Past $[_{V'}$ expect $[_{V'}$ to win in NP$_x$'s own district]]] という構造に至る.

・S_0 を領域として Q'L がかかり，$[_{S0}$ $[_{NP}$ every female candidate] Past $[_{V'}$ expect $[_{V'}$ to win in her own district]]] という前表層構造に至る. ここで，(10) の派生制約 II により Q' は最上位の変数 x（この場合にはコントローラーの変数 x）に降りて，下の変数 x は Q' に対応する代名詞 her として現れる.

・最後に循環後変形 TH がかかり表層構造に至る.

次に，(30b) の派生を次の深層構造概形からたどってみる.

深層構造概形

$[_{S0}$ $[_{Q'x}$ $[_Q$ all] $[_{NP}$ the candidates]] $[_{S1}$ Past $[_{S2}$ NP$_x$ expect $[_{S3}$ $[_V$ to] $[_{S4}$ $[_0$ Fut] $[_{S5}$ NP$_x$ $[_{V'6}$ win in NP$_x$'s own district]]]]]]]]

・S_1 まで (30a) と同様に派生が進む.

・S_0 を領域として，Q'L がかかり $[_{S0}$ $[_{NP}$ all the candidates] Past $[_{V'}$ expect $[_{V'}$ to win in their own district]]] という前表層構造に至る. ここで，派生制約 II により Q' は最上位の変数 NP$_x$ に降りて，下の変数 NP$_x$ は Q' に対応する代名詞 their として現れる.

・最後に循環後変形 TH がかかり表層構造に至る.

(30a) では下の変数 NP$_x$ は 3 人称単数女性 her として，(30b) では 3 人称複数 their として現れる. これは，本書では束縛変数由来の代名詞は Q'L 適用時点での Q' と同じ一致素性を有する（つまり Q' を先行詞とする）と考えるからである.

7.　*Only* 分離

only はスコープと焦点（focus）を有するので [68]，McCawley は only を Q として扱い，その Q' から当該変数を含む V' に only が付加するという循環変形 *Only* Separation（以下 *Only* 分離）を採用した.

(31) McCawley の *Only* 分離 [641]

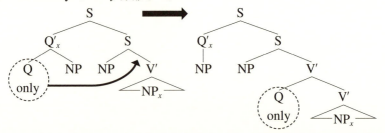

- Q′ 内で [_Q only] の姉妹 NP が only の焦点で，Q′ の姉妹 S がそのスコープである．
- V′ の代わりにテンス句 O′ も可（(32) 参照）．
- [_Q only] は当該変数をすべて含む V′ に付加する．よって，主語 NP が変数の場合には *Only* 分離は適用できない．

以下，(32a) を例として *Only* 分離を具体的に考えてみる．

(32) a. John only drank [_focus vodka] without adding water to it.
McCawley の深層構造概形
[_S0 [_Q′x [_Q only] [_NP vodka]] [_S1 Past [_S2 John_i [_V′3 drink NP_x without [_Comp′4 [_Comp -ing] NP_i add water to NP_x]]]]]

この McCawley の深層構造からの派生をたどってみる．なお，この深層構造では，P′_without を Ad-V′（すなわち，[_V′ drink NP_x] への付加詞）として扱っている．ただし，本書での補文 -ing の扱い方は Comp ではなく 0 である（第 3 章 (9b)，第 6 章第 4 節を参照）．

- Comp′_4 を領域として Complementizer Placement（第 3 章 (11) を参照）がかかり，[_S4 NP_i add-ing water to NP_x] という構造に至る．(Comp′ 節点は刈り込みにより削除．)
- S_2 を領域として Equi がかかり，[_S2 John_i [_V′ drink NP_x without [_V′ add-ing water to NP_x]]] という構造に至る．
- 定形節 S_1 を領域として E + R がかかり，[_S1 John_i Past [_V′ drink x without [_V′ add-ing water to NP_x]]] という構造に至る．
- S_0 を領域として *Only* 分離 + Q′L がかかって，[_S0 John_i only [_O′ Past [_V′ drink vodka without [_V′ add-ing water to it]]] という前表層構造に至る．Q′L 適用の際には，(10) の派生制約 II に従って vodka は最上位の変数

へ降り，下位の変数は代名詞 it として現れる．

・最後に循環後変形 TH が適用されて表層構造に至る．

なお，*John only drank it without adding water to [focus vodka] は，もし it と vodka が同一指示の場合には，派生制約 II に違反するので非文である．また，*[focus John] only drank vodka も *Only* 分離の適用条件に違反するので非文である．

次の (33a) では，only の焦点は beer だが，そのスコープは [s Mary drink beer] または [s John let Mary drink beer] の 2 通りの解釈が可能である．McCawley の場合には，この文の曖昧性を，この文が only のスコープの違いを示す 2 つの異なる深層構造（1 つは only の Q′ が主節最上位，もう 1 つは Q′ が補文内）から Q′L だけで（*Only* 分離の適用なしで）派生されることで説明した．一方，*Only* 分離を適用した (33b, c) ではスコープ曖昧性が解消されている．これは，ちょうど QF や *There* 挿入を適用するとスコープ曖昧性が解消されることと同じ現象である．

(33)　*Only* 分離の有無とスコープ曖昧性（下線部は焦点を示す）

a.　John lets Mary drink only <u>beer</u>. [641]（スコープ曖昧性あり）

b.　John lets Mary only drink <u>beer</u>.（スコープ曖昧性なし）

c.　John only lets Mary drink <u>beer</u>.（スコープ曖昧性なし）

なお，let は目的語への繰り上げ動詞として扱うことにする（[82] exercise 5a を参照）．(33b) の派生を追ってみる．

深層構造概形（その 1）

[s0 Pres [s1 John [v′2 let [NP [s3 [Q′x only beer] [s4 Mary drink NPx]]]]]]

・S3 を領域として *Only* 分離 + Q′L がかかり，[s3 Mary [v′ only [v drink beer]]] という構造に至る．

・V′2 を領域として目的語への繰り上げ（S3 を let の補部位置へ外置し，次いで空き家になった NP へその補文主語を繰り上げる）（第 1 章第 5 節を参照）がかかり，[v′ let [NP Mary] [v′ only [v drink beer]]] という構造に至る．

・S0 を領域として E + R がかかり，[s0 John [o′ Pres [v′ let [NP Mary] [v′ only drink beer]]]] という前表層構造に至る．

・最後に循環後変形 TH がかかり表層構造に至る．

(33c) の派生を追ってみる．

深層構造概形（その 2）

$[_{S0}$ $[_{Q'x}$ only beer] $[_{S1}$ Pres $[_{S2}$ John $[_{V'3}$ let $[_{NP}$ $[_{S4}$ Mary drink $NP_x]]]]]]$

・V'_3 を領域として目的語への繰り上げがかかり，$[_{V'3}$ let $[_{NP}$ Mary] $[_{V'}$ drink $NP_x]]$ という構造に至る.

・S_1 を領域として E＋R がかかり，$[_{S1}$ John $[_{0'}$ Pres $[_{V'}$ let $[_{NP}$ Mary] $[_{V'}$ drink $NP_x]]]]$ という構造に至る.

・S_0 を領域として *Only* 分離＋Q'L がかかり，$[_{S0}$ John only $[_{0'}$ Pres $[_{V'}$ let Mary drink beer]]] という前表層構造に至る.

・最後に循環後変形 TH がかかり表層構造に至る.

一方，上の 2 つの深層構造に *Only* 分離を適用しないで派生を進めると，共に (33a) のスコープ曖昧性を有する表層構造に至る.

次の (34b) は only のスコープに関して曖昧である.

(34) *Only* 分離と助動詞

    a. John only can drink beer. [643]（スコープ曖昧性なし）

    b. John can only drink beer.（スコープ曖昧性あり：can > only も only > can も可）

can > only の場合の (34b) の深層構造概形

$[_{S0}$ Pres $[_{S1}$ can $[_{S2}$ $[_{Q'x}$ only beer] $[_{S3}$ John drink $NP_x]]]]$

only > can の場合の (34b) の深層構造概形

$[_{S0}$ Pres $[_{S1}$ $[_{Q'x}$ only beer] $[_{S2}$ can $[_{S3}$ John drink $NP_x]]]]$

(34b) のスコープ曖昧性については，同様な曖昧性を第 1 章第 7 節で助動詞 must と遊離数量詞 all に関してすでに論じた．念のために，(34b) の派生を only > can の場合の深層構造概形からたどってみる.

・S_2 を領域として E＋R がかかり，$[_{S2}$ John $[_{V'}$ can drink $NP_x]]$ という構造に至る.

・S_1 を領域として *Only* 分離＋Q'L がかかり，$[_{S1}$ John only $[_{V'}$ can drink beer]] という構造に至る.

・S_0 を領域として AT＋E＋R がかかり，$[_{S0}$ John $[_{V'}$ $[_{V}$ can-Pres] $[_{V'}$ only $[_{V'}$ drink beer]]]] という表層構造に至る．AT 適用の際に，can は V' 付加詞の only を飛び越してテンス Pres まで上がる．これにより，can と only の語順が入れ替わることに注意.

(35) は *Only* 分離（この場合，深層構造では $[_{Q'}$ only John]）の適用条件に違反

しているので，非文である．

(35) *[$_{focus}$ John] [$_{V'}$ only ordered a martini]. [643]

(36a) は，その深層構造で 2 つの Q′ が関わっているがスコープ曖昧性はない．

(36)   only ともう 1 つの Q′

　　　a. Someone only drinks beer.（スコープ曖昧性なし：someone > only のみ）

　　　b. someone > only の解釈を表す深層構造概形
　　　　　[$_S$ [$_{Q'x}$ someone] [$_S$ [$_{Q'y}$ only beer] [$_S$ Pres [$_S$ NP$_x$ drink NP$_y$]]]]

　　　c. 存在しない解釈 only > someone を表す深層構造概形
　　　　　[$_S$ [$_{Q'y}$ only beer] [$_S$ [$_{Q'x}$ someone] [$_S$ Pres [$_S$ NP$_x$ drink NP$_y$]]]]

(36b) からの派生は問題なく表層構造に至る．一方，(36c) からの派生は (10) の派生制約 I に違反するので表層構造に至らない．2 つの Q′ の一方が肯定で他方が否定（only を含む）の場合には，派生制約 I の効果が強く出る点に注意．

8.　Antecedent Contained Deletion

　第 1 節ですでに指摘したように，McCawley の Q′L 分析では，もし数量詞付き名詞句が制限的関係節 (restrictive relative clause) を含んでいる場合には，その関係節も当該 Q′ の定義域表現の一部として Q とともに Q′ を成し，深層構造ではそのスコープの S の外部に位置する．

　(37) は Antecedent Contained Deletion（以下 ACD 構文）の例である．その深層構造概形は以下の通りである．制限的関係節が Q′ 内に含まれている点に注意．

【補足】

　　A) McCawley は変数を指示指標の一種として扱った [430]．つまり，深層構造における変数は，NP$_x$ として指示指標と同様に NP 節点へのインデックスになっている [432]．

　　B) McCawley の制限的関係節の分析では，関係節の先行詞である N′ と関係節 Comp′ 内の関係代名詞形成を受ける NP とは同一の指示指標が [$_{N'}$ N′$_i$ [$_{Comp'}$ … NP$_i$ …]] のように深層構造であらかじめ振られていると考えている [430]．

C) 制限的関係節では，先行詞 N' と同一指示指標が振られただけの（代名詞を伴わない）NP 節点が関係代名詞形成を受ける [454]. 詳しくは第7章 (10) を参照.

(37)　John kissed a woman who had ordered him to. [638]

本書の立場での深層構造概形 (cf. [639])

$[_{S0}$ $[_{Q'x}$ $[_Q$ a$]$ $[_{N'}$ $[_{N'x}$ woman$]$ $[_{Comp'3}$ that $[_{S4}$ Past $[_{S5}$ Past $[_{S6}$ NP$_x$ $[_{V'7}$ order $[_{NPi}$ him$]$ $[_{Comp'}$ for $[_{S8}$ $[_V$ to$]$ $[_{S9}$ NP$_i$ $\underline{kiss\ NP_x}$]]]]]]]]] $[_{S1}$ Past $[_{S2}$ $[_{NPi}$ John$]$ $\underline{kiss\ NP_x}$]]]

(37) の派生のポイントは，V' 削除である．すなわち，最上位 S_0 を領域として，下線部の2つの同一 V' である $[_{V'}$ kiss NP$_x$]（1つは Q' 内，もう1つは主節 S_1 内）に V' 削除を適用して Q' 内の $[_{V'}$ kiss NP$_x$] を削除する．その後に Q'L を適用して前表層構造に至り，最後に循環後変形 TH の適用で表層構造に至る．具体的には，(37) の派生は以下のように進む.

・主節 S_1 内では $E+R$ により，$[_{S1}$ John$_i$ Past $[_{V'}$ kiss NP$_x$]] という構造に至る.

一方，Q' 内では，

・S_8 を領域として $E+R$ がかかり，$[_{S8}$ NP$_i$ to kiss NP$_x$] という構造に至る.

・V'_7 を領域として Equi がかかり，$[_{V'7}$ order him$_i$ $[_{Comp'}$ for $[_V$ to kiss NP$_x$]]] という構造に至る.

・S_6 を領域として何の適用も無し.

・非定形節 S_5 を領域として $E+R+TR$ がかかり，$[_{S5}$ NP$_x$ have order-en him$_i$ $[_{Comp'}$ for to kiss NP$_x$]] という構造に至る.

・定形節 S_4 を領域として $AT+E+R$ がかかり，$[_{S4}$ NP$_x$ have-Past order-en him$_i$ $[_{Comp'}$ for to kiss NP$_x$]] という構造に至る.

・N' を領域として，S_4 の主語の変数 NP$_x$ を対象に関係代名詞形成 (Relative Pronoun Formation) [431] がかかり，次いで関係 wh 移動 (Relative Wh-movement) [431] がかかり $[_{NPx}$ who] が $[_{Comp}$ that] と入れ替わって ([441]，詳しくは第7章 (9) を参照)，$[_{N'}$ woman $[_{Comp'}$ $[_{NPx}$ who] $[_S$ have-Past order-en him$_i$ $[_{Comp'}$ for to kiss NP$_x$]]]] という構造に至る.

・S_0 を領域として，V' 削除により Q' 内の $[_{V'}$ kiss NP$_x$] が削除されて $[_{S0}$ $[_{Q'x}$ a $[_{N'}$ woman $[_{Comp'}$ who have-Past order-en him$_i$ $[_{Comp'}$ for to Ø]]]] [John$_i$ Past $[_{V'}$ kiss NP$_x$]]] という構造に至り，さらに Q'L がかかり前表層構造 $[_{S0}$ John$_i$ Past $[_{V'}$ kiss $[_{NP}$ a $[_{N'}$ woman $[_{Comp'}$ who have-Past order-

en him$_i$ [$_{Comp'}$ for to Ø]]]]]] に至る.
- 最後に, 循環後変形の TH と for 削除 [172] がかかり表層構造に至る.

(38) のようなタイプの ACD 構文も同様に説明できる. 類例は [376 exercise 18] を参照.

(38) John discussed every topic that Mary did.
深層構造概形
[$_{S0}$ [$_{Q'x}$ [$_Q$ every] [$_{N'}$ topic$_x$ [$_{Comp'}$ that [$_{S2}$ Past [$_{S3}$ Mary [$_{V'}$ discuss NP$_x$]]]]]] [$_{S1}$ Past John [$_{V'}$ discuss NP$_x$]]]

この Q′ 内の派生は次のようになる. N′ を領域として, 関係代名詞形成 [431, 454] により NP$_x$ の下に関係代名詞 which が形成される. この [$_{NPx}$ which] が Comp へ wh 移動する以前にその位置のままで (in situ で) 節点 NP$_x$ を残して which だけが削除される [432]. したがって, Q′ は最終的に [$_{Q'x}$ [$_Q$ every] [$_{N'}$ [$_{N'x}$ topic] [$_{Comp'}$ that Mary Past [$_{V'}$ discuss NP$_x$]]]] という構造に至るので, V′ 削除を適用する時点では 2 つの同一 V′ である [$_{V'}$ discuss NP$_x$] が存在することになる.

なお, 制限的関係節に関して McCawley は最終的には, 関係代名詞は (関係代名詞形成以前の) 深層構造で指示指標 (定数または変数) としてだけ (つまり, 代名詞を伴わないで) 存在し [454], その関係代名詞の削除については関係 wh 移動を受ける前の元位置 (in situ) での削除を選択した [432].

(39) 深層構造における [$_{Q'}$ every topic that Mary did]

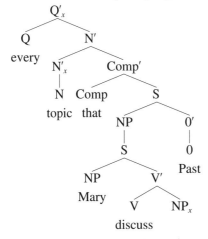

9. 受身過去分詞直前に現れる only

　McCawley は only が受身過去分詞の直前に現れることが可能で（例えば (40c, d)），その場合に (40a, b) のように by の目的語の焦点解釈ができない場合が存在することを指摘した．しかし，この事実は，受身文の表層構造で P'_{by} が be 動詞の成す V' に付加している表層構造 (41a) を支持するものではないと判断した．というのは，同じ受身文でも (40c, d) のように適格なものが存在するからである．したがって，McCawley は，受身の P'_{by} は従来通りの (41b) の位置に存在し，(40a, b) の非適格性を意味的・語用論的理由（"semantic or pragmatic rather than syntactic in nature" [644]）によるものであると結論した．

(40) *Only* 分離と受身 P'_{by}（下線部は only の焦点を示す）
  a. *This song has been only transposed into A major by <u>Domingo</u>. [644]
  b. *A good performance of this song has been only given by <u>Domingo</u>.
  c. John has been only denounced by <u>Mary</u>.
  d. Warmer weather has been only followed by <u>rain</u> for many years.

(41) 受身の P'_{by} の表層構造における位置 [317]（第 3 章 (15) を参照）

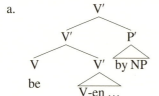 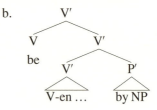

　受身文における only とその焦点に関して，McCawley は非常に興味深い事実を指摘した．それは，受身過去分詞の直前に only を置き，その焦点を by の目的語として解釈する場合には（つまり (40c, d) の場合には），funny NP ((42a, b) の John's leg や (42c, d) の it) を主語にすることができないという事実である．(42b, d) の非文はこれを示している．

(42) [646] より
  a. John's leg has only been pulled by <u>Mary</u>.
  b. *John's leg has been only pulled by <u>Mary</u>.

c. It has only been believed to snow here by pessimists.
d. *It has been only believed to snow here by pessimists.

(42a, c) は通常の受身変形による派生であり，Only 分離 + Q'L は受身変形 + be 挿入適用以降にかかる．一方，(42b, d) と (40c, d) については，McCawley はこの受身 be は "undergo" を意味し，Equi を引き起こす（したがってこの be 動詞は深層構造に存在する）動詞として扱った．この分析は Hasegawa (1968) に依る．したがって，(42b, d) はコントロール構文ということになり，そのコントローラー NP には当然 funny NP が現れることができないので，非文が説明される．

(43) Equi を使った受身文
　　a. John has been only denounced by Mary. (= (40c)) [644(29a')]
　　b. (a) の深層構造 [647] (be は主語コントロール動詞)

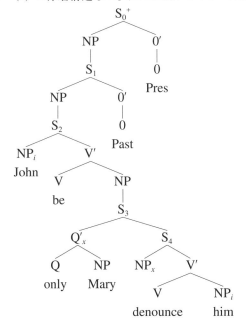

この深層構造からの派生をたどってみる．

・S_4 を領域として受身変形がかかり，[$_{S4}$ [$_{NPi}$ he] [$_{V'}$ denounce-en by NP_x]] という構造に至る．本書では，受身変形と be 挿入とを分ける立場を採っている点に注意（第 3 章 (13) を参照）．

・S_3 を領域として *Only* 分離＋Q'L がかかり，$[_{S3} [_{NPi}$ he] only $[_{V'}$ denounce-en by Mary]] という構造に至る．

・S_2 を領域として Equi がかかり，$[_{S2} [_{NPi}$ John] $[_{V'}$ be only $[_{V'}$ denounce-en by Mary]]] という構造に至る．

・非定形節 S_1 を領域として E＋R＋TR がかかり，$[_{S1} [_{NPi}$ John] $[_{V'}$ have $[_{V'}$ be-en only $[_{V'}$ denounce-en by Mary]]]] という構造に至る．

・定形節 S_0 を領域として AT＋E＋R がかかり，$[_{S0} [_{NPi}$ John] $[_{V'}$ have-Pres $[_{V'}$ be-en only $[_{V'}$ denounce-en by Mary]]]] という表層構造に至る．

したがって，残る問題は，なぜ only が受身過去分詞の直前に現れる場合に限ってコントロール動詞の be が現れるのかという点である．受身変形に伴う be 挿入は，受身変形と同一の領域で，しかも受身変形の直後に適用されなければならない（第3章 (14) を参照）．このために，受身変形と be 挿入とからは，(40c, d) のような be only V-en という語順は得られない．この語順は，明らかに受身変形適用直後に *Only* 分離，そしてその後に「be 挿入」がかかっていることを示している．しかし，これは「be 挿入」が受身変形と同一領域で適用されるという条件に違反している．したがって，(40c, d) の派生には「be 挿入」以外の方法を使うことになる．派生途中での「be 挿入」が無理であるということは，深層構造で be をあらかじめ設定することになる．この場合，be は深層構造において 1 項述語（この場合は主語への繰り上げ構文で，Robin Lakoff が提案 [645]）か，または，2 項述語（この場合は主語コントロール構文で，長谷川欣佑が提案 [645]）の 2 つの可能性がある．funny NP の非文データ (42b, d) は，これがコントロール構文であることを示していると解釈できるので，(43b) のようにコントロール構文の 2 項動詞 be を採用するのが良いと，McCawley は判断した．

したがって，通常の受身文では，受身変形とそれに伴う be 挿入が同一領域で適用されて派生されるのだが，これでは派生できない語順（例えば be only V-en）の場合に限って，主語コントロールの be 動詞が現れて，その be 動詞の補文内で受身変形が（be 挿入を伴わないで）適用されると考えられる．この状況は，受身変形の守備範囲を広げるための "patch" [438, 769] の一種であると，本書では理解しておく．

まとめ

この章では，第1章と第2章での議論をもとに，*SPhE*^{2} の Chapter Eigh-

teen Scope of Quantifiers and Negations [630-62] の内容を検討した。まず，
「はじめに」では，準備として単純未来の will に関する TR（1）を提案した．
第 1 節では，数量詞句繰り下げ（Q'L）に関する派生制約の改訂版（10）を提案
した．第 2 節では，繰り下げ変形について考察した．第 3 節では，wh 句を
Q' として扱うという McCawley の分析とその長所を振り返り，Crossover 現
象（19）（20）を wh 移動に依るのではなく，Q' としての wh 句と Q'L を利
用して説明するという提案を行った．この提案に依れば，Crossover 現象は
wh 移動に関わる条件の違反ではなく，Q'L に関わる派生制約の違反となり，
他の派生制約違反の例と同様に説明されることになる．このような分析が可能
な事実こそ，主流派生成文法からは厭われている「繰り下げ変形」の有用性を
示していると筆者には思われる．第 4 節では，McCawley の数量詞遊離（QF）
の扱いを振り返った．QF と *Only* 分離の関わり方（26）も分析した．第 5 節
では，McCawley の *There* 挿入（27）の扱いと *There* 構文における進行形
（29）を考察した．第 6 節では，コントロール構文のコントローラーに Q'L が
適用される場合について，McCawley の扱い方を振り返った．第 7 節では，
McCawley の *Only* 分離（31）について考察した．第 8 節では，Q'L を用いた
McCawley の ACD 構文の扱い方を考察した．第 9 節では，受身過去分詞直
前に現れる only が by 前置詞句の目的語 NP を焦点とする場合（40c, d）につ
いて McCawley の分析を振り返った．ここでは，主語コントロール動詞とし
ての受身動詞 be（43b）を受身変形の使用範囲を広げるための "patch" として
理解できることを指摘した．

第6章　補文

はじめに

　この第6章では，*SPhE*[2] の Chapter Five Complements [116-157] における補文（McCawley の用語では "complement" [122]）とその補文標識（complementizer）の扱い方を検討する．以下の論述でかぎかっこ付きの数字は *SPhE*[2] の該当ページ数を示す．

1.　補文標識の扱い

　McCawley は，*SPhE*[2] の Chapter Seven Syntactic Categories [186-214] において統語範疇を吟味した結果，「補文標識（complementizer, Comp）」を統語範疇と認め，Comp はその補部に "propositional nexus" を表す S を取り [192, 194]，Comp′ を成す（つまり [$_{Comp'}$ Comp S] という統語構造）と結論した [200]．Chapter Seven Syntactic Categories におけるこの結論以前である Chapter Five Complements では，したがって McCawley はまだ Comp′ を使っておらず，本当は Comp′ であるべきものが単に S（つまり，[$_S$ Comp S] という統語構造）となっている．この章では，彼の Chapter Seven Syntactic Categories でのこの結論を先取りして [$_{Comp'}$ Comp S] という統語構造を前面に出して補文分析を検討する．なお，これまでの章でもこの結論を先取りして [$_{Comp'}$ Comp S] を用いた統語構造をもとに議論を進めてきた．

　McCawley は4種類の補文標識（that, for to, accusative -ing, 's -ing）を認め [116, 125, 199]，それらは深層構造で区別されていて，補文の異なる意味タイプ（"different types of entities" [199]）を表すと捉えた．例えば，典型的には [$_{Comp}$ that] は命題（proposition），[$_{Comp}$ for, to] は situation type ないし situation class，[$_{Comp}$'s, -ing] は event または fact を表す [126, 199]．ただし，補文の種類（つまり Comp の種類）と補文の意味タイプとは必ずしも1対1には対応せずに [126]，例えば，for to 補文や 's -ing 補文が命題を表すこともあるこ

とを認めていた．例えば，unthinkable の for to 補文や acknowledge の 's
-ing 補文はその形にもかかわらず命題を表す [125(26)]．

McCawley は Complementizer Placement（以下，補文標識配置）という循環
変形を設けて，それにより [Comp for to] の to をその補部 S の V′ に付加し，
また [Comp acc, -ing] と [Comp 's, -ing] では，acc や 's を補部 S の主語 NP へ，
-ing を V′ の主要部 V へと，それぞれを適切な位置に配置した．もちろん，
補文標識配置は Comp′ を領域として適用される循環変形なので，Comp の補
部 S を領域とする循環変形は（厳密循環適用原則に従って）すべて補文標識配置
適用以前にすでに適用されていなければならない．[Comp′ Comp S] における S
に適用される循環変形としては，例えば受身変形などの主語を変える一連の変
形，Quantifier phrase lowering（以下 Q′L），テンス [0 Pres/Past] に関する
Tense Replacement（以下 TR）や繰り上げなどがある．

McCawley は補文標識の分析について，以下のように述べている．

> Several different positions have been taken on the issue of how com-
> plementizers fit into deep structure, the principal ones being: (a) that
> they do not occur in deep structure at all but are inserted by a trans-
> formation whose effect depends on the predicate element of a higher
> S …; (b1) that they appear in deep structure in "Comp position," …
> and *to*, *-ing*, and *–'s* are moved by a transformation from a Comp po-
> sition into their surface positions …; (b2) that they appear in deep
> structure in their surface position …; (c) various combinations of the
> above …. [123]
>
> It should be kept in mind that no justification has been given for the
> tacit assumption made in this section that all the "complementizers"
> identified so far form a single syntactic category. If any reason pres-
> ents itself for not treating all "complementizers" as fitting the same
> way into deep structure, we are perfectly free to modify our assump-
> tion (b1) in the direction of (c). [125]

本書の立場では，すでに第1章の (7c) で提案したように to 不定詞句の to
は究極的な形態的欠如性を有する（つまり原形しか持たない）法動詞 (V) として
扱い，また第3章 (9b) で提案したように（進行形の現在分詞に付く -ing と区別
して）補文を成す -ing は [0 -ing] として扱うことにした．この結果，McCaw-
ley の4種類の補文標識のうち that と for だけが残り，また循環変形である補
文標識配置は不要となった．

なお，動詞が補文を目的語に取る際の補文タイプの選択を指定しやすいように，また一般的に補文タイプへの言及がしやすいように，(McCawley は用いなかったが) 本書では各 Comp′ についてその主要部がどの Comp なのかを Comp′ に素性として付記することにする．例えば，[$_{Comp}$ that] が成す Comp′ を Comp′$_{that}$，また，[$_{Comp}$ for] が成す Comp′ を Comp′$_{for}$ と表記する．これは，実質的に that や for などを主要部素性 (head feature) として扱うということである．また，同様に動詞 -ing 形が成す節を S$_{-ing}$，動詞 to の成す節 (すなわち [$_{Sto}$ NP [$_{v'}$ [$_v$ to] V′]]) を S$_{to}$ と表記することにする．(主要部素性と Head Feature Convention を使った扱い方の詳細については Ueno (2014, 2015) や上野 (2020) を参照．) これにより，例えば，[$_{Comp}$ for] は S$_{to}$ を補部に取り，前置詞は S$_{-ing}$ を補部に取ると言えるようになる．

2. that 節

補文の深層構造におけるテンスの有無については，命題を表す Comp′ 内にはテンスがあり，その他の意味タイプの補文 (例えば，situation type) にはテンスがないと McCawley は分析した [125]．ただし，that 節 (すなわち Comp′$_{that}$) 内が直説法の場合にはその補文は定形節 (S$^+$) であるが，後述するように仮定法現在の場合には非定形節 (S$^-$) であると分析する [148]．

直説法の場合の that 節は (1) のような深層構造で，[$_{Comp}$ that] の補部は S$^+$ (つまり定形節) であると McCawley は分析した．この深層構造に循環変形 Attraction to Tense (以下 AT) か循環後変形 Tense Hopping (以下 TH) かが適用されて表層構造に至る．

(1) 直説法 that 節の深層構造

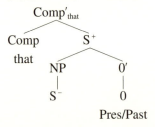

表層構造で Comp′$_{that}$ が 1 つの構成素を成すことは，等位接続，話題化，疑似分裂文，右節点繰り上げ (Right Node Raising) (以下 RNR) などを使って示すことができる．一方，Comp′$_{that}$ が [$_{Comp'}$ [$_{Comp}$ that] S$^+$] のように二又枝分

かれ（binary branching）であることは，等位接続と RNR で示すことができる．

 (2) that 節の表層構造
  a. 等位接続を使って（[$_{Comp'}$ that [S and S]] の構造）
   [That the price of gas went up and the price of gold went down] isn't/*aren't surprising. [117]
  b. RNR を使って（RNR の適用を受ける部分が構成素を成している）
   I didn't even ask whether, let alone assert that, [$_{S+}$ the governor would soon resign]. [117]
   I wouldn't even wonder whether, let alone suggest that, [$_{S+}$ John was contributing too little]. [62]

 仮定法現在の that 節（subjunctive that-clause）については，McCawley は深層構造でテンスが存在しないと分析した [148]．しかし，正確には [$_{Comp'}$ [$_{Comp}$ that] S$^-$] のように非定形節 S$^-$ と分析すべきであった．(3a) のように深層構造の [$_0$ Past] に由来する原形の完了 have が仮定法現在 that 節にも現れるからである．第 2 章 (9) で述べたように，深層構造におけるテンス [$_0$ Past] は，非定形節において TR により完了 have として現れる [125-6]．したがって，仮定法現在の that 節は S$^-$ なので，(3a) のように現在完了形の深層構造（[$_0$ Pres] ([$_0$ Past] Prop)）（ただし Prop は核になる命題を表す）が TR により原形の完了 have として現れる．

 仮定法現在 that 節内ではこのように S$^-$ なので，もし助動詞があったとしても原形のままで，AT が（上位の副詞や not を飛び越して）適用されることもなく，したがって (3b) のように not の位置は原形助動詞の前になる．例えば，(3b) の場合には，Comp$_{that}$ の補部の深層構造は，おおよそ [$_{S-}$ not (Prop)] となり，Prop に受身変形と be 挿入がかかるので，E + R 適用後に not be の語順が現れる．また完了形の not have の場合には，その深層構造はおおよそ [$_{S-}$ not ([$_0$ Pres] ([$_0$ Past] Prop))] となり，TR と E + R 適用後に not have の語順が現れる．

 (3c) が示すように，仮定法現在 that 節の that は省略しにくい．これは，第一に，この that 節内の主語 NP の主格が (3d) の 2 番目の SCR によって定まっているからだと理解できる．第二に，これは仮定法現在 that 節を補部に取る動詞の（おそらくは意味に由来する）語彙的性質のためであるとも考えられる．具体的には，that 節を補文に取りその that の省略を許す動詞の場合には，その語彙情報（特殊な SCR）として [$_{V'}$ V Comp$'_{that}$] に加え [$_{V'}$ V S$^+$] も指定し

てあると分析する．一方，仮定法現在 that 節を補部に取る動詞のように Comp$'_{that}$ を補部に取るがその that の省略を許さない動詞の場合には，その語彙情報として [$_{V'}$ V Comp$'_{that}$] だけが指定してあると分析する．

(3) 仮定法現在 that 節

   a. For instance, some universities require that you have earned a bachelor's degree with a minimum of a 3.0 GPA or higher. (https://www.gradschools.com/degree-guide/accelerated-msn-programs)

   b. 非定形 that 節における not の位置　The king decreed that the rebels not be punished.

   c. 仮定法現在 that 節の例　I requested ? (that) John help me.　[148, 149]

   d. 節に関する SCR（S$^+$ は定形節を，S$^-$ は非定形節を表す．）

     [$_{S+}$ NP$_{nom}$ V′]

     [$_{S-}$ NP$_{nom}$ V′]]（ただし，S$^-$ が [$_{Comp}$ that] の補部の場合）

     [$_{S-}$ NP$_{acc}$ V′]

仮定法現在 that 節では，動詞が非定形であるにもかかわらず主語 NP が主格（nominative, nom）で現れる．これについては，(3d) の 2 番目の SCR を設定しておく．(3d) の 2 番目と 3 番目はともに S$^-$ に関する SCR だが，2 番目の方が 3 番目よりも特殊なので Elsewhere Principle [163] により，この条件が満たされるときには 2 番目が優先的に適用される．仮定法現在 that 節の主格主語はこの場合に含まれる．（言い換えれば，that 節の場合には直説法であれ仮定法現在であれ，その主語 NP は主格ということである．）

(3d) の 3 番目は，主語 NP が対格で現れる非定形節の場合の SCR で，[$_{Comp}$ for] の補部である to 不定詞節（S$_{to}$）の主語 NP や，相手の発言を受けて発する "Me worry about you!?" のような非定形節の主語 NP, a picture of [$_S$ him singing alone] のように -ing 節（S$_{-ing}$）の主語 NP を含む．

3.　for 節

非定形の for 節（Comp$'_{for}$）については，McCawley は深層構造で (4a) のように [$_{Comp}$ for to] を設定した．この場合には，Comp′ を領域として補文標識配置が適用されて，to は V′ 付加詞になる（第 1 章 (2) 参照）．一方，第 1 章 (7c) では (4b) のように to を繰り上げ述語である法動詞として扱うという提案をした．この場合には，深層構造で Comp は for のみで，S$^-$ を領域として

第6章 補文　181

E+R が適用される．

(4) a. McCawley の for 節の深層構造　　b. 本書での for 節の深層構造
　　　 （補文標識配置で to が V′ に付加）　　　（S⁻ を領域として E+R を適用）

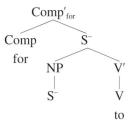

　McCawley のように to を Comp の一部として扱う場合 (4a) の利点は，深層構造におけるテンスが to の付加する V′ 内に生じる（つまり，have として現れるテンス Past の外側に to が現れる）ことが自動的に説明できる点である．一方，(4b) の扱いでは，not や Ad-S などが to の外側にも内側にも現れることが自動的に説明できる．

　McCawley の場合には，表層構造に to 不定詞の to が現れていれば，表層構造で決して for が現れない主語への繰り上げや目的語への繰り上げの場合でも，一貫して深層構造に [$_{Comp}$ for to] があると想定していた．一方，本書では，for が表層構造に現れる可能性がある場合または意味的にこの補文が命題ではなく situation type を表す場合に限って深層構造に [$_{Comp}$ for] を設定するという方針を採る．したがって，主語への繰り上げや目的語への繰り上げの場合には，表層構造に for が決して現れない上に当該の補文が意味的に命題を表すので，本書ではその深層構造に Comp′$_{for}$ ではなく，S$_{to}$ を設定する（第1章の (8) と (15) を参照）．この扱い方により，繰り上げに伴う Fixed Subject Condition の違反を防ぐことができる．For 節補文の例として，次の文の McCawley の派生をたどってみる．

(5) Which candidate do you want to win the election?
McCawley の深層構造

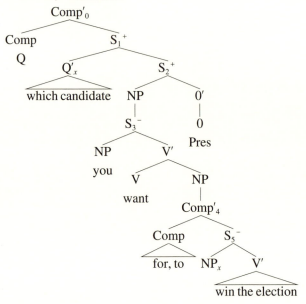

【McCawley の深層構造へのコメント】
・want は深層構造で for, to 補文を取る．McCawley の場合には for, to は 1 つの Comp である．この for は I want very much for you to win the election. や What I want is for you to win the election. のように表層構造に現れることがある．また，この補文は意味的に situation type を表す．（ただし，本書の立場では for だけが Comp として現れ，to は繰り上げ述語の法助動詞として扱う．）
・McCawley は最終的に wh を quantifier として扱うことにしたので ([654, 661 note 9], 第 5 章第 3 節を参照)，which candidate は深層構造では Q′ を成す (Ueno (2014: 255) 参照)．
・[$_{Q'}$ which candidate] は意味的に，want の補文内ではなく（現実世界に候補者が存在していることを想定して）want の補文とテンスの外側に出ていると考える．

McCawley の派生は以下のように進む．

・Comp$'_4$ を領域として補文標識配置がかかり，to が V′ 付加詞となって

$[_{Comp'}$ for $[_S$ NP$_x$ $[_{V'}$ to win the election]]] に至る.
- S_3 を領域として何もかからず.
- S_2 を領域として E + R がかかり, $[_{S2}$ you Pres want $[_{Comp'}$ for $[_S$ NP$_x$ to win the election]]] に至る.
- S_1 を領域として Q'L がかかり, $[_{S1}$ you Pres want $[_{Comp'}$ for $[_S$ $[_{NP}$ which candidate] to win the election]]] に至る.
- Comp$'_0$ を領域として, wh 移動がかかり wh 句 $[_{NP}$ which candidate] が最上位 Comp の位置に移動し, "interrogative marker" (疑問文マーカー) である $[_{Comp}$ Q] と入れ替わる [488, 492]. 次いで疑問文倒置がかかり, テンス $[_0$ Pres] が wh 句 $[_{NP}$ which candidate] の直後に移動する.
- 最後に, 循環後変形 [172-3] の *Do*-support と for 削除が適用されて表層構造に至る.

　この派生で気になる点は, 補文主語 which candidate を wh 移動する段階である. for 補文の主語 NP を移動しているので, Fixed Subject Condition [528-9, 544 note 2] の違反を犯している. ただし, この判断は, この条件を移動規則の適用にかかる条件と見なした場合である. 実際, Bresnan (1972) が that-trace effect を含む一連の現象を説明するためにこの条件を提案したときには, 変形の適用に関する条件として提案された. (なお, that と痕跡の間に文修飾副詞類を挿入することで that-trace effect が消えることが Bresnan (1977: 197 note 6) ですでに指摘されている. 詳しくは Ueno (2014: 267) を参照.) しかしこの例が示すように, 循環後変形で for が削除されるとその違反の効果が消えて適格文に至る. したがって, Fixed Subject Condition を移動規則適用にかかる条件ではなく, $[_{Comp'}$ Comp $[_S$ V']] という表層構造を排除するという表層構造そのものにかかる条件と捉えた方が良いことになる. (McCawley が指摘したように [529], Fixed Subject Condition については従来, 移動規則適用に関わる条件として捉える扱い方と表層構造に関わる条件として捉える扱い方と 2 つの扱い方があった.) したがって, McCawley の枠組みのように痕跡を用いないアプローチでは, SCR で $[_{Comp'}$ Comp $[_S$ V']] という表層構造は認められていないということ (つまり, SCR としては $[_{Comp'}$ Comp $[_S$ NP V']] だけを設定し, $[_{Comp'}$ Comp $[_S$ V']] を設定しないこと) になる [529]. もちろん, that-trace effect の場合もこの SCR で排除する. ただし, the man [that knows the fact] のような that 関係節の場合が問題になる [544 note 2].

　また, for 節がコントロール構文の深層構造に現れる場合には, 第 7 節で論ずるように, Equi で削除されるコントローリー NP 節点 (つまり for の補部で

ある S_{to} の主語 NP) にはコントローラー NP と同一の指示指標が振られている
だけで語彙 (代名詞も含め) は何も入っていない (つまり $[_{NPi}$]) と, 本書では仮
定する (例えば (5) の深層構造の NP_x を参照). したがって, このような NP 節点
は表層構造に至る前に義務的に削除されなければならない. 例えば, McCaw-
ley が Equi の適用に関して super-obligatory [143-4] と分類した動詞 try の場
合には, その補文は意味的に situation type を表すので, (表層構造に for は決
して現れないが) 深層構造で try は $Comp'_{for}$ を補部に取ると本書では分析する.
しかも Equi を受けて削除される NP には指示指標が振られているだけで語彙
が入っていないと分析する. もしこのような空の NP が for 節の目的語に現
れていれば, 受身変形が必ず適用されてこの NP が主語となり, Equi が必ず
適用されて削除されなければならない. (Equi については第 7 節を参照.)

【補足】 補文のテンスの有無については, McCawley は次のように述べた.

> I will assume in the remainder of the book that the presence or absence of
> tenses in deep structures should be determined by semantics: those com-
> plement Ss that denote propositions … will have tenses in deep structure,
> while those which denote other types of entities (such as events or "situa-
> tion types") will not. [125]
>
> By contrast, the complement of *want*, which denotes a situation type, will
> not have a tense in deep structure. [126]

したがって, McCawley の分析は want の補文に完了 have は現れないことを予
測する. しかし, 実際には次の例 (ネットから採取) が示すように完了 have は
want の補文に現れる.

> a. Set a goal for how many people you want to have met by the end of
>   the evening.
> b. You want to have finished the evacuation before the tropical storm-
>   force winds arrive in 25 hours.

このような have は意味的にはテンスではなくアスペクトを表すと思われるが,
McCawley の分析では深層構造の非定形節 (S^-) 内の $[_0$ Past] が TR により $[_V$
$have_{en}]$ に置き代えられることになる.

4. -ing 節

-ing 節 (S_{-ing}) の主語 NP は所有格でマークされる場合と対格でマークされ
る場合とが存在する. したがって, McCawley は補文標識として (6a) のよう

に [Comp 's -ing] と [Comp acc -ing] の 2 種類を認めた [124-5].

(6) 's -ing 節と acc -ing 節 (まとめて -ing 節)
  a. McCawley の深層構造

  b. *[Who having been arrested] doesn't concern me at all.
      Cf. [Who was arrested] doesn't concern me at all.
  c. *[Who the police having arrested] doesn't concern me at all.
      Cf. [Who the police arrested] doesn't concern me at all.

　McCawley の -ing 節の場合には，補文標識配置により Comp 内の属格 's や対格 acc は主語 NP へ，また -ing は V′ の主要部 V へと配置され，配置後は Comp 位置が空になる．その結果，空の Comp 節点が残り補文の統語範疇は Comp′ のままなのか，または，空の Comp だけが削除されて Comp′ 節点は残るのか，あるいは，Comp が主要部として機能しなくなるので tree-pruning (刈り込み) により Comp 節点と Comp′ 節点はともに削除されて，補文の表層構造での統語範疇が S になるのかについての吟味は，McCawley は $SPhE^2$ の補文を扱った第 5 章では行っていなかった．しかし，統語範疇を扱った第 7 章を読む限り [200, 206]，Comp′ 節点が残るかどうかの問題は意味的側面と external syntax の側面から考えていたことが分かる．

　-ing 節に関連して，第一に McCawley は進行形に現れる現在分詞形の -ing を Comp として扱ったが [230]，本書では第 3 章 (8) で論じたように Comp とは見なさない．

　第二に，(6b, c) の非文を見る限り，-ing 節先頭への wh 移動 (疑問詞の wh 移動であれ関係詞の wh 移動であれ) は不可能である．これはつまり，-ing 節では表層構造で Comp の位置が存在しないからだと理解できる．したがって，-ing 節は少なくとも表層構造では Comp′ ではなく単なる S を成していると分析しなければならない．そこで，本書ではこの -ing を Comp ではなく，屈折接辞として現れるテンスと同様に，[₀ -ing] として分析することにした (第 3 章 (9b) 参照)．[₀ -ing] は直下の V′ の主要部に降りてその動詞と一体になり [ᵥ V-ing] を成す．この結果，-ing 節は，その深層構造から表層構造まで S のままなので，当然 Comp の位置は存在せず，-ing 節先頭への wh 移動は不可能ということになる．

なお，後述するように，本書では属格主語の 's は通常の NP の属格's として扱い（(7c) 参照），acc は対格主語を持つ非定形節の SCR ある (3d) の $[_{S^-}$ NP_{acc} V'] にまかせる方針を採る．また，-ing 節については S_{-ing} という統語範疇（つまり動詞 -ing 形が成す節）を認めることにする．実際 McCawley も S_{-ing} という範疇を [396] で使っていた．

-ing 節が義務的に Equi を受ける場合には，コントローラー NP と同一の指示指標を持った（深層構造で何の語彙も入っていない）主語の NP 節点が削除されると（上述のように）仮定する．例えば，後述する Adverbial Equi の場合には，ほとんどの前置詞では (7a) のようにその補部である -ing 節への Equi の適用は義務的である．この場合もし Equi を適用しないで，指示指標だけで語彙を伴わない空の NP 節点が表層構造に残ると非文になる．（本書では，McCawley にならって trace などの空の句節点を想定しない枠組みで考えている．）結果的に，Equi 適用が義務的になる．

-ing 節の深層構造 $[_{S\text{-ing}} [_{NP} S^-] [_{0'} [_0 \text{-ing}]]]$ において，S^- が形容詞述語などで動詞が存在しない場合や過去分詞を主要部とする受身節などの場合には，-ing 接辞の受け手が必要で，そのために S^- に be 挿入がかからなければならない．

(7) Adverbial Equi と 's -ing の扱い
    a. John got rich before (*his) returning to Ohio.　　[148]
    b. P' の本書での深層構造概形　　　　　　表層構造

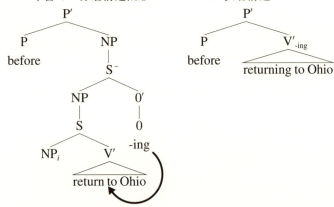

c. 本書での 's -ing の扱い（Equi 適用時点）

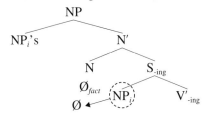

　's -ing については，本書では (7c) の NP のように属格 NP をコントローラー，S$_{\text{-ing}}$ の主語 NP をコントローリーとするコントロール構文と見て Equi を適用するという分析を提案する．その理由は次の2点である．第一に，存在の there や idiom chunk などの funny NP [74] は，S$_{\text{-ing}}$ の対格主語 NP としては現れるが，属格主語としては現れない（ないしは現れにくい）．第二に，John's efforts to sell his house などの属格付き NP ではどっちみち Equi 適用が必要になる場合が存在する．さらに，'s -ing 節は事実 (fact) を表すという意味的特徴 [199] を考えると，(7c) のように N′ の主要部 N として音声を伴わない名詞 Ø$_{fact}$ を仮定することを提案する．（この分析では，'s -ing 節の統語範疇は S や Comp′ などではなく，属格を伴った NP ということになる．）Ø$_{fact}$ は名詞 fact の異形態と見なす．この分析では，McCawley の前置詞 on の音声を伴わない異形態 Ø$_{on}$ による分析 [207-8] の精神を生かしたつもりである．

5. 主語節と一致

　Subject complement（つまり that 節などの節から成る主語のことで，以下「主語節」）について，McCawley は主語動詞一致に関する次の現象を分析している [117]．

(8) a. That the price of gas went up and that the price of gold went down isn't surprising.

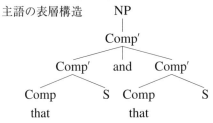

a'. That the price of gas went up and the price of gold went down isn't surprising.

b. That the price of gas went up and that the price of gold went down aren't surprising.

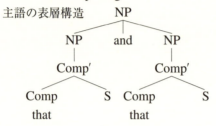

(8a) は (8a') と同じ解釈で，2つの命題 (the price of gas went up と the price of gold went down) の連言が (1つの命題として)「驚くべきことではない」という意味である．したがって，動詞の一致素性は単数である．一方，(8b) は異なる2つの命題のそれぞれが「驚くべきことではない」という意味である．したがって，動詞の一致素性は複数である．（ただし，[$_{NP}$ NP and NP] という統語構造が常に複数扱いになるわけではないので注意を要する．[372] を参照．）(8a) については，McCawley は (8a') から Complementizer Spreading という循環変形によって派生されると分析した [117].

(9) McCawley の Complementizer Spreading

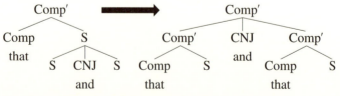

Complementizer Spreading は，補文標識の姉妹 S が複数の S 等位項から成る場合に，すべての S 等位項に対して等しく Comp が分配されるという循環変形で，等位構造制約 (Coordinate Structure Constraint)（以下 CSC) [270] を

第 6 章　補文　　　　　　　　　　　　　　　　　　189

満たすように適用されている．また，この変形は等位構造縮約（Conjunction Reduction）（以下 CR）[272] が逆向きに適用されている点に注意．

　ここで，CR とは等位接続構造を簡略化する変形の 1 つで，すべての等位項が 1 つの構成素を除いて同一である（つまり，この異なる構成素同士が対比される）等位構造に適用されて，その対比される構成素同士を等位項とする等位構造に変える（したがって，すべての等位項に共通な部分は等位構造からくくり出される（"a factoring out of shared structures" [83 note 2]））と定義される循環変形である [59, 83 note 2, 272]．例えば，CR は [s Tom washed the dishes] and [s Tom dried the dishes] において，対比されている 2 つの動詞を等位項とし，残りの共通部分（主語の Tom と目的語の the dishes）を factor out して Tom [v washed and dried] the dishes を派生する [272-3]．

　なお，McCawley は主語節（subject complement）や目的語節（object complement）の深層構造と表層構造を [NP Comp'] という外心構造（non-headed structure）として扱った [315, 327, 524]．これは主語動詞一致の際には 3 人称単数として，また人称代名詞で受ける際には 3 人称単数中性として扱われる．そもそも，McCawley は NP という統語範疇について，N' は lexical level の N を主要部とした phrasal level であり X-bar syntax に従うものとして扱ったが，一方 NP は主要部 N の投射ではなく [212 note 7]，4 つの要因（semantic, internal syntax, shallow-oriented external syntax, deep-oriented external syntax）からその NP-hood が決まる fuzzy category として扱った [192-3]．例えば，[NP Comp'] は，その internal syntax は明らかに名詞を主要部とする句ではないが，意味的（semantics）な観点からは Comp' が述語の項（argument）の位置を占めるので，項として NP 的である．また，shallow / deep-oriented external syntax の観点からも，本来的な名詞の成す句が現れうる位置に現れていて，その意味で NP 的である．このような意味で，McCawley は [NP Comp'] を使っていた．

　下の例（10a）の等位構造において，それぞれの等位項の節の主語 NP に関して CR を適用して（10a）から直接（10b）を派生しようとすると，主語動詞一致（subject-verb agreement）に影響が及んでしまう．（10a）の各等位節には一致が適用済みであり，そこに CR を適用してから再度一致を適用することは難しい．この原因は，be 動詞現在形の一致素性が CR 適用以前の（10a）ですでに特定の値（3 人称単数）を取ってしまっているからである．残念ながら，McCawley は CR が引き起こす一致に関するこの問題については明確に論じていなかった．

(10) CR と一致
　　a. Tom is talkative, Dick is talkative, and Harry is talkative.
　　b. Tom, Dick, and Harry are talkative.　[cf. 60(4a)]

もし一致素性の書き換えを許す立場を採るならば，[264 note 25] の "second possibility" で McCawley が示唆したように，一致は条件が満たされる度に適用されると考えることが可能になる．この立場では，CR の適用以前に (10a) の個々の等位節に一致が適用されて，CR 適用後にも一致の適用条件が満たされるので，再度一致が適用されて一致素性が更新されるという分析ができる．しかし本書では，AT 適用後または TH 適用前に一致の適用条件が満たされて一致素性が確定すると分析してきた (第 2 章 (34) 参照)．

そこでここでは，(A) 一致の適用は随意的であり，(B) ただし定形節の表層構造ではテンスを有する動詞は一致素性を伴っていなければならないという条件がかかっていると考えることにする．この (B) の条件は SCR として $[_{S+} \text{NP}_{[\text{AGR}a]}\ [_{V'}\ \text{V}_{[\text{AGR}a]}\ ...]]$ と表現できる．(もし AGR も主要部素性と認めれば，$[_{S+} \text{NP}_{[\text{AGR}a]}\ \text{V}'_{[\text{AGR}a]}]$ と表現できる．) 本書ではこの (A) と (B) を仮定した上で，以下の深層構造と派生を提案する．

【補足】(10b) の深層構造のもう 1 つの可能性は，下の S_2, S_4, S_6 が等位接続されて，その等位構造の上位に $[_0 \text{Pres}]$ が 1 つだけ存在する構造である．

(11) (10b) の深層構造

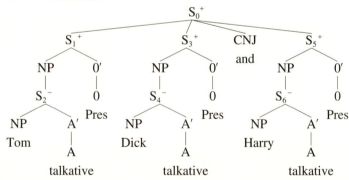

【深層構造へのコメント】
・AT によりテンス Pres と結びつく動詞が欠けているので，派生の途中で be 挿入が起こらなければならない．

(11) から派生は次のように進む．

- 第1等位項 S_1 の下にある S_2 を領域として be 挿入がかかり，$[_{S2}\ [_{NP}$ Tom$]\ [_{V'}$ be $[_{A'}$ talkative$]]]$ という構造に至る．
- S_1 を領域として AT＋E＋R がかかり，$[_{S1}\ [_{NP}$ Tom$]\ [_{V'}\ [_V$ be-Pres$]\ [_{A'}$ talkative$]]]$ という構造に至る．この段階ではまだ一致を適用しない．
- 第2等位項 S_3 と第3等位項 S_5 も同じ派生により，それぞれ $[_{S3}\ [_{NP}$ Dick$]\ [_{V'}\ [_V$ be-Pres$]\ [_{A'}$ talkative$]]]$ と $[_{S5}\ [_{NP}$ Harry$]\ [_{V'}\ [_V$ be-Pres$]\ [_{A'}$ talkative$]]]$ という構造に至る．この段階でもまだ一致を適用しない．
- S_0 を領域として CR がかかり，$[_{S0}\ [_{NP}$ Tom, Dick, and Harry$]\ [_{V'}\ [_V$ be-Pres$]\ [_{A'}$ talkative$]]]$ という構造に至る．ここで初めて一致を適用して $[_{S0}\ [_{NP}$ Tom, Dick, and Harry$]\ [_{V'}\ [_V$ be-Pres$_{[3PL]}]\ [_{A'}$ talkative$]]]$ という表層構造に至る．

この分析を踏まえて，否定文の連言として解釈される (8b) の派生をたどってみる．

(12) (8b) の派生途中の構造（それぞれの Comp$'_{that}$ 内の派生は終了済みの段階）

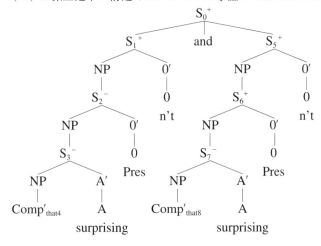

- 上の構造で Comp$'_{that4}$ は [that the price of gas went up] を，Comp$'_{that8}$ は [that the price of gold went down] を表す．

派生は以下のように進む．

- S_3 を領域として be 挿入がかかり，$[_{S3}\ [_{NP}$ Comp$'_{that4}]\ [_{V'}$ be $[_{A'}$ surprising$]]]$ に至る．
- S_2 を領域として AT＋E＋R がかかり，$[_{S2}\ [_{NP}$ Comp$'_{that4}]\ [_{V'}\ [_V$ be-Pres$]$

$[_{A'}$ surprising]]] に至る．この段階ではまだ一致を適用しない．

・S_1 を領域として Negative Placement（以下 NgP）がまずかかり次いで E+R がかかり（第2章（24）参照），$[_{S1}\ [_{NP}\ Comp'_{that4}]\ [_{V'}\ [_V\ [_V\ be\text{-}Pres]\text{-}n't]\ [_{A'}$ surprising]]] という構造に至る．この段階でもまだ一致を適用しない．

・右側の等位項 S_5 も同じ派生により，$[_{S5}\ [_{NP}\ Comp'_{that8}]\ [_{V'}\ [_V\ [_V\ be\text{-}Pres]\text{-}n't]\ [_{A'}$ surprising]]] という構造に至る．

・S_0 を領域として CR がかかり，$[_{S0}\ [_{NP}\ [_{NP}\ Comp'_{that4}]$ and $[_{NP}\ Comp'_{that8}]]$ $[_{V'}\ [_V\ [_V\ be\text{-}Pres]\text{-}n't]\ [_{A'}$ surprising]]] という構造に至る．ここで初めて一致を適用して V は $[_V\ [_V\ be\text{-}Pres_{[3PL]}]\text{-}n't]$ となり表層構造に至る．

この派生では，前の例（11）と同様に一致を随意変形として扱った．ただし，定形節の表層構造ではテンスを有する動詞は一致素性を持たなければならないという条件がかかっていると考えた．つまり，$[_{S+}\ NP_{[AGR\alpha]}\ [_{V'}\ V_{[AGR\alpha]}\ ...]]$ という SCR を仮定した．

McCawley が（8a, b）に関して指摘した興味深い点は，複数扱いの主語節は外置ができないという事実である．

(14) It isn't surprising [that the price of gas went up and (that) the price of gold went down].

この（14）は，2つの命題の連言が（1つの命題として）「驚くべきことではない」という解釈（(8a, a') の解釈）だけが可能である．実際，McCawley は McCloskey（1991）から次の例文を引用している [117]．

(15) McCloskey（1991）より
  a. That he'll resign and that he'll stay in office seem at this point equally possible.
  b. *It seem(s) equally possible at this point that he'll resign and that he'll stay in office.

形容詞 possible は主語節の外置を許すが，例文（15a）では equally という副詞が形容詞に付いたことで主語に複数の命題（統語的には $[_{NP[3PL]}\ [_{NP[3SG]}\ Comp']$ and $[_{NP[3SG]}\ Comp']]$ の構造）が意味的に要求されるようになり，その結果（15b）のように外置が不可能になっている．つまり，主語節が $[_{NP[3SG]}\ Comp']$（(8a) の $[_{NP}\ [_{Comp'}\ Comp'$ and $Comp']]$ の場合を含む）ならば外置が可能だが，(8b) の $[_{NP[3PL]}\ [_{NP[3SG]}\ Comp']$ and $[_{NP[3SG]}\ Comp']]$ は外置が不可能であるということになる．ただし，equally は必ずしも主語節に複数の命題を意味的に要求する

わけではない．先行文脈にすでに1番目の命題が現れていれば，主語節に（2番目の命題として）命題が1つだけで外置が可能になることを指摘しておきたい．

(16) equally と外置
    a. Possibly, John will resign. But [that he will stay in office] seems equally possible.
    b. Possibly, John will resign. But it seems equally possible [that he will stay in office].

例文 (15)(16) の例の面白い点は，変形としての主語位置からの外置について，その可能性は述語主要部の動詞や形容詞の語彙的性質だけでは決定できないという点である．当該述語に副詞などの修飾語が付いたために，(15b) のように外置が適用できなくなることがある．この問題を避けるために，主語からの外置は，(17) のように S を領域とし，その主語 NP にあらかじめ3人称単数（NP[3SG]）の指定が付いている統語構造上で定式化することにする．形容詞述語の場合には，McCawley に従って，be 挿入の前に外置を適用する [141-2]．

(17) 本書での主語からの外置（形容詞述語の場合）

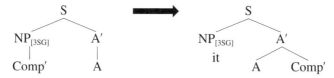

この現象が述語主要部の項構造だけに基づいて外置を定式化するという分析（多くの変形を用いない枠組みでの分析）に対してどのような意味合いがあるのかについては，注意深く考える必要がある．

6. 前置詞と補文標識

P′ が動詞や形容詞や名詞の補部で，その P′ の主要部前置詞がその補部に Comp′$_{that}$ や Comp′$_{for}$ を取る場合には（例えば，[$_{V'}$ V [$_{P'}$ P [$_{NP}$ Comp′]]]），McCawley はその前置詞を削除するという循環後変形を設定した [121, 172, 183 ex.4, 201, 205]．（一方，前置詞 when, before, after や条件の if などのようにその P′ が主節への付加詞の場合には，その前置詞は補部に Comp′$_{that}$ ではなく S$^+$ を取ると McCawley は分析した．）したがって，例えば P′$_{for}$ を補部に取る動詞（hope や

194

wait など）や形容詞（eager や ready など）が，その前置詞 for の補部に Comp'$_{for}$ を取った場合には，削除されるのは前置詞 for であって補文標識 for ではないことになる（(18a, a') 参照）．本書では，以下に述べる修正を施したうえでこの McCawley の分析を踏襲する．

(18)　補文標識直前の前置詞削除（循環後変形 [172]）

    a.　I'm eager [$_{Comp'}$ for you to visit us]. [121]

    a'. *I'm eager [$_{P'}$ for [$_{Comp'}$ for you to visit us]]. （下線部が削除されるべき [$_{P}$ for]）

    b.　I'm eager [$_{P'}$ for [$_{NP}$ adventure]]. [121]

    c.　What I'm most eager for is [$_{Comp'}$ for you to visit us]. [121]

    d.　I'm concerned about [which politician the police arrested].

    e.　I left the office after [finishing the assignment].

この McCawley の分析について問題点をいくつか指摘しておきたい．第一に，彼にとって深層構造は意味・論理構造を反映した統語構造であった．したがって，深層構造に現れる物は意味的・論理的な役割を担っている要素に限られるはずである．例えば，もし形容詞 eager についてその補部 P' の主要部 for までを深層構造で設定するならば，（述語の意味の一部を担っているはずなので）その for を派生の過程で削除することには一見問題があるように思える．しかし，実は，McCawley は深層構造の [$_{Comp}$ for/that] の削除や，V' 削除や gapping などの一連の省略表現などで意味を有する要素の削除を許していたので，前置詞削除も問題なく許されるのであろうと考えられる．

第二に，McCawley が深層構造で想定している [$_{NP}$ Comp']（この NP は深層構造では predicate の argument の意味で使われている）という構造は表層構造でどうなるのであろうか？　刈り込みで NP 節点が削除されるのであろうか？　彼はこの NP 節点は表層構造でそのまま残ると考えていた．実際，[315] の SCR のリストに [$_{NP}$ Comp'] が含まれている．つまり，主語の補文（subject complement）も他動詞目的語の補文（object complement）も前置詞目的語の補文も表層構造ではすべて [$_{NP}$ Comp'] であると考えていた [327]．一方，McCawley は P' に関する SCR として [$_{P'}$ P NP] と [$_{P'}$ P S] だけを認めていた [315]．（ただし，[$_{P'}$ P S] の P は when や if などの場合である．）したがって，[$_{P'}$ P Comp'] という構造は一見表層構造に現れないように見える．つまり P と Comp が隣接する構造は SCR の点からは許されていないように見える．しかし，実は SCR として [$_{NP}$ Comp'] と [$_{P'}$ P NP] との両方が認められているので，この 2 つを用いた [$_{P'}$ P [$_{NP}$ Comp']] は表層構造として結局認められることになって

しまう．つまり，SCR の観点からは前置詞と補文標識（that と for）が隣接することが表層構造で許されていることになる．この問題を避けるためには，本書では表層構造にいたる手前で [$_{NP}$ Comp′] の NP 節点が刈り込みで削除されると分析する．例えば，[$_{P′}$ P [$_{NP}$ Comp′$_{that}$]] → [$_{P′}$ P Comp′$_{that}$] や [$_{P′}$ P [$_{NP}$ Comp′$_{for}$]] → [$_{P′}$ P Comp′$_{for}$] のように P′ を領域として刈り込みがかかり，その後，循環後変形で前置詞が削除されると分析する（下図と (23b) を参照）．

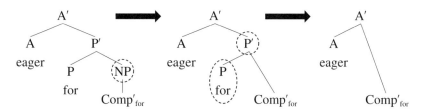

もし刈り込みで NP 節点を削除しておかないと，前置詞削除後に [$_{A′}$ A [$_{NP}$ Comp′$_{for}$]] のように，あたかも形容詞が NP を補部に取っている構造が表層に現れてしまう．McCawley は SCR として [$_{A′}$ A NP] を認めてはいたが，それは near, like, worth などの形容詞の場合であった（[315] 参照）．

　第三に，(18d) のように前置詞の補部が Comp′ であっても wh 節（Comp′$_Q$）の場合には前置詞削除が起こらない．したがって，前置詞削除が起こるかどうかを明示的に捉えるためには，単なる Comp′ という指定だけでは不十分で，Comp′$_{that}$, Comp′$_{for}$, Comp′$_Q$ のように Comp′ をその主要部 Comp の種類に応じて下位分類しておかなければならない．ただし，前置詞の補部が wh 節（whether 節を含む）の場合には，その深層構造では補文標識には interrogative marker の Q が入っている（つまり [$_{Comp}$ Q]）ので，wh 節を Comp′$_Q$ で表すことにする．

　第四に，(18e) のように前置詞補部に Adverbial Equi の結果としての V′$_{-ing}$ が現れる．この場合，McCawley の立場では，深層構造で付加詞 P′ の前置詞補部に [$_{NP}$ [$_{Comp′}$ [$_{Comp}$ acc, -ing] S⁻]] が現れていることになる（(6a) 参照）．一方，本書の立場では (7b) のようになる．

7. コントロール構文

　McCawley は，コントロール構文を伝統的な扱い方である Equi-NP-deletion（以下 Equi）を使って説明した [127, 134]．つまり，深層構造に非定形節（Comp′$_{for}$ または S$_{-ing}$）を設けてその節の主語 NP が一定の条件のもとで削除さ

れると分析した．この削除されるべき NP（コントローリー NP）はコントローラー NP と同一指示であるもの（つまり，同一の指示指標が振られている NP）に限る．なお，指示指標（referential index）は深層構造で NP 節点に振られていると McCawley は考えていた [337]．彼の場合には，指示指標として定数と変数の両方を認めた [430]．したがって，指示指標が変数である NP 節点に対しても定数指標の NP 節点と同様に Equi が適用される．ただし，コントローリー NP が単に指示指標を振られただけの NP 節点なのか，語彙として人称代名詞が入った NP 節点なのか 2 つの可能性がある．Chapter Five Complements では，McCawley は Equi で削除されるべき NP 節点にはコントローラー NP と同一指示の人称代名詞が入っていると考えた [128]．しかし本書では，Equi の適用を義務的にするために，削除されるべき NP には指示指標が振られているだけで語彙は何も入っていないと仮定する（[429-30, 454] における McCawley の示唆を参照）．例えば，(19) のコントロール構文の派生は以下のようになる．

(19) Every contestant expects to win. [128]
本書での深層構造

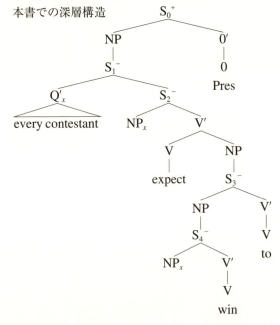

【深層構造へのコメント】
・expect は表層構造で for 節を補文に取ることはなく，また意味的にも補

文は命題を表すと考えられるので，本書の方針に従って深層構造に Comp$_{for}$ を設定しない．また，to 不定詞の to の扱いについては (4b) を参照．

・この深層構造では，テンス Pres の内側に Q′ が入っている．（意味的には，every contestant expect to win という命題が発話時において成立していると解釈する．）したがって，先に Q′L で主語 NP の位置に every contestant が入ったあとで E + R がかかり，主語 [$_{NP}$ every contestant] とテンス [$_0$ Pres] との間で一致が行われることになる．

・本書の立場では，束縛変数はその対応する Q′ と同じ一致素性を有すると考えているので，(19) の深層構造として [[$_{Q′_x}$ every contestant] [$_S$ Pres [$_S$ NP$_x$ expect [$_S$ to [$_S$ NP$_x$ win]]]]] のようにテンスと Q′ が逆のスコープ関係を持っている場合でも (19) の派生は可能である．

(19) の深層構造をもとに派生は以下のように進む．

・S$_3$ を領域として E + R がかかり，[$_{S3}$ NP$_x$ to win] に至る．
・S$_2$ を領域として，上位の変数 NP$_x$ をコントローラーにして Equi がかかり補文内主語の変数 NP$_x$ が削除されて，[$_{S2}$ NP$_x$ [$_{V′}$ expect to win]] という構造に至る．
・S$_1$ を領域として Q′L がかかり，[$_{S1}$ Every contestant [$_{V′}$ expect [$_{V′}$ to win]]] に至る．
・S$_0$ を領域として E + R + AGR がかかり，[$_{S0}$ [$_{NP}$ Every contestant] [$_{0′}$ [$_0$ Pres$_{[3SG]}$]] [$_{V′}$ expect [$_{V′}$ to win]]]] に至る．
・最後に循環後変形である TH がかかり表層構造に至る．

Equi の結果，コントローリーの主語 NP が削除された S$_{-ing}$ または Comp′$_{for}$ の統語範疇が表層構造でそのままなのか，刈り込みにより V′ になるのかの吟味が必要である．McCawley は，internal syntax の観点からは S-hood を失うものの，external syntax と意味の観点からは S のままなので，表層構造で節点 S や Comp′ が残ると考えていたようだ [205]．しかし，[639] のように V′ になると分析している場合も *SPhE*^{2} には散見される．

動詞や形容詞を governor とする Equi については次のように定式化できる．ただし，X は governor である動詞・形容詞を表す．（McCawley の深層構造では，テンスや助動詞などはこの構造の外側に存在する点に注意．）なお，繰り上げであれ Equi であれ移動や削除を受けるのは補文のその時点での主語 NP である．ただし，(20) において Comp′ 節点が現れないで S 節点だけの場合もあり

得る.

(20)　主語コントロールの Equi　　　目的語コントロールの Equi
　　　（S を領域として）　　　　　　　（X' を領域として）

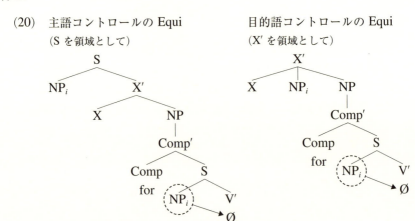

McCawley は他動詞が成すコントロール構文のコントローラーについて，目的語をコントローラーとするコントロール構文（Object-controlled Equi-NP-deletion）の方が主語をコントローラーとするもの（Subject-controlled Equi-NP-deletion）よりもはるかに多い（"decidedly more common"）と指摘した上で [145]，表層構造で P' と V'$_{to}$ を補部に取る動詞の場合には，主語をコントローラーとする動詞（例えば offer や vow など）と前置詞目的語をコントローラーとする動詞（例えば appeal や depend など）とでは数量的にあまり差がない（"no great numerical discrepancy"）という興味深い指摘している [145]. また，主語・（前置詞の）目的語どちらの NP がコントローラーになるのかについては，動詞の意味から予測可能（"predictable"）であると考えていた [145]. したがって，意味的にほとんど同じ 2 つの動詞で，一方が主語コントロール，他方が目的語コントロールになるような対は存在しないということになる.

McCawley は (21a, b) のような例を Adverbial Equi と呼び，当該の P を governor とした Equi を使って P' 内の主語削除を説明した．本書では，この場合も Equi は同一の指示指標が振られた NP 間で適用され，削除される方のコントローリー NP は指示指標だけで語彙は何も入っていないと分析する．（つまり，Equi が適用されずに語彙の入っていない空の NP 節点が表層構造に残ると非文になると考える．）

(21)　Adverbial Equi
　　a.　[$_{P'}$ Before leaving the office], John phoned Mary.　[147]
　　b.　Louise saw Don [$_{P'}$ while leaving home].（曖昧）[147]

第 6 章　補文　　199

c. [$_{P'}$ before leaving the office] の本書での深層構造（(7b) 参照）

$[_{P'} [_P$ before] $[_{NP} [_S [_0$ -ing] $[_S [_{NPi}$　] $[_{V'}$ leave the office]]]]]

d. If having to work on something on the computer, leave the computer on.

e. An occurrence of the sentence *Last night while you were drunk you stabbed your mother to death* is an accusation <u>if uttered</u> by a policeman who …, or if uttered by your mother's lover, who …, but is not an accusation <u>if uttered</u> by a friend who is informing you of the danger of your being arrested and wants to help you escape.　　(McCawley (1979: 137))

f. I am sure that hardly anyone would find the sentence strange <u>if presented</u> with it as an answer to the question ….

(McCawley (1979: 219))

　McCawley が指摘しているように，この場合の Equi 適用の governor は前置詞 P（副詞節を成す従属接続詞を含む）であると分析する [148]．彼は条件 if を governor とした Adverbial Equi を非文と判断した（[148 (13a′)] 参照）．しかし，(21d) のような適格な例も存在するし，また McCawley 自身の文章 (21e, f) が示すように，受身 V′ の場合には if の Adverbial Equi は可能である．

　(21b) のように主節の目的語 NP がコントローラーになる場合には，本書では当該 P′ が Equi 適用の段階で V′ 付加詞として現れていると考えることにする．その結果，目的語のコントローラー NP が P′ 内のコントローリー NP を c- 統御する．（なお，P′ が文頭にある場合には，目的語 NP がコントローリー NP を c- 統御しないので，目的語をコントローラーにした Equi は適用できない．）つまり，目的語をコントローラーにした Adverbial Equi は (22) のように V′ を領域として適用される．（この場合，Equi の適用を受ける P′ は深層構造の段階であらかじめ Ad-V′ として現れていると考えなければならない．もし深層構造で Ad-S として現れると仮定すると，派生の途中で Ad-S to Ad-V′ が適用されることになり，その後に V′ を領域として Equi を適用することになるので厳密循環適用原則に違反してしまう．）なお，Adverbial Equi 適用は，動詞や形容詞などの補部が P′ で，その P′ が -ing 補文を取る場合の Equi 適用 (23a) と実質的に同じである．

(22)　本書での目的語 NP がコントローラーの Adverbial Equi（V′ を領域として）

$[_{V'} [_{V'}$ V NP$_i$] $[_{P'}$ P $[_{S\text{-ing}}$ NP$_i$ V′-ing]]]

(23) 動詞・形容詞の補部 P' と補部 Comp'
    a. John is ashamed [_P' of having lost the money]. [152]
    b. John is ashamed [_Comp' that he lost the money]. (cf. [121])

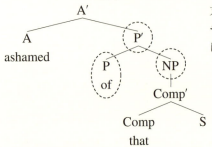

丸で囲んだ節点は刈り込みや循環後変形の前置詞削除により削除される．

    c. I would advise [_NP spraying yourself with water and sitting in front of a fan].

ただし，(23a) において Equi は be 挿入以前の以下の段階で適用される ((20) 参照)．

    [_S [_NP John] [_A' ashamed [_P' of [_NP S_{-ing}]]]]

深層構造において，(23b) のように ashamed of の補部として Comp'_{that} が選ばれた場合には，Comp'_{that} が前表層構造まで保たれて，循環後変形で of が削除される [121-2, 172] ((18) 参照)．一方，(23a) のように ashamed of の補部として S_{-ing} が選ばれた場合には，もしこの S_{-ing} の主語 NP に主節主語 NP と同一指示指標が振られていれば，この NP 節点は Equi により削除されることになる．さらに，(23c) の advise の目的語 NP のようにコントロール構文ではないのに（主語 NP の欠けた）V'_{-ing} が現れる場合には，(McCawley は論じていないが) 彼の枠組みではその主語 NP に Unspec が現れ [92, 109]，それが循環後変形で削除される [92, 173] という分析が可能である．この例文のように Unspec は文脈上ある特定の先行詞を持つことがある．

【補足】Equi によるコントロール構文の説明では，Equi の適用を受ける補文は，意味的には節を成すが，(刈り込み後の) 表層構造では節ではなく V' を成すと主張することになる．(これは，非主流派生成文法である非変形文法の合意と言える．) 一方，主語として PRO を設定する主流派生成文法では，表層構造でも節を成すと主張することになる．Equi はコントロール構文の古い分析で，PRO は新しい分析というような単純な関係ではない点に注意してほしい．

8. 隠れ補文

　McCawley は動詞 want の目的語 NP には，(24a) のようにその深層構造で動詞 have の成す補文が存在し，want の表層構造での目的語 NP は深層構造でその have の目的語 NP であると分析した（McCawley (1979: 84-95) 参照）．また，表層構造を導くために本動詞 have 削除を提案した [150]．

(24)　want の隠れ補文
　　　a.　John wants a lollipop.　[150]　(＝John wants to have a lollipop.)
　　　b.　I wanted Tom's apartment until next summer.　[150]

　動詞 want に対して，この have の成す「隠れ補文」を想定する根拠として，McCawley は次の 4 点を挙げた [150-1]．第一に，この文では時の表現（time adverbial）を 2 つ（1 つは want の成す主節を修飾，もう 1 つは have の隠れ補文を修飾）取ることができる．例えば，(24b) の P'_{until} は，この have による隠れ補文を修飾していると解釈される．第二に，目的語 NP が NP or NP という等位構造の場合に 2 通りの解釈が可能である．1 つは CR が主節のレベルで適用された場合の解釈，もう 1 つは隠れ補文のレベルで CR が適用された場合の解釈である．第三に，（深層構造で Q′ である）不定冠詞付き NP が表層構造で want の目的語になっている場合には，そのスコープについて 2 通りに解釈できる．1 つは主節全体をスコープに取る解釈，もう 1 つは have の成す隠れ補文だけをスコープに取る解釈である．第四に，have の成す隠れ補文だけを代名詞 it で指すことが可能である．この have の成す隠れ補文は，want が単に目的語 NP を取る場合に留まらず，want の他の様々な用法（want my coffee black のように目的語＋object-related predicative complement を取る場合や I don't want anything to do with that のように have something／anything to do with that を意味的に含む場合など）にも広がっていると考えられる．なお，McCawley (1979: 90-93) に，want の隠れ補文で削除されるのは have などの実際の語彙なのかあるいは抽象的な意味的要素なのかという興味深い議論がある．

　しかしながら，McCawley はこの隠れ補文の派生を詳しくは語らなかった．本書では次の派生を提案したい．彼の深層構造 ([150(10b)]) にならって，have の隠れ補文は want の目的語 NP に [Comp for] なしで S として埋め込まれていると仮定する．また，McCawley は want の補文は命題ではなく situation type を表すのでテンスを持たないと考えた [125]．テンスを伴わない隠れ補文を修飾する時の表現 P′ はその補文 S の付加詞（すなわち Ad-S である）と想定する．（この点で，深層構造でテンスと時の表現との共起関係を姪と叔母の位置関係

で捉えるという McCawley の基本方針 [255] がここでは破られている点に注意.) さらに, (25a) のように時の表現 P′ が付いた目的語 NP が分裂文の焦点の位置に現れるので, (24b) の表層構造では目的語 NP に時の表現 P′ が付加した構造 [NP NP P′] であること, また, 本動詞 have 削除は循環変形でなければならないことになる.

(25) 分裂文の焦点
 a. It's [NP a new apartment by January] that John wants. [205] (Internal S Constraint の違反なし)
 b.??It's [to have a new apartment by January] that John wants. (Internal S Constraint に違反)

以上を踏まえて, テンスと Comp の有無に注意して, (24b) の派生を追ってみる.

(26) 本書での (24b) の深層構造

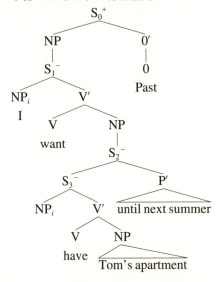

この深層構造から派生は次のように進む.

・S_3 を領域として, 何も適用されず.
・S_2 を領域として Ad-S to Ad-V′ が適用されて, P′ が Ad-V′ となる.
・S_1 を領域として, まず Equi が適用されて, 次いで want と隣接する本動詞 have が削除される ((27) 参照). 刈り込みの結果, V′ への付加詞であっ

た [ₚ until next summer] は目的語 [ₙₚ Tom's apartment] へ付加詞となり，この付加詞付き NP が表層構造で want の目的語 NP になる．
・S_0 を領域として E+R が適用される．
・最後に，循環後変形 TH が適用される．

(27) 本書での本動詞 have 削除（循環変形；主語コントロールの Equi 適用後）

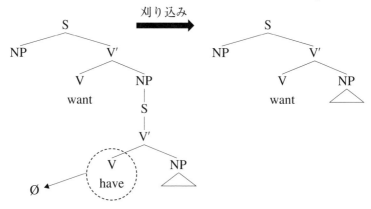

この本動詞 have 削除規則の入力では，want が have の成す S（ただし，Equi 適用後なので主語 NP は削除済み）をその補部に取っている．この構造が生じる理由は，深層構造で want の隠れ補文に [_Comp for] を設けなかったからである．もし深層構造で want の補文に Comp'_for を設けた場合には，I wanted to have Tom's apartment until next summer という表層構造に至り，(27) の本動詞 have 削除はかからない．

まとめ

　この章では，*SPhE*² の第 5 章に McCawley が描いた補文（complement）構造とそれに伴う補文標識（complementizer）の分析について検討し，それらに関連する諸問題について論じた．第 1 節で彼の補文とその補文標識の扱いを概観したのち，第 2 節では that 節（Comp'_that），第 3 節では for 節（Comp'_for），第 4 節では -ing 節（S_-ing）を検討した．第 5 節では，主語節（subject complement）との一致（subject-verb agreement）の問題と主語節からの外置（extraposition）の問題を検討した．第 6 節では，前置詞と補文標識が隣接する場合の前置詞削除を吟味し，問題点を指摘した．第 7 節では Equi-NP-deletion を使ったコントロール構文の分析について検討した．本書では，Equi で削除さ

れる NP は指示指標が振られているだけで，その NP 節点には人称代名詞が挿入されていないと仮定することで，Equi 適用が義務的になるように扱った．第 8 節では want の目的語 NP として現れる隠れ補文の現象について McCawley の分析を検討し，その派生を提案した．

McCawley は，that 節も for 節も -ing 節もすべて Comp′ を成すと分析した．しかし，この Comp′ を領域として間接疑問文形成が可能かどうか，またこの Comp′ を含む N′ を領域として関係節形成が可能かどうか，などの点でこれら 3 種類の補文構造には（補文標識が表層構造に出現可能かどうかも含めて）大きな違いがある．しかしながら，$SPhE^2$ ではこの違いについて何も語られていない．McCawley のアプローチで残された課題の 1 つと言えるであろう．本書では，-ing 節は Comp′ ではなく対格主語を持つ S_{-ing} と分析した．（'s -ing 節は属格 NP 付きの NP と分析した．）当然 wh 句がその先頭に現れることはない．

また，（間接）疑問文については，McCawley の分析に従って $[_{Comp}$ Q] を仮定して，$Comp′_Q$ と分析する（第 2 章（17）を参照）．これには wh 句が定形節を伴う場合と $V′_{to}$ を伴う場合がある．ただし，wh 句 + S_{to} という表層構造は存在しない．この点については，第 7 章（41）の議論を参照．

したがって，本書では Comp は 4 種類（that, for, if, Q）存在することになる．（whether については，McCawley は Q + either から派生される wh 表現として扱った [514]．）that は定形節（仮定法現在の場合には動詞原形の成す節）を取り，for は S_{to} 節を取り，Q は定形節を取ることも S_{to} 節を取ることもある．ただし，S_{to} 節の表層構造での分布が非常に限られているために，表層構造では $V′_{to}$ が現れるという状況になっている．

第 7 章　　**関係節**

はじめに

　この第 7 章では，*SPhE*² の Chapter 13 Relative Clauses [427-487] の内容を，制限的関係節（restrictive relative clause）を中心に検討する．以下の論述におけるかぎかっこ付きの数字は，*SPhE*² の該当ページを表す．

　制限的関係節の構造とそれに伴う関係 wh 移動（relative wh-movement）の分析は統語論の大きな分野である．しかも，McCawley の関係節分析（ACD 構文の場合を含む）の理解は彼の数量詞句 Q′ をよりよく理解するためにも必要である．Q′ はその変数の定義域を制限するためにしばしば制限的関係節を伴うからである．McCawley は unrestricted quantification を破棄して restricted quantification を一貫して採用していた（McCawley (1993: xii, xx, 172))．

　制限的関係節と関連する現象として，第 7 節で McCawley の関係節縮約（relative clause reduction, RCR）の分析，第 8 節で彼の疑似関係節（pseudo-relative clause）の分析，第 9 節で非制限的関係節（non-restrictive relative clause）の分析を検討する．最後に，第 10 節と第 11 節で関係節内での V′ 削除が関わる ACD 構文と Bach-Peters 文について，McCawley による分析を検討する．なお，AMG による筆者の関係節分析については，Ueno (2014: 311-351) を参照．

1. McCawley の関係節分析概観

　まずは McCawley の関係節分析を概観するために，以下にその要点を列挙する．

　第一に，制限的関係節は，関係節である Comp′ が N′ を先行詞（antecedent）としてその N′ に付加している構造である [432, 434]（下図参照）．この付加構造 [_N′ N′ Comp′] は繰り返し適用可能（recursive）なので，制限的関係節が複数付くこと（つまり stacked relative clauses）が可能である [435]．これは形容詞が

205

前から N′ を修飾する [N′ A N′] という付加構造が繰り返し適用可能であることと同じである.

　第二に, 指示指標 (定数も変数も) は NP 節点へ振られたインデックスである. ただし, 制限的関係節の場合には, その指示指標を先行詞の N′ 節点とその母 N′ 節点も共有するものと仮定する [430].

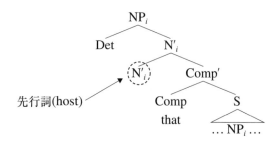

　第三に, 制限的関係節の場合, 先行詞 N′ (McCawley の用語では host) と同一指示指標を持つ NP が関係節 Comp′ 内にあり, その NP は深層構造で指示指標だけで人称代名詞を欠いている (空の NP 節点) と分析する [429-30, 454]. 一方, 非制限的関係節の場合には, 先行詞 NP (McCawley の用語では target) と同一指示指標を持つ関係節内の NP にはその深層構造において人称代名詞 (ただし, 人称・数・性の指定を欠く [373]) などの指示表現 (anaphoric device, AD) が存在すると分析する [454].

　第四に, 定形 (finite) の制限的関係節として, wh 関係節 (wh-relative), that 関係節 (that-relative), 裸関係節 (bare relative) の 3 種類が存在する [427-8].

wh 関係節	the person [who I talked to]	the book [which I was reading]
that 関係節	the person [that I talked to]	the book [that I was reading]
裸関係節	the person [I talked to]	the book [I was reading]

　第五に, これら 3 種類の定形関係節の深層構造は Comp′$_{that}$ である [429]. 先行詞 N′ と同一指標を帯びた (Comp′ 内の) 空の NP 位置に関係代名詞形成 (Relative Pronoun Formation) により関係代名詞が生じる. wh 関係節の場合には, その関係表現 (relative expression) (関係代名詞そのものまたは随伴要素を伴って) が関係 wh 移動 (relative wh-movement) [431] により [$_{Comp}$ that] へ移動し, [$_{Comp}$ that] と入れ替わる. この関係代名詞形成と関係 wh 移動は [N′ N′ Comp′] を領域として適用されて, 関係表現は深層構造の位置から一気に (in one fell swoop) この Comp′ の Comp 位置まで移動する. つまり, McCawley は Comp-to-Comp の分析を採用しなかった [480 note 3]．なお，主語が関係表現の場合には主語位置から Comp 位置への移動が起こっている [444]（(11) 参照）．

　第六に，that 関係節の深層構造も，上で述べたように Comp$'_{that}$ であり [429]，先行詞 N′ と同一指示指標を帯びた空の NP 位置に関係代名詞形成（Relative Pronoun Formation）により関係代名詞が生じるが，その関係代名詞は移動されることなくその場（in situ）で削除される [431-2]．この削除は，Comparative Deletion と同様に非有界（unbounded）で島現象を示す（island-sensitive）[432, 537]．

　第七に，裸関係節の深層構造も Comp$'_{that}$ であり，that 関係節が形成された後に that が削除される [434]．本書では，この that 削除を循環後変形として扱うことを提案する（第 6 節参照）．

2. McCawley の関係節統語構造

　制限的関係節（restrictive relative clause）は，関係節である Comp′ が N′ を先行詞（antecedent）（McCawley の用語では host）としてその N′ に付加している付加構造（adjunction），つまり [$_{N'}$ N′ Comp′] という構造である [381-2, 432, 434]．

(1)　[$_{NP}$ the [$_{N'}$ [$_{N'}$ portrait of Bakunin] [$_{Comp'}$ that hangs on my wall]]]
　　　[381-2]

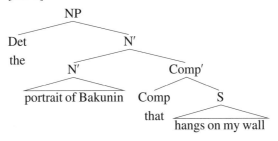

この付加構造は 2 つの N′（先行詞 N′ と，先行詞と関係節とが成す N′）がそれぞれ等位接続可能であることから確認できる．

(2)　上位の N′ における等位構造
　　　Most [[American linguists who play chess] and [British philosophers who play poker]] find this book interesting.　[382, 改作]

(3) 下位の先行詞 N′ における等位構造

All [[[theories of gravitation] and [accounts of diffraction]] that have ever been published] are hopelessly inadequate. [382]

また，それぞれの N′ は代名詞 one で置き換え可能でもある．

(4) 代名詞 one による N′ の置き換え

    a. 下位の先行詞 N′ (下線部) の one による置き換え

    The theory of light that Newton proposed was less successful than the one that Huygens proposed. [382]

    b. 上位の N′ (下線部) の one による置き換え

    The theory of light that Newton proposed that everyone laughed at was more accurate than the one that met with instant acceptance. [382]

さらに，関係節統語構造 $[_{NP}$ Det $[_{N'}$ N′ $[_{Comp'}$ Comp S]]] において，Comp′ や S を RNR で NP 末尾に移動（McCawley の場合には "fusion" [284]）することも可能である．

(5) NP 等位構造内における RNR

    a. Comp′ の RNR

    $[_{NP}$ Most linguists] and $[_{NP}$ almost all anthropologists] $[_{Comp'}$ who teach at American universities] think the Bureau of Indian Affairs is imperialistic. [436]

    b. S の RNR

    $[_{NP}$ The reasons for which] and $[_{NP}$ the considerations despite which] $[_S$ Wilson called for a declaration of war] are poorly understood. [434]

この付加構造 $[_{N'}$ N′ Comp′] は繰り返し適用可能（recursive）なので，(6) のように制限的関係節が複数付くこと（stacked relative clauses）が可能である [435].

(6)
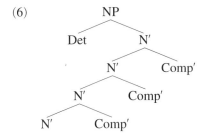

3. McCawley の指示指標

指示指標（定数も変数も含めて [430]）は NP 節点へ振られたインデックスである [337]。ただし，制限的関係節の場合には，(7a) に示したように NP 全体の指示指標を先行詞 N′ とその母 N′ も共有すると，McCawley は仮定した [430]．

(7) a. 制限的関係節深層構造における指示指標

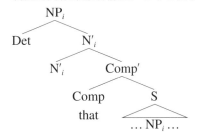

b. 制限的関係節を含む N′ の代名詞 one による置き換え
[$_{NPi}$ This [$_{N'i}$ [$_{N'i}$ student of music] [$_{NPi}$ who] can speak German]] is taller than [$_{NPj}$ that [$_{N'j}$ one]].

(7b) で示したように，one による N′ の置き換えは，2 つの N′ の指示指標が異なっていても適用可能である．代名詞 one はその先行詞である N′ と同一の指示物を指すのではなく，同一タイプの指示物を指すからである．つまり，one が問題にするのは token identity ではなく type identity ということである．詳しくは Ueno (2014: 313-314) を参照．

制限的関係節の場合，先行詞 N′ と同一の指示指標を振られた関係節内の NP（つまり関係代名詞形成を受ける NP）は，その深層構造において指示指標だけで人称代名詞を欠いている（つまり空の NP である）と，McCawley は分析した [429-30, 454]．この場合には，先行詞 N′ と関係節 Comp′ とは同じ発話行為に

含まれるのみならず，両者は隣接し，しかも [$_N'$ N' Comp'] という構造的支えがあるので，関係節内に人称代名詞が不要になっているものと理解できる．このように先行詞と制限的関係節は意味的にも構造的にも密接に結びついているので，先行詞と関係節内の同一指示の NP との両者に振られる共通の指示指標は定数のみならず ([every [female professor]$_x$ [who$_x$ eats lunch in her$_x$ office]]$_x$ のように) 変数も可能である．

　一方，非制限的関係節 (non-restrictive relative clause) の場合には，先行詞 NP と同一指示指標を持つ関係節内の NP にはその深層構造において AD としての人称代名詞 (ただし人称・数・性の指定を欠く [480 note 2, 373]) が存在すると，McCawley は分析した [454]．この場合には，先行詞 NP とその外部に存在する非制限的関係節とはそれぞれ異なる発話行為に含まれているために，両者の間には意味的にも構造的にも何の結びつきもない．このために，先行詞 NP と同じ指示指標を振られた，非制限的関係節内の NP 節点には人称代名詞が存在していて異なる発話行為内にある先行詞 NP を実際に指示する必要があると理解できる．この場合には，先行詞 NP がこの人称代名詞を c- 統御することはないので，両者に振られた指示指標は定数に限られ，変数は不可能である．

　制限的関係節と非制限的関係節の McCawley の深層構造における人称代名詞の有無の違いは，人称代名詞が現れることのできない NP 位置 (8a) からは制限的関係節は作れるが (8c)，非制限的関係節は作れない (8b) という現象 (Postal (1994, 1998) での指摘) を説明するためであった．例えば，(8a) の下線部は人称代名詞が現れることのできない NP 位置である．この位置からは(8b) が示すように非制限的関係節は作れないが，(8c) が示すように制限的関係節は作ることができる．

　(8)　人称代名詞出現不能の NP 位置からの関係節形成 [445]
　　　a. *Janet was born in Spain, and Alice was born in <u>it</u> too.
　　　b. *Spain, which Alice was born in, has become very prosperous.
　　　c. The country which / that Alice was born in has become very prosperous.

McCawley はこの違いを説明するために，次のように分析した．まず，非制限的関係節の場合には，関係代名詞は深層構造で指示指標を伴った人称代名詞であり，関係代名詞形成はこの人称代名詞に対して適用される．なお，この人称代名詞は異なる発話行為である主節 (host) の中に先行詞を持つ．実際，非制限的関係節における関係代名詞は，人称代名詞と同様に NP などを先行

詞として AD として機能している．（例えば，会話で相手の発言を受けて "Which reminds me that ..." と言った場合の文頭の which は明らかに指示代名詞的である．）一方，制限的関係節の場合には，関係代名詞は深層構造で指示指標だけで人称代名詞を欠いており，関係代名詞形成は指示指標そのものに対して適用されると McCawley は分析した．したがって，人称代名詞が現れることのできない NP 位置からは非制限的関係節の形成はできないが，指示指標から直接に関係代名詞を形成することで制限的関係節の形成はできることになる．

4. 制限的定形 wh 関係節

制限的定形 wh 関係節の深層構造は，McCawley の場合 Comp$'_{that}$ であり [429]，先行詞 N$'$ と同一指示指標を帯びた Comp$'$ 内の NP 節点（ただし，人称代名詞を欠く空の NP 節点）に関係代名詞形成（Relative Pronoun Formation）が適用されて，指示指標から直接に（人称代名詞を介さずに）その NP 節点のもとに関係代名詞が形成され [454]，その関係代名詞を含む関係表現（relative expression）（関係代名詞そのもの，または必要ならば随伴要素を伴って）が関係 wh 移動（relative wh-movement）[431] により Comp 位置へ移動し [$_{Comp}$ that] と入れ替わると分析した．ただし，関係代名詞形成と関係 wh 移動は，先行詞 N$'$ と関係節 Comp$'$ との母節点である N$'$（つまり [$_{N'}$ N$'$ Comp$'_{that}$]）を領域として適用される．なお，関係 wh 移動は疑問 wh 移動とは若干異なるので区別が必要である（Ueno (2014: 311) 参照）．

McCawley の疑問 wh 移動では，[$_{Comp}$ Q] を主要部として持つ Comp$'_Q$ を領域として適用され [491-2]，疑問 wh 句は Q マーカーに引き寄せられて Comp 位置に移動し，この [$_{Comp}$ Q] と入れ替わった [490]．McCawley はこの疑問 wh 移動にならって，関係 wh 移動の場合にも，関係表現が [$_{Comp}$ that] と入れ替わるように移動すると分析した [441]．例えば，関係表現が (9) のように P$'$ の場合には（P$'_{rel}$ で表記），関係 wh 移動は下図のようになる（[432 (13), 459 (18)] を参照）．

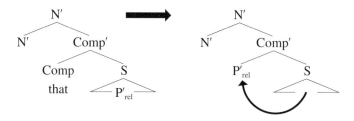

(9) 関係表現 P′_rel の関係 wh 移動 [427]
   a. the conditions [_{P′rel} under which] I'll sign the contract
   b. the pope [_{P′rel} during whose reign] America was discovered
   c. the president [_{P′rel} despite whose opposition] the Taft-Hartley Act was passed

ただし，McCawley が定形制限的関係節 (finite restrictive relative clause)（具体的には，wh 関係節と that 関係節と裸関係節）の深層構造に一律に Comp としての that を設けた理由は，関係節が意味的に命題として機能しているからであろうと思われる．(Comp′_that は意味的に命題を表すと考えていた [199].) そうであるならば，意味的に機能している要素 that を裸関係節派生の途中で削除して良いのかという問題が生じる．この点については，第6章 (18) での議論を参照．また，McCawley (1993: 31, 49-50, 201-203) では，深層構造（論理構造）で，先行詞 N′ の主要部名詞とその制限的関係節との関係を同一変数を含む2つの命題の等位構造として捉えた．つまり，関係節による修飾という意味関係を命題の連言（等位構造）に還元した．この分析に対する反論は，Ueno (2014: 321-322) を参照．以上を踏まえて，wh 関係節の McCawley による派生を追ってみる．

(10) 制限的定形 wh 関係節 the person who I talked to の派生

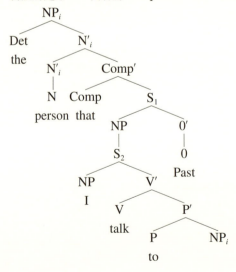

【深層構造へのコメント】

- Comp′ は制限的関係節なので，前置詞 to の補部 NP は指示指標のみで人称代名詞は存在しない．
- 関係代名詞形成は先行詞 N′ を含む N′ を領域として適用される．その理由は，第一に，関係代名詞形成は関係節 Comp′ 内の NP に適用されるので，この適用に当たっては当該 Comp′ が関係節であることが確定していなければならない．これは，この Comp′ が N′ に付加していることが確定する段階である．したがって，Comp′ の母節点である N′ が関係代名詞形成の領域になる．第二に，関係代名詞形成に当っては who にするのか which にするのかという選択の問題があるので，関係代名詞形成の適用領域は先行詞 N′ を含む領域である必要がある．なお，関係代名詞形成を受ける NP 節点は，深層構造において人称代名詞を欠いた単なる指示指標が振られただけの空の NP 節点である点に注意．つまり，この空の NP 節点だけからは関係代名詞 who/which の選択はできない状況になっている．

派生は以下のように進む．

- S_1 を領域として E+R がかかり，[$_S$ I [$_{0′}$ Past talk to NP$_i$]] に至る．
- $N′_i$ を領域として，まず関係代名詞形成がかかり NP$_i$ 節点のもとに関係代名詞 who が生じる．次いで，関係 wh 移動で関係代名詞の NP 節点 [$_{NPi}$ who] が（語彙とその範疇が一体となって）Comp 位置に移動し，[$_{Comp}$ that] と入れ替わる（下の表層構造を参照）．
- 最後に循環後変形の TH が適用される．したがって，表層構造は次のようになる．

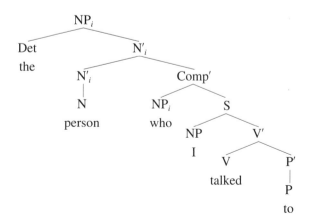

ただし，この場合の wh 移動は関係 wh 移動であり，[$_{N'}$ N' Comp'] を領域として適用されて，関係表現は深層構造の位置からこの Comp' の Comp 位置まで一気に (in one fell swoop) 移動するという文字通りの非有界移動 (unbounded movement) である．つまり，Comp-to-Comp という "successive cyclic" 分析を McCawley は採用しなかった [480 note 3].

なお，主語が関係表現の場合には主語位置から Comp 位置への移動は vacuous ではなく，実際に起こっていると McCawley は考えていた [444].

(11)　主語位置から Comp 位置への関係 wh 移動 [444]

　　a.　a person [$_{Comp'}$ who [$_S$ for years [$_S$ has been harassing me]]]

　　b.　[$_S$ For years [$_S$ he has been harassing me]].

　　c.??He for years has been harassing me.

もし主語位置から Comp 位置への移動が起こっていなければ，(11a) の関係節 Comp' は構造的に (11c) と同じはずである．それにもかかわらず，(11a) には (11c) に見られる不自然さがない．これは，主語の関係代名詞 who が (11b) の主語 he の位置から Comp 位置へ移動しているためであると考えられる．

制限的 wh 関係節では，先行詞 N' と同一指示指標を帯びた NP 節点（ただし，人称代名詞を欠く空の NP 節点）に関係代名詞形成 (Relative Pronoun Formation) が直接適用されて関係代名詞が形成されると考えた．したがって，現れる関係表現は関係代名詞だけから成る [$_{NPi}$ who/which] に限られる．つまり，制限的関係節では which などの関係決定詞 (relative determinative)（例えば from [$_{NPi}$ [$_{Det}$ which] [$_{N'}$ unlikely spot]] における which）が現れる可能性は全くない．言い換えれば，関係決定詞は非制限的関係節に限られることになる ([445, 453]，第 9 節参照)．ただし，所有格関係代名詞 whose は関係決定詞ではなく，[$_{NPgen}$ NP$_i$'s] ([404] (4a) などを参照) の NP$_i$ に関係代名詞形成が適用されるので，制限的関係節にも現れる．

5.　that 関係節

that 関係節の深層構造も Comp'$_{that}$ であり [429]，この Comp' 内で先行詞 N' と同一指示指標を帯びた NP 節点（指示指標だけで人称代名詞を欠く空の NP 節点）に関係代名詞形成 (Relative Pronoun Formation) が適用されて，関係代名詞が現れる．しかし，この関係代名詞は移動されることなくその場 (in situ) で削除されると，McCawley は分析した [431-2]．この削除は，Comparative

Deletion と同様に非有界（unbounded）でかつ島現象を示す（island-sensitive）[432, 534-7]. この関係代名詞削除は，（10）を例に取ると，先行詞 N′ と関係代名詞 [NP who] とが同一指示指標を持つことを条件に，先行詞 N′ の母節点である N′ を領域として（つまり関係代名詞形成と同一領域で）適用される循環変形である.

また，このような wh 関係節の派生と that 関係節の派生の違いから，関係代名詞 who / which は前置詞を伴って P′rel として関係節 Comp′ の先頭に現れることが可能だが，that が前置詞を伴って P′ として関係節 Comp′ の先頭に現れることはありえない（つまり，that 関係節の that は補文標識である）ことも理解できる.

6. 定形裸関係節

裸関係節（bare relative clause）の場合も，McCawley の深層構造は Comp′that であった. that 関係節の場合と同様に，まず先行詞 N′ と同一指示指標を帯びた NP 節点に関係代名詞形成（Relative Pronoun Formation）[431] により関係代名詞が生じ，次いで関係代名詞は移動されることなくその場（in situ）で削除される [431-2].（この関係代名詞削除は that 関係節の場合と同一の規則である.）また，[Comp that] も that 削除により削除される [434]. この that 削除は，前表層構造において [Comp that] がほかの関係節を含まない先行詞 N′ と隣接するとき（典型的には，[Comp that] が先行詞 N′ の主要部名詞と隣接するとき）に適用される.

この that 削除は，that 関係節が外置や RNR などで先行詞 N′ から離されると適用できなくなる. 外置や RNR は節全体を領域とした循環変形であり，一方，that 削除はもし循環変形ならば [N′ N′ Comp′that] を適用領域とすることになる. したがって，厳密循環適用原則の違反を避けるためには，that 削除を循環後変形に分類しなければならない.

裸関係節には that 関係節や wh 関係節には見られない性質が指摘されているが，それらは顕在的な Comp 位置を欠くために起こる処理困難（processing difficulties）や知覚困難（perceptual difficulties）であると McCawley は見ていた [433-4].

7. 関係節縮約

McCawley は，（12a）のような N′ を修飾する V′-ing（主要部動詞が -ing 形である V′）を関係節縮約（relative clause reduction）（以下 RCR）という循環変形

[395-6] で説明した．(12a) の having の成す $V'_{\text{-ing}}$ は関係節に RCR が適用された結果ということになる．RCR は，-ing 節（$S_{\text{-ing}}$）の主語位置の NP に対してまず関係代名詞形成を適用し，次いでその位置で関係代名詞を削除するという派生である（[396 (13)] 参照）．したがって，(12a) の N′ の派生は (12b) のように進む．ただし，McCawley は -ing を Comp として扱ったが，ここでは本書での結論にしたがって [$_0$ -ing] として扱う．

(12) 縮約関係節の例と派生

  a. [$_{\text{NP}}$ Any [$_{\text{N'}}$ [$_{\text{N'}}$ person] [having purchased land in Florida in the 1950s]]] should contact this office. [395]

  Cf. Any person [who purchased land in Florida in the 1950s] should contact this office.

  b.

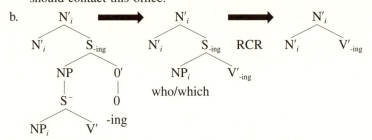

・S^- を領域として，必要ならば Tense Replacement が適用されてもし [$_0$ Past] が存在すれば [$_V$ have] に変わる．
・$S_{\text{-ing}}$ を領域として，[$_0$ -ing] が V′ の主要部 V に付く（第3章 (9b) 参照）．
・N′ を領域として，同一指示指標が振られた主語 NP に関係代名詞形成がかかり関係代名詞が生じ，次いで（移動先の Comp がないので）それがその位置のままで RCR により削除される [395-6]．

この派生から分かるように，RCR で削除される関係代名詞は $V'_{\text{-ing}}$ の主語 NP に限る．

しかし，McCawley の RCR による分析には次のような疑問がある．もし制限的関係節（ただし非定形）から派生されたとすると，RCR により削除されるのがなぜ主節主語の関係代名詞だけに限られるのか，しかも，なぜ長距離 wh 移動が関わる例が存在しないのかという疑問が生じる．さらに，$S_{\text{-ing}}$ 節における主語関係代名詞が（通常，主語関係代名詞は削除できないにもかかわらず）なぜ義務的に削除されなければならないのかという疑問も生じる．

そこでこれらの疑問点を避けるために，本書では McCawley の RCR を

第 7 章 関係節　　　　　　　　　　　　　　　　　　　217

Equi として扱うことを提案する．つまり，N′ を修飾する V′$_{-ing}$ を，関係節 S$_{-ing}$ に Equi が適用されたもの（つまり実質的にコントロール構文の一種）として分析する（Ueno (2014: 349, 351) 参照）．具体的には，Equi で削除されるコントローリーは N′ への付加節 S$_{-ing}$ の主語 NP であり，コントローラーは先行詞 N′ であると分析する．（もちろん，コントローラー N′ とコントローリー NP は同一指示指標を帯びている．）以上述べたことは，(13a) のように定式化できる．なお，この分析では，-ing は McCawley の Comp 扱いではなく，本書での結論に従って [$_0$ -ing] が直下の V′ の主要部 V に降りるという分析を用いる．

(13) a. Equi としての RCR

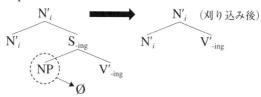

　　　b. S$_{-ing}$ の深層構造

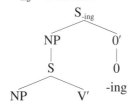

　RCR を Equi として扱う利点は，削除されるのが関係節 S$_{-ing}$ の主節主語に限られること，また，通常の関係 wh 移動と異なり非有界性を示さないことが Equi の一般的性質として説明できることである．実際，一般に Equi のコントローリー NP は補文内の最上位の主語 NP に限られていた．また，この Equi と Adverbial Equi [147]（第 6 章 (7) (21) 参照）とは，-ing 節の主語がコントローリーである点やコントローラーがコントローリーを c- 統御する点など，きわめて構造的類似性が高い．もし N′ を修飾する V′$_{-ing}$ をこのようなコントロール構文として扱えば，これらの構造的類似性は当然の結果となる．さらに本書では，(13a) の Equi としての RCR を拡張して，N′ に A′ や P′ が付加している場合も含めることにする．

(14) a. A′ から成る縮約関係節
　　　　the man [$_{A'}$ proud of his country]

an elderly man [_P in good health]
b. Equi としての RCR

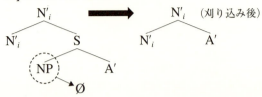

McCawley は，縮約関係節 (reduced relative clause) の動詞が being の場合には，その being は削除されると主張したが [393, 396]，being が残っている縮約関係節の用例も多数散見される.

> "To take a simple example, consider an imperative such as *Hurry!* What is its subject? One possible answer is that it simply hasn't got one; although we know that the hurrying up is to be done by <u>the person currently being spoken to</u> (the addressee), that information is all in the semantics, so there's no need to duplicate it by pretending that there's a subject in the syntactic structure." (Hudson, Richard (2010) *An Introduction to Word Grammar*, Cambridge University Press, p. 165 より．下線は筆者による)

RCR の結果残っている being はそのほとんどがこの例のように受身 be であるか，または (15b) のように存在動詞としての be，(15c) のように identity の be である．これらの being は（受身の be 以外は）深層構造にあった be 動詞に由来し，省略が難しいようである．一方，(15a, a') のような P' や A' を述語とする文が be 動詞挿入を受けた場合には，その being は省略可能である．

省略できない being のうち存在の be と identity の be は深層構造に存在していたものである．一方，上の例や (15d) の受身 be は受身変形に伴って挿入された be である．この場合は，受身の進行形である be＋being＋過去分詞の being が残っていて，1番目の be（進行 be）は削除されている．本書では，進行 be は深層構造に存在し，受身 be は派生の過程で挿入されると分析してきた．

(15) being を伴った縮約関係詞節（インターネットから採取）
    a. [Any person <u>being under the age of twenty-one years</u> who possesses powdered caffeine] may be punished upon conviction by a fine of up to five hundred dollars.

第7章 関係節　　219

a'. In the survey, people <u>being familiar with just the terminology of digital learning</u>—such as "Distance Learning" and "MOOCs"—were at or below the halfway point.

b. What is the measure of true friendship? There are several standard answers to the question, such as a willingness to go the extra mile to help [someone close to you who is in need], or [someone <u>always being there for you in times of happiness or unhappiness</u>].

c. What were some of the common skills or strengths you associated with [someone <u>being a good role model</u>]? Why do you think these certain skills are important and why?

d. The second person refers to [the person <u>being spoken to</u>] and the third person refers to [another person or thing <u>being spoken about or described</u>].

　縮約関係節形成に伴って現れる being を義務的に削除しなければならない場合には，double -ing constraint [323] の違反を避ける場合がある．例えば，進行形の節の縮約関係節 ??the [$_{N'}$ man being speaking Japanese] (cf. the man speaking Japanese) は double -ing constraint に違反するので，being が削除される．同様に，the person who is being spoken to に対応する縮約関係節 the person (*being) being spoken to においても最初の being は義務的に削除しなければならない．

　McCawley は（RCR と being 削除の結果）縮約関係節が形容詞だけから成り，その形容詞が限定用法（attributive use）を許すものであるときには，Modifier preposing という循環変形 [397] により，N′ の前に前置されるという分析をした．もしこの分析に従えば，[$_{NP}$ the very tall person] の [$_{N'}$ [$_A$ very tall] person] は次のように派生されることになる．本書では，程度の副詞 very は形容詞 A への付加詞（つまり Ad-A）として扱う．

(16)　縮約関係節と Modifier preposing
　　　[$_{N'}$ [$_A$ very tall] [$_{N'}$ person]] の派生 (Modifier preposing を用いて)

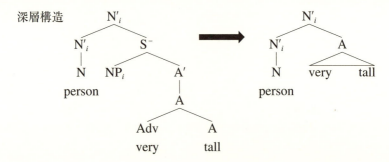

派生は次のように進む．N'_i を領域として，まず Equi としての RCR (14b) がかかり NP_i が削除．次いで（刈り込みを経て）Modifier preposing により [$_A$ very tall] が前置されて表層構造に至る．

8. 疑似関係節

McCawley は，一見普通の制限的関係節に見えるが，その内部からの抜き出し (extraction) が可能であり，したがって複合名詞句制約 (Complex NP Constraint)（以下 CNPC）に従わない，など制限的関係節とは異なる性質を示す関係節として，「疑似関係節 (pseudo-relative clause)」というものを論じている ([460-3], McCawley (1981b) を参照)．疑似関係節について McCawley は以下の特徴を挙げている．

第一に，疑似関係節は（存在や所有を表す）存在文 (existential sentence) を主節とし，その存在文の文末にある存在名詞句 (existential NP) に付加する制限的関係節である [460]．

(17) 疑似関係節（下線）と存在名詞句（波線）
　　a. There are many Americans who distrust politicians.
　　b. Paul has a sister who lives in Toledo.
　　c. Nixon is the only President who has ever resigned.

第二に，疑似関係節を含む文は，疑似関係節を主節に変えて，元の主節文末の存在名詞句をその新しい主節の主語（の一部）として表現することによって，単文に言い換えることができる [462]．

(18) 疑似関係節の単文への言い換え [462]
　　a. Many Americans distrust politicians. (= (17a))
　　b. A sister of Paul's lives in Toledo. (= (17b))

第 7 章 関係節　　221

c. No President but Nixon has ever resigned.（＝(17c)）

第三に，疑似関係節内部からの移動は CNPC に従わない [460-1]．つまり，疑似関係節はその内部からの抜き出し（extraction）を許す．以下の例では，下線部が疑似関係節を，波線部が疑似関係節を伴う主節の存在文を示す．

(19)　疑似関係節からの抜き出し [461]
    a. This is the one that Bob Wall was the only person who hadn't read Ø.
    b. Then you look at what happens in languages that you know and languages that you have a friend who knows Ø.
    c. It's a distinction which I'm sure I'm the only person in the world who has Ø.

第四に，先行詞（存在名詞句）と疑似関係節の間に挿入表現（parenthetical expression）を挟むことができる [460]．下の例で，下線部が存在名詞句を示す．

(20)　疑似関係節直前の挿入表現 [460]
    a. There are many Americans, of course, who distrust politician.
    b. Paul has a sister, incidentally, who lives in Toledo.
    c. Nixon is the only President, as you know, who has ever resigned.

第五に，先行詞（存在名詞句）＋疑似関係節は，他の先行詞＋疑似関係節と等位接続が可能なので，構成素を成す [461]．

(21)　等位接続 [461]
    a. There are [many Americans who distrust politicians] and [many Italians who distrust the clergy].
    b. Paul has [a sister who lives in Toledo] and [a brother who lives in Chicago].

第六に，疑似関係節の先行詞（存在名詞句）として人名などの固有名詞も可能である [461]．

(22)　固有名詞先行詞 [461]
    ?There was only John that didn't show up at the meeting.

第七に，疑似関係節では主格関係代名詞だけが生じる．このような主格関係

代名詞は口語で省略される [463].

(23) 主語関係代名詞の省略（口語）[463]
　　 a. I have a friend Ø called me yesterday.
　　 b. We got a lot of fancy Cadillacs Ø don't tip.

このような特徴をもとに，疑似関係節は通常の N′ を先行詞とした N′ 付加構造（つまり [_{N'} N′ Comp′]）ではなく，NP 付加構造（つまり [_{NP} NP Comp′]）であると，McCawley は結論した [461, 462].

CNPC 違反は，制限的関係節であれ名詞同格節（the fact that S など）であれ，Comp′ 内部の要素を，その外部の N′ と NP の両方を飛び越して抜き出した場合に生じる（Ueno (2014: 264) 参照）．一方，疑似関係節内部からの抜き出しの場合には，McCawley の結論によれば NP 付加構造 [_{NP} NP Comp′] なので，NP を飛び越すだけで，N′ と NP の両方を飛び越してはいない．したがって，この場合には CNPC の違反が生じないと考えられる．

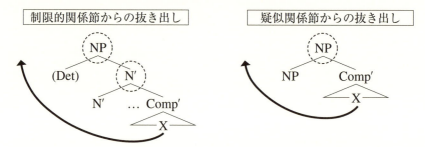

興味深いことに，従来の「下接の条件（subjacency condition）」では，S と NP が英語の場合の bounding nodes と定められているので，この CNPC に関する従来の制限関係節と McCawley の疑似関係節との抜き出しに関する違いは説明できない．（どちらの関係節も CNPC に違反する．）ただし，疑似関係節からの取り出しの場合は飛び越すのが NP 付加構造における NP 節点の1つの "segment" なので，完全な NP 内部からの抜き出しとは異なるということになるのであろうか？もしそう考えれば，下接の条件でもこの違いが説明できることになる．

一方，非制限的関係節の場合には，先行詞を含む主節（host）と非制限的関係節とはそもそも異なる発話行為なので（次節参照），非制限的関係節内から別の発話行為への抜き出しは当然不可能である．

9. 非制限的関係節

McCawley は非制限的関係節 (non-restrictive relative clause) について，制限的関係節との違いを 14 個列挙して分析している [445-8]．非制限的関係節の先行詞のことを McCawley は target と呼び，制限的関係節の先行詞（常に N′）である host とは区別した．(McCawley の用語では，非制限的関係節の場合の host とは，その関係節の先行詞 (target) NP が含まれる発話行為に相当する文のことである．)非制限的関係節の先行詞は，N′ ではなく NP であり，また NP の他にも節 (Comp′) や述語 (V′ や A′) なども先行詞として可能である [447]．

McCawley の分析で重要な点は，非制限的関係節はそれ自体が 1 つの発話行為 (speech act)（つまり，target を含む節とは異なる発話行為）であるという点である [448] (McCawley (1993: 295), Sadock (2012: 136-137), Ueno (2014: 326) 参照)．したがって，当然 target と非制限的関係節とは統語的には構成素を成さない．つまり，[$_X$ X Comp′]（X が target で Comp′ が非制限的関係節）という付加構造にはならない．実際，次の例が示すように，target を含む節 (host) と非制限的関係節とでは異なる発話行為が行われている．

(24) host とは独立した発話行為である非制限的関係節（下線部）

    a. Has John, who was talking to Mary a minute ago, gone home? [448]

    b. Put the turkey, which is in the refrigerator, in the oven. [448]

    c. Marcia, who you wanted to meet, didn't you?, has just arrived. [447]

host と非制限的関係節とは異なる発話行為なので，target と非制限的関係節とをひとまとめにして代名詞などの指示表現 (anaphoric device, AD) で指すことはできない．

(25) 非制限的関係節と one [445]

    a. Tom has a violin which once belonged to Heifetz, and Jane has one too.

    b. Tom has a violin, which once belonged to Heifetz, and Jane has one too.

    b′. *Tom has a violin, which once belonged to Heifetz, and Jane has one too.

(25a) が示すように host N′ と制限的関係節とはまとめて one で置き換え可

能だが，(25b′) が示すように target NP と非制限的関係節とをまとめて one で置き換えることは不可能である．

V′ 削除の場合も，削除された V′ が非制限的関係節を含むという解釈は不可能である．

(26) 非制限的関係節と V′ 削除 [450]
    a.   John <u>sold a violin, which had once belonged to Nathan Milstein,</u> to Itzhak Perlman, and Mary <u>did</u> too.
    a′. *John <u>sold a violin, which had once belonged to Nathan Milstein,</u> to Itzhak Perlman, and Mary <u>did</u> too.

McCawley は用いなかったが，only の性質を使っても同じこと（すなわち，target NP と非制限的関係節とは統語的に構成素を成さないということ）を示すことができる．only は，表層構造でその直後の構成素に付加し，その構成素をスコープ（scope）としてその中に焦点（focus）を持つと解釈されなければならない [68, 642-3]．つまり，表層構造で $[_X$ only $[_X$ ... focus ...$]]$ という状況になる．特に，V′ に付加した only はその V′ 内に焦点を持たなければならない．

(27) 非制限的関係節と only
    John [only [sold a violin, which had once belonged to Nathan Milstein, to Itzhak Perlman]].

この例において，a violin や Itzhak Perlman を焦点とする解釈は可能だが，非制限的関係節内の Nathan Milstein を焦点とする解釈は不可能である．これは，表層構造で非制限的関係節が only の付加した V′ 内に含まれていないことを示していると理解できる．

McCawley は非制限的関係節の深層構造には，target の NP と同じ指示指標を有する人称代名詞が存在すると仮定した．（一方，制限的関係節の深層構造では host（つまり先行詞）N′ と同一指示指標を帯びた，しかも人称代名詞を伴わない空の NP 節点が存在すると仮定した．）つまり，非制限的関係節の先行詞（target）は関係節とは異なる発話行為の中に存在しているので，その先行詞を指すためには非制限的関係節の深層構造の中に同一指示の指示表現（AD）が必要になる．このように考えると，非制限的関係節の深層構造において target NP と同じ指示指標を有する AD として，人称代名詞（$[_{NP}$ pronoun$]$）のほかにも this や that などの指示決定詞（demonstrative determinative）（その external syntax は $[_{NP}$ $[_{Det}$ this／that$]$ N′$]$）が存在してもよいはずである．実際，(28a, b) に示すように，非制限的関係節に限って関係決定詞（relative determinative）の which が可能

になる [445]．この which は関係代名詞形成により指示決定詞の this や that が関係決定詞 which に変わったもの（その external syntax は $[_{NP}\ [_{Det}$ which] N′]）であると分析することができる [453]．

(28)　非制限的関係節における関係決定詞

a. William Allen White spent virtually his entire life as publisher and editor of the Emporia (Kansas) *Gazette*, from $[_{NP}$ which un-likely spot] he radiated an enormous influence on both journal-ism and politics. [445]

　　cf. From $[_{NP}$ that unlikely spot] he radiated an enormous influence on both journalism and politics.

b. *The small town from $[_{NP}$ which unlikely spot] White radiated an enormous influence was in Kansas.

c. The small town from $[_{NP}$ which] White radiated an enormous in-fluence was in Kansas.

d. Symbolic logic, which who cares about anyway, is awfully tough.　　　　　　　　　(Sadock (1974: 126), Ueno (2014: 325))

なお，非制限的関係節は独立した発話行為を成すので，その深層構造において $[_{Comp}$ that] は現れない．したがって，その深層構造を McCawley は Comp′$_{that}$ ではなく S$^+$ と分析した [482 note 14]．

　McCawley は詳しく論じなかったが，これまでの議論をもとに非制限的関係節の派生について考えてみる．target が NP の場合には，その target を含まない別の独立した S$^+$ 内でその target と同一指示指標を持つ NP 節点のもとに AD（人称代名詞や指示決定詞）が存在する．この S$^+$ を領域としてまず関係代名詞形成により NP 内の人称代名詞や指示決定詞が関係代名詞や関係決定詞 which に変わり，次いでその関係詞代名詞や関係決定詞を含む関係表現が関係 wh 移動により領域 S$^+$ の S 節点に付加する．（ただし，(28d) のような例では，関係表現 which が Comp′$_Q$ に付加していると分析する．）暫定的に，この場合の関係 wh 移動は「話題化変形 (topicalization)」[347] と同一であると分析する．つまり，関係表現が話題化を受けて S$^+$ に付加し，その付加構造全体 $[_{S+}$ X$_{rel}$ S$^+$] が target の直後に配置（挿入）される．実際，Postal (1994) が指摘した代名詞が現れることができない NP 位置は，その位置からの非制限的関係節が形成できないのみならず，話題化も分裂文形成もできない [483 note 18]．この事実は，非制限的関係節における関係 wh 移動が実は話題化と同一であることを示唆していると理解できる．target 直後の位置に構成素（この場合は非制限的

関係節）がこのように（target それ自体と構成素を成すことなく）配置（挿入）される
変形のことを McCawley は adposition と呼び，このように配置される構成素
（今の場合は非制限的関係節）のことを adposit と呼んだ [451].

　target を含む host と非制限的関係節とは異なる発話行為であるが，前者の
行為が主（main speech act）で後者の行為は前者に従属するもの（subordinate
speech act）であり，両者はひとつの大きな行為（a complex act）を成すと
McCawley は見ていた [450]. ただし，この大きな行為としてのひとまとまり
は統語構造の中に1つの範疇として存在するのではなく，行為としての範疇
である.

10. ACD 構文再論

　第5章第8節において，McCawley の ACD 構文の分析を紹介した. そこ
では，数量詞句（Q'）には定義域表現（domain expression）として制限的関係
節が付いていて，その Q' 全体が数量詞句繰り下げ（Q' Lowering）（以下 Q'L）
の適用を受けると分析した. この節ではこれまでの制限的関係節の分析をもと
に，ACD 構文（29）の分析を考察する.

(29)　John discussed every topic (that) Mary did.

ただし，上で注意したように，変数 x は（指示指標扱いで）NP 節点へのイン
デックスである. つまり（30）などで NP_x と表している変数は，語彙項目が
何も入っていない $[_{NPx}\ \ ]$ という NP 節点のことである.（29）の深層構造は
(30) のようになる.

(30) ACD 構文 (29) の深層構造

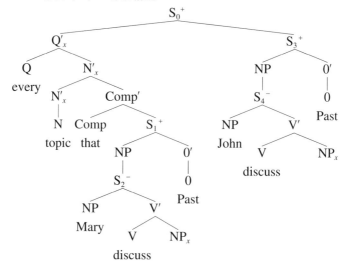

この深層構造から派生は次のように進む．まず，Q′ 内では，

- S_1 を領域として E＋R の適用により，[$_{S1}$ Mary Past discuss NP$_x$] となる．
- N′ を領域として関係代名詞形成により，NP$_x$ の下に関係代名詞 which が形成される．この [$_{NPx}$ which] が Comp 位置へ関係 wh 移動する以前にその位置のままで (in situ) 削除される．ただし，この関係代名詞削除では，形成された関係代名詞 which だけが削除されて，その NP 節点 (NP$_x$) そのものは削除されずに残ると仮定する．(ここでもし，NP 節点 NP$_x$ までも削除してしまうと，変数に関する Coherence Conditions on Variables に違反するのみならず，そもそもこの先で V′ 削除がかからなくなってしまう．McCawley (1993: 34), Ueno (2014: 221) を参照．)
- 結局 Q′ は [$_{Q′x}$ [$_Q$ every] [$_{N′x}$ [$_{N′x}$ topic] [$_{Comp′}$ that Mary Past [$_{V′}$ discuss NP$_x$]]]] という構造に至る．

一方，主節 S_3 の方では，

- S_3 を領域として E＋R の適用により，[$_{S3}$ John Past discuss NP$_x$] となる．
- S_0 を領域として V′ 削除を適用する．Q′ 内と主節内の 2 つの V′ が同一の [$_{V′}$ discuss NP$_x$] なのでこの 2 つの V′ に対して V′ 削除を適用し，Q′ 内の V′ を削除する．その後，Q′L を適用する．
- 最後に一連の循環後変形を適用する．TH を John Past discuss の部分に，

Do-support を関係節内の Mary Past に，また，（必要に応じて）that 削除を [$_\text{Comp}$ that] 節点に適用する．

McCawley の分析の興味深い点は，(29) のような ACD 構文に含まれる制限的関係節付きの数量名詞句（(29) では every topic (that) Mary did）では that 関係節と裸関係節は生じるが，wh 関係節は生じないことを予測する点である．理由は，wh 関係節は関係表現の関係 wh 移動を含むからである．McCawley の移動規則は，語彙とその統語範疇とが一体となって移動し，しかも痕跡を残さない（例えば [432, 490] の樹形図を参照）．(McCawley は「痕跡 (trace)」を採用しなかったが，採用の可能性は考えていた．McCawley にとっての「痕跡」については序章を参照．）したがって，もし (31a) のような関係 wh 移動を伴う ACD 構文が可能だと仮定すると，(31b) のように V′ 削除が適用できない状況が生じていることになる．

(31) a. John discussed every topic [which Mary did].
　　 b. (a) の Q′ 内で関係 wh 移動適用直後の構造

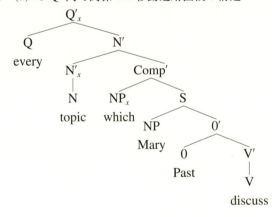

(31b) において，Q′ 内の V′ は [$_{V'}$ discuss] となっており，一方，主節の V′ は [$_{V'}$ discuss NP$_x$] となっていて，V′ 削除適用時点では異なった 2 つの V′ になっている．したがって，厳密に言うと V′ 削除が適用できない．したがって，McCawley の派生に基づけば (31a) は派生不可能になる．つまり，(31a) の場合は，深層構造も恐らくは表層構造も well-formed だが，(このままでは) それを結びつける派生が存在しない．今後の課題として，wh 関係節内で V′ 削除が行われた ACD 構文の可能性（可能なのか不可能なのか）とその頻度（もし可能ならば，that 関係節や裸関係節の場合と比べてどの程度の頻度で現れるのか）を調べ

第 7 章　関係節　　　229

る必要がある.

【補足】　wh 関係節による ACD 構文は, (おそらく頻度は低いものの) 不可能では
ない. 例えば, 次の例 a が Diesing (1992: 144, note 19) と Lappin (1996:
171, note 10) に挙がっている. また, (V′ 削除の結果の) ゼロ V′ 内部から wh
移動を受けたように見える, b のような文は可能である. McCawley 自身も c
や d のような what による ACD 構文を挙げていた [376 ex18, 380 note 25].

    a.　John read five / some / many books which Mary did Ø.

    b.　I know which boys Mary invited to the party and which girls she
       didn't Ø.

    c.　"Debate" suggests something altogether different in Japan from what
       it does Ø in the West. (Newsweek October 7, 1996)

    d.　Children are not even learning what they ought to Ø.

McCawley の (痕跡を用いない) アプローチで, 同一の V′ に対して V′ 削除が適
用されると考えると, b は派生可能だが, それ以外ではたとえ Q′L を用いても
問題が起こる.「同一の V′」に対して V′ 削除を適用すると言う際の「同一の V′」
の「同一性」について (つまり, V′ 削除適用の段階で何を「同一の V′」と見なすの
かということを) 明確にする必要がある.

11.　V′ 削除による Bach-Peters 文

　1960 年代後半に (32a) のようないわゆる Bach-Peters sentence (以下 BP 文)
が発見され議論の的となった (第 9 章第 1 節参照). (32a) の BP 文が興味深い
点は, 人称代名詞が 2 つ含まれていて, それぞれの人称代名詞が他方の人称
代名詞の先行詞 NP に含まれている点である. 指示指標を付けると (32b) の
ようになる.

(32)　人称代名詞による BP 文

    a.　The boy who wanted it got the prize that he deserved. [342]

    b.　[The boy who wanted it$_i$]$_j$ got [the prize that he$_j$ deserved]$_i$.

人称代名詞を使った BP 文は構成できるが, AD としての V′ 削除による
zero V′ を使った BP 文は構成できないと Lakoff (1968) 以来言われてきた.
しかし, 実際には, (33a) のような例を作ることができる. 指示指標を振ると
(33b) のようになる.

230

(33) zero V′ による BP 文
  a. The boy who had wanted to finally got the prize that his parents
     mistakenly thought he hadn't. [376 ex 17]
  b. The boy who had [wanted to Ø$_i$]$_j$ finally [got the prize that his
     parents mistakenly thought he hadn't Ø$_j$]$_i$.

(33a) は [380 note 25] にあるように筆者が 1996 年に McCawley に送った
ものである．1996 年 12 月 26 日付の McCawley からの手紙の中に，この文
について彼のコメントがある．

> These are beautiful examples, and what they show is that you can get
> zero V's in a Bach-Peters configuration just as long as enough of
> them are outside the host S in deep structure. For example, for (a) [上
> の (33a) のこと] I can set up the following structure: (略)
> The analysis is right, but the inference that I drew from it wrong.
> This is one example that I want to work into the 2nd edition some-
> how.

この節では，(33a) の BP 文について，McCawley が手紙に概略を描いて
くれた深層構造をもとにその派生をたどってみる．スペースの都合で，深層構
造を主節と 2 つの Q′ の計 3 つの構造に分けて描く．なお，この文は表層統語
構造からの再構築 (reconstruction) によっては説明が難しいと思われる．この
点については上野 (1997) 参照．また，この文の AMG による説明について
は Ueno (2015: 221) を参照．
　(33a) の派生を考える際に McCawley が描いた方針は，定冠詞を存在量化
子 (existential quantifier) 相当と見て (McCawley (1993: 205), Ueno (2014:
33))，深層構造で主語 the boy who had wanted to と目的語 the prize that his
parents mistakenly thought he hadn't を主節 x finally got y に対する Q′ とし
て扱い，Q′L を 2 回適用して表層構造を導く．その間に V′ 削除を 3 回適用す
るというものであった．ただし，McCawley の提案した深層構造では ((34) 参
照)，主節主語に降りてくる Q′ が内側で，主節目的語に降りてくる Q′ が外側
になっていた．これだと McCawley の示唆した派生制約 (第 5 章 (10) の派生制
約 I を参照) に違反してしまう．この問題点については，もう 1 つの変数の扱
いに関する問題点と共に後ほど考える．

(34) McCawley による (33a) の主節の統語構造概形

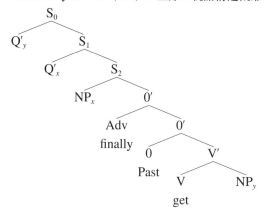

・この主節の統語構造は，Q'L 適用以前で，しかもテンス Past について E+R を適用後に副詞 finally に Ad-S to Ad-V' を適用した段階の構造である．
・2つの Q' の構造は，それぞれ以下のようになる．それぞれの Q' 内の関係節の派生が完了した段階を示す．

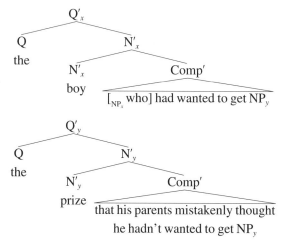

ここから派生は次のように進む．

・まず主節の S_1 を領域として，主節と Q'_x 内の $[_{V'}$ get $NP_y]$ に対して V' 削除が適用されて Q'_x 内の V' が削除されて，その後に Q'L が適用されて次

の構造に至る.

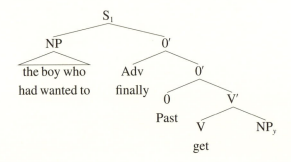

- 次いで S_0 を領域として, Q'_y 内と主節内の $[_{V'}$ get $NP_y]$ に対して V' 削除が適用されて Q'_y 内の V' が削除され $[_{Q'y}$ the prize that his parents mistakenly thought he hadn't wanted to] となり, さらにこの Q'_y 内と主節主語内の $[_{V'}$ wanted to] とに対して V' 削除が適用されて Q'_y 内の V' が削除されて $[_{Q'y}$ the prize that his parents mistakenly thought he hadn't] となる. その後 $Q'L$ が適用されて前表層構造に至る. 最後に循環後変形 TH がかかり表層構造 (33a) に至る.

この McCawley が提案した派生には問題点が 2 つある. 第一に, $Q'L$ によりまず内側の Q'_x が主語の NP 位置に降りて来て, その後に外側の Q'_y が目的語の NP 位置に降りて来る. ここで, $Q'L$ に関する派生制約 I (第 5 章 (10) 参照) に違反している. 第二に, 深層構造で外側の Q'_y に人称代名詞 he, his の形で束縛されていない変数 x が含まれている. つまり, 変数 x が Q'_x に束縛されずに現れていることになる. これは McCawley の論理形式に関する規則 Coherence Conditions on Variables (McCawley (1993: 33-34), Ueno (2014: 30), 上野 (2020: 39-40) を参照) の違反である.

第一の問題点については, 2 つの Q' はともに定冠詞付きの定表現 (definite expression) であるので, Q' として主節の外に位置する場合には変数を伴っているが, $Q'L$ で主節内の NP 位置に降りてしまうと変数を失い, 通常の定表現として定数の指示指標 (例えば i) を帯びると考えることにする. したがって, Q'_x が主語の NP 位置に降りた後には, 主語 NP は (定表現になるので) 変数ではなく定数指示指標 i を帯びた表現になると考えることで, Q'_y が目的語の NP 位置に降りる時には派生制約 I の違反はもはや起こっていないと言うことができる. なお, この説明では, definite NP (以下, 定 NP) の二面性 (つまり, 片や主節の外では存在量化子相当の Q' として扱い, 片や $Q'L$ 適用後には単なる定表現

として振る舞うという二面性）に着目した．

　第二の問題点については，Q'_y に含まれる he や his は変数 x の表現ではなく，Q'_x が Q'L 適用後に定 NP となった時の定数指示指標 i があらかじめ振られていると考えることにする．このように考えれば Coherence Conditions on Variables の違反は起こっていないことになる．

12. 制限的関係節と patch

　これまで主に McCawley の制限的関係節の分析，すなわち，制限的関係節である Comp′ は先行詞 N′ へ付加された構造（すなわち [$_{NP}$ Det [$_{N'}$ N′ Comp′]]）であるという分析について，この McCawley の主張の正しさを確認してきた．しかし，McCawley はさらに，N′ への付加としては分析しにくい関係節も考察している．

　someone や somebody などの不定代名詞はそれ自体 NP を成すにもかかわらず，制限的関係節での修飾が可能である（(35a)）．しかも，縮約関係節による修飾も可能であり（(35b, c)），これは，通常の N′ 付加詞としての制限的関係節の場合とまったく同じある．一方，who や what などの疑問代名詞はやはりそれ自体 NP を成すが，制限的関係節による修飾の容認可能性の個人差が大きいと McCawley は指摘している（(35d)）．

(35)　[436, 438] より
　　a.　I've just run into someone [that hadn't seen for years].
　　b.　Someone [tall] should be cast as Hamlet.
　　c.　Someone [carrying a black briefcase] has a bomb.
　　d.%Who [that you know] would make a good candidate? [383 (6d)] 参照）

(36)　McCawley による (35a) の表層構造（[437 (31)] 参照）

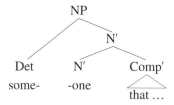

表層構造 (36) は，通常の N′ 付加詞としての関係節と同じ構造である．ただし，someone などの場合には，不定代名詞が Det と名詞との合成語になって

いるので，合成語の形態素 some- と -one を統語構造でそれぞれ Det と N′ と見なすことで，通常の制限的関係節と全く同様に N′ 付加詞としての関係節分析が可能になる．当然，縮約関係節の可能性も通常の制限的関係節の場合と全く同様である．このような表層構造が可能なのは，someone のような語の "morphological transparency" [438] に依ると McCawley は説明した．

(35b) の someone tall における形容詞 tall は，ここでは縮約関係節である．McCawley は縮約関係節が形容詞の場合には，SCR [N′ A N′] に合わせるようにその形容詞が N′ の前に前置されるという Modifier preposing [397]（第7節参照）という循環変形を用いて，例えば [N′ [N′ person] tall] から [N′ tall [N′ person]] を導いた．しかし，someone の場合には [Det some-] と [N′-one] とが1語になっているために（[A tall] を [N′-one] の前に付加することは無理で）Modifier preposing が適用できなくなり，形容詞 tall が後置されたままになっている．

一方，who などの疑問代名詞の場合には，Det と名詞との合成語ではなく，単一形態素から成っているので，(36) のような表層構造が成立しない．これは，who という語の "morphological opacity" [438] のためであると McCawley は説明した．しかし，疑問代名詞 who は意味的には [Det what] [N′ person] であるので，(35d) の深層構造では制限的関係節は [N′ person] を修飾する N′ 付加詞であるとの分析が保たれているはずだと McCawley は考えた．つまり，(35d) の場合には，深層構造は well-formed だが，それに対応する well-formed な表層構造（つまり，N′ 付加詞の関係節構造）が得にくくなっているという状況がある．このためにその適格性判断に個人差が出てくると McCawley は考えた．疑問代名詞 who を [Det what] [N′ person] に分けて (36) のような表層構造として (35d) を理解できる話者にとっては適格と判断されるが，このような表層構造として理解しにくい話者にとっては適格性が下がる結果になっているのであろう．McCawley はこの状況を patch として説明した．Patch とは "a strategy for extending a mental grammar so as to provide for ways of expressing deep structures that would otherwise not correspond to any surface structure in a way that conforms to the grammar" [438] というものである．（詳細は，[769–73] を参照．）

しかし，McCawley は patch が起こっているとは主張したが，(35d) の表層構造を well-formed なものに合わせるために，実際に何が起こっているのかという点については語っていない．ただ，(37) を表層構造として与えているだけである．

(37)　McCawley による (35d) の表層構造 ([437(32a)] 参照)

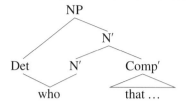

　本書では，この patch について一歩踏み込んで，次のような分析を提案したい．NP の中には，例えば (38a-d) のように，その N′ が音声的にゼロであると分析できるものが存在する．したがって，(35d) の疑問代名詞＋制限的関係節の表層構造を，(38e) のように who を例外的に Det と見なし，先行詞 N′ を音声的にゼロである [N′∅] と分析できる．そうすれば，通常の N′ 付加詞としての関係節の表層構造に合う．(38e) の分析ができる話者にとっては (35d) は適格だが，(38e) の表層構造が思いつきにくい話者にとっては適格性が下がると考えられる．実際，人称代名詞の場合には，(39) のようにこれが Det として機能する統語環境が存在する．

(38)　ゼロ N′ ([390, 400] も参照)
　　a. [The tallest [N′∅] of them] is a 45-storied building.
　　b. [Some / Many / Most [N′∅] of them] are teachers.
　　c. My library is bigger than [those [N′∅] of my predecessors]. [376]
　　d. Mary's [N′ book on religion] is more interesting than John's [N′∅].
　　e.

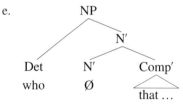

(39)　Det としての人称代名詞 us と you [470-1]
　　a. They have no respect for [NP [Det us] [N′ linguists]].
　　b. [NP [Det You] [N′ people who are standing in the aisles]] should sit over here.
　　c. I want to find out [NP [Det you] [N′ women]]'s opinion.

　たとえ (35d) を許容する話者でも，(35d) の that の削除は不可能であると考えられる．これには，that を削除して who you know とすると間接疑問文

(embedded question) と区別ができなくなるという要因が考えられるが，さらに，(35d) を表層構造 (38e) として理解している話者の場合には，先行詞 N′ の主要部名詞（音声的にゼロ）と that が隣接しているとは見なせないので，循環後変形の that 削除の適用条件が満たされないためであるとも考えることができる（第 6 節参照）．

13. 不定詞関係節

この節では，不定詞から成る非定形関係節である不定詞関係節 (infinitival relative) を考察する．記述を簡単にするために，これまでと同様に to 付き不定詞句を V'_{to} と表すことにする．すなわち，V'_{to} とは $[_{v'} [_v \text{to}] V']$ という，法動詞 to がその補部に V′ を取って句 V′ を成した構造のことである．($[_v \text{to}]$ については第 1 章 (7c) を参照．）また，V'_{to} の成す節を S_{to} と表記する．すなわち，S_{to} とは，$[_{Sto} \text{NP} V'_{to}]$ という統語構造である．

McCawley は不定詞関係節の様々な性質を列挙しているが [439–441]，その派生や様々な性質を説明することはなかった．この節では，筆者が現時点で抱いている管見をもとに McCawley の枠組みに沿って説明を試みる．

第一に，不定詞関係節は常に制限的であり，非制限的な用法は不可能である．第 9 節で論じたように，非制限的関係節は主節 (host) からは独立した発話行為 (speech act) を成す．このために非制限的関係節は定形節に限られる．不定詞関係節は非定形であるがゆえに独立した発話行為を成すことが難しいので，非制限的に用いられることはないと考えられる．

第二に，不定詞関係節では (40) のように対格主語関係代名詞は許されない．なお，本書では V'_{to} の主語 NP が対格で現れることは非定形節 S⁻ に関する SCR で定められていると分析する（第 6 章 (3d) 参照）．

(40) 不定詞関係節における対格主語関係代名詞
   a. *the youngest person $[_{Comp'} [_{Comp} \text{for}] [_{Sto} \text{whom to pass the test}]]$
      (the youngest person [who passed the test] の解釈で)
   b. *the youngest person $[_{Comp'} [_{Comp} \text{for whom}] [_{Sto} \text{to pass the test}]]$
   c. *the youngest person $[_{Comp'} [_{NP} \text{whom}] [_{Sto} \text{to pass the test}]]$
   d. the youngest person $[_{Comp'} [_{P'} \text{for whom}] [_{Sto} \text{to pass the test}]$

実際，(40a) の for whom を関係 wh 移動が起こっていないままの補文標識 for ＋ 対格主語 whom と解釈すると，これは *the youngest person $[_{Comp'} [_{Comp} \text{that}] [_{S+} \text{who passed the test}]]$ が非文であるのと同じ理由で非文である．

もしまた，(40b) のように対格主語 whom が主語の NP 位置から関係 wh 移動により Comp 位置へと移動して ((11) 参照)，その結果 Comp 内に for と whom の 2 つが存在することになったと解釈しても，やはり *the youngest person [$_{Comp'}$ [$_{Comp}$ that who] [$_S$ passed the test]] が非文であるのと同じ理由で非文である．これは，一般的には表層構造で Comp 節点に 2 つの要素が入ったためであると考えられている (いわゆる "Doubly filled COMP filter" [431] の違反)．または，McCawley の想定に従えば，関係表現 (今の場合は [$_{NP}$ whom]) の Comp 位置への移動はすべての場合で，深層構造に存在する補文標識と移動してきた関係表現が入れ替わると規定していたので [441]，[$_{NP}$ whom] が Comp 位置に移動した後に for が残っているのは，この関係 wh 移動の規定に違反していることになり，非文になっているとも考えられる．

さらに，(40b) において (40c) のように for を削除しても (Comp 位置には [$_{NP}$ whom] しかないにもかかわらず)，非文のままである．(40c) は，対格主語関係代名詞 [$_{NP}$ whom] が [$_{Comp}$ for] の位置に関係 wh 移動で移動し [$_{Comp}$ for] と入れ替わった状況である．この状況では，関係代名詞を義務的に削除した the youngest person [$_{V'to}$ to pass the test] は適格である．この適格な例は，(44) で論じるように Equi によるコントロール構文として成立している．つまり，(40c) the youngest person (*whom) to pass the test の派生途中で，関係 wh 移動の適用と Equi の適用とが競合するという状況がある．具体的に調べてみると，関係 wh 移動適用の場合も Equi 適用の場合も共通の深層構造に基づいている．下の統語構造は [$_V$ to] に関する E+R が適用済みの段階である．

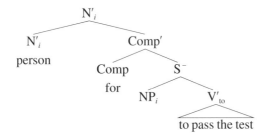

コントロール構文の場合には派生が以下のように進む．

・N' を領域として Equi により NP$_i$ を削除．次いで，循環後変形の for 削除を適用．つまり，Equi と for 削除の 2 段階の派生で，ともに削除変形．

一方，関係代名詞 whom が現れる場合には派生が以下のように進む．

・N' を領域として，関係代名詞形成がかかり，次いで [$_{NPi}$ whom] が関係

wh 移動により [Comp for] と入れ替わる．つまり，関係代名詞形成＋移動の2段階の派生．

両者は，(深層構造を共有するという点で) 意味的には同一，しかも派生の複雑さも同程度である．しかし，両者の違いは，コントロール構文の場合は削除変形だけで，関係 wh 移動の場合は移動変形を伴う．また，表層構造は前者の方が (whom が現れていない分だけ) 簡単である．ここでは，このような場合には削除によってより単純な表層構造に至る派生の方が選ばれると考えておく．(標語的にまとめると，移動や挿入よりも削除の方がコストがかからず，よりコストのかからない派生の方が文法的として選ばれる．) 実際，前者の表層構造は (42d) の SCR で認められているが，後者 (40c) の表層構造は認められていない．

(40a) の the youngest person for whom to pass the test を強いて解釈しようとすれば，(40d) として解釈することは可能である．V′ 内の補部または付加詞の [P′ for whom] (例えば，pass the test [P′ for the person]) が関係 wh 移動で節頭に移動してきたという解釈である．この場合には，その関係節の主語 NP は深層構造で Unspec になっていて，循環後変形で削除されなければならない．このためには [173(15e)] の by-phrase deletion を [P′ [P by] [NP Unspec]] だけではなく，一般の Unspec にまで拡張する必要がある [109]．

第三に，不定詞関係節の (関係代名詞ではない) 対格主語は補文標識 for を伴うときにだけ現れる．

(41) 不定詞関係節の対格主語
    a. a problem [for us to start working on] [440]
    b. a problem [(*us) to start working on]
    c. a problem [on which (*us) to start working]

実際，[Comp for] を欠く (41b, c) では，関係節の対格主語 NP は現れることができない．これには2つの理由が考えられる．1つ目として，SCR として [N′ N′ Comp′for] は認められているが，[N′ N′ Sto] は認められていないからである ((42d) を参照)．後述するように，表層構造で主語 NP と V′to の2つの構成素が Sto という単一構成素 (つまり [Sto NP V′to]) を成すと認められる統語環境は非常に限られていて (つまり Sto は文脈依存の統語範疇)，N′ の付加詞としての Sto はそのような環境に該当しない．2つ目として，深層構造で Comp として導入された for が (41b) (ただし us 有りの場合) で削除されているが，これは循環後変形の for 削除がその適用条件を満たしていないのに誤って適用されたと理解できる．実際，for 削除 (循環後変形) は，to と隣接する [Comp for] もしく

は want など限られた動詞と隣接する $[_{P'}$ for$]$ が削除される規則であった（$[172(15)]$ 参照）．なお，この説明のためには，不定詞関係節の深層構造には必ず補文標識 for を設定しておく必要がある．（これは，McCawley の基本的な考え方であった $[441]$．）さらに，(41c) で us が現れると非文である．McCawley の関係 wh 移動の規定に従えば，関係表現 $[_{P'}$ on which$]$ が Comp 位置に移動して $[_{Comp}$ for$]$ と入れ替わることになる．したがって，(41b) と同様に for を失ったので対格主語 us が現れることができなくなっている．実際，文脈依存統語範疇 S_{to} が表層構造に現れることのできる統語環境は，$[_{Comp}$ for$]$ の補部になる場合と，want などの少数の動詞の補部になる場合だけである．これらの統語環境以外では，NP V'_{to} という 2 つの構成素の並列（parataxis $[302]$）は表層構造で単一構成素を成していない（Ueno (2014: 181) 参照）．具体的には，表層構造で S_{to} を認可する SCR（$[_{Comp'} [_{Comp}$ for$] S_{to}]$ と $[_{V'} [_V$ want/prefer/like$] S_{to}]$ など）をあらかじめ設定しておく．

第四に，不定詞関係節で関係 wh 移動を受ける関係表現は P' でなければならない $[439]$（(42d) 参照）．関係表現が V'_{to} 内の NP の場合には，関係 wh 移動は，(42c) のように許されていない．このような場合には，関係代名詞形成後その元位置で関係代名詞が削除されなければならない．この場合の表層構造は (42d) の SCR $[_{N'}$ N' $V'_{to}]$ として認められている．この表層構造は，深層構造で関係節の主語は Unspec で，循環後変形 Unspec 削除 → for 削除が適用されて派生されている．

なぜ表層構造で $[_{N'}$ N' $[_{Comp'}$ P'_{rel} $V'_{to}]]$ は OK なのに $[_{N'}$ N' $[_{Comp'}$ NP_{rel} $V'_{to}]]$ はだめなのか，筆者にはよく分からない．ここでは暫定的に，次のように考えることにする．すでに論じたように，NP と V_{to} が並んだときには限られた環境以外では単一構成素（S_{to}）を成さないという特徴があった．この特徴が $[_{Comp'}$ NP_{rel} $V'_{to}]$ の場合にも（NP_{rel} が主語でないにもかかわらず）拡大適用されているために，*$[_{N'}$ N' $[_{Comp'}$ NP_{rel} $V'_{to}]]$ となっていると理解する．つまり，この場合の非文の原因は NP_{rel} V'_{to} が単一構成素を成すように扱われていること（つまり $[_{Comp'}$ NP_{rel} $V'_{to}]$）にある．

(42) P'_{rel} の関係 wh 移動

    a. a priest [by whom] to be blessed [440]

    b. a problem [on which] to start working [440]

    c. a person (*whom) to respect [439]（NP_{rel} の関係 wh 移動）

    d. 制限的関係節（N' 付加詞）に関する SCR:

        $[_{N'}$ N' $Comp'_{that/for}]$, $[_{N'}$ N' $V'_{to}]$, $[_{N'}$ N' $S^+]$, $[_{N'}$ N' $[_{Comp'}$ P'_{rel} $V'_{to}]]$

(ただし，P'_{rel} は関係代名詞を含む P' を表す)

最後の SCR における [$_{Comp'}$ P'_{rel} V'_{to}] は，深層構造の関係節 $Comp'_{for}$ において [$_{Comp}$ for] の補部である節 S_{to} の主語 NP が Unspec で，V'_{to} 内の P'_{rel} が関係 wh 移動で [$_{Comp}$ for] と入れ替わり，最後に循環後変形の Unspec 削除が適用された結果を表している．(42d) の SCR のポイントは，[$_{N'}$ N' S_{to}] が存在しないという点である．すでに述べたように，S_{to} (NP と V'_{to} とが1つの構成素を成すということ) が許される表層構造は非常に限られていて，N' の付加詞としては許されていないということである．

第五に，N' に付加された V'_{to} (ただし V'_{to} 内に gap なし) は (43a) のように主語関係代名詞が省略された関係節として解釈される．この事実を本書では (RCR の場合と同様に) Equi 適用の結果として説明することを提案する．

(43) N' に付加された V'_{to}
    a. the [first [person to dance]] ((44) の Equi と循環後 for 削除による)
    b. the first person to dance with (元位置での関係代名詞削除と循環後の Unspec 削除 → for 削除による)
    c. the first person [with whom] to dance (関係 wh 移動と循環後 Unspec 削除による)

(43a) の場合，(44) に示したように，[$_{N'i}$ [$_{N'i}$ person] [$_{Comp'}$ for NP_i to dance] の領域で，先行詞 N' をコントローラー，$Comp'_{for}$ の主語 NP をコントローリーとして Equi が適用されて，$Comp'_{for}$ 内の主語 NP_i (人称代名詞不在) が削除され，その後に循環後変形の for 削除が適用されたと分析する．

(44) (43a) の深層構造

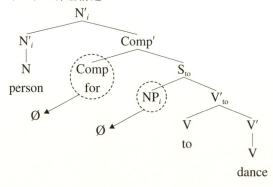

この Equi 適用では，適用後に for と to が隣接するので，循環後変形で for

が削除される．したがって，表層構造は刈り込みを経て $[_{N'} [_{N'}$ person$] [_{V'_{to}}$ to dance$]]$ となる．

まとめ

　この章では，McCawley の関係節分析とそれに関連する諸問題を検討した．第 1 節では，彼の関係節分析を概観した．第 2 節では，制限的関係節の表層統語構造について彼の結論を確認した．第 3 節では，制限的関係節内の NP と先行詞 N′ との同一指示指標について検討した．第 4 節，第 5 節，第 6 節では，それぞれ彼の定形 wh 関係節，that 関係節，裸関係節の分析を振り返った．第 7 節では，彼の関係節縮約を検討し，Equi によるコントロール構文としての分析を提案した．第 8 節では，彼の疑似関係節とその性質について検討した．第 9 節では，彼の非制限的関係節の分析を紹介した．第 10 節では，ACD 構文（第 5 章第 8 節を参照）について彼の分析を再検討した．第 11 節では，zero V′ による Bach-Peters 文について彼の描いた分析を考察した．第 12 節では N′ 付加詞としての制限的関係節の分析が一見維持できそうにない場合について彼の分析を紹介した．第 13 節では不定詞関係節について McCawley が列挙した諸性質を巡って，筆者なりの McCawley の枠組みに沿った説明を述べた．

第8章　統語範疇

はじめに

　この第8章では，$SPhE^2$ の Chapter Seven Syntactic Categories [186-214] における McCawley の統語範疇（syntactic categories）の扱い方を検討する．これまでと同様に，かぎかっこ付きの数字は $SPhE^2$ の該当ページを示す．なお，彼の統語範疇分析の要点は McCawley（1993: 16-17, 561 notes 14, 15）にもまとまっている．

　なお，$SPhE^2$ の Chapter Seven Syntactic Categories の内容の土台となっていて，それ以前に書かれた統語範疇に関する McCawley の論考としては，"The Nonexistence of Syntactic Categories"（McCawley（1982b: 176-203））（初出 1977）が知られている．この論文のタイトルの意図は，当時の McCawley にとっては「統語範疇（syntactic categories）」とは統語現象（syntactic phenomena）に関わる様々な要因（必ずしも統語的とは限らない）の集まりに便宜的につけた名称にすぎず，統語範疇自体が固有で固定的な独立した存在ではないという点にあった．次は McCawley（1982b）からの引用．

> "I develop an alternative approach in which the notion of syntactic category as such is rejected in favor of the recognition of a set of factors, some of which are not syntactic in nature, that can play roles in various kinds of syntactic phenomena. The resulting conception of syntax is shown to provide the basis for a picture of language acquisition that is far less mysterious than the picture generally assumed in transformational grammar." (p. 5)
>
> "… in this view, syntactic category names will be merely informal abbreviations for combinations of these factors." (p. 185)
>
> "… syntactic categories have no independent existence …" (p. 200)

　McCawley は，Chapter Seven Syntactic Categories において統語範疇を吟

味し，Section a で統語範疇決定に影響を及ぼす様々な要因について，Section b で「補文標識（complementizer, Comp）」を含む個々の統語範疇について，Section c で派生に伴う tree pruning（刈り込み）の問題について論じた．

1. 統語範疇決定要因

McCawley は語や句の統語範疇決定に影響を及ぼす要因として次の 4 つを挙げた [13, 187-92]．第一の要因は，句（構成素）の主要部（head）の品詞（part of speech, word class）である [187]．ただし，特定の品詞（語彙範疇）に属さない主要部（例えばテンス）とそれが成す句を，それぞれ 0, 0′ と表記した（[223], McCawley (1982b: 6, 189)）．

第二の要因は，語なのかその語を主要部とした句なのかの違い，すなわち，語レベル（word-level）対句レベル（phrase-level）の違いである [187]．McCawley の場合の句の投射は，主要部がその補部を従えて構成する single-bar のレベルが最大投射になる．したがって，VP, PP, AP, AdvP, CP などは McCawley の V′, P′, A′, Adv′, Comp′ になる．一方，NP は N の投射ではなく [13]，また S には主要部がないと，McCawley は見ていた [190-1]．

第三の要因は，NP や Det, S, Comp′ などの統語範疇について，それを意味的（semantic），内統語的（internal syntactic），2 種類の外統語的（external syntactic）な観点から見て，プロトタイプ的範疇（fuzzy category）としてその統語範疇らしさの程度を捉えるという見方である [192]（McCawley (1982b: 177, 197-198, 203 note 16)）．

第四の要因は形態論である．語がどのような屈折変化をするかはその語の品詞決定に大きな手掛かりとなる [120, 187]．特に言語習得過程では，McCawley はどのように語が屈折するかはその語の品詞習得の十分条件になると考えていた（McCawley (1982b: 182)）．

McCawley は統語範疇をこれら様々な要因の集まりと捉えていたので（"a syntactic category is simply a combination of those factors" [187]（McCawley (1982b: 5, 185)），派生の途中で当該の語や句がこれらの要因の点で変化が生じれば，派生の途中でもその統語範疇が変わることを認めていた（[202, 203], McCawley (1982b: 184)）．つまり，表層構造に現れている統語範疇は，深層構造でもその統語範疇のままで現れていたという保証はないことになる．また，派生の途中で挿入される語についても [202]，挿入時点での外統語的（shallow-oriented external syntactic）な性質に合わせた統語範疇が付与され，しかもその統語範疇に合う surface combinatoric rule（SCR）を満たさなければならな

いと McCawley は考えた．（例えば，派生の途中で挿入される of は前置詞（P）であり，表層構造では P′ の主要部となる．）従来の生成文法では，語は深層構造に導入される時点でその統語範疇が確定されていて，派生過程でその範疇が変わることはなく，また，派生過程で挿入される語についてはその統語範疇が付与されることはないと言われていた（McCawley (1982b: 181, 183, 185)）．

　派生過程で統語範疇が変更になったり挿入されたり削除されたりする例としては，McCawley の枠組みでは次のようなものがある．

・Tense Replacement（TR）により非定形節（S⁻）の環境で $[_0$ Past] が $[_V$ have$_{en}]$ となり，この主要部の範疇変更に伴ってそれが成す句も O′ から V′ へと変更になる．またこれと双対的に，TR により非定形節の環境で $[_0$ Pres] が削除されて表層構造に現れて来ない．つまり，深層構造に存在していても表層構造に現れて来ない範疇も存在する．前者の例のように深層構造の範疇が表層構造で異なった統語範疇として現れる例としては，深層構造に存在する $[_0$ Pres] や $[_0$ Past]（まとめて $[_0$ T] と表記）が循環後変形の *Do*-support により表層構造で do の屈折変化形 $[_V$ do/does] や $[_V$ did] として現れる場合がある．一方，後者の例としては，深層構造に存在する P がその補部が Comp′ の場合には削除されて表層構造に現れて来ない場合や，深層構造に存在する $[_{Comp}$ that/for] が派生途中で削除されて表層構造に現れて来ない場合がある．なお，主要部が削除された場合に，それに伴ってその句節点も削除されるのかどうかは，意味的な観点，内外の統語的な観点からの吟味が必要である．

・McCawley は，テンスなどのどの品詞にも属さない範疇を O で表し，それが主要部として成す句を O′ と表記した（McCawley (1982b: 189, 190, [xxii, 223])）．この場合には派生過程で品詞が決まった時点で O からその品詞へと変更が起こる．例えば，McCawley (1982b: 189) では，John is fond of Mary と John likes Mary の 2 文について，もし完全に同義であると仮定した場合には共通の深層構造を持ち，そこでは品詞指定の無い 2 項述語 $[_0$ FOND] が存在している．$[_A$ fond] を含む John is fond of Mary の派生過程では，fond の語彙挿入により形容詞に品詞が確定した時点で，O と O′ はそれぞれ A と A′ に変更になり，前置詞 of と be 動詞の挿入を受ける．一方，John likes Mary の場合には $[_V$ like] の語彙挿入により動詞に品詞が確定した時点で，O と O′ はそれぞれ V と V′ に変更される．また，McCawley は O と O′ を言語習得過程の説明にも使った（McCawley (1982b: 196)）．動詞（や前置詞）が後ろに NP を従えて句を成すということ

第 8 章 統語範疇　　　　245

は習得したが，まだその主要部が動詞（や前置詞）であるという点はまだ
習得していない段階では，[$_0$ 0 NP] という表層構造を習得したことにな
る，と McCawley は考えた.

・Relative Clause Reduction の結果である所有を表す [$_V$ having] が [$_P$
with] に変わり，この主要部の範疇変更に伴って V′ が P′ となる [203].

・McCawley の名詞化変形 (the downwards version of nominalization) の
分析によれば [410-2]，深層構造で意味的な要素として存在する [$_N$ AC-
TION]（つまり，動詞から行為名詞を派生する派生接辞の表す意味）が，例えば
その補文の動詞 [$_V$ choose] に降りて行き [$_N$ [$_V$ choose] [$_N$ ACTION]] の
ように一体化して，表層構造では [$_N$ choice] として現れる．これは，（深
層構造の [$_0$ T] が定形節において AT や TH により動詞と一体化して [$_V$ V-[$_0$ T]]
として現れる場合と同様に）深層構造における意味的な要素が表層構造に現
れる語に取り込まれてしまう例である．また，この名詞化変形に伴って，
深層構造に設定した補文の S 節点とその V′ 節点は（その S を成す動詞の範
疇が名詞に変わるので）N′ に変更になる.

・there 構文では，深層構造における Q′ の主要部 Q である existential
quantifier が there 挿入により there として主語 NP の位置に現れる [635].

・be 動詞の一部の用法（例えば，形容詞述語文）では，be 動詞は派生途中で
動詞として挿入される [141-2]．また，他動詞の名詞化に伴って深層構造
における補文内の主語や目的語 NP の前に of や by などの前置詞が（SCR
[$_{N'}$ N P′], [$_{N'}$ N′ P′] を満たすために）挿入される [417]．このような挿入の場
合には深層構造に存在しない範疇が表層構造に現れる.

　また，McCawley は表層構造で 1 つの語が複数の統語範疇に属する可能性
を認めていた [204, 767-8]．例えば，a deep blue shirt という NP では，blue
は同時に形容詞でも名詞でもある．つまり，deep blue では [$_{N'}$ [$_A$ deep] [$_{N'}$
blue]] となっており，同時に blue shirt では [$_{N'}$ [$_A$ blue] [$_{N'}$ shirt]] となってい
る．McCawley はこの状況を 2 つの樹形図に分けて表示したが [768]，2 つの
統語構造を同時に表示した方がこの状況をより良く捉えることができる．下の
樹形図で丸で囲んだ部分が 2 つの品詞を持つ語で，単一節点を成している.
（ただし，この樹形図は McCawley の樹形図公理 [46] の "a function associating each
node with a label" という部分に違反する．McCawley の樹形図の場合にはそれぞれの
節点は 1 つだけのラベルを持つことになっていた.）この上下の樹形図は，[$_{NP}$ Det
N′], [$_{N'}$ A N′], [$_{N'}$ N] という 3 つの局所樹形図 (local tree) から構成されてい
て，1 つの語 blue に A と N の 2 つの品詞が付与されている点を除けば，そ

れぞれの局所樹形図は well-formed である．

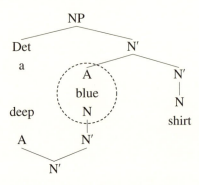

しかも，この [NP a deep blue shirt] を名詞 shirt の前に形容詞が2つ（deep と blue）付いた構造（すなわち [NP a [N' deep [N' blue [N' shirt]]]]）と分析することはできない．[NP a deep blue shirt] では，形容詞 deep は名詞 blue を修飾しているからである．

これらの例から分かるように，深層構造における範疇とその範疇の結合のし方は，表層構造における範疇とその結合のし方とは異なっていることがある．McCawley は，前者を捉えるために Deep Structure Combinatoric Rules (DCR) を，また，後者を捉えるために Surface Structure Combinatoric Rules (SCR) を設定した [56, 174, 314-5]（McCawley (1982b: 195))．したがって，派生（derivation）とは DCR を満たす深層構造からスタートして，様々な循環変形（cyclic transformations）が厳密循環適用原則（the principle of strict cyclicity) [170] に従って適用されて前表層構造（shallow structure）に至り，最後に循環後変形（postcyclic transformations）が適用されて SCR を満たす表層構造に至る過程である．McCawley はこの状況を次の図で示した [56, 174]．

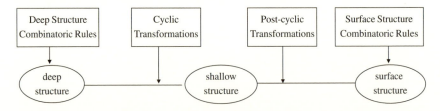

Emonds (1970, 1976) は「構造保持の原則（Structure Preserving Principle)」を提案し，この原則のために個々の変形は深層構造でもともと許される構造だけが出力となるように適用されると主張した．しかし，McCawley に

よれば，そもそも変形は SCR を満たすように適用されることになる [311-2]．つまり，Emonds が発見した変形の「構造保持」という性質は，変形に課せられている一般的な「原則」の存在を示しているのではなく，well-formed な表層構造を規定している SCR の存在を示しているというのが McCawley の主張であった [311-2]（McCawley (1982b: 112 note 9, 193, 195)）．（例えば，受身変形では深層構造の他動詞目的語が目的語 NP の位置から主語 NP の位置に「移動」するが，これは，目的語が主語になるという文法関係変更に伴って，SCR [$_S$ NP V′] で認められた主語 NP の位置に目的語であった NP が新たな主語として現れるためである.）McCawley の場合には，深層構造は意味・論理構造を忠実に反映した統語構造なので [39, 344]，深層構造で意味を担わない空き家の NP 節点を移動先としてあらかじめ用意しておき，その空き家に例えば目的語 NP や補文内の主語 NP が移動する（これにより「構造保持原則」が満たされる訳なのだが）というような（受身や非対格動詞，主語への繰り上げの）分析は McCawley の枠組みではそもそも不可能であった．

悔やまれることは，McCawley は SCR のリストを [315] に挙げたが，このリストはいろいろな意味で不完全である．本来ならば，可能なすべての表層構造を認可出来るだけの網羅的な SCR のリストが必要である．また，DCR のリストについては，残念ながらまったく挙げられていない．おそらくは，[$_S$ Q′ S] や [$_S$ NP 0′]，[$_{O′}$ 0]，[$_{N′}$ N NP] など，深層構造には必要だが表層構造には現れて来ない統語構造が DCR のリストに含まれるはずであったと思われる．

もうひとつ悔やまれることは，SCR のリストの中で，二又枝分かれ (binary branching) で 2 要素間に順序が指定されていない場合（"unspecified order"）の記号として円弧を使うことを，提案していた [315]．例えば，文修飾 (Ad-S) の P′ と修飾されるべき S との間に順序が指定されていない状況（つまり，文修飾の P′ は S の前にも後ろにも現れることがあるという状況）を次のように円弧を用いて表した．

McCawley にとっての深層構造は本質的には意味・論理構造である (McCawley (1982b: 185))．したがって，深層構造には意味的構成素 (semantic constituent) が存在するだけで，その要素間の順序は指定されていないと考えられる (McCawley (1982b: 7, [411]))．（したがって，DCR には順序が入っていな

い.）もしそうであるならば，深層構造と派生過程では構成素間の姉妹関係だけを表すのに円弧記号を使い，順次循環変形がかかり表層構造に近づくにつれて順序が指定されていくので，順序が決まった時点で円弧記号から通常の線分表記に変えるという方針を採用すれば，派生が進むにつれて要素間の順序が定まっていく過程が捉えられて，より精密な派生過程が描けたはずである．

　以下，これまでの説明を補足する．第一に，上述の第二要因である語レベル対句レベルについてだが，McCawley は語レベルの範疇 X に対してそれを主要部とした句レベルを X′ で表した．つまり，彼の X-bar syntax では，single bar (single prime) が最大投射ということになる (McCawley (1982b: 187))．したがって，動詞句 (verb phrase) は V′，形容詞句 (adjective phrase) は A′，副詞句 (adverb phrase) は Adv′，前置詞句 (preposition phrase) は P′ である．また，同様な意味で名詞句 (noun phrase) は N′ である ([212 note 7] や Mc-Cawley (1993: 561 note 15) を参照)．

　第二に，動詞句 (VP) が McCawley の V′ である点と関連して，主流派生成文法 (MGG) では，動詞句は VP（＝V″）であり，その指定部に主語 NP が存在するといういわゆる「VP 内主語仮説 (VP-internal subject hypothesis)」が採られている．この結果，MGG では時制が実質的に繰り上げ述語として機能する（つまり，VP 指定部の主語が時制の指定部に移動する）．McCawley の場合には，生成意味論 (generative semantics) の分析に従って（例えば，McCawley (1973/76: 259)（初出は1969）を参照）動詞が構成する節 (S) の外側に時制が存在していて，時制が繰り上げ述語となり，動詞の主語 NP は時制の主語へと繰り上げを受けるという分析になる．結果的に，60 年代の McCawley らの分析は VP 内主語仮説を先取りした分析になっていたと筆者は理解している．

　第三に，McCawley にとっての NP と S はすでに触れたように，X-bar syntax に従っていない．つまり，NP や S には主要部がなく，したがって，NP は N の最大投射ではなく (McCawley (1982b: 187))，S は V の最大投射ではないと考えていた．（ただし，例外的に [15(8)] では S の主要部が明らかに V になっている．）NP と S は，McCawley の考えでは，意味的 (semantic)，内統語的 (internal syntactic)，外統語的 (external syntactic) な要因から決まる fuzzy category であると捉えた．したがって，様々な程度の NP-hood や S-hood を示すものが存在する．例えば，McCawley は SCR [$_{\text{NP}}$ Comp′] を認めていたが [315]，これは Comp′ が主語や目的語など意味的に述語の項 (argument) の位置を占め，外統語的に [$_{\text{S}}$ NP V′] や [$_{\text{V}}$ V NP] の NP 位置に現れるので，（内統語的には典型的名詞句に該当しないが）Comp′ を NP として認めていたということである．

第8章　統語範疇　　　249

　第四に，McCawley の X-bar syntax では，修飾語（統語的には adjunct）が語や句，節を修飾する場合には，その当該節点にその修飾語（M）が付加されるという付加構造（[_X M X]）を成し，その主要部（X）の範疇は変わらずにただ単に一回り大きくなるだけである [14, 190]（McCawley (1982b: 188)）．例えば，[_{V'} [_{Adv} often] [_{V'} visit Tokyo]]，[_{P'} [_{Adv} right] [_{P'} on time]]，[_{N'} [_A hard-working] [_{N'} student of linguistics]]，[_S [_{P'} When I was young] [_S I learned German]] などである．McCawley は句に対する付加構造のみならず，語に対する付加構造も考えていた．例えば，動詞そのものを修飾する副詞（Ad-V）は，[_V Ad-V V] という付加構造を成す．例えば，[_V [_{Ad-V} severely] [_V criticize]] などである [69, 197, 664]．同様に考えると，形容詞を修飾する程度の副詞 very などは Ad-A ということになり，[_{A'} [_A [_{Ad-A} very] [_A proud]] [_{P'} of my country]] と分析できる．

2.　個々の統語範疇の検討

　McCawley は [194-202] で個々の統語範疇を吟味しているので，そこでの彼の考察を筆者のコメントを交えつつ紹介する．なお，Comp については [199-201] と第 6 章を参照．

2.1　NP について

　McCawley は NP を fuzzy category として認め（つまり，範疇内のメンバーを core から periphery まで認め），もっとも典型的な NP は意味的に項であり，内統語的に [_{NP} Det N'] の形で，外統語的に主語や目的語の位置である項位置（argument position）を占めるものであるとした（[212] note 11）．実際，Mc-Cawley はつぎの下線部を fuzzy category としての NP に含めた（McCawley (1993: 561 note 14)）．

(1)　fuzzy category としての NP の例（下線部）[191]
　　a.　A portrait of the queen hung on the wall.
　　b.　He climbed the stairs.
　　c.　There were some disagreements.
　　d.　That Smith will be elected is unlikely.

　様々な構成素の NP らしさ（McCawley のことばでは NP-hood）を測るために，McCawley は 4 つの基準を提示した [192]．そのうちの 1 つである "deep-oriented external syntactic" の定義は次の通りである．

"An item is a NP in (deep-oriented) external syntax (or is a NP "by inheritance") if either (a) it is a logical argument and has not been moved from its deep structure position or (b) it has replaced an item that is a NP by (a) or (b)."

ただし，この定義には誤植がある．最後の下線部は or (b) を削除して (a) と訂正すべき．この訂正は，McCawley が 1991 年 12 月 27 日付で言語学科内に配布した "Notes towards a 2nd edition of *The Syntactic Phenomena of English*" と題するハンドアウトに含まれている Errata に入っていたにもかかわらず，第 2 版の改訂作業で McCawley が訂正することを忘れてしまったようである．

以下が McCawley の 4 基準の内容である．

(2)　NP-hood の 4 基準 [192]

・構成素が「意味的 (semantic) に NP である」とは，その構成素が述語 (predicate) の項 (argument) になっているときである．

・構成素が「内統語的 (internal syntactic) に NP である」とは，その構成素が代名詞 1 語から成るか，固有名詞 1 語から成るか，Det N' の形をしているときである．

・構成素が「前表層構造で外統語的 (shallow-oriented external syntactic) に NP である」とは，その構成素が前表層構造 (shallow structure) で項が典型的に現れる位置に現れる，つまり，[$_S$ ___ V'] か [$_{V'}$ V ___] か [$_{P'}$ P ___] の位置に現れるときである．

・構成素が「深層構造で外統語的 (deep-oriented external syntactic) に NP である」とは，その構成素が深層構造で項でありそこから移動していないか，または，その構成素が深層構造でもともと項であった他の構成素と派生過程で置き代わっているときである．

　例えば，述語名詞句 (predicate NP) (例えば，下の表の Sophie is a lawyer における [$_{NP}$ a lawyer]) は，shallow-oriented external syntactic には NP であるが (前表層構造で [$_{V'}$ V ___] の位置に生じるので)，deep-oriented external syntactic には NP ではない (深層構造で項として生じていないし，派生過程で項であったものと置き代わってもいないから) ということになる [192]．この 4 基準をもとに，McCawley は次の各下線部を表のように分類した．

第 8 章　統語範疇　　　　　　　　　　　　　　　　　　251

(3)　NP-hood の 4 基準の適用例 [193]

	semantic	internal syntactic	external syntactic (shallow-oriented)	external syntactic (deep-oriented)
That town I can't stand.	+	+	−	−
That John left shocked us.	+	−	+	+
It shocked us that John left.	+	−	−	−
It shocked us that John left.	−	+	+	+
Sophie is a lawyer.	−	+	+	−
A brain surgeon he isn't.	−	+	−	−
There was a man outside.	−	− (c)	+	+ (g)
He went home that day.	+ (a)	+	(+) (e)	+ (h)
He went home last Tuesday.	+ (b)	(+) (d)	(+) (f)	+ (i)

　以下，(3) の表について筆者の理解を述べる．(a)(b) で + になっている理由は，McCawley はこれらの句をゼロ前置詞 [$_P$ Ø]（この章の 2.3 節の末尾を参照）の補部と考えているからである．このゼロ前置詞は普通の前置詞同様に，意味的に 2 項述語（この場合は，イベントとその起こった時との 2 項）と分析する [207-8]．(c) の − は，McCawley は there を NP を成すとは認めていたものの，代名詞としては認めていなかったことを示す．（なお，existential *there* は Aarts (2011) でも Huddleston (2022) でも付加疑問文などから明らかなように，人称代名詞に分類されている．）(d) に括弧が付いているのは，ゼロ前置詞の補部 NP が Det を欠いているからであろう．(e) と (f) に括弧が付いている理由は，筆者には理解できない．両者ともゼロ前置詞の補部であり，前表層構造では P′ を成して典型的な時の P′ の位置に現れているので ([684] 参照)，+ で良いように筆者には思える．(g) では，there は深層構造で existential *be* の項であった a man と置き代わっているので（正確には，existential quantifier の成す Q′ である [$_{Q'x}$ ∃ a man] に対応する変数 x が existential *be* の項になっていて，その項である x と existential quantifier 相当の there が置き代わるので）+ となっている ([95, 635]，第 5 章第 5 節を参照)．(h) と (i) では，それぞれの下線部は深層構造からゼロ前置詞 [$_P$ Ø] の補部のままであるので + になっている．

　この NP-hood の概念が統語論，特に派生過程の説明の中でどの程度有効なのか，筆者には理解できない．確かに，様々な構成素がこれら 4 基準に合う

かどうかによってどの程度の NP らしさを有するのかは分かる．しかし，例えば That John left Chicago shocked us における下線部と John's leaving Chicago shocked us における下線部とは，この4基準に照らすと同程度の NP-hood を有することになるが（両者とも internal syntactic だけが −），本当にそうであろうか？ 前者の that 節は分裂文の焦点に現れないが（Internal S Constraint の効果），後者は現れる．また，主語助動詞倒置を伴う yes / no 疑問文の場合，前者は疑問文にできないが（これも Internal S Constraint の効果），後者はできる．このように大きく統語的性質が異なる2つの表現が，この4基準に照らすと同程度の NP-hood になってしまう．この問題については，Ross のカテゴリー squish に関する論考（特に，Ross (1973, 1974)）を踏まえて今後考えたい．

2.2 S について

McCawley は，S と（Comp を主要部とする）Comp′ とを区別し，S は Comp の補部（つまり，[Comp′ Comp S] という構造）であり，意味的には logical category の propositional nexus を表すと結論した [194]．Propositional nexus とは，その [S NP V′] に含まれる指示指標，時，場所，可能世界などのすべての parameters の値が指定されると命題（proposition）を生じるもののことである [194]．一方，Comp′ はその主要部 Comp の種類に応じて，命題，situation class，event や fact などを表す．したがって，Comp は，propositional nexus である S と結びついて命題や situation class などを生み出す "operator" であると McCawley は分析した [194, 199]．

McCawley は S も fuzzy category であると見ていた [194]．詳しくは語らなかったが，これは，S という範疇の決定要因に（NP の場合と同様に）意味的，内統語的，（2つの）外統語的要因があり，それらをどの程度満たすかに応じで S-hood が決まると McCawley が考えていたことを物語る．したがって，様々な reduced S (John wants to go home. With the bus drivers on strike, we'll have to form a car pool. John made nasty remarks about Mary, and vice versa. などの下線部）がそれぞれの程度において S ということになる [194-5]．

McCawley は S には（統語的な）主要部が存在しないと判断した [190-1]．（ただし，[15(8)] の一か所だけ，[S NP V′] において V が主要部であることを示唆している．）しかし，私見では，主要部 X の句を（McCawley の表記法では X′ だが）一般的に XP と表すように，S の場合にもその述部（predicate）（多くの場合 VP=V′）の主要部を S の主要部と認めて，（主要部 X の句を XP と表すことにならって）主要部 X の節を XS と表す方が，統語論での記述が楽になると，筆者は考える．例えば，動詞の成す節（動詞を主要部とする節）は VS（すなわち [VS

NP V′]），形容詞の成す節は AS（すなわち [$_\text{AS}$ NP A′]）などと表すことになる．さらに，動詞の語形を主要部素性（head feature）として認めれば，例えば，動詞 -ing 形が成す節のことを VS [-ing] と表すことができる．（McCawley はこれを S$_{\text{-ing}}$ と表した [396]．彼のこの記号自体，動詞が節の主要部であることを示していると筆者には思えてならない．）さらにまた，Don't speak with <u>your mouth full</u>. の下線部は形容詞の成す節 AS ということになる．また，McCawley は定形節を S$^+$ と表したが（この記号も，筆者には動詞が節の主要部であることを示していると思えるのだが），これも定形動詞（V[FIN]）を主要部とした VS[FIN] と表すことができる．このような方針での節の分析の詳細は Ueno（2015: 6-7），上野（2020: 24-27）を参照．

2.3 P′ について

McCawley は前置詞 P を主要部とする句 P′ のことを，従来の呼び方 prepositional phrase を破棄して，他の句の呼び方（主要部品詞名＋"phrase"，例えば noun phrase, verb phrase, adjective phrase など）に合わせて preposition phrase と呼んだ [xxii, 50 note 4, 195, 806]．（ただし，*SPhE*^{2} ではところどころ prepositional phrase という名称が残ってしまっている．）

McCawley は彼が尊敬していた Jespersen にならい（多くの生成文法書や記述文法書と同様に），NP を補部に取る従来の前置詞に加え，（従来は従属接続詞に分類された）節 S を補部に取る前置詞も認めた．例えば，before や after はその補部に NP も S も取る前置詞だが，during は NP だけ，while は S だけを補部に取る前置詞ということになる．また，条件の if は補部に S を取る前置詞，一方，「〜かどうか」の if は補文標識ということになる．

しかし，このように前置詞を拡張することで，実は McCawley の場合には問題が起こってしまう．彼は表層構造で（SCR として）[$_\text{NP}$ Comp′] を認めていたので [315]，（Comp が削除や補文化標識配置の結果顕在的に現れていない場合も Comp′ に含めることにすると）P が補部に NP を取る場合（つまり [$_\text{P′}$ P NP] の場合）に実は P は S を補部に取ることも（[$_\text{NP}$ [$_\text{Comp′}$ (Comp) S]] として）許してしまうことになる．したがって，上の区別（つまり，NP を補部に取る P と S を補部に取る P とを区別すること）は厳密に言うと不可能になっている．このような問題を避けるためには，（深層構造では項として命題が現れるという意味で [$_\text{NP}$ Comp′] を保つにしても）SCR としての [$_\text{NP}$ Comp′] は破棄する必要がある（第 6 章第 6 節を参照）．これにより，Internal S Constraint [325] の説明が楽になる．また，主語節や目的語節を持つ表層構造での統語構造は，それぞれ [$_\text{S}$ Comp′ V′] や [$_\text{S}$ NP [$_\text{V′}$ V Comp′]] となり，結果として統語構造の記述（例えば，PSSEC [527]

や主語助動詞倒置, for to 補文の主語位置（[334] note 12）の記述）が楽になる．また，SCR [$_{NP}$ Comp'] を破棄しないと，意味的には目的語に命題を許すが表層構造では目的語に that 補文を許さない他動詞，例えば次の ignore（McCawley (1982b: 203 note 14)）の記述ができないことになってしまう．

*He ignored [$_{Comp'}$ that the law was widely violated].
He ignored [$_{NP}$ the fact [$_{Comp'}$ that the law was widely violated]].
What he ignored was that the law was widely violated. (ignored の目的語は [$_{NP}$ what])

SCR [$_{NP}$ Comp'] を破棄するということは，表層構造における NP は名詞と代名詞の成す NP だけということになる．しかし一方で，名詞の成す NP と that / for 節が表層構造で等位接続されて大きな NP を成すことも可能である．実際，McCawley は [332 ex8, ex9] で次の例を挙げている．

I want [a 10% raise] and [for the boss to treat me with more respect].
John is ashamed of [his warts] and [that he doesn't bathe].
What John is ashamed of is [his warts] and [that he doesn't bathe].

このような可能性を考えると，[$_{NP}$ Comp'] を context-sensitive な SCR として残す必要がありそうにも見える．あるいは，CR から派生されたと考えると，CR の結果生じる等位構造は同一範疇の等位項でなくてもよいということを示しているとも理解できる．この点は今後の課題としたい．

さらに，McCawley は the destruction of Carthage などにおける of は意味を持たない（"semantically empty"）前置詞と認めた [195]（詳しくは McCawley (1982b: 193-195) 参照）．したがって，このような前置詞は深層構造に現れないので，（深層構造における [$_{N'}$ N NP] や [$_{N'}$ N' NP] という統語構造が [$_{N'}$ N P'] や [$_{N'}$ N' P'] という SCR に合わせるために）派生途中で前置詞が挿入される必要がある [312, 387, 404]．一方，時や場所などを表す Ad-S や Ad-V' の付加詞 P' の主要部 P（例えば，George Washington was born in 1732 における in）は意味的に 2 項述語を表すと McCawley は分析した．つまり，このような前置詞は事態 (event) とその場所（ないし時）の 2 つの項を取る 2 項述語であり [195]，深層構造に現れる．

また，McCawley は音声的にゼロの（つまり，顕在化しない）前置詞 [$_P$ Ø] を認めていた [193, 207-8, 420, 425 note 19, 459, 683-4]．この場合の P' は意味的，外統語的には確かに P' であるが，McCawley は内統語的にも P'（つまり [$_{P'}$ [$_P$ Ø] [$_{NP}$ that day]] という統語構造）と認めていた（[193(16)]，表 (3) の中の that day

を参照).

2.4 Aux について

Chomsky (1957: 39, 1965: 43) では節内の本動詞 (lexical verb, main verb) の前に並んでいる助動詞すべて ("the whole sequence of auxiliary verbs") をひとまとめにして Aux と分析した．

Aux → Tense (Modal) (*have -en*) (*be -ing*)　([261 note 3] より)

その後は，定形助動詞 ("tensed auxiliary verb") だけを Aux とする分析も現れた．

McCawley の場合には助動詞はすべてその統語範疇は V であり (McCawley のことばを借りれば "auxiliary verbs as main verbs" [220, 572])，表層構造では補部に V′ を取る動詞 ([$_V$ V V′]) として現れる [315]. いわゆる本動詞との違いは，テンスと結合するのに助動詞は循環変形 AT を受けるが，本動詞は循環後変形 TH を受ける点である．McCawley の分析の詳細は [215-254] と第 3 章を参照．

2.5 Adv について

McCawley は副詞の機能に着目して，副詞が何を修飾するかに応じて，S を修飾する Ad-S, V′ を修飾する Ad-V′, V そのものを修飾する Ad-V に下位分類した [197, 664]. 特に，Ad-V については [69] を参照．McCawley の X-bar syntax では修飾語が付加したときには付加された統語範疇はそのままで付加構造を成すので，次のような表層構造が現れる．

(4)　　Ad-S の場合　　　Ad-V′ の場合　　　Ad-V の場合

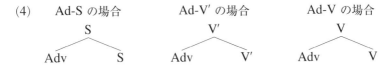

この構造は，Ad-V が (want to [$_{V'}$ [$_V$ completely destroy] them] のように) to 不定詞の内側に現れなければならないことを正しく予測する．

very などの程度副詞は A′ や Adv′ など句全体を修飾するのではなく，その主要部のみを修飾すると考えられるので (例えば，John is very fond of Mary and Tom is (*very) so too)，John is [$_{A'}$ very fond of Mary] の A′ として下の統語構造を提案する．この場合，McCawley の用語を拡張して使うと，very は Ad-A ということになる．

(5)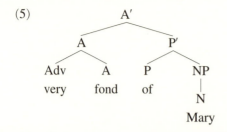

McCawley の副詞分析に従えば，動詞の直前に副詞が複数現れる場合には，その順序が次のようになることが正しく予測できる．(ただし，Ad-S 副詞は循環変形 Ad-S to Ad-V' を受けている．) ただし (6c) の響きの悪さは，-ly 副詞が連続して並んでいることが原因と考えられる．

(6) 動詞の直前に並ぶ副詞の語順 Ad-S < Ad-V' < Ad-V < V
　　a. John probably intentionally insulted Mary.
　　　 Cf. John probably not only intentionally insulted Mary but also willingly criticized her.
　　　 What John probably did was intentionally insult Mary.
　　b. John intentionally deeply insulted Mary. [83 note 8]
　　　 Cf. *John deeply intentionally insulted Mary. [83 note 8]
　　　 John intentionally not only deeply insulted Mary but also severely criticized her.
　　　 What John intentionally did was deeply insult Mary.
　　c.??John probably intentionally deeply insulted Mary.
　　　 Cf. John perhaps intentionally deeply insulted Mary.

形容詞から派生された -ly 副詞の中には，形容詞のときに補部に取っていた P' が副詞にかわってもそのまま補部 P' であるものが存在する．副詞がそのような補部 P' を取った場合には句 Adv' を成す [198]．

(7) 補部 P' を伴う Adv' の例
　　a. [_{Adv'} fortunately for us]　(cf. [_{A'} fortunate for us])
　　b. [_{Adv'} subsequently to his arrival]　(cf. [_{A'} subsequent to his arrival])
　　c. [_{Adv'} independently of each other]　(cf. [_{A'} independent of each other])
　　d. [_{Adv'} separately from the rest]　(cf. [_{A'} separate from the rest])

2.6 Det について

McCawley は決定詞（determiner, Det）という統語範疇を，論理範疇（logical category）の quantifier の統語的対応物であり，NP や S と同様に fuzzy category を成すと捉えていた [198]．（筆者としては，Arts (2011: 58, 108) や Huddleston et al. (2022: 29) などにならって，品詞名としては determinative, NP 内で determinative が担う文法関係を determiner と呼びたい．）Det はほとんどの場合 1 語だけから成るのでその内統語（internal syntax）は問題にならない．McCawley が指摘するように，まれに修飾語 almost や virtually などを取ることがある．この修飾語は Det に付加しており（したがって Ad-Det），[NP [Det [Adv almost] [Det all]] [N' American people]] という統語構造を成すと分析する．

McCawley は様々な Det について，その Det-hood を次のように分析した．ただし，McCawley は 2 種類の external-syntactic をどう定義するかについては何も述べずに，単に下の表だけを掲げた．

(8)　3 基準による Det-hood [198]

	semantic	external-syntactic (shallow-oriented)	external-syntactic (deep-oriented)
All pastry is fattening.	+	+	+ (d)
The boys have all gone home.	+	− (b)	− (e)
Iraq's attack on Kuwait	−	+ (c)	+ (f)
Sophie is a lawyer.	− (a)	+	− (g)

[192]（この章の (2)）の NP-hood の場合を参考にして，内統語的基準以外の 3 基準を筆者なりに次のように定義してみた．ただし，External-syntactic (deep-oriented) な Det については，どのように定義すれば上の表で丸で囲んだ (d) と (e) のようになるのか，筆者には理解できない．((d) の all も (e) の all もともに，深層構造では Q' の主要部 Q だったはずである．)

(9)　Det-hood のための 3 基準 (筆者の理解)
　　・semantic な Det：当該表現が意味的に quantifier である．
　　・external-syntactic (shallow-oriented) な Det：当該表現が前表層構造で N' を伴って NP を成す，つまり，前表層構造で [NP Det N'] という構造の Det の位置に現れる．
　　・external-syntactic (deep-oriented) な Det：????

McCawley は Det 位置にある属格 NP（本書の立場では，統語範疇は属格 NP，

その文法関係は determiner)については，(10) の派生を考えていた [199, 402]．この変形を彼は Article Replacement と呼んだ [402]．ただし，(10) の例で名詞 attack は動詞 attack からの名詞化変形 (nominalization) で派生されたもので，前置詞 on は派生過程で挿入されたものである ([410(13)], [417(25)] などを参照)．

(10) Article Replacement

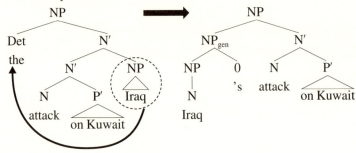

本書では (すでに述べたように)，統語範疇としての determinative と NP 内の文法関係としての determiner とを分けて，この場合「属格 NP (NP$_{gen}$) が determiner の文法関係を担っている」と分析する．文法関係 (主語や目的語) はこれまで McCawley の樹形図には表示されてこなかった事実に鑑み，本書では (10) の右側の表層構造の NP を，[$_{NP}$ NP$_{gen}$ N′] と [$_{NPgen}$ NP [$_0$'s]] の2つの SCR として扱い，SCR [$_{NP}$ Det N′] とは区別する (詳しくは第10章の (3) と第2節を参照)．

(8) の表について，筆者の理解を述べる．述語名詞に付いた (a) の不定冠詞は深層構造に存在しないと McCawley は考えていた．predicate NP の不定冠詞は "semantically empty" なので深層構造には存在せず，派生過程で SCR [$_{NP}$ Det N′] に合わせるために挿入されると分析した [442]．(b) の − は，all が V′ 付加詞であり [$_{NP}$ Det N′] の Det の位置に存在していないからである．(c) の + は，Iraq's が [$_{NP}$ Det N′] の Det の位置に存在しているからである．前述したように，(d) と (e) については，筆者には理解できない．(f) の + は，Iraq's が Q である定冠詞 the と置き代わっているからであろう．(g) の − は，不定冠詞が深層構造に存在していないからであると考えられる．

2.7 Pronoun について

SPhE^2 の中で，McCawley は人称代名詞を一貫して内部構造 (internal structure) のない NP (例えば [$_{NP}$ [$_N$ he]] ではなく [$_{NP}$ he]) と分析した [xii, 50

note 5, 201]. （この分析は，人称代名詞が名詞であることを否定している点に注意.）
McCawley は人称代名詞を NP という統語範疇に分類したが，その理由は
NP-hood の 4 基準 (2) に基づいた結論であった．実際，人称代名詞は

・述語の項を表すので，意味的に NP である.
・それ自身 1 語だけで構成素を成すので，内統語的に NP である.
・前表層構造での項の位置に現れるので，shallow-oriented external syntactic 的にも NP である.
・深層構造で項として現れてそこから移動しないか，または，深層構造で項であった他の構成素と派生過程で置き代わっている（例えば，形式主語や形式目的の it や存在の there の場合）.

McCawley は人称代名詞について，次のように述べている [201].

> "The widespread belief that English personal pronouns are nouns is not supported by any evidence that I am aware of; personal pronouns are accordingly treated here as NPs having no internal structure."

では，McCawley は (11) のような例をどのように考えていたのだろうか？
筆者には，このような例は人称代名詞が名詞であることを示してるようにしか思えない．（実際，Aarts (2011: 44) や Huddleston et al. (2022: 28) などでは，代名詞を名詞に含めている.）ただし，決定詞や形容詞を伴った名詞用法の人称代名詞のほとんどが対格で現れる点は興味深い.

(11) 人称代名詞の名詞用法（下線部；a–c では対格，d では主格）
   a. [$_{NP}$ What [$_{NP}$ a stupid me]]!
   b. You remind me of [$_{NP}$ a young me].
   c. Remember, love is always a two-way communication. It takes two, a happy you and a happy him or her to complete the equation.
             （ネットから採取）
   d. My reveries tend often to be concerned with my long past youth. I have done various things I regret, but I make an effort not to let them fret me; I say to myself that it is not I who did them, but the different I that I was then.
          （Somerset Maugham *A Writer's Notebook*）

McCawley は Postal (1966) をもとに，人称代名詞と Det とは同一品詞であると考えていた [202, 470-1]．すなわち，単独で使われれば人称代名詞で（こ

260

の場合は人称代名詞が単独で NP を成すという統語構造，例えば [NP you])，一方，人称代名詞が N′ の前で使われれば Det ということになる（この場合の統語構造は [NP [Det you] [N′ first-year students]]). つまり，人称代名詞と Det とは位置的変異 (positional variants) であると，McCawley は考えた [471]. （例えば，定冠詞 the は Det として使われた 3 人称代名詞の異形態である [471].）さらに，McCawley は（彼にとって NP の主要部は N ではないので）Det 付きの NP の主要部が Det であることを示唆している [202, 486 note 37]. もしそうならば，決定詞付き名詞句の統語範疇は NP ではなく，決定詞句 Det′ ということになる．（もともと Postal (1966) や Hudson (1976) では，Abney (1987) の DP 分析以前にすでに Det が NP の主要部であると分析されていた.）しかし，この NP の Det′ 分析は，McCawley はその可能性を論じただけで，McCawley (1993) でも $SPhE^2$ でも実際の分析には使わなかった．実際，彼は [202] で "No position is taken in this book on the controversial issue of whether the Det or the N is the head of a [NP Det N′] constituent." と述べている．参考までに，仮に NP を McCawley の示唆通りに Det′ として分析すると次のような統語構造になると思われる.

(12) Det′ 分析の例

[Det′ [Det They]] have no respect for [Det′ [Det us] [N′ linguists]]. [470]
[Det′ [Det You] [N′ people who are standing in the aisles]] should sit over here. [471]

3. tree pruning について

本書のここまでの論述では，tree pruning（刈り込み）を仮定する多くのアプローチがそうであるように，派生の各段階で機能しなくなった（"nonfunctional"）節点をその都度削除するという方針で刈り込みを適用してきた [53 note 21, 155 note 8, 204-5]. 実際，本書では，それぞれの cyclic output（各領域にそこで関係するすべての循環変形が適用後の統語構造）と循環後変形適用後の表層構造に対して刈り込みが適用されると想定してきた.

McCawley は刈り込みがそもそも変形の 1 つなのか，もし変形であるのならば，厳密循環適用原則に従う循環変形なのか，従わない循環後変形なのか，$SPhE^2$ では明らかにしなかった．しかし，$SPhE^2$ での Equi や繰り上げの表層構造では，これらの変形を受けた節（McCawley の場合には深層構造で Comp′for, to）の表層構造は一貫して to が付加した V′（つまり [V′ to V′]）となっている [134,

639, 654 など]. McCawley は Equi や繰り上げで主語を失った節 (つまり [Comp' [Comp for] [S to V']]) では, for と to が隣接するので循環後変形の for 削除がかかると主張した [172(15)]. [Comp for] が削除された結果, その母節点である Comp' 節点も刈り込みにより削除されることになって, この場合刈り込みは循環後変形と考えられる. 本書では, 上に述べたように, 刈り込みは問題の節点が nonfunctional と決まる領域 (普通には各 cyclic output) で循環変形的に適用される可能性と, 循環後変形の最後に適用される可能性と両方の可能性を考えておく.

　しかし, 刈り込みの適用には次の問題点がある. すなわち, 統語範疇の節点がどのような場合に「機能しなくなった ("nonfunctional")」[53 note 21, 155 note 8, 204] と言えるのかが明確になっていない. 第 2 節で述べたような, 統語範疇決定にあたっていくつかの基準を適用するという McCawley の分析を踏まえれば, 当該の節点が「機能しなくなった」と言えるのかどうかについてこれまでよりも明確に答えることができる可能性がある [205].

　例えば, 何らかの理由で (例えば繰り上げや Equi で) S がその主語 NP を失った場合を考えてみる. McCawley や本書のような移動に伴う痕跡を想定しない分析では, この S はもはや [S NP V'] という構造ではないので, internal syntactic には S-hood を失うが, external syntactic や semantic の観点からは S-hood を保っていると, McCawley は考えた. したがって, この場合には, S の internal syntactic な側面に関わる統語現象に対しては, この主語を失った S はもはや S としては振舞わないが, S の semantic な, また, external syntactic な側面に関わる統語現象に対しては依然として S として振る舞うことが期待される [205]. さらに, 一般的にどんな構成素でも変形の適用によりその internal syntactic, external syntactic な側面で影響を被ったとしても semantic な側面は影響を受けるはずがないので, その構成素の統語範疇は semantic な側面に限ればそのままであると言える [205]. これから分かることは, McCawley の統語範疇の考え方に従えば, 統語範疇が完全に nonfunctional になることはないということである.

　そこで, 刈り込みとは統語範疇のどの側面に関わる現象なのかという観点から考えてみる. おそらくは, 表層構造で統語的に (つまり internal syntactic にまたは external syntactic に) 機能しなくなった節点を削除すると考えるのがよいと筆者には思われる. 例えば, Equi や繰り上げで主語 NP を失った S 節点と Comp' 節点とが刈り込みで削除されるのは, 表層構造でその主要部の Comp 位置に補文標識 for を挿入できる可能性も主語 NP を追加できる可能性もないからであろう. 逆に言えば, 表層構造で補文標識挿入の可能性が残っている

場合には，S^+ の母節点として $Comp'_{that}$ が刈り込みを受けないで残っている（つまり [$_{Comp'that}$ S^+] という表層構造）と考えることができる．また，(13) の場合に NP が V′ 削除を受けるのも (14) の場合に NP が副詞で修飾されるのも，[$_{V'}$ NP] のように表層構造で V′ 節点が残っているからであると考えられる．

　McCawley は句 X′ の主要部 X に派生過程で影響が出る場合について，5 つの場合に分けて考察している [206-9]．（ただし，第二の場合と第五の場合の一部とが重複している．）

　第一の場合は，主要部が派生過程で他の統語範疇の主要部に置き換わる場合．例えば，[$_0$ Past] が TR により [$_V$ have$_{en}$] に置き換わり，それに伴って 0 と 0′ は V と V′ に変わることになる．あるいは，所有の having が前置詞 with に置き換わることにより V と V′ は P と P′ に変わることになる．

　第二の場合は，主要部が削除されて現れなくなる場合．例えば，深層構造に存在していた [$_{Comp}$ that] が削除された場合，Comp 節点を失うのはもちろんだが，その母節点である Comp′ はどうなるのであろうか？ このような Comp′ は internal syntactic には Comp′-hood を失うように見えるが，上で指摘したように，I think や He said の直後の S^+ の場合には Comp の位置に that を戻すことが依然として可能であるので，その意味では補文の S^+ はその母節点として $Comp'_{that}$ を保っているとも言える．一方，semantic な側面と external syntactic な側面では Comp′-hood を保っていると考えられる．例えば，形容詞補部である P′ の場合，that を失った $Comp'_{that}$ でも，やはり直前に前置詞があればその前置詞を削除しなければならないし，もちろん Internal S Constraint にもかかる．この意味で Comp′ らしさを保っていると言えるし，その一方，P′ らしさはないと言える（つまり，前置詞削除の際にその P′ 節点も削除されている）．

　第三は，主要部は存在するが音声的にゼロである場合．例えば，ゼロ前置詞 [$_P$ Ø] の例がある．この場合には，McCawley が様々なテストで示したように，表層構造で [$_{P'}$ [$_P$ Ø] NP] の構造が保たれていると考えられる [207-8, 214 note 25, 425 note 19, 483]．

　第四は，主要部が他の語の一部として編入 (incorporation) される場合．これには，McCawley の [$_{Comp}$'s -ing] と [$_{Comp}$ acc -ing] に対する補文標識配置も含まれる．この場合に Comp′ 節点は残ると考えていたようだ．テンスが AT や TH で動詞本体と一体化する場合もこれに含まれるであろう．この場合には，[$_0$ T] が動詞本体と一体になると同時に，もちろん 0′ 節点は刈り込みで削除される．

　第五は，句の主要部がその句から抜き出されるか (extraction)（多くの場合

には，上位の主要部に移動する），または，主要部が削除される場合（上の第二の場合）．このようなとき，McCawley は "the head of a constituent remains its head even if it is deleted or extracted" [209] と分析した．ここで McCawley が語ろうとしている状況は，例えば be 動詞が AT のためにテンスに引き寄せられたときに，もともと be 動詞が成していた V′ は主要部を失っても V′ のままであるということであるが（下の 3 例を参照），McCawley のこの引用箇所は，あたかも主要部の移動や削除後にその痕跡 (trace) が元の位置に残っているような書き方になっていて，筆者には彼の真意が理解できない．私見では，この第五の場合には「主要部は失うが，その句の節点とラベルは保たれる」と述べるべきであったと考える．

 Tokyo is [$_{V'}$ currently [$_{V'}$ one of the largest cities in the world]]. （副詞による修飾）
 Tokyo is [$_{V'}$ one of the largest cities in the world] and New York is ∅ too. (V′ 削除)
 Someone said there were [$_{V'}$ prisoners being tortured], and in fact there were ∅. (V′ 削除) [346(8b)]

なお，V′ 削除が NP の見た目をした V′ に適応される例として McCawley が示した例 [209(17)] は，AT の適用のし方を間違えている．このままでは，厳密循環適用原則に違反してしまう．次のように訂正すべきである ([234-5], 第 2 章第 4 節を参照)．

(13) Alice is a first-rate lawyer, and Ted is too. における第 2 等位節の派生（訂正版）

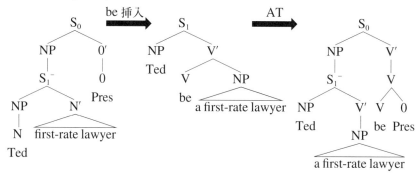

・S_1 を領域として be 挿入と不定冠詞挿入がかかり，[$_{S_1}$ Ted [$_{V'}$ [$_V$ be] [$_{NP}$ a first-rate lawyer]]] という構造に至る．

・S_0 を領域として AT がかかり, $[_V \text{be}]$ が $[_0 \text{Pres}]$ に引き寄せられる. この際, 主要部 V を失った V' の節点は V' のまま残ると分析する. 次いで E+R が適用されて $[_{S_0} \text{Ted} [_{V'} [_V \text{be-Pres}] [_{V'} [_{NP} \text{a first-rate lawyer}]]]]$ という構造に至る. その後, 第一等位節の $[_{V'} [_{NP} \text{a first-lawyer}]]$ を先行詞として V' 削除がかかる.

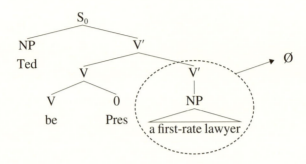

同様に be 削除の場合にも, 主要部の $[_V \text{be}]$ は削除されても, その母節点の V' は残ると分析することにする. 例えば, (14) の with を使った絶対構文では, 述語 NP が Ad-S 副詞で修飾されている.

(14) with による絶対構文の例 [209]
With $[_S$ Mexico City currently the world's largest city$]$, I'm surprised that your company doesn't have an office there.

この例では, 派生の途中で副詞 currently が修飾していた V' の主要部 being が削除されるわけだが, 削除後も $[_V \text{being}]$ の母節点の V' は残ると考えることにする. したがって, 表層構造は $[_S$ Mexico City $[_{V'}$ currently $[_{V'} [_{NP}$ the world's largest city$]]]]$ となる. この表層構造では, 副詞 currently は V' 付加詞のままで, 通常の SCR $[_{V'} \text{Adv V'}]$ を満たしている. この with の補部になっている S の深層構造は (15) であると考えられる. ただし, McCawley の場合には $[_{\text{Comp}} \text{-ing}]$ を設定するが, ここでは本書の方針に従って $[_0 \text{-ing}]$ を設定した (第 6 章の第 4 節, 第 6 節を参照).

(15) (14) の with の補部 S の派生

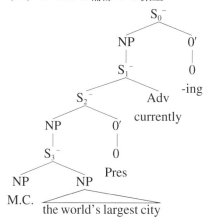

派生は次のように進む.

- S_3 を領域として，be 挿入がかかる．(ここで be を挿入しておかないと，S_0 の領域で [$_0$ -ing] が降りて行ったときにこの接辞の受け手が存在しないことになり，派生は破綻する．)
- S_2 を領域として，E+R がかかり [$_S$ M.C. [$_{0'}$ Pres [$_{V'}$ be [$_{NP}$ the world's largest city]]]] に至る．次いで，TR により [$_0$ Pres] が削除．合わせて，刈り込みにより 0′ 節点も削除．
- S_1 を領域として，Ad-S to Ad-V′ がかかり [$_S$ M.C. [$_{V'}$ currently [$_{V'}$ be [$_{NP}$ the world's largest city]]]] に至る．
- S_0 を領域として，[$_0$ -ing] が [$_V$ be] に降りて一体化し [$_S$ M.C. [$_{V'}$ currently [$_{V'}$ being [$_{NP}$ the world's largest city]]]] に至る．最後に [$_V$ being] が optional に削除されるが，その際に母節点の V′ を残すと分析する．その結果, 表層構造 [$_S$ M.C. [$_{V'}$ currently [$_{V'}$ [$_{NP}$ the world's largest city]]]] に至る．

本書では McCawley に従ってこの分析を採用したいのだが，表層構造の [$_{V'}$ NP] が問題になる．そもそも McCawley の SCR のリスト [315] では，もちろん [$_{V'}$ V NP] は認めているが [$_{V'}$ NP] は認めていない．また [$_{V'}$ V A′] は認めているが [$_{V'}$ A′] は認めていない．本書では，[$_{V'}$ NP] や [$_{V'}$ A′] や [$_{V'}$ P′] を条件付きで (context-sensitive な SCR として) 認めることにする．具体的には，[$_V$ be] がその V′ の外に移動したり削除されたりした場合に限って，[$_{V'}$ NP] や [$_{V'}$ A′] や [$_{V'}$ P′] (つまり意味的に述部をなす NP, A′, P′ の場合) を SCR として認める．

4. 深層構造について

　この節では，$SPhE^2$ における深層構造について筆者の私見を述べる．30 歳代前半（つまり，生成意味論時代）の McCawley にとって，深層構造は「生成意味論（generative semantics）」の考え方に基づいて，文の意味構造（semantic structure）そのものを表示するものであった（McCawley (1973/76: 92, 105, 123, 139, 155) などを参照）．（なお，McCawley は "generative semantics" という名称を misnomer として嫌っていた．例えば，Newmeyer の *Linguistic Theory in America* の初版と第 2 版の McCawley による手厳しい書評や McCawley (1982b: 1) を参照．）McCawley は少なくとも 1970 年代末までは "the deepest level of syntactic derivations is identical to logical structure"（McCawley (1982b: 185)）と考えていたようである．

　確かに，$SPhE^2$ ではその深層構造に意味的要素（Q′, [$_0$ T], Unspec など）がごくわずか使われている．また，語彙分解（lexical decomposition）がごく少数ではあるが，名詞化深層構造や使役化における ACTION や CAUSE などで使われている [410, 438, 590, 685]．しかしながら，$SPhE^2$ における深層構造はそのほとんどが統語範疇で構成されている．つまり，晩年の McCawley の深層構造は意味・論理構造をもっとも忠実に反映した統語構造であるという位置づけになっている [38-9, 344]．つまり，$SPhE^2$ における深層構造はあくまでも一種の統語構造であって，意味・論理構造そのものではない．実際，統語範疇を決定する要因として，"semantic" な要因とは別に "deep-oriented external syntactic" な要因を設けていたことからも [192]，深層構造は統語範疇で構成されているということが伺える．また，[39] での "a close match between deep syntactic structure and semantic structure" や [344, 645] などでの "deep structures are approximate semantic structures" という記述からもこの点が伺える．

　McCawley は深層構造（特に，その意味的構成素）を調べる手段として，固有 AD (essential AD) の先行詞，変形の適用領域 (domain)，funny NPs (idiom chunks, ambient *it*, existential *there*) や quantifier とその束縛変数 (bound variable) の分布を挙げている [73-81]．

- 固有 AD（例えば人称代名詞）は深層構造にすでに存在している anaphoric device (AD) で，深層構造における構成素を先行詞とする（[343-4]，第 9 章第 1 節参照）．
- 変形（特に主語変更を伴う受身，there 挿入，Quantifier-float，外置，tough 移動）

第 8 章　統語範疇　　　267

　（[85-110] 参照）が適用されている場合には，その変形の適用時点で変形の
適用領域として S 節点が存在していたことが分かる．
・funny NP とそれを認可する表現とは深層構造において同一の S 内に現れ
ていなければならない．ただし，there 挿入の場合には，その適用時点で
主語位置にある束縛変数と there 挿入を認可する動詞とが同一の S 内に
現れていなければならない [95, 635]．
・quantifier とその束縛変数については，"The scope of a quantifier must
contain all instances of the variable in deep structure that the quantifier
binds." [80] と述べている．ただし，scope とは深層構造において quantifi-
er の成す Q′ の姉妹の S 節点のことである [580]．詳しくは第 5 章を参照．

　なお，McCawley は $SPhE^2$ で繰り返し logical structure という用語を使っ
ている［例えば 80, 198, 199, 369, 533, 585, 634, 636, 652 など］．これは（命題に相
当する）S の外側に quantifier（つまり彼の Q′）が現れた構造（つまり [s Q′ S] と
いう構造）に対して用いられている．不思議なことに，$SPhE^2$ の index には
logical structure や logical form という用語が挙げられていない．また，se-
mantic structure という用語も繰り返し使われているにもかかわらず［例えば
36, 38, 39, 57, 188, 344, 349, 526, 645 など］，これも index には挙げられていな
い．

　もし深層構造が完全な意味・論理構造であるのならば，McCawley (1993)
のように，深層構造は Prop, Arg, Pred などの意味・論理範疇で書かれてい
なければならないはずである．しかし，もし深層構造が純粋に意味・論理範疇
で構成された場合を考えると，変形適用の際に問題が生じる．なぜならば，
$SPhE^2$ における変形の入力（Structural Description, SD）と出力（Structural
Change, SC）とはともに統語範疇を伴った樹形図であるために，意味・論理
範疇で書かれた深層構造には変形がかからないということになってしまう．
（興味深いことに，McCawley (1993: 188-189) に "syntactic derivation" の例として，
Pred や Arg などから構成された論理構造（logical structure）に変形をかけて表層構造
を導く例が出ているが，表層構造に近い論理構造まで導いで，その後単に "other rules"
と言っただけで突如統語範疇から成る樹形図に変換されている．残念ながら，論理構造
から統語的表層構造にどのように変わるのかの説明がまったくない．）この問題を避け
るために，深層構造における統語範疇記号はそれに対応する意味・論理範疇を
表すという但し書き付きで，深層構造を解釈することもできようが，それでは
統語範疇と意味・論理範疇とを本質的に同一視することになってしまい好まし
くない．

このような問題を避けつつ，統語論の中で意味・論理構造と表層統語構造とを合わせて語り，両者の構造を変形による派生で繋ぐという McCawley の「生成意味論」的精神を生かそうと思えば，考えられる方針として，表層統語構造と意味・論理構造を完全に分離させて（つまり，両者を異なるモジュールないし部門として扱い），表層統語構造は 100％ 統語範疇から構成されるようにし，意味・論理構造は 100％ 意味・論理範疇から構成されるようにし，両者の関係を構成素間の対応関係として捉えるという道がある．（もちろん個々の語彙のレキシコンへの登録では，各語彙項目の表層統語情報と意味・論理情報とを併記することになり，この 2 種類の情報が表層統語構造と意味・論理構造とを繋ぐインターフェースの基盤となる．）具体的には，表層統語構造は $SPhE^2$ のそれを採用し，意味・論理構造（つまり，Jerry Sadock の F/A 構造）は McCawley (1993) の論理構造を採用する．Automodular Grammar (AMG) の枠組みを使った Jerry Sadock (2012)（やその後の Ueno (2014, 2015)）はこれを実際に実行したものである．見方を変えれば，McCawley が理念的に意味・論理構造から表層構造へと直列に配置し変形による派生 (derivation) で繋いだ 2 種類の構造を，Jerry の AMG では並列に配置しそれぞれの構成素間の対応関係 (correspondence) で両者の関係を捉え，その結果，Sadock は「変形による派生」という概念を統語論から取り除いたと言える．

　Sadock のアプローチのさらなる強みは，意味を 2 つのモジュールに分けたことである．命題 (PROP) や項 (ARG) などの論理的意味を捉える F/A 構造 (LFG の f 構造に近いもの) と，事象 (event) や意味枠割 (semantic role) などの概念的意味を捉える Role 構造 (Ueno (2015) と上野 (2020) の E/R 構造のことで，Jackendoff の LCS 構造に近いもの) である．Ueno (2014, 2015) や上野 (2020) では，さらに踏み込んで E/R 構造内に抽象的な発話行為 (speech act) のレベルを構成することで，発話行為や語用論に関わる現象 (McCawley (1993) の第 9 章を参照) が明示的に説明できるようになった．さらに，若い時分の McCawley をはじめ多くの「生成意味論」研究者が盛んに用いた語彙分解は，おそらく AMG の E/R モジュールの中で生き残ることが可能になり，この E/R 構造と統語構造とのインターフェースが (E/R 構造から読み取れる) 意味役割を明示した項構造 (argument structure) になるのであろうと，筆者は現在考えている．（この点については，第 9 章第 2 節の項構造と outrank についての議論を参照．）これにより，60 年代後半から 70 年代前半にかけて隆盛を極めた「生成意味論」の研究成果を AMG の枠組みに自然に取り込むことができる見通しである．

　最後に統語範疇の素性分解についてごく手短に触れておきたい．語彙範疇の

集合 {N, V, A, P} の要素である 4 品詞を素性 [±N] と [±V] を使って分解するという考え方がある (Chomsky (1972)). この素性分解の問題点は, 第一に, 2 つの要素から成るどの部分集合も必ず自然類 (natural class) になってしまうという点である. 第二に, 3 つの要素から成るどの部分集合も決して自然類にはならないことを予測してしまうという点である. 例えば, 4 品詞の内, 副詞で修飾可能な品詞は動詞 (句), 形容詞 (句), 前置詞 (句) で, また, 屈折接辞が付く品詞は名詞, 形容詞, 動詞である. さらに, ドイツ語で格付与能力を有する品詞は動詞, 前置詞, 形容詞の 3 品詞にまたがっている. これらの事実はこの素性分解では捉えられない. 第三に, {N, V, A, P} に副詞 (Adv) を加えた場合にどのような素性分解になるのであろうかという疑問がある. おそらくもう 1 つ 2 値素性を増やすことになると思うが, そうすると, 3 つの 2 値素性を使って ($2^3 = 8$ 通りの区別が可能) 5 つの品詞を区別するという, かなり不経済なことになる. もちろんこの素性分解という考え方は本質的に古典的カテゴリー観に基づくもので, McCawley の fuzzy category としての統語範疇の考え方 [192, 212 note 11] とは相容れないものである. McCawley は確かに NP-hood や S-hood を定義する際に複数の要因に分けたが, それは同一範疇に属するメンバーそれぞれのその範疇らしさを捉えるための尺度であり, 異なる範疇を素性によって分類したのではない点に注意.

まとめ

この章では, $SPhE^2$ の統語範疇に関する第 7 章の内容について私見を交えつつ検討し, それぞれの節で筆者の理解にもとづいて問題と思われる点を指摘した. 第 1 節では, McCawley による統語範疇決定要因と彼の統語範疇の捉え方を検討した. 第 2 節では, McCawley による個々の統語範疇を巡る議論を検討した. 第 3 節では, 派生過程で使う刈り込みについて, McCawley の捉え方を検討した. 第 4 節では, McCawley の深層構造についての問題点を検討し, Jerry Sadock の Automodular Grammar (AMG) によればその問題点が克服できる点を指摘した. さらに, AMG のさらなる展開の見通し (つまり生成意味論の成果を AMG に自然に取り込める可能性) について筆者の見解を述べた.

第9章　照応表現

はじめに

　この第9章では，$SPhE^2$ の Chapter 11 Anaphora [335-80]（以下「Anaphora 章」）の内容について，代名詞などの照応表現（anaphoric device）（以下 AD）とその先行詞（antecedent）の間に同一指示が成り立つための条件（以下，AD 条件）を中心に検討する．AD には人称代名詞，再帰代名詞，相互代名詞のほかに，zero V′ や代名詞 one，照応的ののしり語（anaphoric epithet）なども含まれる．以下の論述におけるかぎかっこ付きの数字は，$SPhE^2$ の該当ページを表す．

　McCawley がこの Anaphora 章の中で最も重視した過去の研究は以下の5点である．

(a)　Lakoff（1968）の代名詞照応関係に関する研究 [341]

(b)　Langacker（1969）と Ross（1967）の command 条件 [352]

(c)　Hankamer and Sag（1976）の "deep anaphora"（McCawley の用語では essential AD）と "surface anaphora"（McCawley の用語では derived AD）への分類 [343]

(d)　Reinhart（1976, 1983）の c-command 条件 [355]

(e)　Carden（1986a, b）の AD とその先行詞が clausemate かどうかで AD 条件を分けるという提案と，cyclic outputs を用いるという提案 [359, 360]

　McCawley の Anaphora 章は次のように6節から構成されている．彼が提案した AD 条件（1988 の初版における AD 条件の訂正改訂版）は Section d の後半に述べられている．

a.　Introduction

b.　The Classical Account of Anaphoric Devices

c.　Derived and Essential Anaphora

270

d. Notions of Command; Constraints on Anaphoric Relations

e. Conditions on the Use of Some Other ADs

f. Choice among Pronouns; Morphological Indeterminacy

McCawley は Section d で 2 つの条件 (表層構造に関する AD 条件と cyclic outputs に関する代名詞条件) を提案したが, その条件の正しさをそれ以前の節で用いたデータを使ってきちんと吟味していない. 本書では, 彼の 2 つの条件を検討後にこの吟味も行いたい.

初版 (McCawley (1988)) の Anaphora 章では, 彼が提案した AD 条件には大きな問題があった. 実際, $SPhE^2$ のまえがき [xii] で次のように述べている.

The one chapter in $SPhE^1$ that was seriously defective with regard to content is chapter 11 ("Anaphora"), in which I failed to take up the conditions under which pronominalization is obligatory and gave one of the central conditions on pronoun-antecedent relations in a gratuitously ad hoc form.

また, December 27, 1991 の日付で言語学科内に配布された McCawley のハンドアウト "Notes towards 2nd edition of *The Syntactic Phenomena of English*" にも, 初版の 347 ページについて次のように書いてある.

The condition (32a) on cyclic outputs is such a makeshift that I hang my head in shame at having allowed it to get into print.

第 2 版では, この問題は解消されている.

McCawley にとっての深層構造は意味・論理構造を反映した統語構造であるので [38-9, 344, 645], 指示表現としての NP (AD を含む) には (その意味の一部として) 指示指標が深層構造ですでに指定されている (つまり, 同一指示かどうかは深層構造ですでに決定済みである) と考えていた.

また, 指示指標は個々の AD や先行詞の名詞そのものに振られるのではなく, それらの NP 節点に振られる ([337], McCawley (1973/76:69 note 6)). 例えば, 次の a は N′ を one で置き換える変形がかかった例であるが, この変形がかかるためには b のように, one で置き換える picture of George の George が先行詞 picture of George に含まれる George と同一指示でなければならない. このような, NP がその内部にもう 1 つ NP を含む場合には, それぞれの NP 節点に指示指標が振られている.

a. The old picture of George is more attractive than the new one. [338]

b. [$_{NP409}$ The old picture of [$_{NP73}$ George]] is more attractive than [$_{NP811}$ the new picture of [$_{NP73}$ George]].

また，複数の NP が同一指示の場合には，たまたまそれらに同一の指示指標が振られているということではなく，（現実世界の物であれ非現実世界のものであれ話し手の事実誤認であれ）話し手が同一指示と捉えている（McCawley の用語では "purported reference"，"purport to refer to"）ことを表すと考えていた（[336, 377 note 2]，McCawley (1973/76: 70-71) を参照）．したがって，話し手が把握した指示関係が意味の一部として深層構造に含まれていなければならないことになる．結果として，指示指標は再帰代名詞化などの変形の適用可能性に影響を及ぼすことになる．

さらに，後述するように人称代名詞（特に，指示 AD として使われた人称代名詞）は固有 AD として深層構造に初めから存在している（ただし一致素性は未定）．この点で，McCawley の AD 分析は classical approach（後述）とは異なる．したがって，彼の代名詞化（pronominalization）という循環変形は，AD 全体ではなく派生 AD（後述）だけに関係する．結果として，代名詞化による AD は，V′ 削除（zero V′）と N′ を one に置き換える変形だけであった．（AD の分類については，第 1 節，特に末尾の表を参照.）

McCawley の Anaphora 章は，$SPhE^2$ 全体の中で最も読みにくい章である上に，彼自身の分析が述べてある Section d [350-66] にミスプリント（と筆者には思われる箇所）が散見される．そこで，具体的な議論に入る前に，その点を指摘し，そこで McCawley が何を言おうとしていたのか筆者の理解を述べておきたい．

Section d でミスプリントと思われる箇所

箇所	ミスプリントと思われる部分	McCawley が意図したこと（筆者上野の理解）
p. 351	(6) の 2 つ目の c	c′ に訂正
*p.*355, ↑*l.*12	violates (15)	violates (16)
*p.*356, *p.*357,	(19a, b), (23a, b) の表層構造の [$_V$ V [$_{NP}$ him/her]]	もし目的語代名詞の clitic 分析 [319] を採るならば，[$_V$ [$_V$ V [$_{NP}$ him/her]]] となるはず．ただし，この分析を採っても c-command の分析（例えば (20)）に影響はない点に注意.

第 9 章　照応表現　　　273

p.360	(33b) アステリスク無し	アステリスクを付ける.
p.361, ↑l.5	in (36b, 34c) relates	in (36b, 34c, 37) relates
p.362	(39a) は主語 NP が Ad-S の P′ 内の NP を義務的に代名詞化しない例のはず.	(39a) を Before John / he left home, John phoned Mary. に訂正.
p.362	(41a, b) は, 主節主語 NP は補文内の NP を outrank するが (41b), Ad-S 内の NP を outrank しない例のはず.	(41a) を After the bastard came here yesterday, John didn't leave until 1 AM. に訂正. ただし, この文の適格性はかなり低いのかもしれない. P. 370 の (17d‴) を参照.
p.362, ↑l.2	counterexamples to (40)	counterexamples to (40b)
p.363, ↓l.7	each full nonsentential NP	each quantified NP
p.364, ↓l.4	where the pseudo-cleft construction	where the cleft construction
p.364	(44) の句構造で [$_V$ offer] の目的語 [$_{NP}$ us]	[$_{NP}$ me] に訂正
p.364, ↓l.7	*What he offered me was them$_x$*	*It was them$_x$ that he was offering me*
p.364, ↑l.17–16	never violate (30) (that is, they can be excluded only in virtue of (40b)),	never violate (40b) (that is, they can be excluded only in virtue of (30)),
p.364, ↑l.2	the cyclic outputs of S$_2$ and S$_1$ would	the cyclic outputs of S$_1$ and S$_0$ would
p.365, ↑l.3–2	the surface conditions (40a) … the pair of NPs in (43a–b)	the surface conditions (30) … the pair of NPs in (45a–b)

1.　McCawley の AD 分類

　McCawley が "classical approach" [338] と呼んだ AD の扱い方は, 深層構造で同一指示指標が振られた 2 つの同一表現の一方に, それを AD に変える代名詞化変形 (pronominalization) が適用されるという分析のことである. 2 つの同一表現のうち, 一番目にある表現が AD に変えられる場合が backwards pronominalization, 二番目にある表現が AD に変えられる場合が forwards pronominalization である. しかし, 60 年代末に Bach-Peters sentence (以下 BP 文) [342] が発見されて, このアプローチが疑問視されるようになった. BP 文とは, 次の例のように 2 つの人称代名詞を含み, 一方の人称代名詞が他方の人称代名詞の先行詞の中に含まれている文のことである.

[The boy who wanted it$_j$]$_i$ got [the prize that he$_i$ deserved]$_j$. [342]

なお, McCawley によれば (McCawley (1973/76: 144)), BP 文は一般には Emmon Bach と P. S. Peters により発見されたと言われているが, それとは独立に William Woods と Susumu Kuno (久野暲) によっても発見されていたとのことである. この文の重要性は, 先行詞のコピーから代名詞を派生するという classical approach ではこの BP 文を説明するために無限の深層構造が必要になってしまうという問題 (いわゆる "infinite regress") が生じる点にある [342] (梶田 (1974: 598)). (なお, McCawley は BP 文を McCawley (1993: 206–210, 278–280) で論理学の観点からも考察している.)

この問題を避けるために, 当時 Jackendoff らはすべての AD を深層構造から AD として導入するという立場を採った [343]. この扱い方を "interpretive approach" と呼ぶ [343]. classical approach と interpretive approach とは, すべての AD を一律に扱う (つまり, すべての AD が先行詞のコピーから派生されるのか, または, すべての AD が深層構造で導入されるのか) という点では共通で, Hankamer and Sag (1976) にならってこの 2 つをまとめて "monolithic approaches" と McCawley は呼んだ [343]. 一方, BP 文を生じるかどうかなどいくつかの条件を基準にして, BP 文を生じるなどの特徴を有する AD を深層構造で挿入される AD であるとして "essential AD" (以下「固有 AD」) に分類し, 一方, BP 文を生じないなどの特徴を有する AD を派生過程で代名詞化により導入される AD であるとして "derived AD" (以下「派生 AD」) に分類した [343]. このように, AD を固有 AD と派生 AD の 2 種類に分ける扱い方を "mixed approach" と McCawley は呼んだ [343]. Lakoff (1968) と Hankamer and Sag (1976) が mixed approach の代表である. また, McCawley 自身の AD の扱い方も mixed approach であった (McCawley (1973/1976: 108, 278, 1982b: 4, 153), *SPhE*^{2}).

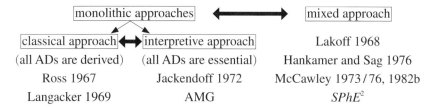

上の図で，Automodular Grammar（AMG）(Sadock (2012), Ueno (2014, 2015)
など）が interpretive approach に分類されている理由は，AMG では統語構造
が表層構造だけなので，AD はすべて AD のままで統語構造に導入されなけ
ればならないからである．この点は派生を用いない他の統語理論（例えば，
LFG や HPSG, Jackendoff の Parallel Architecture など）すべてに当てはまる．

さらに，McCawley は AD を意味の観点から 2 種類に分けた（第 1 節末尾の
表を参照）．1 つは，単に照応としてだけ働く（先行詞との同一指示関係だけを示す）
"reference AD"（以下「指示 AD」）である．もう 1 つは，同一指示関係ではなく
先行詞の意味を表す "sense AD"（以下「意義 AD」）である [344, 347]．

McCawley は Lakoff (1968) と Hankamer and Sag (1976) をもとに固有
AD と派生 AD に分ける判定基準として次の 6 点を挙げている [343-5]．以下，
(i) から (vi) としてこれら 6 点を簡単に紹介し，コメントを加える．

(i) 派生 AD はその先行詞として変形で派生された構成素（a transfor-
mationally derived constituent）を許す．例えば，次は zero V′ の例
[346(8)]．
  a. *Hamlet* is easy to remember lines from, and *Macbeth* is Ø too.
  b. Someone said there were prisoners being tortured, and in fact
     there were Ø.

(ii) 固有 AD はその先行詞として深層構造では構成素でありながら派生
過程でばらばらになったもの（a deep structure constituent that is
broken up in the course of the derivation）を許す．例えば，次は人
称代名詞の例 [347 (12), 57 (5), 73 (1)]．
  a. Lincoln I would never buy Sanburg's biography of, though I
     imagine you would buy it if you could find a copy.
  b. Which persons do you admire Holbein's portraits of, and which
     museums are they owned by?
  c. I may be wrong, but I doubt it. (it の先行詞は "I am wrong.")

(iii) 派生 AD は BP 文を生じない．

276

(iv) 派生 AD は指示 AD のみならず意義 AD でもある．一方，固有 AD は指示 AD である．この基準は，深層構造が意味構造に近い統語構造であるという（生成意味論的）想定をもとにしている．ただし，後述するように，Geach (1962) の "pronoun of laziness" のように，固有 AD の中には意義 AD であるものも存在する．

(v) 派生 AD（例えば zero V′）は次に示す missing antecedent phenomenon [344]（McCawley (1982b: 145) も参照）を示すが，固有 AD は示さない．

    a. Barbara Walters has never interviewed an astronaut, but if she ever did Ø, he'd probably tell her lots of interesting things.

    b. Fred doesn't pick up girls, but Mark does Ø, and they're generally stunningly beautiful.

    c. John hasn't lost his wife, but Bill has Ø; she died last month. [345]

    d.??John isn't a widower, but Bill is Ø; she died last month.

(a) の後半の主語 he の先行詞は zero V′ の意味の中（つまり，削除された V′ である interview an astronaut）に含まれている an astronaut である．同様に，(b) の後半の主語 they の先行詞は削除された V′ である pick up girls に含まれている girls である．(a, b) ともに前半が否定文なのでそこに含まれる an astronaut や girls は存在しておらず，he や they の先行詞になるとは考えられない．さらに，(c, d) の対比が示すように，単に語の意味表示に（前提ないしは "base" として）含まれているだけのものは代名詞という統語的な手段で指すことは難しく，代名詞の先行詞になるためには削除されたとは言え統語的な存在（つまり，形）が必要である [345]．この現象についての AMG による説明は Ueno (2015: 234-238) を参照．

(vi) 固有 AD は言語的コンテクスト（先行文脈）に先行詞が無くても，発話状況の中に先行詞（非言語的先行詞）を取ることができる．つまり，直示的（deictic）な用法を許す．一方，派生 AD は言語的コンテクスト内に先行詞が必要なので，非言語的先行詞を許さないと考えられる．

以上 6 つの基準のうち，(iii) は誤りであることがすでに判明している．[376 exercise 17] に挙げてある例文は筆者が McCawley に提供したもので（[380 note 25] 参照），zero V′ による BP 文である．したがって，典型的な派生 AD

である zero V′ であっても BP 文が構成できることになる．この BP 文の説明
と McCawley がこれを Q′L を使ってどう派生したかについては，第 7 章第
11 節を参照．（なお，McCawley の Q′L による BP 文の説明の原型は，McCawley
(1973/76: 144-145) での NP-attachment の採用にある．）また，AMG によるこの
BP 文の説明については Ueno (2015: 220-221) を参照．

さらに，[375 exercise 9] に "Show that <u>if deep structures have to be fi-
nite, at least one of the ADs in a Bach-Peters sentence has to be essential,</u>
but finiteness of the deep structure does not imply that both must be essen-
tial." という問があるが，（2 つの zero V′ から BP 文が構成できるので）この問で
証明するように求められている命題（下線部）は誤りである．

また，(vi) も誤りである．例えば，John が Mary にキスをしようとして顔
を近づけたときに Mary が "John, you mustn't." と言う場合のように，zero
V′ が状況内に非言語的先行詞を取ることは十分にあり得る．詳しくは Ueno
(2015: 220) を参照．（McCawley 自身，筆者在学中の Syntax 2 の授業で，ビルから
飛び降りそうな人に向かって，それを止めようとした人が "Don't!" と叫ぶという例を
出していた．）

従来は，人称代名詞は典型的な固有 AD とされ，同一指示だけを表す指示
AD であるとされてきた．例えば次の (1) では，my five-foot-tall cousin の
考え（think の補部）に含まれるのは，自分は seven feet tall であるということ
だけで，自分（= "he"）は five feet tall であるということは含まれない．つま
り，人称代名詞 he は my five-foot-tall cousin と同一指示であるということだ
けを表していて，my five-foot-tall cousin の意味までは表していない．なお，
この章では例文内における同一指示を必要に応じて下線で示すことにする．

(1) <u>My five-foot-tall cousin</u> thinks that <u>he</u>'s seven feet tall. [347]

しかし，Geach (1962) が指摘した "pronouns of laziness" の例 (2) では，
人称代名詞が先行詞との同一指示を表す指示 AD ではなく，先行詞の意味を
表す意義 AD として使われている [347].

(2) pronouns of laziness [347]
    a. The man who gave <u>his paycheck</u> to his wife was wiser than the
       man who gave <u>it</u> to his girlfriend.
    b. Books that bring <u>their author</u> fame and fortune are usually better
       written than books that bring <u>him</u> nothing.

(2a, b) から分かるように，人称代名詞が意義 AD として解釈されるためには，

2つの類似する場面を含むコンテクストが必要で，その2つの場面の要素間に
対応関係が存在し，一方の場面における先行詞の指示対象と他方の場面におけ
る人称代名詞の指示対象とが対応しているという状況が必要である [347].
McCawley によれば，このような現象は Fauconnier の mental space でうま
く扱える [378 note 12]．Ueno (2014: 313-314) では，指示 AD としての人称
代名詞の同一指示は token identity を表し，意義 AD としての人称代名詞の
同一指示は type identity を表すとして，referential identity の異なる2種類
としてこの問題を扱った．

　余談だが，YouTube に挙がっている George Lakoff の cognitive semantics
の講義によれば，Fauconnier の mental space は，もともとは60年代に Mc-
Cawley が作った夢についての有名な例文 "I dreamt I was Brigitte Bardot
and I kissed me, and then I woke up." (McCawley (1993: 417) 参照) がきっか
けとなり，この種の文をうまく説明するために生まれた理論とのことである．

　以上の様々な検討を経て，McCawley は最終的に次のような分類に至った
ものと筆者は理解している．

McCawley の AD 分類

	essential AD (固有 AD)	derived AD (派生 AD)
reference AD (指示 AD)	➢ personal pronouns ➢ *do it* [346] ➢ anaphoric epithets	
sense AD (意義 AD)	➢ pronoun *one* [349] ➢ pronouns of laziness [347]	➢ ?pronoun *one* [337, 402] ➢ zero V′ [346]

2. McCawley の AD 条件

SPhE[2] の Anaphora 章では，生成文法における1960年代の理論展開に沿っ
ての概説が前半にあり，その通時的概説の後で McCawley の照応表現に関す
る条件が後半の Section d の末尾に出て来るので，彼自身の理論が分かりにく
くなっている．この節では，逆に McCawley が提案した AD 条件を最初に提
示して，その条件が60年代以降にこの分野で考察されてきたデータをどのよ
うに説明できるかという視点から，筆者の理解に基づき彼の AD 条件を検討
したい．筆者の理解に依れば，McCawley の AD 条件は最終的に次のように
なったと考えられる．なお，この最終版の彼自身による短い解説が McCaw-
ley (1999: 50-51) にある．

第 9 章 照応表現 279

本書での AD 条件 (筆者の理解による McCawley の最終版)

Conditions on surface structure [359] (表層構造条件)

(a) If an AD and its antecedent are in different conjuncts of a coordinate structure, the AD may not precede the antecedent. [352] Otherwise,

(b) If an AD and its antecedent are clausemates, the AD may not c-command the antecedent.

(c) If an AD and its antecedent are nonclausemates, the AD may not precede and c-command the antecedent.

Condition on cyclic outputs [362] (循環出力条件)

In any cyclic output, if two NPs are co-indexed and one outranks the other, then the outranked NP must be a personal pronoun.

以下, Conditions on surface structure を「表層構造条件」, Condition on cyclic outputs を「循環出力条件」と呼ぶことにする. McCawley が *SPhE*[2] 述べた表層構造条件は次の通りである.

McCawley が述べた表層構造条件 [359]

An AD may not c-command its antecedent if it (i) is a clausemate of the antecedent or (ii) precedes the antecedent.

この条件は AD 全般に関する条件で, 人称代名詞や再帰代名詞以外にも, 照応的ののしり語 (anaphoric epithet) や zero V′, 代名詞 one など表層構造に現れるすべての AD が適用対象となる.

　この条件の中で "c-command" が使われているが, McCawley による c-command の定義は次の通りである. 彼は command や c-command を含む一連の command 概念を, その bounding nodes の集合 ϕ によってパラメーター化されていると考えて (Barker and Pullum (1990) 参照), 一般的な ϕ-command をまず定義した.

McCawley が述べた φ-command の定義 [353]

A node X in a given tree φ-commands a node Y if one can get from X to Y
by tracing upward along the branches of the tree until one first hits a non-
modified node meeting the condition φ and then tracing downward from
there.

ただし，c-command の場合の φ は major category の集合である．すなわち，
φ = {S, NP, X′}（[354(15)] 参照）である．また，command の場合は φ = {S} で
ある [352]．

　しかし，この定義には問題点が 3 つある．第一の問題点は，この定義では
支配関係にある X と Y の間にも φ-command の関係が成り立つことである．
実際，X φ-commands Y の McCawley の定義によれば，X から枝をたどって
上に登って行き最初の φ のメンバー（bounding node）で折り返し，同じ経路
を辿って下に降りて，X の上の位置にある Y で止まることも，また，X を通
り越してさらに下の位置にある Y で止まることも許してしまう．つまり，こ
の定義では X dominates Y の可能性も Y dominates X の可能性も含んでしま
うことになる．これを避けるために，定義に X does not dominate Y と Y
does not dominate X を追加条件として加えることが必要である（Ueno (2014:
21-22, 2015: 13, 2020: 33-34) 参照）．

　第二の問題点として，McCawley の定義には "nonmodified node" という表
現が入っているが，ある節点（node）が表す統語範疇が修飾される（modified）
かどうかは意味的な関係なので，樹形図で表された統語構造に基づいた c-
command の定義にはふさわしくない．そこで，nonmodified に代えて non-
adjoined を使うことを提案する（Ueno (2014: 21-22, 2015: 13, 2020: 33-34) 参
照）．付加構造（adjunction）は樹形図上の概念であるからである．実際，主語
節の外置は V′ 付加であると McCawley は結論したが [106-7]，この結論と
nonadjoined を使った φ-command の定義に基づけば，V′ 内の目的語が外置
された節 Comp′ の主語を c-command できるようになり，次のデータが表層
構造条件（c）の違反として説明できる（[376 exercise 16] 参照）．

(3) a. *It [$_{V′}$ [$_{V′}$ disturbs him] [$_{Comp′}$ that John wasn't invited]].　[339]
　　　　（him は John を precede and c-command する）

　　b. *It would really surprise her [$_{Comp′}$ for Louise to lose after all that
　　　　effort].　[376]

c. *It was obvious to him [$_{\text{Comp}'}$ that John would lose]. [351]

（be 動詞は派生途中での挿入．Comp′ は obvious の成す A′ に付加している）

　第三の問題点として，(3c) では，him が John を c-command するように c-command を定義したい．そのためには，動詞や形容詞の補部 P′ の P′ 節点を無視するように c-command を定義する必要がある（[425 note 24] 参照）．同様の問題は次の例でも起こる．

(4) *I concealed from him that John had offended Mary. [360]

このように補部 P′ の P′ 節点を無視するように c-command や（後述の）out-rank を定義する必要が起こる原因は，動詞や形容詞の補部 P′ の主要部 P はその動詞や形容詞により表層構造で語彙的に要求されているだけなので，意味的には（または項構造ないし深層構造では），例えば x conceal y from z ならば CONCEAL-FROM (x, y, z) のように単なる 3 項間の関係を表すだけ，また x (be) obvious to y ならば OBVIOUS-TO (x, y) のように単なる 2 項間の関係を表すだけであるからだと考えられる．ここでは，c-command を表層構造に基づいて定義する必要があるので，c-command の定義に但し書きを加えることにする．以上の諸点の修正を加えて，本書では次の c-command の定義を採用する．

本書での c-command の定義

・X c-commands Y if (i) X and Y are nodes in a given tree, (ii) neither X nor Y dominates the other, and (iii) the first nonadjoined major category that dominates X also dominates Y.

・When X is the complement of a P (i.e., [$_{\text{P}'}$ P X]) and the P′ is a complement of a lexical head, X c-commands Y if the P′ c-commands Y.

　また，表層構造条件には "clausemate" という用語が含まれているが，この用語は $SPhE^2$ の本文中で定義されておらず，練習問題に回されている [374 exercise 1]．本書では次のように定義する．

282

本書での clausemate の定義

Two nodes X and Y in a tree are clausemates if they command each other.

この定義で，command は ϕ-command で，しかも $\phi = \{S\}$ の場合である [352].

前掲の「McCawley が述べた表層構造条件」の意味は次の通りである．まず，この条件は Reinhart の c-command 条件 "An AD must not c-command its antecedent." ([355 (16)] 参照) に，AD とその先行詞について 2 つの十分条件 (i) と (ii) を付け加えたものである．要するに，AD とその先行詞が clausemate の場合 (「McCawley が述べた表層構造条件」の (i)) とそうではない場合 (「McCawley が述べた表層構造条件」の (ii)) とに分けてある．2 つの場合にきちんと分けて書くと「McCawley が述べた表層構造条件」は次のようになる．

(i′) An AD may not c-command its clausemate antecedent.

(ii′) An AD may not precede and c-command its nonclausemate antecedent.

McCawley がこのように表層構造条件を 2 つの場合に分けた理由は，AD とその先行詞との照応関係は clausemate の場合と nonclausemate の場合とでは異なる条件に従うという Carden (1986a) による指摘に基づく．実際，次の例が挙げられている．

(5) a. *Near John, he saw a snake. [359]

b. *Near John's mother, he saw a snake.

c. Near the car that John was repairing, he saw a snake. [358, 359]

これら 3 例のうち，(5a, b) は clausemate の場合，(5c) は nonclausemate の場合で，3 例ともに McCawley の表層構造条件に従っている．実際，(5a, b) は表層構造条件の (i′) の違反で，(c) は (ii′) を満たしている．ただしこれらの例文で，P'_{near} は動詞 see の補部であり (つまり，$[_{V'} [_V \text{see}] \text{NP } P'_{near}]$)，後述するように，補部 P′ が前置されると不連続構造が生じると McCawley は分析した ([357 (23a)] と (26) の下の樹形図を参照)．したがって，(5a–c) では he は John を c-command している．

前掲の「McCawley が述べた表層構造条件」の問題点として，等位構造の場合 ([352 (9) (i)] 参照) が抜け落ちてしまっていることが挙げられる．(6a–d) は

第 9 章　照応表現　　283

AD と先行詞とが異なる等位項に含まれる場合である．この場合は，(6e-g)
に示したように両者の間に c-command が成り立つときも成り立たないときも
ある．それにもかかわらず，AD が前の等位項，先行詞が後ろの等位項に現れ
る文は全て非文である．つまり，等位構造内の AD とその先行詞の場合には
c-command は無関係であると言える．

(6) a. *John did Ø on Tuesday and Mary got drunk on Wednesday. [336]
　　 Cf. John got drunk on Tuesday and Mary did Ø on Wednesday.

　 b. *John praised her on Tuesday and Bill denounced Mary on
　　　 Wednesday.
　　　 Cf. John praised Mary on Tuesday and Bill denounced her on
　　　 Wednesday.

　 c. *John praised her parents and Mary.　Cf. John praised Mary and
　　　 her parents.

　 d. *John praised her and Mary's parents.　Cf. ?John praised Mary's
　　　 parents and her.

　 e. *[$_{S0}$ [$_{S1}$ ... AD$_i$ ...] and [$_{S2}$ ... ant$_i$ ...]] (AD は ant を c-command し
　　　 ない)

　 f. 　[$_{NP0}$ [$_{NP1}$ ... ant$_i$ ...] and [$_{NP2}$ ... AD$_i$ ...]] (AD は ant を c-command
　　　 しない)

　 g. *[$_{NP0}$ [$_{NP1i}$ AD] and [$_{NP2}$ ... ant$_i$ ...]] (AD は ant を c-command する)

　 h. 　[$_{NP0}$ [$_{NP1}$ ... ant$_i$ ...] and [$_{NP2i}$ AD]] (AD は ant を c-command する)

　したがって，等位構造を含む場合を別扱いにして，次の条件を追加しなけれ
ばならない．これが「本書での AD 条件」の (a) である．

　　If an AD and its antecedent are in different conjuncts of a coordinate
　　structure, the AD may not precede the antecedent.

「本書での AD 条件」の「表層構造条件」では，まず (a) を適用して，(a) が
該当しない場合には (b) と (c) を適用する．この意味で，(a) の条件の次に
otherwise が付いている．

　指示指標に関しては，i-within-i の状況がいろいろと起こることが知られて
いる．

　　[$_{NPi}$ a man in [$_{NP}$ his$_i$ fifties]]
　　[$_{NPi}$ the woman next to [$_{NP}$ her$_i$ husband]]

[$_{NP_i}$ the woman who is sitting next to [$_{NP}$ her$_i$ husband]]

[$_{NP_i}$ the dogs resembling [$_{NP}$ their$_i$ owners]]

[$_{NP_i}$ the dogs that resemble [$_{NP}$ their$_i$ owners]]

このような場合に，NP 全体を先行詞と見なすと，この NP 節点とそれに支配されている AD（これらの例では人称代名詞）との間には，（c-command は支配関係を除いて定義したので）c-command 関係は成立しない．しかも NP 全体とその一部の AD とは clausemate と見なさざるを得ないので，「本書での AD 条件」の（b）が満たされて適格な表現になっていると考えられる．さらに，第7章関係節で関係節形成の意味での先行詞を関係節の姉妹である N′ と定義した．この見方を当てはめた場合には，先行詞 N′ が（縮約）関係節内の AD を一方的に c-command することになるが，この場合でもやはり「本書での AD 条件」の（b）または（c）を満たしている．したがって，表層構造条件は i-within-i の状況を許すように定義されていることが確認できた．以上，表層構造条件について検討した．

　McCawley は表層構造条件とは別に，主に分裂文や疑似分裂文内の指示関係を説明するために，Carden に従って次の循環出力条件を提案した [362].

McCawley が述べた循環出力条件 [362]

In any cyclic output, if X is coreferential with Y, X occupies an argument position, and X outranks Y, then Y must be a pronoun with X as antecedent.

この条件は，深層構造ですでに導入されている人称代名詞について，それが義務的代名詞であること（ほかの表現ではなく人称代名詞でなければならないこと）を確認する働きをする．循環出力（cyclic output）とは，"the structure at the end of the application of the cyclic transformations to each domain" [360] である．つまり，派生のサイクル（＝循環変形適用の領域）ごとに，そのサイクルで適用可能な循環変形（cyclic transformations）をすべて適用し終えた後の統語構造のことであり，1つの派生に伴う循環出力は深層構造に含まれるサイクル（cyclic nodes）の数だけ存在する．また，派生過程で最後の循環出力は「前表層構造（shallow structure）」[56, 174] ということになる．したがって，TH などの循環後変形（postcyclic transformations）の影響を度外視すると，この「McCawley が述べた循環出力条件」は表層構造にもかかっていることになる．（つまり，表層構造には循環出力条件と表層構造条件がともにかかっている．）

　「McCawley が述べた循環出力条件」で，X occupies an argument position

という部分は outrank の定義に含まれるので不要である．また，最後の with X as antecedent も coreferential とすでに仮定してあるので不要である．よって，「McCawley が述べた循環出力条件」は以下のように簡略化できる．これを純粋に統語構造だけに基づいて言い直したのが，「本書での AD 条件」の「循環出力条件」である．

In any cyclic output, if X is coreferential with Y and X outranks Y, then Y must be a personal pronoun.

この「McCawley が述べた循環出力条件」では "outrank" という概念が使われている．この概念導入の目的は義務的代名詞化を説明するためで [362]，Bresnan（1994）における "outrank" の定義を McCawley なりに採用したものである（[379 note 18] 参照）．

McCawley が述べた outrank の定義（[362(40a)] より）

The subject of any given predicate outranks all of that predicate's objects and complements and any NPs contained in that predicate's objects and complements; a nonsentential object of a predicate outranks a sentential object of it and any NPs contained in a sentential object.

この定義の問題点として，outrank という概念を含む循環出力条件は派生途中の循環出力に対して使われるので，この定義に含まれる subject や predicate，object や complement などの文法関係（grammatical relations）は派生途中における文法関係ということになる．これらの文法関係についての明確な定義が $SPhE^2$ や McCawley（1993）には含まれていない．本来ならば，この outrank という概念は LFG での（Bresnan が導入した）outrank や HPSG での o-command のように項構造上の意味役割の階層に基づいて定義するのがふさわしい概念である．（例えば，Ueno（2014: 37, 292）と Ueno（2015: 28）における outrank の定義を参照．）一方，McCawley の outrank は循環出力という派生途中の統語構造をもとに NP 節点間の関係として定義されている．したがって，McCawley の outrank の定義を派生過程の統語構造である循環出力にうまく適用できるように，ここではもっとも単純に考えて，それぞれの循環出力の統語構造に基づいて outrank を定義することにする．「A は B を outrank する」を「A > B」で表すことにする．

本書での outrank の定義 (統語構造に基づいて)

動詞や形容詞の成す S について，
a. 主語 NP > 補部 (目的語 NP を含む)
b. 補部間では NP > P′ > [$_{NP}$ Comp′/V′]
c. 補部 P′ については，[$_{P'}$ P NP] > X ならば NP > X
d. 補部の 2 つの NP 間や 2 つの P′ 間の outrank は意味的要因 (例えば，patient に近い意味役割を表す方が上位) で決まる．(これにより，*tell* X Y や *talk to* X *about* Y において，X が Y を outrank することになる [367].)

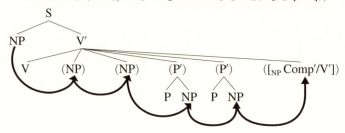

e. 「A > B かつ B は C を支配する」ならば A > C．

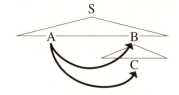

この outrank の定義とそれを用いた循環出力条件について注意すべき点がある．第一に，付加詞 (adjunct) は何によっても outrank されることないので，付加詞内の人称代名詞生起については，循環出力条件は何も語らない．(この点は，outrank を項構造に基づいて定義している場合には当然のことである．) 第二に，同一サイクルで主語変更変形 (受身変形や tough 移動) が適用される場合には，その主語変更変形適用後が循環出力になる．したがって，例えば，深層構造の能動態節とその受身形のそれぞれに循環出力条件がかかり，その結果相反する代名詞化が要求されるというようなことはありえない．第三に，繰り下げの Q′L が適用される場合には，厳密循環適用原則により Q′L 適用後には循環出力条件は (同じサイクルでは) 適用できなくなる．なぜならば，McCawley は循環出力条件 (つまり，義務的代名詞化) も循環変形と同様に厳密循環適用原則に従うと規定しているからである [364]．

第 9 章 照応表現　　287

　この「本書での outrank の定義」の a 〜 d のそれぞれは統語構造に基づくと理解するよりも，動詞の項構造に基づくと理解した方が自然な内容である．この点を考慮すると，McCawley の場合も outrank を自然な形で定義するためには，outrank の原点に立ち返ってこの概念を動詞の項構造上で項の担う意味枠割の階層をもとに定義した方が良かったのではないだろうかと，筆者には思われる．McCawley は動詞などの意味を表すのに語彙分解（lexical decomposition）を想定していたので（[214 note 25, 438, 590, 685, 691 note 14] を参照），項構造は語彙分解による意味表示と深層構造とのインターフェースとして位置付けることができたはずである．例えば，他動詞 kill（McCawley（1973/76: 157）参照）は 2 つの意味役割 agent と patient を取り，（意味役割階層をもとに）前者が後者を "outrank" する．（ただし，agent や patient などの意味役割は派生概念である．すなわち，agent は CAUSE の第一項のこと，patient は BECOME の第一項のことである．）この関係が深層構造に反映されて，agent が主語 NP へ，patient が目的語 NP へ対応する．詳細は Ueno (2014, 2015) を参照．

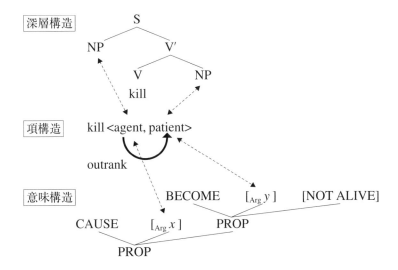

　循環出力条件と Q′L との関係に関連して，例えば次の (7a, b) ような文は生じない．

(7) a. *The boys all say that the boys like Chicago.
　　b. *They all say that the boys like Chicago.
　　c. 　The boys all say that they like Chicago.
　　d. [$_{Q'x}$ all the boys] [$_S$ x say that x like Chicago]

(7a, b) の下線で示した同一指示が成り立つためには，(7d) のように深層構造で主節主語と従属節主語とが同一変数でなければならない．最上位のサイクルで，数量詞遊離（以下，QF）の後に Q'L により上位の変数（主節主語）の x に [$_{Q'x}$ the boys] が入り，それと同時に（この Q'L に付随して）(7c) のように下位の変数（補文主語）の x は Q'_x の the boys を指す人称代名詞 they として現れる．したがって，Q'L 適用後に循環出力条件がかからなくても，下位（補文主語）の変数に人称代名詞が現れることは（Q'L 適用の一環として）保証されている．

次に，なぜ表層構造のみならず，派生途中の循環出力に関する条件が必要になるのかを確認する．分裂文や疑似分裂文，ないしそれに類する文の場合には，その表層構造では表層構造条件（nonclausemate の場合）の違反がないにもかかわらず非文である例が存在する．それらは，(疑似) 分裂文形成の直前のサイクル（つまり，最後の循環出力の直前の循環出力）ですでに非文になっている．例えば，下に示した (8a, d) は，表層構造条件の違反がないにもかかわらず非文である．一方，(8a, d) とそれぞれ同じ表層構造である (8b, e) は適格文である．考えられる理由は，非文 (8a, d) は派生の途中で循環出力として非文 (8c) を含んでいるからである．実際，(8c) では主語 he が補部 P'_{near} の目的語である John を outrank しているので，非文 (8a, d) は循環出力条件に違反していることになる．前述したように，McCawley は [$_{V'}$ see NP P'_{near}] のようにこの P'_{near} を see の補部と見ていた．

(8) a. *Near John is where he saw the snake.　[359]（表層構造条件 OK，*循環出力条件）

b. Near John was what he desperately wanted.

c. *He saw the snake near John.　（*表層構造条件，*循環出力条件）

d. *It was near John that he saw the snake.　（表層構造条件 OK，*循環出力条件）

e. It occurred to John that he had seen the snake.

(8c) は表層構造条件にも違反しているが，この違反は表層構造に対する違反なので，(8a, d) の表層構造には当てはまらない．

さらに，（表層構造条件は AD とその先行詞の間の条件なので）次の非文 (9a) は表層構造条件では説明できない [361]．しかし，主節主語が補文主語を outrank しているので，(TH が適用される直前の循環出力，つまり前表層構造での）循環出力条件の違反となり非文になっていると考えられる．実際，適格文 (9c) では outrank されている補文主語が代名詞になっているので，循環出力条件が満たされている．

第 9 章　照応表現　　　289

(9) a. *Uncle George read in the *Tribune* that Uncle George had won the lottery.　(*循環出力条件)

　　b. *Uncle George read in the *Tribune* that the old bastard had won the lottery.　(*循環出力条件)

　　c. Uncle George read in the *Tribune* that he had won the lottery.

なお，(9b) の the old bastard は照応的ののしり語 (anaphoric epithet) なので AD の一種である．(9b) は，表層構造条件を満たしてはいるものの，(9a) と同じく循環出力条件に違反しているために非文になっている．

　さらにこの説明が正しいことは，上の (9a, b) を疑似分裂文に変えた (10a, b) でも (循環出力条件の違反を含んだままなので) 非文のままであることからも分かる [361]．さらに，非文 (10a, b) はそれぞれ適格文 (10c, d) と同じ統語構造である [361]．違いの原因は，(10a, b) は循環出力条件の違反を起こしているが，(10c, d) にはその違反がないことである．(もちろん，(10d) は表層構造条件を満たしている．)

(10) a. *What Uncle George read in the *Tribune* was that Uncle George had won the lottery.　(*循環出力条件)

　　b. *What Uncle George read in the *Tribune* was that the old bastard had won the lottery.　(*循環出力条件)

　　c. What Uncle George read in the *Tribune* suggested that Uncle George had won the lottery.

　　d. What Uncle George read in the *Tribune* suggested that the old bastard had won the lottery.

さらに，次の対 (11a, b) の違いも循環出力条件によるものである．

(11) a. Michelle hated Dave because Dave/he had insulted her.　[361]

　　b. Dave concealed from me that *Dave's/his car was in the repair shop.

(11a) では，主節目的語 Dave は Ad-S (ないし Ad-V′) である $P'_{because}$ を outrank しないので，$P'_{because}$ 内の Dave は義務的に人称代名詞にしなくとも構わない．一方，(11b) では主節主語 Dave は補文内の Dave を outrank するので後者は義務的に人称代名詞にしなければならない．

　McCawley が指摘しているように，outrank による義務的代名詞化は，たとえそれが曖昧性を生じる結果になったとしても，やはり義務的である．次の例

(12) では，主節の主語と目的語が補文主語を outrank するので，補文主語が義務的に代名詞化されて，その結果曖昧性（$he_{i/j}$）が生じている．

(12) $Dave_i$ told Tom_j that $he_{i/j}$/*$Dave_i$/*Tom_j was in trouble. [361]

次の (13a) は表層構造条件に違反していない．また，P'_{before} は Ad-S なので，主節主語 he がこの P'_{before} 内を outrank することもない．つまり，循環出力条件の違反もない．(13b) では，表層構造条件だけが違反している．(a) の場合と同様に，循環出力条件の違反はない．(13c) では，表層構造条件の違反はない．また，(13a, b) と同様に P'_{before} 内の主語 John / he は主語 John に outrank されないので，義務的に代名詞である必要はない．

(13) a. Before John left the office, he phoned Mary. （表層構造条件も循環出力条件も OK）

  b. *He phoned Mary before John left the office. （*表層構造条件）

  c. It was before John / he left the office that John phoned Mary. [362]

次の例の (14b, d) は表層構造条件と循環出力条件の両方に違反している．一方，(14a, c) については表層構造条件の違反はないが，疑似分裂文形成直前の循環出力（つまり (14b, d)）で循環出力条件に違反している．

(14) a. *What I concealed from him was that John had offended Mary. [360] （*循環出力条件）

  b. *I concealed from him that John had offended Mary. （*表層構造条件, *循環出力条件）

  c. *What he was oblivious to was John's being regarded as a fool. （*循環出力条件）

  d. *He was oblivious to John's being regarded as a fool. （*表層構造条件, *循環出力条件）

(14b) の例から分かるように，outrank の場合も c-command の場合と同様に，動詞補部の P' の目的語はそれよりも下位の P' や Comp$'$ を outrank すると考えなければならない（「本書での outrank の定義」の c を参照）．

第9章　照応表現　　291

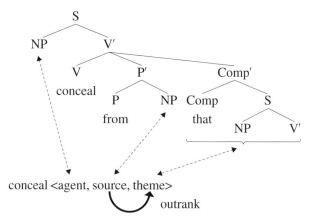

上の図では，参考のために項構造上の outrank 関係を示したが，McCawley 自身は項構造に基づいた outrank を用いなかった．

　outrank の定義に関連してすでに述べたように，McCawley は循環出力条件の適用は厳密循環適用原則に従うと規定した [364]．この規定のために，（これも前述したように）循環出力に至る直前に繰り下げ規則（例えば Q'L）がかかると，循環出力条件は適用できなくなる．McCawley はこの状況を，次の2つの例 (15) (16) で説明した．

　(15a, b) では定名詞句 (definite noun phrase) the diamonds that John had stolen を Q' として扱った．(15a) では，最後のサイクルで Q'L が適用されて He was offering me x の変数の位置に [Q'x the diamonds that John had stolen] が降りて来るので，この後で循環出力条件をかけることができない．したがって，(15a) は表層構造条件の違反だけで，循環出力条件には違反していないことになる．一方，(15b) は表層構造条件を満たしており，分裂文形成後に It was x that he was offering me の変数の位置に Q' が降りて来るので，(15a) と同様にその後には循環出力条件がかからず違反は起こらない．したがって，(15b) は両条件を満たしていることになり，適格文である．

(15)　a. *He was offering me [the diamonds that John had stolen].　[363]
　　　　（*表層構造条件，^{OK}循環出力条件）
　　　b. It was [the diamonds that John had stolen] that he was offering me.
　　　　（表層構造条件も循環出力条件も OK）

もしこれら (15a, b) がより大きな文に埋め込まれていた場合，これらの文を含む上のサイクルで循環出力条件を適用しようとしても，適用領域としては下

のサイクルだけにこの条件を適用することになってしまい，厳密循環適用原則の違反になる．つまり，厳密循環適用原則のために，循環出力条件は最小のサイクルでその適用を免れると，それよりも上位のサイクルではその一部分だけに対して循環出力条件が適用できなくなってしまうことになる．つまり，一度循環出力条件を免れると，それよりも上位のサイクルでも免れることになる．類似の例として，McCawley は次の例 (16) を挙げている．

(16) [364 (45)] より
    a. Bill's mother is easy for him to like.
    b. His mother is easy for Bill to like.
    c. *He likes Bill's mother. (*表層構造条件)

これらの例では，Bill's / his mother (= the mother of Bill / him) が定名詞句なので，McCawley は Q' として扱った．ただし，Q' 内の派生で Article Replacement [199, 402] が適用されて，$[_{Q'x} \, [_Q \, \text{the}] \, \text{mother} \, (\text{of}) \, \text{Bill} / \text{him}]$ から $[_{Q'x}$ Bill's / his mother] が派生される．(16a) では変数を含む $[_S \, [_{NP} \, [_{Comp'} \, \text{for Bill} / \text{him to like } x]] \, [_{A'} \, \text{easy}]]$ に，形容詞の補部位置への外置と tough 移動が適用されて $[_S \, [_{NP} \, x] \, [_{A'} \, \text{easy} \, [_{Comp'} \, \text{for Bill} / \text{him to like}]]]$ となり（第 1 章第 7 節を参照），その後 be 動詞挿入や AT が適用されて，最後に $Q'L$ が適用されて主語位置の変数 x に $[_{Q'x} \, \text{Bill's} / \text{his mother}]$ が降りて来る．これらの例でも，循環出力条件の違反は起こらない．(16a, b) は表層構造条件も満たし，したがって適格文となる．（なお，この派生では Bill's mother is easy for Bill to like. も適格であると予測する．）一方，(16c) は $Q'L$ のために循環出力条件は問題ないが，表層構造条件に違反しているので非文となっている．以上，McCawley の表層構造条件と循環出力条件を紹介し，その適用例を検討した．

3. McCawley の 2 条件の確認

本節では，前節で検討した 2 条件（表層構造条件と循環出力条件）の正しさを，McCawley が Anaphora 章の Section d 以前で用いた例文をもとに確認する．彼は Section d 後半で循環出力条件を述べたが，それ以前の議論はすべて表層構造条件のためであった．そこで使われた例文は表層構造条件の観点からは観察されているが，循環出力条件の観点からは観察されていない．そこで，本節では，それらの例文について改めて両条件の観点から考察することにする．

まず，次の (17a, b, c) を 2 条件の観点から見てみる．まず，表層構造条件については，主語 he が near の目的語（に含まれる）John を c-command する

ので，clausemate の (17a, b) では違反あり，nonclausemate の (17c) では違反なしということになる．

(17) a. *Near John, he saw a snake.　[359] (*表層構造条件，*循環出力条件)

　　 b. *Near John's mother, he saw a snake.　(*表層構造条件，^{OK}循環出力条件)

　　 c. 　Near the car that John was repairing, he saw a snake.
　　　　(^{OK}表層構造条件，^{OK}循環出力条件)

この P'_{near} は動詞 see の補部であると McCawley は見ていたので，(17a, b, c) のように前置されると不連続構造を成す ([357 (23a)] 参照)．P' が前置された (17a, b, c) の表層構造は，循環後変形 TH の影響を除くと同時に最後の循環出力（＝前表層構造）でもある．この構造で主語 NP は near の目的語 NP を outrank する．なお，この P' 前置（P' preposing）は元になる S（この場合には [$_{NP}$ John/He] saw a snake [$_{P'}$ near NP].）と同一サイクルで適用されている．したがって，(17a, b, c) は等しく循環出力条件に違反しているように見える．

　ゆえに (17c) の適格性が問題になる．そこで，McCawley が [363–5] で使った Q'L の考え方を適用して，(17b) の John's mother（the mother of John として）と (17c) の the car that John was repairing を Q' として扱ってみる．P' 前置を適用しておいてから最後のサイクルで Q'L が適用されると考えると，その結果循環出力条件は適用できなくなるので，(17b, c) では循環出力条件の違反が起きていないことになる．

　結局，(17a) は両条件の違反，(17b) は循環出力条件は満たしているが表層構造条件に違反するので非文，(17c) は両条件ともに満たしているので適格文ということになる．

　さらに，上の (17a) の John を (18a) のように定名詞句 the boy に代えても非文のままであるが，(17a) とは状況が異なる．the boy は Q' の扱いを受けることが可能になるので，(18a) では循環出力条件の違反が起こっていない．つまり，(18a) は表層構造だけの違反であるかのように見える．しかし，この分析は（結果は正しいが）誤っている．(18a) の深層構造は (18b) であると考えるべきであろう．

(18) a. *Near the boy, he saw a snake.　(*表層構造条件，^{OK}循環出力条件，*派生制約 II)

　　 b. [$_{S0}$ [$_{Q'x}$ [$_Q$ the] boy] [$_{S1}$ Past [$_{S2}$ x saw a snake [$_{P'}$ near x]]]]

深層構造 (18b) において，S_1 を領域としてまず E＋R が適用されて，次いで

294

P′ 前置が適用されて，最後に S_0 を領域として Q′L が適用されるが，その際には最上位の変数（主語の x）に Q′ が降りて来て，それに付随して下位の変数（near の目的語の x）は人称代名詞に変わらなければならない．したがって，非文（18a）では Q′L が適用されたので循環出力条件の違反は起こらないが，Q′L の適用が最上位の変数に Q′ を降ろすという制約（第5章（10）派生制約 II）に違反している．

次の例文（19）についても，2条件を確認する．

(19) a. Realizing that <u>he</u> was unpopular didn't bother <u>John</u>.　[339]
　　　　　(^{OK}表層構造条件, ^{OK}循環出力条件)

　　 b. *Realizing that <u>John</u> was unpopular didn't bother <u>him</u>.
　　　　　(^{OK}表層構造条件, *循環出力条件)

両者ともに表層構造条件の違反はない．ただし，McCawley はコントロール構文の説明に Equi を使っていたので，realizing の主語は bother の目的語（John または him）をコントローラーとして Equi により削除されている（つまり，realizing の主語としてゼロ代名詞を想定することはない）．したがって，(19a, b) ともに表層構造条件の違反が起こっていないことになる．一方，循環出力条件については，両者とも上位サイクルで bother の目的語 NP をコントローラーとし realize の主語 NP をコントローリーとした Equi がかかるが，その Equi 適用以前に bother の主語節である下位サイクル（NP_i realize that $\text{he}_i/\text{John}_i$ was unpopular）に循環出力条件がかかり，that 補文内の he / John は realize の主語 NP に outrank されるので，(19a) は循環出力条件を満たすが (19b) では違反が起こっている．したがって，(19a) は表層構造条件と循環出力条件をともに満たし適格文となり，一方，(19b) は表層構造条件は満たすが循環出力条件に違反するので非文となっている．

ただし，この (19a, b) の説明について気になる点がある．この中の John が定名詞句 the boy に変わった (20) の場合に非文かどうかの判定はそのままだが，(Q′L 適用後に循環出力条件が適用できなくなるので) 適格文・非文の説明がどうなるのかという点が気になる．

(20) a. Realizing that <u>he</u> was unpopular didn't bother <u>the boy</u>.
　　　　　(^{OK}表層構造条件, ^{OK}循環出力条件, ^{OK}派生制約 II)

　　 b. *Realizing that <u>the boy</u> was unpopular didn't bother <u>him</u>.
　　　　　(^{OK}表層構造条件, ^{OK}循環出力条件, ^{OK}派生制約 II, *意味的要因)

　　 c. $[_{S0}$ $[_{Q'x}$ the boy] $[_{S1}$ $[_0$ n't] $[_{S2}$ Past $[_{S3}$ $[_{NP}$ x's realizing that $[_{S4}$ Past

第 9 章　照応表現　　　　295

$[_{S_5} x$ unpopular]]] bother $x]]]].$

   d.　The boy's realizing that <u>he</u> was unpopular didn't bother <u>him</u>.

（20a, b）の深層構造である（20c）において，もし S_3 のサイクルで Equi がかからない場合には，S_0 サイクルの $Q'L$ で，Q' は最上位の変数である realize の主語の変数に降りて来ることになり，（20d）が派生される．もし S_3 のサイクルで Equi がかかり bother の目的語の x をコントローラーとして realizing の主語の x が削除された場合には，bother の目的語の x と that 節内の x は，一方が他方を c-command する関係にはないので，$[_{Q'_x}$ the boy] はどちらの x に降りてもよさそうである．実際，下の（21c, c′）は適格文である．（20b）の非文の原因は意味的要因と考えられる．具体的には，realize の that 節は久野暲の "logophoric clause" なので，realize の主体である人物はその that 節の中では（the boy のような full NP ではなく）人称代名詞で現れなければならない（詳しくは [378 note 13] を参照）．（20b）は，この意味的要因によって非文となる．

　また，つぎの（21a, b）は 2 条件をともに満たしている．ただし，John を（21c, e）のように定名詞句 the boy に置き換えると（適格性はそのままだが）その派生に問題が起こる．

  （21）a.　Mary's realizing that <u>he</u>/John was unpopular didn't bother <u>him</u>/
        John.　[340(14)]

     b.　The widespread realization that <u>he</u>/John was stupid annoyed
        <u>him</u>/John.　[340(14)]

     c.　Mary's realizing that <u>the boy</u> was unpopular didn't bother <u>him</u>.

     c′.　Mary's realizing that <u>he</u> was unpopular didn't bother <u>the boy</u>.

     c″.　Mary's realizing that <u>the boy</u> was unpopular didn't bother <u>the
        boy</u>.

     d.　$[_S$ $[_{Q'_x}$ the boy] $[_S$ $[_{NP}$ Mary's realizing that x was unpopular]
        Past-n't bother $x]]$

     e.　The widespread realization/rumor that <u>the boy</u> was stupid an-
        noyed <u>him</u>.

     e′.　The widespread realization/rumor that <u>he</u> was stupid annoyed
        <u>the boy</u>.

     e″.　The widespread realization/rumor that <u>the boy</u> was stupid an-
        noyed <u>the boy</u>.

(21d) は Q′L が適用される直前の (21c, c′) の循環出力である．(21d) の 2 つ
の変数は一方が他方を c-command することはないので，そのどちらの変数に
Q′ が降りても良いことを予測する．実際，(21c) も (21c′) も適格文である．
しかし，[$_{Q'}$ the boy] が 2 つの変数に同時に降りることはないので（ただし，等
位構造内の変数の場合に限っては，x and x's parents から the boy and the boy's par-
ents が派生可能だが，これは CSC による ATB 適用の場合である），適格文 (21c″,
e″) は派生されない．つまり，定名詞句に対して Q′L 分析を採用すると派生
が説明できない適格文が存在するという問題が生じる．

次の (22) の一連の例を 2 条件の観点から確認する．McCawley に従って，
P′$_{near}$ は see の補部で前置された場合には不連続構造を成すと仮定する．この
仮定の下では，saw の主語や目的語の NP は (P′ が前置された場合でも) near の
目的語 NP を c-command することになる．また，saw の主語や目的語の NP
は near の目的語 NP を outrank する．以上に基づいて，次のデータを観察し
てみると，2 条件を満たすかどうかについて下の表のようにまとめられる．

(22) a. Near him, John saw a snake. [341(15)]

    b. *Near John, he saw a snake. [341(15)]

    c. John saw a snake near him. [341(15)]

    d. *He saw a snake near John. [341(15)]

    e. Near [the car that he was repairing], John saw a snake. [341(16)]

    f. Near [the car that John was repairing], he saw a snake. [341(16)]

    g. John saw a snake near the car that he was repairing. [341(16)]

    h. *He saw a snake near the car that John was repairing. [341(16)]

参考のために，定名詞句 the car that John was repairing を含む文 (22f) と
(22h) を吟味してみる．まず (22f) では，he は John を c-command してい
るが clausemate ではないので「本書での AD 条件」の表層構造条件 (c) の違
反はない．また，この定名詞句に Q′ 分析を適用すると，he は John を out-
rank しているが，Q′L 適用後には循環出力条件が適用できなくなるので，こ
の条件違反も起こらない．したがって，(22f) は表層構造条件も循環出力条件
もともに満たして適格文である．一方 (22h) では，(22f) の場合と同じ理由
で循環出力条件の違反はない．しかし，He が John を precede and c-com-
mand しているので表層構造条件違反となり，非文になっている．(22a-h) の
それぞれについて，表層構造条件と循環出力条件の判定結果を表にすると次の
ようになる．

第 9 章　照応表現　　　　297

	(22) の例文	表層構造条件	循環出力条件
a.	Near him, John saw a snake.	OK	OK
b.	*Near John, he saw a snake.	*	*
c.	John saw a snake near him.	OK	OK
d.	*He saw a snake near John.	*	*
e.	Near [the car that he was repairing], John saw a snake.	OK	OK (Q'L)
f.	Near [the car that John was repairing], he saw a snake.	OK	OK (Q'L)
g.	John saw a snake near the car that he was repairing.	OK	OK (Q'L)
h.	*He saw a snake near the car that John was repairing.	*	OK (Q'L)

　ここでも，$[_{NP}$ John] そのものが循環出力条件を違反している (22b, d) の場合に，John を定名詞句 the boy に代えると Q'L 分析により循環出力条件を免れる．例えば，次の例 (23b) を考えてみる．

(23)　a.　*Near John, he saw a snake.　（＝(22b)）

　　　b.　*Near the boy, he saw a snake.　(*表層構造条件, ^{OK}循環出力条件, *派生制約 II)

　　　b'.　$[_{S0} [_{Q'x}$ the boy] $[_{S1}$ Past $[_{S2}$ x see a snake $[_{P'}$ near x]]]]

　　　c.　*He saw a snake near John.　（＝(22d)）

　　　d.　*He saw a snake near the boy.　(*表層構造条件, ^{OK}循環出力条件, *派生制約 II)

(23b) で the boy を Q' として扱うと，その深層構造は (23b') のようになる．S_1 のサイクルで P' 前置が適用されても主語の変数 x が near の目的語の変数 x を c-command するので，Q'L により Q' は主語変数に降りる．したがって，非文 (23b) は Q'L の適用法の誤り（派生制約 II の違反）ということになる．しかも，he は the boy を c-command するので表層構造条件の違反も犯している．(23d) についても同様である．したがって，(23b, d) については，(22b, d) と同様に非文ではあるが，非文の理由が異なっている．

　次に，wh 移動を含む例を考察する．McCawley は最終的に wh 句を Q' として扱ったので，wh 疑問文の深層構造概形は次のようになる（[652-5, 661 note 9], 第 5 章第 3 節を参照）．

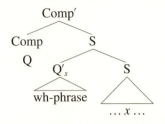

McCawley による wh 疑問文の派生は，まず Q'L により最上位の変数の位置に wh 句が降りて，次いでその位置から（必要ならば随伴要素を伴って）Comp 位置の Q マーカーに wh 句が引き寄せられて移動し（attraction to Q）[652-5, 661 note 9]，[$_{Comp}$ Q] と入れ替わる．したがって，次の文 (24a) でも which of Mary's friends は Q' 扱いになり，単に循環出力条件を免れているように見える．この部分を丁寧に考察したい．

(24) a. [Which of Mary's friends] did John say that she had invited? [342 (18)]
   b. [$_{Comp'}$ [$_{Comp}$ Q] [$_{S0}$ [$_{Q'x}$ which of Mary's friends] [$_{S1}$ Past [John say [$_{Comp'}$ that [Past [Past [she invite x]]]]]]]]

(24a) の深層構造は (24b) のようになる．S_0 のサイクルで Q'L により wh 句は変数の位置に降りて循環出力条件が適用できなくなり，循環出力条件を免れている．しかし，その上の Comp' のサイクルで，wh 移動と疑問文倒置の後に再度循環出力条件がかかることになる．McCawley の場合には，この循環出力 (Do-support を除くと表層構造と同じ) では，wh 句は (wh 移動は不連続構造を成さない上に，痕跡も残さないので) invite の目的語であったという関係を失っていると見なすことになり，この循環出力では invite の主語 she が wh 句内の Mary を outrank することはなく，ここでもやはり循環出力条件の違反は起こっていないと考えることになる．したがって，(24a) は表層構造条件も循環出力条件もともに満たして，適格文である．

さらに，次の例 (25) を考察する．

(25) a. Realizing that he was incompetent seemed to John to be bothering Mary. [342(19)]
   b. *Realizing that John was incompetent seemed to him to be bothering Mary.

(25a, b) の深層構造の概形は次のようになる．

第 9 章　照応表現

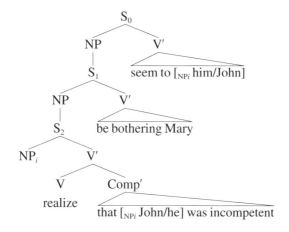

S_2 のサイクルで循環出力条件により that 補文の主語が代名詞であることが要求される．その後 S_0 のサイクルで to の目的語 him/John をコントローラーとして Equi がかかり realize の主語が削除され，ついで E + R が適用される．したがって，(25b) は循環出力条件の違反を含んでいるために非文である．さらに，(20b) で指摘したように，(25b) はそもそも logophoric 節に関する意味的要因のために非文でもある．

　McCawley は (22) の各例文において P'_{near} を動詞 see の補部（つまり $[_{V'}$ see NP $[_{P'}$ near NP]] という V′ 構造）と見ていたと，これまで述べてきたが，以下この点について補足する．P'_{near} を，McCawley は（はっきりとは明言していないが）see の補部と考えていたことがうかがえる．なぜならば，[359 (31)] で次の文 (26a, b) を循環出力条件の違反として（つまり，循環出力 *He saw the snake near John をもとに）排除しているからである．つまり，see の主語は near の目的語を outrank するという判断がもとになっており，この判断は P'_{near} が動詞 see の補部であることが前提になっている．

(26)　a. *Near John is where he saw the snake.
　　　b. *It was near John that he saw the snake.

したがって，この補部 P′ が前置された場合には McCawley の不連続構造を成す（[357] (23a) の動詞 put の P′ 補部の前置の場合の表層構造を参照）．

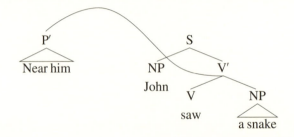

　この不連続構造では主語 NP である John は near の目的語である him を c-command も outrank もしていることになる．

　この点と関連して，McCawley は動詞の補部 P′ や V′ 付加詞の P′ が前置された場合には，上のような不連続構造を成すと考えた（[357 (24b)] 参照）．一方，時や場所を表す Ad-S 付加詞が前置されている場合には不連続構造ではなく，純粋な S 付加詞として分析した（[357 (23b)] 参照）．(27a, c, d) は表層構造条件に違反するので非文である．

(27) 補部 P′$_{in}$ の前置 (a) と Ad-S P′$_{in}$ の前置 (b) と Ad-V′ P′$_{with}$ の前置 (c, d)
　　a. *In Mary's apartment, John put her.
　　　　　　　　　　　　（不連続構造で，her は Mary を c-command）
　　b. 　In Mary's apartment, John attacked her.
　　　　　　　　　　　　（S 付加構造で，her は Mary を c-command しない）
　　c. *With Rosa's peacock feather, she tickles people.
　　　　　　　　　　　　（不連続構造で，she は Rosa を c-command）
　　d. *With Rosa's peacock feather, I tickled her.
　　　　　　　　　　　　（不連続構造で，her は Rosa を c-command）

　さらに表層構造条件の正しさを確認するために，いくつかのデータを観察する．(28) は Lakoff (1968) からのデータである．

(28) [342 (17)] から
　　a. 　Near the manuscript of his that Mary was editing, she saw John.
　　b. *Near the manuscript of John's that Mary was editing, she saw him.
　　c. *Near John's manuscript, she saw him.

(28a) では，she は clausemate ではない Mary を，また，John は clausemate の his を c-command しているが，John と his の関係も Mary と she の関係

第 9 章　照応表現　　　　　　　　　　　　　　301

もともに表層構造条件を満たしている．(28b) では，him は clausemate の
John を c-command していて表層構造条件に違反．ただし，she と Mary と
は clausemate ではないので表層構造条件の違反はない．(28c) では，him は
clausemate の John を c-command しているので表層構造条件に違反してい
る．なお，(28b, c) は表層構造条件違反による非文なので，near の目的語の
定名詞句に Q'L 分析を適用しても（循環出力条件を逃れるだけで）非文という判
定は変わらない．

　さらに，次の (29a) では，2 つの表層構造が存在する．1 つは P'_{before} が
Ad-S の場合である．この時には him が John を c-command しないので，表
層構造条件を満たしている．もう 1 つの表層構造は P'_{before} が Ad-S to Ad-V'
の適用を受けて Ad-V' になっている場合である．この時には him が John を
c-command するので表層構造条件に違反する．つまり，(29a) では表層構造
条件を満たす表層構造が存在しているので適格文になっている．この説明から
分かることは，もしこの P' が Ad-V' に限られるならば非文になるという予測
が立つことである．実際，(29b) では V' を both and で等位接続することで，
また，(29c) では V' を疑似分裂文の焦点位置に置くことで，P'_{before} を強制的
に Ad-V' の位置に現れるようにしてある．この場合には him が John を c-
command するので表層構造条件に違反し，非文になっている．

(29) a.　Mary hit <u>him</u> [p' before <u>John</u> had a chance to get up].　[354(14a)]
　　 b. *Mary both [hit <u>him</u> before <u>John</u> had a chance to get up] and
　　　　[screamed at the top of her lungs].　[356(20a)]
　　 c. *What Mary did was [hit <u>him</u> before <u>John</u> had a chance to get
　　　　up].　[356(20b)]

また，すでに論じた次の対 (30) も表層構造条件の正しさを示している．

(30) a. *In <u>Mary</u>'s apartment, John put <u>her</u>.　[357 (21a)]
　　 b.　In <u>Mary</u>'s apartment, John attacked <u>her</u>.　[357 (22a)]

(30a) の P'_{in} は補部 P' の前置で，その表層構造は不連続構造であり，her は
Mary を c-command する．よって，表層構造条件に違反する．一方，(30b)
の P'_{in} は Ad-S の S 付加詞なので，her は Mary を c-command しない．よっ
て，表層構造条件の違反はない．

4. 再帰代名詞と相互代名詞の AD 条件

McCawley の Anaphora 章の Section e では，再帰代名詞，相互代名詞，照応的ののしり語 (anaphoric epithet, AE) について，彼の 2 条件（表層構造条件と循環出力条件）をもとにその分布について検討している．ここでは，再帰代名詞と相互代名詞 each other について，McCawley の分析を検討する．

4.1 再帰代名詞について

英語の再帰代名詞は，他の多くの言語（例えば日本語）と異なり，主語に加え目的語（前置詞の目的語を含む）もその先行詞に取ることができる．

(31) a. John asked Mary about herself. [366]
　　 b. I talked to John about himself.

McCawley にとっての再帰代名詞化 (reflexivization) は，$SPhE^2$ において Anaphora 章に至るまでは，いわゆる "classical approach" [338] の扱いで，先行詞と同一である名詞句（先行詞のコピー）が再帰代名詞化という変形により再帰代名詞に変えられるという扱い [26, 338] であった．（しかし，これが問題であることは，Every man loves himself が Every man loves every man からが派生できないことなどから明らかである．）この Anaphora 章の Section e に至って [366]，ようやく再帰代名詞化の最終的な扱いが述べてある．

McCawley の考察の主な対象は義務的再帰代名詞化であった．（ただし，"picture nouns" の再帰代名詞に関する特殊な現象は別途記述してある [367-8]．）この場合には，(32) に示したように再帰代名詞の代わりに人称代名詞や先行詞と同一の名詞句が現れることは不可能になっている．

(32) a. John told Mary about himself/*him/*John. [367]
　　 b. I talked to John about himself/*him/*John.

McCawley はこの義務的再帰代名詞化を説明するために，循環出力条件により義務的に要求された人称代名詞の中で，先行詞から「構造的に近い位置 ("structurally sufficiently close" [367])」にある人称代名詞が義務的に再帰代名詞に変形されると分析した．したがって，この場合の義務的再帰代名詞化は義務的人称代名詞が義務的に再帰代名詞に変わることである．

このように分析された義務的再帰代名詞は，その上位のサイクルで話題化 (topicalization) や（疑似）分裂文形成などの変形を受けても，（元の循環出力で再帰代名詞でなければならないという条件が依然として残るので），(33b) のように

影響を受けずに再帰代名詞のままである．

(33) a. John believes himself/*him to be underpaid.　[367]
　　 b. ?Himself/*Him, John believes to be underpaid.
　　 c. John saw a snake [_P' near *John/him/*himself].　[379 note 20]

　McCawley の再帰代名詞化の第一の問題は，「構造的に近い位置」の指定が十分に明確化されていない点である．おおよその条件（"first approximation"）として，再帰代名詞に変形されるべき義務的代名詞とその先行詞とが NP-mate（つまり NP 節点で分離されていない）または S-mate（つまり S 節点で分離されていない）の関係になければならないと述べるにとどまっている．しかし，(33c) の例が示すようにこれでは不十分である．この例では，near の目的語は主語の John に outrank されるので，義務的な人称代名詞 him が現れる．しかし，[_NP John] とこの [_NP him] は S-mate である（したがって，「構造的に近い」）にもかかわらず，再帰代名詞化することはできない．

　第二の問題点は，この変形としての「再帰代名詞化（reflexivization）」の位置づけが明確でないことである．Anaphora 章以前では，古典的アプローチによる再帰代名詞化が考えられていて，それは循環変形であった．根拠は，命令文における他動詞目的語の再帰代名詞化である．

(34) a. Defend yourself.　[163]
　　 b.

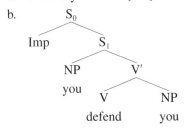

McCawley は命令文 (34a) の深層構造を (34b) のように，（疑問文の Q マーカーと平行に）Imp という命令文マーカー（imperative marker）が付いた構造として考えた．この深層構造では，厳密循環適用原則に従って，S_1 を領域として再帰代名詞化がかかり目的語 you が yourself となり，次いで S_0 を領域として Imperative Subject Deletion により主語 you が削除される [27, 163]．この分析をもとに，再帰代名詞化は循環変形として分類されることになった．ところが，Anaphora 章での再帰代名詞化の扱いは，循環出力条件により義務的に求められた人称代名詞が（構造的に近ければ）義務的に再帰代名詞化される

という分析になっている．もしそうならば，循環出力条件適用後に同一サイクルで再帰代名詞化を適用することになり，循環出力を変更することになってしまう．これは厳密循環適用原則違反と考えざるを得ない．この問題を避けるためには，それぞれの循環出力に循環出力条件が適用されるのと同時に（つまり，循環出力条件の一部として）この再帰代名詞化が適用されると考えなければならない．つまり，循環出力条件にその一部として再帰代名詞化を組み込むこと（つまり，outrank による義務代名詞化の特別な場合として義務的再帰代名詞化を組み込むこと）になる．

第三の問題点は，McCawley の再帰代名詞化は循環出力条件による義務的代名詞に伴う義務的再帰代名詞化として義務的再帰代名詞の出現だけを説明しているので，随意的な再帰代名詞化（つまり，人称代名詞でも再帰代名詞でもよい場合）についての説明が欠けている．

(35) a. That pictures of him (self) are hanging in the post office doesn't bother Lou.　[366]

　　 b. Each student claimed that everyone but himself / ?him had been cheating.

　　 c. No student knew whether anyone besides himself / ?him got an A.

　　 d. John's fascination with pictures of him (self) is embarrassing. [367]

第四の問題点は，束縛変数が再帰代名詞として現れる場合が扱われていないことである．

(36) a. Every boy admires himself.

　　 b. (a) の深層構造

　　　　 $[_S [_{Q'x}$ every boy$] [_S [_{NP} [_S x$ admire $x]] [_{0'} [_0$ Pres$]]]]$

(36a) の派生では，最後のサイクルで Q'L が適用されて every boy が上位の変数の位置に入り，下位の変数には再帰代名詞 himself が現れる．この場合，もし通常のように下位の変数はまず人称代名詞として現れて（これは Q'L の一部），その後に再帰代名詞化されると考えると，厳密循環適用原則に違反する．しかも，この場合，第二の問題点で提案した循環出力条件の一部に組み込んだ再帰代名詞化を使うことはできない．前述したように McCawley は循環出力条件も循環変形と同様に扱うので，Q'L 適用後に循環出力条件は適用できないからである．この問題を避けるためには，Q'L に伴って（構造的に近い）下位の変数が人称代名詞ではなく再帰代名詞として現れると言わなければならない．つまり，Q'L に伴う再帰代名詞化を Q'L に組み込むことになる．結局，義務

第9章　照応表現　　　　　　　　　　　　305

的再帰代名詞化は，循環出力条件に組み込まれた再帰代名詞化と，Q'L に組み込まれた再帰代名詞化と，2 つの場合に分かれてしまうという，望ましくない結果に至る．以上，McCawley の再帰代名詞化について問題点を 4 つ指摘した．

4.2　相互代名詞について

相互代名詞 each other について，McCawley はわずか 1 ページ程度 [368-9] 論じている．each other の分布はほぼ再帰代名詞の分布と重なるが，いくつか違いを指摘している．第一に，再帰代名詞には属格が存在しないが（通常の人称代名詞属格がその機能を担っていると思われる），each other には属格が存在する．

(37)　Matisse and Derain had affairs with each other's wives.　[368]

第二に，再帰代名詞は上位節内に先行詞を持つことが可能だが，each other ではそれが不可能である．

(38) a.　That pictures of himself/him are hanging in the post office doesn't bother Lou.　[367]

b. *That pictures of each other are hanging in the post office doesn't bother Tom and Lucy.　[368]

c.　Tom thinks that anyone but himself should be treated with contempt.　[368]

d. *Tom and Dick think that anyone but each other should be treated with respect.　[369]

第三の違いは，each other はスコープ曖昧性（scope ambiguity）を示すことである．例えば，(39a) は二通りに解釈できる．each が補文だけをスコープとするように解釈される場合 (39b) と，each が全体をスコープとするように解釈される場合 (39c) とである [369]．この現象は，数量詞が QF を受けずに NP の一部として（例えば目的語の位置に）現れる場合や，only が only separation を受けずに NP の一部として（例えば目的語の位置に）現れる場合にスコープ曖昧性を示す現象と同じことである．

(39) a.　Reagan and Mondale claimed to have caused each other trouble.　（曖昧）[369(15a)]

b.　Both claimed that each had caused the other trouble.　[369(15b)]

c.　Each claimed that he had caused the other trouble.　[369(15b')]

each other がスコープ曖昧性を示す原因は，each other が each という数量詞

を含むことにあると McCawley は考えた．each other の解釈には 3 つの要因が関わっていると指摘した [369]．第一に other の先行詞は何か，第二に each のスコープは何か，第三に，each のスコープ内のどこに each other が現れるかの三点である．

McCawley は (39a) のスコープ曖昧性について，[369 (15b, b′)] でその概略だけを述べたが，この説明に少しだけ肉付けをしたい．まず，(40a) の each other の each を (40b, c) のように数量詞として扱う．

(40) a. The boys hate each other. [373(11a)]
　　b. Each of the boys hates the other. [373(11a′)]
　　c. Each of the boys hates the others. [373(11a″)]

McCawley が指摘しているように，(40a) においてもし the boys が二人だけならば (40b) のように表現できるが，もし 3 人以上ならば (40c) のように表現することになる．つまり，each other に含まれる代名詞 other は数について「未指定 (unspecified)」である [374] と考える必要がある．いずれにしても，(40b, c) を参考にすると，(40a) の派生について，深層構造で Q′ として each (of) the boys を設定し，hate の目的語に代名詞 the other を置き，Q′ 内の [$_Q$ each] が降りて来て the other の the と入れ替わった後に，Q′L で [$_{Q'x}$ the boys] が主語の変数の位置に降りるという分析を考える（この分析は Dougherty (1974) を雛形にしている；[374] 参照）．(40a) の深層構造は次のようになる．ここでは，一致の説明が楽になるように，テンスの内側に Q′ を置いた．なお，変数 x は NP 節点へのインデックスとして扱っている．

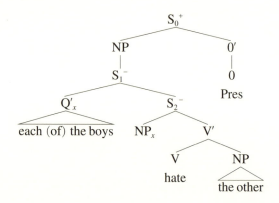

ここで，the other は固有 AD として扱う．ここでは the other の先行詞は主語の変数 x である．

第 9 章 照応表現

S_1 を領域として Q'L を適用して，次いで S_0 を領域として E + R + AGR を適用すると，Each of the boys hates the other という文が派生される．また，S_1 を領域として QF + Q'L を適用して，次いで S_0 を領域として E + R + AGR を適用すると The boys each hate the other という文が派生される．さらに，(40a) を派生するためには，まず S_1 を領域として Q' 内の each を the other に降ろして the と入れ替えて each other とし，次いで Q'L を適用する．S_0 を領域として E + R + AGR を適用すると (40a) の文が派生できる．この分析を先ほどの曖昧性を示す文 (39a) に使ってみる．(39a) では，動詞 claim を governor とする Equi が適用される点に注意．

(39a) の深層構造 (each が文全体をスコープに取る場合)

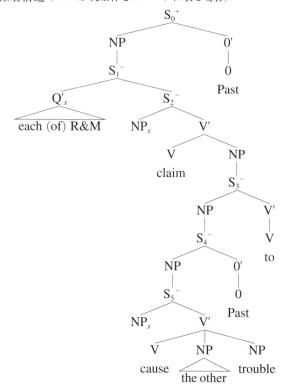

派生は以下のように進む．

・S_4 を領域として E + R + TR がかかり，[$_{S_4}$ NP$_x$ have caused the other trouble] に至る．

- S_3 を領域として E+R がかかり，[$_{S3}$ NP$_x$ to have caused the other trouble] に至る．
- S_2 を領域として Equi がかかり下の NP$_x$ が削除されて，[$_{S2}$ NP$_x$ claim to have caused the other trouble] に至る．
- S_1 を領域として Q' 内の each が the other に降りて the と入れ替わり，[$_{S1}$ NP$_x$ claim to have caused each other trouble] に至る．次いで Q'L により，NP$_x$ の位置に R&M が入り [$_{S1}$ Reagan and Mondale claim to have caused each other trouble] に至る．
- S_0 を領域として E+R+AGR がかかり，[$_{S1}$ R&M Past$_{[3PL]}$ claim to have caused the other trouble] に至る．
- 最後に循環後変形 TH がかかり表層構造に至る．

一方，each が動詞 claim の補文だけをスコープに取る場合の (39a) の深層構造は次のようになる．

(39a) の深層構造 (each が補文だけをスコープに取る場合)

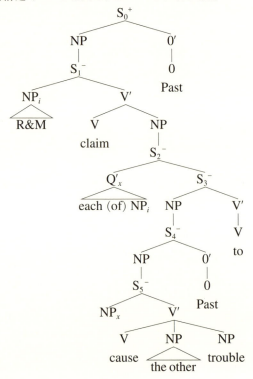

派生は以下のように進む．

- S_4 を領域として E＋R＋TR がかかり，$[_{S4}$ NP$_x$ have caused the other trouble] に至る．
- S_3 を領域として E＋R がかかり，$[_{S3}$ NP$_x$ to have caused the other trouble] に至る．
- S_2 を領域としてまず Q′ 内の each が the other に降りて the と入れ替わり，$[_{S2}$ $[_{Q′}$ NP$_i$] [NP$_x$ to have caused each other trouble]] に至る．次いで Q′L がかかり $[_{S2}$ NP$_i$ to have caused each other trouble] に至る．
- S_1 を領域として Equi がかかり，$[_{S1}$ R&M claim to have caused each other trouble] に至る．
- S_0 を領域として E＋R＋AGR がかかり，$[_{S0}$ R&M Past$_{[3PL]}$ claim to have caused each other trouble] に至る．
- 最後に循環後変形 TH がかかり表層構造に至る．

この派生で注目すべき点は，Q′ が数量詞 each と指示指標を帯びた NP 節点 (NP$_i$) だけから成る点と，Q′L を適用する段階で Q′L がこの指示指標を帯びた NP 節点にだけ適用される点である．

5. McCawley の深層構造における人称代名詞

　McCawley の統語分析によれば，人称代名詞は固有 AD として（指示指標を伴って）深層構造に存在している（固有 D については第 1 節を参照）．では，深層構造でこれらの人称代名詞は特定の一致素性を伴った特定の語形として（例えば，3 人称単数男性の素性を有する）he や him などとして存在しているのであろうか．（人称代名詞の格に関しては，主語変更を伴う受身変形や tough 移動などを考慮すると，深層構造ではなく前表層構造で決まると考えなければならない．）この点について，McCawley は Anaphora 章の Section f Choice among Pronouns; Morphological Indeterminacy で考察している．この節では，この考察を検討したい．

　McCawley は，Section f の結論として，人称代名詞は深層構造において，人称代名詞という指定だけがあり，その一致素性（人称，数，性）のすべてまたは一部が未指定（"unspecified"）であると結論した．（したがって，人称代名詞の一致素性は前表層構造に至る派生過程で決まることになる．）McCawley は [373] で次のように述べている．

In the remainder of this section I will take up seriously the possibility that pronouns in at least some stages of derivations may be unspecified with regard to some or all of these features, that is, the possibility of syntactic structures containing pronouns that are not determinately singular or determinately plural, do not belong determinately to any one gender, and so on.

一般的に，名詞の場合でもその一致素性がすべてあらかじめ指定されている訳ではない．特に，性素性は未指定（"unspecified"）であることが多い．McCawley は名詞や人称代名詞の一致素性について，興味深い指摘をいくつかしている．

第一に，名詞句の主要部名詞の一致素性（特に性素性）は，未指定（unspecified）であると考えなければならない場合が存在する [370]．例えば，単数形名詞 neighbor の一致素性について 3 人称単数は既定だが，その性素性は未指定であると考えられる．(41a, b) において，もし名詞 neighbor にあらかじめ性素性が与えられていると考えた場合には，名詞 neighbor にその性素性が masculine のものと feminine のもと 2 つの neighbor が存在するということになる．したがって，(41a) では masculine の性素性を持った neighbor が主語に現れていて，よって目的語再帰代名詞は男性形 himself となり，一方，(41b) では feminine の性素性を持った neighbor が主語に現れていて，よって目的語再帰代名詞は女性形 herself になると主張することになる．

(41) a. My neighbor has injured himself.　[370]
　　 b. My neighbor has injured herself.
　　 c. John can't [v' stand his neighbor], and Fred can't Ø either.　[371]
　　 d. I have a neighbor who once played third base for the White Sox, and I have one who was Miss Georgia of 1976.

しかし，この分析では，(41c, d) の例が説明できなくなってしまう．(41c) では後半の等位節に zero V' が現れているが，前半の neighbor と後半の zero V' の意味に含まれる neighbor とは同じ性であると解釈する必要はなく，異なる性として解釈することも可能である．つまり，異なる性を有する stand his neighbor は，V' 削除の観点からは同一として扱うことができる．このためには，neighbor には性の指定がないと考えておけばよい．さらに (41d) では，代名詞 one は a neighbor を置き換えているが，最初の neighbor と 2 番目の one で置き換えられた neighbor とは異なる性であると解釈しなければならな

い．したがって，neighbor の性素性は指定されていない（"unspecified"）と考えるべきである．そうであるならば，(41a, b) の himself と herself の選択は，文内の先行詞の my neighbor から決まるのではなく，my neighbor という NP が言語外のコンテクスト（実際の発話場面や話し手の知識）で実際に指している指示物（"purported referent"）の性によって決定されると考えなければならない．これから分かるように，代名詞の素性決定に当たっては，（言語内コンテクストの先行詞から決まることはもちろんだが）(41a, b) のように言語外コンテクスト（例えば話し手が意図した指示物）から直接決まる場合が存在する．この場合を可能にするためには，単数形名詞 neighbor 自体が本来有する一致素性は 3 人称単数だけで，性素性については未指定であると考えなければならない．

　第二に，言語内コンテクストに人称代名詞の先行詞が存在しない場合には，その人称代名詞の一致素性は直接にその指示物から決めなければならない．このことが明確に現れる状況として，例えば，突然部屋に入って来た人を指して「だれ？」（"[NP Who] [V be-PRES] [NP pronoun]?"）と尋ねる場合がある [372]．この時に現れる直示的（deictic）に使われた人称代名詞の性は指示物の性から決まる．もし (42a, b, c) を共通の深層構造を設定することで分析しようとする場合には，深層構造の人称代名詞の一致素性は未指定のままで，疑問文倒置がかかる直前の主語動詞一致がかかるその段階で，指示対象から直接に人称代名詞の一致素性が決まると考えなければならない．(42d) の he/she の選択も同様である．

(42) a. Who is he?（男性一人を指して）

　　 b. Who is she?（女性一人を指して）

　　 c. Who are they?（複数の人を指して）

　　 d. What is that? He/She is a friend of mine.

　第三に，Q'L 適用の際には，数量詞句が最上位の束縛変数に入り，その他の束縛変数は人称代名詞で現れることになっている．この時に現れる人称代名詞について McCawley の分析 [373] を振り返る．彼は，(43a, b) を共通の深層構造 (43c) をもとに説明した．（この深層構造では，(40a) の深層構造と同様に，テンスの内側に Q' が位置すると仮定した．）(43a) は Q'L 適用だけで派生される例で，(43b) は QF と Q'L の適用で派生される例である．つまり，(43a) と (43b) とでは共通の深層構造を有するが，QF 適用の有無によって現れる人称代名詞（と動詞の形）が異なってくる．したがって，束縛変数由来の人称代名詞は一致素性の値が未指定であると McCawley は主張した [373]．

(43) a. Each of the boys admires his/*their teachers. [373 (10a)] (Q'L のみ)
b. The boys each admire their/*his teachers. [373 (10b)] (QF+Q'L)
c. 共通の深層構造

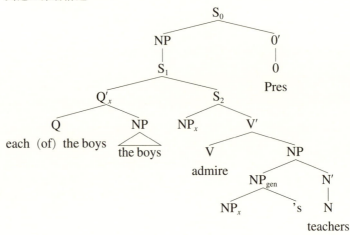

(43a, b) の派生を詳しく見ると, 両者ともにその深層構造に命題関数 x admire x's teachers を含む. つまり, 両者は共通の深層構造 (43c) を有し, (43a) には QF が適用されず, (43b) には QF が適用されている.

(43a) の派生では, まず S_1 を領域として Q'L が適用される (Q'L の適用については第 5 章 (10) 派生制約 II を参照). 具体的には, (1) 下位の変数は Q' を先行詞とすることで男性単数 his が現れ, (2) each of the boys が最上位 (つまり主語) の変数に降りて来て主語となり, [$_{S1}$ each of the boys [$_{V'}$ admire his teachers]] という構造に至る. 次に S_0 を領域として E+R+AGR が適用されて, [$_{S0}$ each of the boys Pres$_{[3SG]}$ [$_{V'}$ admire his teachers]] という構造に至る. 最後に循環後変形 TH が適用されて表層構造 (43a) に至る.

一方, QF が適用される (43b) の派生では, まず S_1 を領域として QF の適用により, [$_{S1}$ [$_{Q'x}$ the boys] [$_{S2}$ NP$_x$ each [$_{V'}$ admire NP$_x$'s teachers]]] という構造に至る. この構造に Q'L を適用するのだが, (1) 下の変数は Q' を先行詞として 3 人称複数形 their の形になり, (2) 上の変数に the boys が入り, [$_{S1}$ [$_{NP}$ the boys] each [$_{V'}$ admire their teachers]]] という構造に至る. 次いで S_0 を領域として E+R+AGR がかかり, [$_{S0}$ [$_{NP}$ the boys] Pres$_{[3PL]}$ [$_{V'}$ each [$_{V'}$ admire their teachers]]]] という構造に至る. 最後に循環後変形 TH がかかって表層構造 (43b) に至る.

McCawley は Q′L が適用されて数量詞句が NP 位置（＝最上位の変数の位置）に入ってから，それを先行詞として下位の束縛変数が人称代名詞に変わると分析していたようである（例えば [638] を参照）．しかし，これを文字通りに解釈すると，束縛変数の人称代名詞化は厳密循環適用原則に違反していると言わざるを得ない．

以上，人称代名詞が深層構造において一致素性の値が指定されていない（"unspecified"）という McCawley の主張の主な根拠を振り返った．

6. McCawley の AD 分析への補足

ここまで概観してきた McCawley の AD 分析で，気になるのは循環出力条件が厳密循環適用原則に従うという分析である．循環出力条件は派生に含まれるすべての変形適用領域（domain）ないしサイクル（cycle）に対して代名詞の義務的使用の制約を加えることになる．この分析方法から，例えば次の 2 つの点が問題になりそうに思われる．

第一の問題点は，ある文の派生において，下位領域の循環出力で代名詞でなければならないとされた NP 節点が上位領域での移動後の循環出力で代名詞でなければならないという制約から逃れる状況である．素直に解釈すれば，この場合には下位領域での義務的代名詞使用の制限が上位領域でも生き残っているはずである．この状況に該当する例は tough 構文である．

(44) tough 構文における代名詞
    a.　It is difficult [for John to admire himself / *him / *John].
    b.　*He / Himself is difficult for John to admire.
    c.　John is difficult for himself to admire.

外置後の (a) の補文 Comp′$_{for}$ 内の S$_{to}$ では，主語の John は目的語 NP を outrank するので循環出力条件により義務的に代名詞（この場合には再帰代名詞）でなければならない．tough 移動でその目的語が主節主語の位置に移動すると，この位置ではもはや義務的代名詞の要件がかからなくなっている．しかし，移動前に義務的に再帰代名詞になっているので，その（再帰）代名詞が tough 構文（b）で主節主語位置に現れると表層構造条件の違反となり，非文になる．また，tough 移動後に循環出力条件が再度かかり，今度は主語 NP と同一指示の difficult の補部の NP が義務的に代名詞でなければならないという要件がかかる．この後者の要件を満たしているのが (c) である．

したがって，(c) の場合にはその派生が問題になる．外置適用前では ad-

mire の主語が目的語を outrank するので，（A）その目的語は義務的に再帰代
名詞でなければならない．その後の派生過程で tough 移動後では difficult の
主語が admire の主語を outrank するので，（B）後者が義務的に代名詞でなけ
ればならない．(c) は，（A）を無視して（B）だけを満たしている．

　第二の問題点は，Q' に含まれる NP がそのスコープ内の主語 NP と同一指
示の場合である．$Q'L$ によりそのスコープ内の変数（例えば目的語の位置の変数）
に降りると，この Q' 内の NP を代名詞に変えなければならない状況になるが，
$Q'L$ 適用後なのでもはや循環出力条件を適用することができなくなっている．
具体的には次のような例である．

(45)　$Q'L$ と代名詞
　　a.　[$_{Q'x}$ every picture of John][$_S$ John hates x]
　　b.　*John hates every picture of John.
　　c.　John hates every picture of himself.

(45b) の場合には，$Q'L$ 適用後に循環出力条件がかからない上に，表層構造条
件でも排除できない．なぜならば，表層構造条件は AD とその先行詞との関
係についての条件であるからである．（ただしこの点は，McCawley の AD 条件そ
のものの不備を示すものではない．しかし，(45c) の派生が McCawley の場合には問
題になる．）

　このように McCawley の AD 分析では，循環出力条件がうまく働かない場
合には，その問題は (44) の場合のように結局表層構造条件により正しく排除
されている．一方，McCawley の AD 条件では（AD 条件であるがゆえに）(45b)
のような NP 同一指示が排除できないという問題が残っている．

　(45b) の問題を避けるためには，いくつかの可能性が考えられる．第一の可
能性は，(45b) のような非文を除くために，McCawley の表層構造条件以外
の NP 同一指示に関する表層構造条件（例えば，「束縛条件 C」に相当するもの）を
追加することである．第二の可能性は，深層構造 (45a) には，さらに上位の
S 節点（[$_{S0}$ Dec S$_1$]）ないしは Comp$'$ 節点が存在し，そこで循環出力条件が適
用されると分析することである．具体的には，McCawley が命令文の深層構
造 [163] で使った Imp のように illocutionary force marker が深層構造に存在
すると分析すればよい．第三の可能性は，(45a) において，$Q'L$ 適用以前の [$_S$
John hates x] に対して循環出力条件が適用された時に，そこで John は変数 x
を outrank することになり，さらにもし x が NP を支配すればその NP も
outrank することが確定する．したがって，そのような NP がもし John と同
一指示であれば代名詞でなければならない．つまり，$Q'L$ 適用直前のサイクル

で，もし x の位置に NP が降りて来るならば，そこに含まれる John と同一指示の NP は代名詞でなければならないことが Q′L 適用直前のサイクルですでに確定していると解釈することも可能である．この解釈のもとでは，Q′L により every picture of John がそのまま x の位置に降りてくることは不可能になる．主語の John に outrank される位置 x に降りる過程で every picture of himself と姿を変えれば (45c) のように適格文になる．

しかし，これら3つの可能性にはどれも問題がある．第一の可能性については，具体的にどのように条件を述べるのかが非常に難しい．同一指示の同一表現2つが1つの文の中で（しかも一方が他方を c-command するように）使われることは十分にありうる．例えば，次のような例 (筆者の作例) である．

<u>The principle</u> is well known to syntacticians despite the fact that <u>the principle</u> has not been sufficiently supported by linguistic data.

第二の可能性については，平叙文の illocutionary force marker として Dec を設けたとしても $[_{S_0}$ Dec $S_1]$ で再度循環出力条件を適用しても，実質的に S_1 を領域として適用することになり，厳密循環適用原則に違反する．しかもこの分析は，(45b) が主文ではなく補文になっている場合には使えない．

第三の可能性については，このような先取り解釈を許すと，循環出力条件が厳密循環適用原則に従うとした McCawley の元々の意図に反することになる．

そこで本節では，(45b) が $[_{Q}$ every picture of John] がテンスの内側に存在する深層構造から派生されるという説明を提案したい．（この説明はすでに (40)(43) で採用した．)

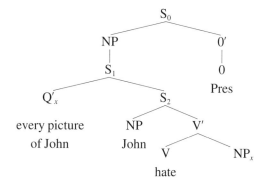

この深層構造からの派生では，Q′L は S_1 を領域として適用され（ここでは循環出力条件はかからない），次いで S_0 を領域として E＋R＋AGR と循環出力条件

がかかる．したがって，主語の John は目的語内の John を outrank すること
になり，強制的に代名詞（ここでは主語から十分に近いので再帰代名詞）として現
れることが求められる．この要件を満たしたものが (45c) である．

しかし，非文 (45b) はまだ説明できていない．一般的に，適格文の説明で
は，可能ないくつかの派生のうち違反を犯していない派生が 1 つ存在するこ
とを示すだけでよい．しかし非文の説明では，可能な派生のどれもが何らかの
違反を犯していることを示さなければならない．したがって，非文 (45b) に
は，最後に Q'L が適用されて循環出力条件を逃れる派生が依然として残って
いるので，まだ説明できていないことになる．つまり，McCawley の分析で
は説明できない非文がまだ存在するということである．

まとめ

この章では，$SPhE^2$ の Chapter Eleven Anaphora について，McCawley の
照応表現（anaphoric device, AD）についての分析の概要とそれに関連する諸
問題を検討した．

「はじめに」では，McCawley の Anaphora 章全体について予備的なことを
述べた．第 1 節では，彼の照応表現（anaphoric device, AD）の分類とその基
準について研究史をふまえつつ述べた．第 2 節では，彼が提案した 2 条件（「表
層構造条件」と「循環出力条件」）について，その定義や分析の具体例を考察した．
第 3 節では，この 2 条件について，その正しさを示すデータを考察し，合わ
せてそこに潜む問題点について論じた．大きな問題点として，定名詞句に数量
詞句繰り下げ（quantifier phrase lowering, Q'L）分析を採用するという Mc-
Cawley の方針では，正しく説明できるデータに加えて，Q'L 分析により派生
が説明できない適格文が生じてしまうという問題が起こることが明らかとなっ
た．第 4 節では，再帰代名詞と相互代名詞について McCawley の議論をた
どった．この中で，彼の再帰代名詞化には大きな 4 つの問題点が残っている
ことを指摘した．第 5 節では，McCawley の深層構造における人称代名詞の
一致素性について検討した．第 6 節では，McCawley の AD 分析について 2
つの問題点を指摘した．

AD に関する（表層構造条件と循環出力条件との 2 条件にもとづく）McCawley
の分析法において，循環出力条件の位置づけが問題であろうと，筆者には思え
てならない．AD を含む表層構造の適格性を判定するために，表層構造と深層
構造（≒意味構造）のみならず，その両者を結ぶ派生過程でのすべての循環出力
を確認しなければならないという，不便さ・複雑さが付きまとう．そもそも，

第9章 照応表現　　317

循環出力条件を導入した動機は，（疑似）分裂文での AD の分布を説明するためであった．もし，循環出力条件を必要とする現象がこの場合（つまり，情報構造の変更）だけに限られるのであれば，派生内のすべての循環出力を考慮しなくても，循環変形としての（疑似）分裂文形成への入力条件として説明することが可能であるのかもしれない．Ueno（2014: 296）では，Jerry Sadock（2012）の AMG の枠組みを用いて，意味構造を（命題と項など表示する）F/A 構造と，（事象と意味役割を表示する）E/R 構造との 2 種類に分け，（疑似）分裂文とそのもとになる文とは，F/A 構造と情報構造とでは異なるが，両者は同じ E/R 構造（つまり，同じ意味役割分配）を共有するものとして扱い，さらに outrank は E/R 構造に関する条件であると分析することで，McCawley の循環出力条件を必要とする現象と類似した現象を派生やそれに伴う循環出力を用いることなく説明した．

　最後に，McCawley は V′ 削除の結果である zero V′ を派生 AD として扱った．しかし，V′ 削除で残される助動詞をはじめから V′ 代用形（pro-V′ form）の AD として扱った方が（つまり，V′ 削除を廃止した方が）様々な現象の記述と説明が楽になるように筆者には思える．詳しくは Ueno（2015）の Chapter 5 An Automodular View of VP Ellipsis を参照．また，McCawley の V′ 削除は循環変形で厳密循環適用原則に従うので，zero V′ の先行詞が先行する別の文に現れる場合が問題になる．McCawley は [748] でこのような場合でも V′ 削除は問題なく適用できると述べて，(46a) の助動詞を含む例を出している．

(46) a. John tells me that Mary has left him. I'm really not surprised that she has Ø.

　　b. John tells me that Mary left him. I'm really not surprised that she did Ø.

　　c. John tells me that Mary left him. I'm really not surprised that she left him.

しかし，(46b) の場合にはどうするのであろうか？ 1 番目の文でも 2 番目の文でも，それぞれの派生で最上位のサイクルまで派生が終わり循環後変形である TH も適用されてしまった後で，次に循環変形の V′ 削除が適用できるのであろうか？この時点では 2 つの過去形 V′ left him が現れていて，V′ 削除は適用できなくなるのではと思われる．この問題を避けるためにも，Ueno（2015）での V′ 代用形としての助動詞の扱いが必要になる．

第10章 名詞化

はじめに

この第10章では，McCawley の「名詞化変形（nominalization）」による派生名詞の分析を検討する．この分析は *SPhE*[2] の Chapter Twelve The Structure of Noun Phrases の Section d [406-20] に述べてあるものである．以下の論述におけるかぎかっこ付きの数字は *SPhE*[2] の該当ページを示す．

McCawley は nominalization という語を，動詞や形容詞などから形成された派生名詞という意味と，動詞や形容詞の成す節を含む深層構造からそのような派生名詞を形成する変形という意味の2つの意味で用いている．なお，この章では動詞からの派生名詞を主に考察する．

McCawley が名詞化の深層構造に設けた S（正確には，第1節で述べるように動詞原形の成す非定形節 S⁻）は NP の主要部である N に伴う同格節（N の補部）または関係節（N' への付加詞）であった．これは，名詞化による派生名詞の意味が主要部名詞とそれに伴う同格節や関係節で容易に言い換えられるという事実がその根拠になっている [409-10]．例えば，次のような例（[409] より）のことである．

> the discoverer of Uranus = the person who discovered Uranus
> Edison's inventions = the things that Edison invented
> the absence of linguistics in their curriculum = the fact that linguistics is absent in their curriculum
> Reagan's choice of Meese as attorney general = the event in which Reagan chose Meese as attorney general

名詞化変形を設ける理由は，派生名詞とそのもとになった動詞（や形容詞）との意味的，統語的，形態・音韻的な関連性・類似性を変形で捉えるためである．名詞化変形への入力（深層構造）に派生名詞のもとになる動詞を仮定するということは，当然その動詞の成す節 S を深層構造で仮定することになる．

つまり，派生名詞の補部である P′ や節は，その動詞の成す節内の補部 NP や P′ や補文として現れていることになる．したがって，名詞化変形を用いることと深層構造に節 S を仮定することとは不可分であり一体を成す．

　McCawley は S を含む深層構造からの名詞化変形を提案した代表的研究として，Lees (1960)，Fraser (1970)，Newmeyer (1971)，Levi (1975, 1978) を挙げている．これらはすべて Chomsky (1970) が批判した「名詞化変形」には該当しない [409]．そもそも Chomsky が批判したのは S から直接に NP を派生するという「名詞化変形」（これは McCawley の言う"straw man"）であり，そのような名詞化変形はこれらの研究では主張されていなかった（McCawley (1982b: 17) 参照）．McCawley は [409] で次のように述べている．（下線と注は筆者による．）

> Much of Chomsky's argument is directed against a straw man, namely, an analysis in which the deep structure of a nominalization is identical to that of a corresponding S. To my knowledge, those who have been at all explicit about analyses of nominalizations in terms of an underlying embedded S [例えば上記の代表的研究] have proposed analyses in which more than just a S underlies a nominalization.

実際，McCawley は名詞化についての自分の立場を McCawley (1982b: 3) で次のようにまとめている．

> In my review [McCawley 1982b の第 1 章のこと，1975 年初出] I point out that whether nominalizations must be entered in the lexicon of English is independent of whether a nominalization transformation is required, that the 'transformationalist' analysis that Chomsky attacks is a straw man, and that most of the facts which he attacks as evidence against that analysis in fact provide support for an alternative 'transformationalist' analysis that is much closer to that offered by Lees 1960.

1.　McCawley の 2 つの名詞化変形

　簡単のために，destroy から destruction を派生するような行為名詞化（action nominalization）の場合に話を限ると，McCawley は 2 つの名詞化変形を論じた．両者の深層構造は共通で，様々な形で現れる名詞派生接辞が表す意味

("an element that is to be realized as the appropriate derivational morpheme" [410]) である ACTION を主要部 N とし，その N が補部 S を取り，その S 内の動詞（S の主要部に当る V）が名詞化される動詞である，という深層構造を仮定した．例えば (1) は，NP である the choice of Meese as attorney general by Reagan や Reagan's choice of Meese as attorney general, Meese' choice as attorney general by Reagan の McCawley による深層構造である [410].

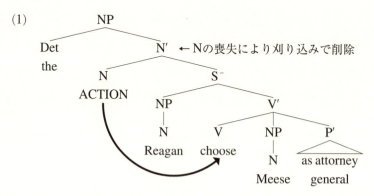

McCawley は [N ACTION] の補部として Comp' ではなく S を仮定した．これは正確には非定形，つまり時制を欠いた S⁻ のことであろうと筆者は理解している．(S⁻ については [234, 264 note 20]，第 1 章 (2) を参照．) もし Comp' を仮定すると ([122-126]，第 6 章を参照)，[Comp' Comp S] の主要部 Comp の種類に応じて補文 S (McCawley の "propositional nexus" [194, 199]) の動詞が定形になったり to 不定詞になったり -ing 形になったりしてしまう．一方，名詞派生接辞として現れる ACTION は動詞の語幹，つまり，この場合には動詞原形に直接付かなければならない．したがって，McCawley は深層構造に Comp' ではなく S（正確には S⁻）を設定したものと考えられる．

(1) のような深層構造をもとに，McCawley は 2 つの名詞化変形の可能性を考えた [410]．1 つは補文 S 内の動詞 choose が上に移動して ACTION と一体化するというもの（upwards version）である．もう 1 つは ACTION が補文内の動詞に降りて一体化するというもの（downwards version）である．派生される NP である the [N' choice of Meese as attorney general] by Reagan ないしは Reagan's [N' choice of Meese as attorney general] は [N' N P' P'] という構造の N' を含むが，McCawley が指摘したように upwards version の場合にはそのような構成素が得られないが，downwards version の場合には前

置詞挿入（この場合には of 挿入）を仮定することで得られる（[410] (13a, b) を参照）．このような構成素構造 [$_{N'}$ [$_{N'}$ N P' (P')] P'$_{by}$] の存在は，例えば次の those による Det + N' の置き換えテストから確認できる．

(2)　[411 (16)] より
　　a. the criticisms of Quine by Chomsky, and those by Kripke
　　b. *the criticism by Chomsky of Quine, and those of Skinner
　　c. downwards version ([$_N$ [$_V$ criticize]-[$_N$ ACTION]] が形成される)

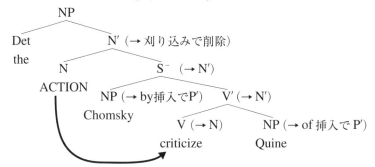

　　d. upwards version

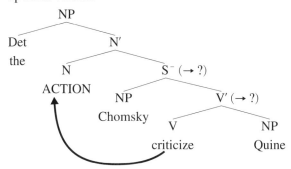

(2a) は P'$_{by}$ を残してその前の部分を those で置き換えることができることを示すが，(2b) は P'$_{of}$ を残して P'$_{by}$ を含むその前の部分を those で置き換えることができないことを示している．McCawley はこれを [$_{N'}$ [$_{N'}$ criticisms of Quine] by Chomsky] という構成素構造（つまり，P'$_{of}$ は名詞 criticism の補部で，P'$_{by}$ は N' 付加詞）である根拠と解釈した．もう 1 つの根拠は（再帰）代名詞の同一指示である（[412] (17) を参照）．

これをもとに派生名詞 criticism の深層構造は (2c, d) のようになる．名詞化として downwards version と前置詞挿入を仮定すると，(2c) のように [$_{N'}$

[N′ criticisms of Quine] by Chomsky] という構成素構造が得られる．一方，upwards version を仮定すると，(2d) のようになり刈り込みの結果，おそらく [N′ N P′by P′of] という構成素構造になると考えられる．したがって，McCawley が結論したように，名詞化後の構成素構造を正しく捉えるためには downwards version を採用しなければならない．

　余談になるが，(2a, b) のデータは McCawley (1982b: 114 note 17) に記してあるように，Levi (1978)（彼の指導のもとで書かれた彼女の 1975 年の博士論文 *The syntax and semantics of nonpredicate adjectives* の増補改訂版）で初めて指摘された事実である．この Levi (1978) は，名詞化についての唯一の必読文献として筆者が在学中に McCawley から読むように強く薦められた文献である (McCawley (1982b: 113 note 11), [419] 参照)．さらに余談をもう１つ．生成意味論時代に McCawley が提案した Predicate Raising [685] (McCawley (1968b, 1973/76: 157-159)) についても，名詞化変形の２種類の可能性を考えると，繰り上げ (raising) がよかったのか繰り下げ (lowering) がよかったのかの吟味が本当は必要であったのかもしれない．

　名詞化変形適用後に現れる構成素構造を根拠に，McCawley は (1973/76: 160) や (1982b: 14, 18, 22, 195) で採用していた upwards version を破棄して，(1) と (2c) において矢印で示したように downwards version を採用した．なお，この downwards version は McCawley (1982b: 113 note 10, 115 note 17) で (2a, b) を根拠としてすでに提案されている．(1) において ACTION を主要部とする N′ を領域として downwards version の名詞化が適用されると (3) のようになる．なお，McCawley は派生過程で統語範疇が変更になることを認めていた点に注意（第８章第１節を参照）．

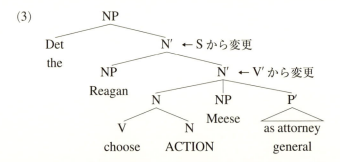

(3)

　(1) において，[N ACTION] が下に降りて [V choose] と一体化して N が形成されると，この統語範疇変更と刈り込みの適用により，(3) のようにその母節点 V′ と祖母節点 S はともに N′ に変わる．さらに，[N′ N NP ...] や [N′ N′

NP …] という SCR は存在せずに，代わりに [$_{N'}$ N P′ …] や [$_{N'}$ N′ P′ …] という SCR が存在するので，これらの SCR を満たすように前置詞 of や by の挿入が起こり，(4b) が派生される．ただし，前置詞挿入は随意的な循環変形で，名詞化変形適用領域と同じ N′ を領域として適用されると考える．(もし前置詞挿入が行われずに，[$_{N'}$ N NP] や [$_{N'}$ N′ NP] という表層構造に至れば，N′ に関する SCR の違反となり排除される．) 挿入される前置詞は，名詞補部の P′ の前置詞はレキシコンで指定されていて，default は of である．一方，N′ 付加詞の P′ の前置詞 by は Reagan が choose の agent を担っているという意味的理由から選ばれている．

もし N′ の領域で前置詞挿入が行われない場合には，NP の領域で Article Replacement (AR) ([405] (18)，第 8 章 (10) を参照) が適用されて，前置詞挿入を受けなかった NP は Det の位置に上がり [$_{Det}$ the] と入れ替わり，(4c, d) のように属格 NP として現れることになる．なお，McCawley によれば，AR で置き換わる決定詞は the に限る．これは，Det 位置の属格 NP には定冠詞 ("an understood determiner *the*" [401]) が意味的に含まれているためである [401, 418]．もちろん，(4a, a′) の Reagan と Meese ように N′ 内に NP のまま留まっているものは最終的に SCR で排除される．(SCR のリストには [$_{N'}$ N NP] や [$_{N'}$ N′ NP] は含まれていないので．)

(4) 名詞化の例 [410-2]

    a. *the [$_{N'}$ [$_{NP}$ Reagan] [$_{N'}$ choice [$_{NP}$ Meese] as attorney general]]

    a′. *the [$_{N'}$ [$_{N'}$ choice [$_{NP}$ Meese] as attorney general] [$_{NP}$ Reagan]]

    b. the [$_{N'}$ [$_{N'}$ choice of Meese as attorney general] by Reagan]

    c. Reagan's choice of Meese as attorney general

    d. Meese' choice as attorney general by Reagan

この N′ を領域として downwards version 名詞化 (とそれに伴う前置詞挿入) は正しい構成素構造が得られる点で，従来の upwards version よりも優れている．なお，表層構造に至るまでは語順が完全に確定しないので，名詞化変形適用後の構造に関して McCawley は語順よりも構成素構造を重視していた ([411]，McCawley (1982b: 114-115 note 17) を参照)．

McCawley は Chomsky (1970) における nominalization 変形に対する批判について，McCawley (1982b: 11ff.) (初出 1975) とその要約に相当する [409ff.]，特に [414ff.] で反論している．しかし，これらの反論を踏まえた上でもなお，この名詞化変形には依然いくつかの疑問点が残っているように筆者には感じられる．それらを以下に列挙して私見をコメントする．

第一に，名詞派生接辞として表層構造に現れるはずの意味的要素 ACTION が深層構造では N として扱われている．しかし，ACTION は意味的要素としても名詞派生接辞としても品詞（統語範疇）を欠いているので，McCawley 本来の統語範疇の扱い方に基づけば，その範疇を N ではなく 0 とすべきであった [34, 223]．[N ACTION] とした結果，表層構造で choice の音形を付与する段階では [N [V choose] [N ACTION]] という構造になっている．これは語幹＋派生接辞という派生語の形態構造ではなく，動詞と名詞から成る合成語（compound）の形態構造（例えば [N [V scare] [N crow]]）になってしまっている．しかし，McCawley の場合には名詞化の深層構造に節 S を想定することが基本方針だったので，その S を NP 内の同格節（名詞の補部節）や関係節として位置付けようとする限り（McCawley (1973/76: 160, 1982b:18)），この同格節や関係節を受ける主要部名詞を想定せざるを得ないことになる．なお，[N [V choose] [N ACTION]] という構造は，実際の語彙と意味的要素との結合と理解できるが，McCawley はこのような結合を生成意味論時代の come の使役形としての bring の場合（CAUSE＋come として）（McCawley (1973/76: 164 note b, 1973: 323, 1982b:124 note 75) を参照）や，$SPhE^2$ の他動詞 open の場合（CAUSE＋[A open] として）[685] でも認めていた．

第二に，上の例 (3) では，派生名詞が動作名詞だったので名詞化深層構造に [N ACTION] を設けたが，resemblance のような状態動詞 resemble の名詞化の場合には [N STATE] が必要になるのではないかと思われる．（名詞派生接辞 -ance は，resemblance では状態名詞，performance では動作名詞を派生している．つまり，1 つの名詞派生接辞が深層構造で 1 つの意味的要素に対応している訳ではない点に注意.）また，interviewer などの動作主名詞化の場合には [N AGENT]，interviewee などの受動者名詞化の場合には [N PATIENT] が必要になると考えられる．さらに，stapler や cooker のような場合には，形は動作主名詞だが意味は道具なので，N として AGENT を設定するのか INSTRUMENT を設定するのか，不明である．つまり，産物や結果なども含む派生名詞の意味に応じた N を深層構造に設定するとしても，いったい何種類の N を考える必要があるのかが不明なままである．さらに，kindness などの派生名詞の場合には，「親切な状態」としては [N STATE] で，（可算名詞扱いの）「親切な行為」としては [N ACTION] を設けるというように，1 つの派生名詞にその意味に応じて複数の深層構造を設けるのかどうかも不明なままである．

第三に，名詞化変形で形成される派生名詞は（それが可算名詞の場合），当然名詞として複数形になる．この複数形屈折をどのように扱えばよいのかが不明である．[412] には "the deep structure provides for all the distinctive prop-

erties of NPs （…, plural inflection on the head N, …）…" とあるので，
McCawley は深層構造の [N ACTION] が単に複数形（例えば，[N ACTIONs] な
いし [N ACTION-PLURAL]）になると考えていたようである．この場合，表層構
造では [N [V choose] [N ACTION-PLURAL]] となり，[N V N] において後ろ
の N だけが複数形になる．しかし，意味の上からは [N [V choose] [N
ACTION]]-PLURAL となるべきであろう．つまり，複数形の PLURAL は [N
V N] 全体に対して付くべきだと筆者には思われる．なぜならば，形態構造と
しては，[[動詞＋名詞派生接辞]＋複数形屈折接辞] という構造になるので．

　第四に，動作主名詞化（agent nominalization）と受動者・産物・結果名詞
化（patient / product / result nominalization）の場合には，McCawley は深層構
造の S として関係節を設定した [412-3]．その場合には名詞化は派生接辞の意
味要素（例えば AGENT）を関係節内の動詞に降ろすことになるが，問題はな
いのであろうか．同格節の場合も関係節の場合も，NP 主要部の名詞から節内
の動詞への主要部移動は CNPC に違反しないと考えられるが，McCawley は
関係節の場合の派生を具体的に示していないので，次節で検討する．

　第五に，名詞化変形が適用可能な（補文ないし関係節である）S はかなり限ら
れたものである．実際，名詞化変形適用可能な S は，受動化や tough 移動な
どの主語変更変形や繰り上げを受けていない S に限られる [415-6]．この制限
をどのように説明するのかが問題になる．McCawley は名詞化 NP 内での
Equi と再帰代名詞化の例を挙げて [415]，名詞化変形が適用される S 内では
文法関係変更を伴う移動変形（movement transformation）だけが不可能であ
り，削除変形（deletion transformation）や置き換え変形（replacement trans-
formation）は可能であると結論した [415]．この制限について，McCawley は
次のように述べた [416]（下線は筆者による）．これは Lakoff（1965: §A-6）に
よる提案（McCawley（1982b: 111 note 5）を参照）を述べ直したものである．

　　… there is a constraint on Nominalization （perhaps on "word-forma-
　　tion" transformations in general） that the structures to which they ap-
　　ply involve no derived grammatical relations. This would exclude re-
　　lation-changing transformations （Passive, *Tough*-movement, etc.） in
　　the input to Nominalization, while not excluding other transformations
　　such as Equi-NP-deletion. I will tentatively adopt that suggestion.

もしこの提案を受け入れると，名詞化変形が [N' N/N' S] に適用される時点で，
それよりも以前のサイクルで文法関係変更を伴う変形が S に適用されていな
いこと（つまり，それまでの派生の歴史）が名詞化変形の適用条件となってしまう

という問題が残る．この制約については第4節で考察する．

ただし，名詞化に伴う S 内の制約を説明するために，McCawley は Mc-Cawley (1973/76: 159-160, 194 note 25) において名詞化変形を prelexical（つまり，意味的要素から成る意味表示に適用される変形）であると主張した（McCawley (1982b: 17-18) を参照）．しかし，彼は晩年まで prelexical と postlexical といった変形の区別や "prelexical syntax" という考え方（McCawley (1973/76: 343-356) を参照）を持ち続けていたとは考えられない．筆者の知る限り，McCawley (1993, 1988) や $SPhE^2$ では "prelexical" は論じられてもいないし，まして用語として使われてもいない．晩年の McCawley の深層構造は「意味・論理構造に最も近い統語構造」であるという位置づけになった（序章や第8章第4節などを参照）上に，$SPhE^2$ における名詞化は語彙としての動詞に名詞化接辞の意味的要素が付くという分析なので，McCawley は prelexical な名詞化変形を破棄したものと，筆者は理解している．ただし，[685] で McCawley は語彙分解 (lexical decomposition) の例を取り上げ，それに伴う Predicate Raising (prelexical transformation の一種) を紹介している．

第六に，名詞化深層構造の S やその V′, V が副詞で修飾された場合に，名詞化によりそれらの副詞は形容詞に変わるのであろうか．この点は第5節で考察する．

第七に，McCawley は，名詞化派生接辞（例えば，(1) の [ₙ ACTION]）の表層構造での現れ方にはいろいろあるという点 [408]，また，動詞の意味のすべてがその名詞化の結果の派生名詞に引き継がれるわけではないという点 [408]，派生名詞がその派生元の動詞と無関係な意味を持つことがある点 [413-4]（例えば，allow と「小遣い」の意味の allowance との関係を，McCawley は base + derivational affix からなる idiom と見なした），さらにまた，意味的には可能だが実在しない名詞化 ("possible but nonoccurring nominalizations") と実在する名詞化 ("actually occurring nominalizations") とを区別する必要がある点 [413] などを考慮して，派生名詞はレキシコンに登録されていなければならないと結論した [413-4]．しかし，これはレキシコンに登録されている名詞が深層構造で現れることのできる名詞（本来の名詞）と，深層構造では現れることのできない名詞（動詞・形容詞からの派生名詞）との2種類に区別される [413] というやっかいな問題を孕んでいるように筆者には思える．（もし McCawley の気持ちに寄り添って考えれば，派生名詞であれ派生に依らない本来の名詞であれ，ひとたびレキシコンに登録されてしまえば両者の区別は不要になると考えていたのかもしれない．）しかも，名詞化の派生にはその元になる動詞や形容詞が前提となるので，言語習得過程で元になる動詞・形容詞がまず習得されて，次いで名詞化による

派生名詞が習得されることを予測してしまうようにも理解できる．しかし，現実は果たしてそうなのであろうか．（この点も，もし McCawley の気持ちに寄り添って考えるならば，元になる動詞もその派生名詞も共に単なる語彙として習得されて，多くの派生語の学習を通してようやく両者の派生関係に気づくとも考えられる．この場合には，派生関係は習得済みの語彙を体系づける働きを担うことになる．）また，他動詞からの派生名詞がその補部 NP にどのような前置詞を挿入するかも（default は of だが，attack なら on，resemblance なら to，desire なら for など [418]）レキシコンへの登録が必要である．

　各派生名詞がどのみちレキシコンに登録されていなければならないならば，わざわざ統語的な派生形態論（derivational morphology）を展開する必要があるのかという疑問が依然として残るように，筆者には思えてならない．名詞化変形は，派生名詞とそのもとになる動詞や形容詞との間の，(i) 形の関連性（音韻的，形態的類似），(ii) 意味の関連性，(iii) N′ と S の間の統語構造の関連性（補部前置詞句の前置詞の引継ぎを含む）を合理的に捉える方法の１つにすぎない．もしこれらの関連性をレキシコン内で合理的に捉えることができれば，統語論での名詞化変形は不要となり，統語論がその分だけ簡素化できる．筆者は，レキシコンへの派生語の語彙登録が継承階層（inheritance hierarchy）を成していると分析することでこれらの関連性が捉えられると考えている（Ueno (2014: 13)，上野 (2017: 55-57)，上野 (2020: 68-70) などを参照）．つまり，McCawley が望んでいた "It would take great ingenuity … to combine action, agent, and object nominalizations and a related verb into a single dictionary entry that gives the strict subcategorization properties of all" (McCawley (1982b: 19-20)) という状況はレキシコン内での継承階層語彙登録により可能になるというのが筆者の現時点での考えである．

　第八に，名詞化深層構造の S 内の主語や目的語の NP は，名詞化に伴い前置詞を伴って現れなければならない．その前置詞がどのように決まるのかが不明である．名詞化の元になる動詞がもともと P′ を補部に取る場合には，その P′ が名詞化後も引き続き派生名詞の補部として現れるので問題はない．問題は，元の動詞が他動詞の場合に，名詞化の際にその目的語 NP がどの前置詞を選択するかである．例えば，他動詞 attack の名詞化 attack は前置詞 on を取る．この on は concentrate，focus，war などが取る「対象を目がけて」（『ジーニアス英和辞典』on を参照）の意味の on であろう．一方，a gift from John の from は贈り主を示す．（ただし，gift は give の名詞化である点に注意．）このように，派生名詞かどうかにかかわらず，名詞は一般的にその N′ 内の補部 P′ や付加詞 P′ の前置詞選択は意味関係（特に意味役割）に基づいて行われる．

名詞化ではこのように意味を持つ前置詞を挿入することになる．この挿入は問題ないのであろうか？ この点，受身文の V′ 付加詞である P′$_{by}$ の by の選択とは異なる．受身変形の by は能動態主語の意味役割に基づいて選択されるのではなく，受身構文の一部として（英語の受身変形の一部として）受身可能な動詞全部に対して（言語ごとに）一律に定められていると考えられる．

2. McCawley の Det の扱いと Article Replacement

上の (3) の説明に，前置詞挿入を受けていない NP は AR により [$_{Det}$ the] と入れ替わり属格 NP として現れるとあった．McCawley は属格 NP を 2 通りに扱っている．

左側の構造 [402, 405, 407] は，(N′ の直前の) Det の位置に現れる属格 NP の場合である．右側の構造 [405, 406, 407] は，属格 NP が be 動詞補語や前置詞目的語として，また -ing 補文の主語として現れる場合の構造である．

本書では，第 8 章 2.6 で述べたように統語範疇としての determinative（決定詞）とそれが NP 内で担う文法関係 determiner を分けるという方針を採る．このようにすることで，これまで Det 位置に現れるとされてきた属格 NP は，統語範疇は NP でその文法関係は determiner ということになる．（McCawley は文法関係を統語構造で表示してこなかった点に注意．）そこで，格を NP への素性として扱うことにして，属格 NP を NP$_{gen}$ で表し，次の 2 つの SCR を [315] の SCR のリストに追加する．（ただし NP$_{gen}$ には人称代名詞属格も含まれる．）

第 1 節で述べた AR は，N′ 内の前置詞を伴っていない NP を [$_{Det}$ the] の位置に上げて，[$_{Det}$ the] と入れ替わりに（SCR を満たすように）NP$_{gen}$ として現れるという変形になる．

3. McCawley の動作主名詞化と受動者名詞化

McCawley は planner や discoverer などの動作主名詞化 (agent nominalization) と appointee や gift などの受動者名詞化 (patient nominalization) について，深層構造の S として関係節を想定すると述べて [409]，その派生の概要を描いただけで [412-3]，具体的にその派生を示してはいない．この節では具体的にこの派生を考えてみる．

まず，動作主名詞化を含む NP の例として the founder of this university [412] をもとに，動作主名詞化について考えてみる．McCawley はこの NP の深層構造として関係節を設定すると主張したのだが，(A) 関係代名詞は決して現れることがない点，(B) 行為名詞化で Comp′ ではなく非定形補文 S⁻ を設定した理由がここでも当てはまる点を考慮して，関係節として Comp′ は設けずに非定形 S⁻ だけを仮定する．その他は，McCawley の制限的関係節の分析をそのまま踏襲する ([431-2]，第 7 章を参照)．主要部 N には，McCawley (1973/76: 160) にならって暫定的に AGENT を仮定する．

(5) the founder of this university の本書での深層構造

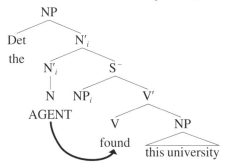

この深層構造では，[_N′i_ [_N_ AGENT]] は [_V_ found] の主語 NP と同一の指示指標が振られている．これは，[_V_ found] の主語 NP がこの動詞の動作主を担うからである．同様に，appointee のような受動者名詞化では，深層構造の [_N′i_ [_N_ PATIENT]] は [_V_ appoint] の目的語 NP と同一の指示指標が振られることになる．これは，[_V_ appoint] の目的語 NP がこの動詞の受動者を担うからである．

McCawley の関係節の分析にならって，N′ を領域として，まず S⁻ 内の主語 NP に対して関係代名詞形成 (Relative Pronoun Formation) がかかり who が現れるが，移動先の Comp がないので，その場で [_NPi_ who] は削除される．

次いで lowering である名詞化変形がかかり，AGENT と found が一体となり，[_N [_V found] [_N AGENT]] という複合体に至る．これに伴い，V′ と S⁻ もその範疇が N′ に変更される．名詞化適用後は（機能していない N′ や NP，S 節点の削除を含む）刈り込みを経て，次の構造に至る．

(6)

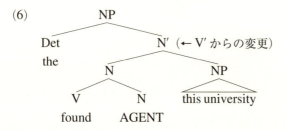

この場合も，[_N′ N NP] という SCR は存在せずに代わりに [_N′ N P′] という SCR が存在するので，後者に合わせるように N′ を領域として前置詞挿入（この場合には founder の語彙登録に何の指定もないので default の of の挿入）が起こり，表層構造に至る．

　この分析の長所は，McCawley によれば，the founder of this university には動作主 NP が現れることができない（例えば，*the founder of this university by John D. Rockefeller や *John D. Rockefeller's founder of this university [412]）という事実が，深層構造における関係節の主語 NP（＝動作主を担う NP）が関係代名詞削除（とその後の刈り込み）で削除されてしまったからであると自然に説明できる点にある [412]．(7) のような受動者名詞化も，これと同様に考えることができる．この場合には NP の主要部として [_N PATIENT] を仮定する．すでに述べたように，[_N′i [_N PATIENT]] は他動詞 appoint の目的語 NP と同じ指示指標を有すると仮定する．

(7)　受動者名詞化の例
　　a.　the appointee (*of Meese) as attorney general by Reagan
　　b.　Reagan's appointee (*of Meese) as attorney general

　参考までに，もし (5) で関係節として Comp′ を仮定した場合を考えてみる．この場合には，すでに指摘したように，もし Comp が that ならば S 内の動詞は定形，もし Comp が for ならば S 内の動詞句は to 不定詞句，もし Comp が -ing ならば S 内の動詞は -ing 形となる．動詞が定形と -ing 形の場合には AGENT が動詞語幹（＝動詞原形）に付くことができずに派生は破綻する．また，to 不定詞の場合には仮に動詞原形に AGENT が付いたとしても，表層構

造に [$_{V'?/N'?}$ to N'] という構造が現れて SCR を満たさない．さらに，関係代名詞形成で who が生じて Comp に移動したとしても，表層構造で [$_{Comp'}$ [$_{Comp}$ who] N'] という構造に至ってしまい，やはり SCR を満たさない．結局，もし Comp' を仮定するとすべての場合で派生は破綻する．

4. 名詞化変形適用への制限

第1節ですでに述べたように，名詞化変形が適用可能であるためには，その適用領域 N' 内の補文 S ないし関係節 S が "derived grammatical relations" を含まないこと，つまり（繰り上げ，tough 移動，受身などの）文法関係変更を伴う変形を受けていないことという制限があると McCawley は主張していた．この主張の根拠は，受身変形（[421 exercise 8] を参照），tough 移動や主語への繰り上げ，目的語への繰り上げを含む S は名詞化が不可能だが，Equi（削除変形）や再帰代名詞化（置き換え変形）を含む S は名詞化可能であったからである．

次に掲げる（8a）のような例は，受身変形を受けた S（を含む N'）に対して名詞化変形がかかったものであると主張されたこともあった．例えば，Chomsky (1970: 203–205) を参照．（ただし Chomsky 自身は NP 節点に対して受身変形を構成する2つの操作である Agent-postposing と NP-preposing がかかったものと分析した．）McCawley の場合には，このような例は受身変形とは無関係で（McCawley (1982b: 17)），(4d) からも分かるように深層構造の能動態 S から派生される．

(8) a. [$_{NP}$ [$_{NPgen}$ the city's] [$_{N'}$ [$_{N'}$ destruction] by the invaders]]　([415 (23a)] より)
b. (8a) の深層構造 [417]

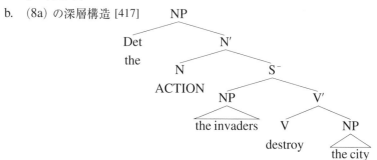

この深層構造から派生は以下のように進む．

・S$^-$ を領域として何も適用されない．

・N′ を領域として名詞化変形がかかり，[N ACTION] が [V destroy] に降りて一体化し，[N [V destroy] [N ACTION]] となる．これに伴い，(V′ の主要部 V が N になるので) V′ は N′ に変更，また，S⁻ も N′ に変更になる．深層構造にあった N′ は主要部 N を失うので刈り込みにより削除される．
・N′ を領域として前置詞挿入がかかる．これは随意的なので，[NP the city] には適用せずに，[NP the invaders] だけに適用して SCR [N′ N′ P′] に合うようにする．この [NP the invaders] は agent を担うので [P by] が挿入される．

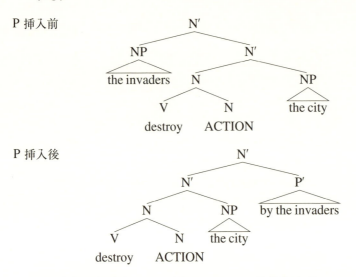

・NP 全体を領域として，AR がかかって前置詞を伴っていない [NP the city] が [Det the] と入れ替わって属格 NP として現れることで，(8a) の表層構造に至る．

　名詞化の深層構造に設けられた S⁻ には，すでに述べたように，文法関係変更を伴う移動変形が適用されていてはならないという制約がかかっている．これには主語繰り上げも含まれるので，テンスや助動詞に伴う主語繰り上げも排除されることになる．筆者としては，この制限を深層構造から名詞化変形適用までの派生過程全体にかかる制約 (global constraint) としてではなく，名詞化変形の入力と出力の句構造にだけ言及するという自然な形で説明したい．
　第一に，動詞に付く名詞派生接辞 (＝主要部 N の ACTION や AGENT, PATIENT など) は，語として完成した動詞の活用形 (現在形，過去形，現在分詞形，過去分詞形) ではなく，動詞の語幹 (＝原形) に付かなければならない．言い換

えると，名詞化変形が適用される時点で，その主要部 [N ACTION] に伴う S⁻ 内の動詞は原形（＝語幹）でなければならないことになる．このために，定形しか存在しない法助動詞も，また，現在分詞や過去分詞の成す節も名詞化の S⁻ から除かれる．

ただし，名詞の will や must は，法助動詞 will や must からの補部（動詞原形の成す V′）の引継ぎが無い点を考慮して，ここで分析している派生接辞による名詞化の例ではないと，筆者は考える．（しかし McCawley は "highly idiosyncratic nominalization" と見ていた．McCawley (1979: 260 note 4) を参照．）名詞 must は法助動詞 must からの転換（conversion）であろう．一方，名詞 will は，法助動詞 will と同じ語源ではあるが，本来の名詞であると考えておく．他動詞 will は名詞 will からの転換と見なす．また，名詞 do, don't も転換と分析する．さらに複合名詞 must have も転換をもとにした compounding と見なす．

原形を有する助動詞（受動や進行の be や完了 have）については，もしこれらの助動詞の名詞化が可能だと仮定すると，その派生名詞の補部の取り方，例えば，完了 have の名詞化ならば過去分詞形の V′ など，適切な語形の V′ が派生名詞の補部に必要となりそうだが，それでは名詞に関する SCR の観点から問題が起こってしまう．NP 内に名詞補部として現れうる V′ は（effort や opportunity などの名詞の場合のように）to 不定詞句だけである．さらに，この場合，N′ に関する SCR [N′ N P′] を満たすように前置詞が挿入されたとしても，次に述べる第二の理由で助動詞の名詞化はどの道不可能である（(9b) を参照）．

第二に，一般の NP の場合には（もちろん派生名詞の成す NP も含めて），主要部名詞の成す N′ 内に現れる P′ は，その主要部名詞と直接に意味関係（特に，意味役割の関係）を結んでいる．第 1 節末尾で述べたように，そのような P′ の前置詞は主要部名詞との意味関係に基づいて選択されると考えられる．したがって，名詞化変形によって（前置詞の挿入前）その領域の N′ 内に現れる NP と P′ は，派生名詞と直接に意味関係を結んでいなくてはならない．これはつまり，これらの NP と P′ が深層構造の S 内の主語・目的語の NP や補部・付加詞の P′ に対応する場合で，深層構造の動詞と直接に意味関係を結んでいたもの（例えば，その動詞から直接に意味役割を与えられた NP など）に限られることになる．このために，(9) の名詞化は不可能である．特に，繰り上げ述語としての助動詞の名詞化（(9b) の 2 つ目の例を参照）が不可能であることも説明できる．

(9) 主語変更を伴う変形適用後の名詞化（[408] から）

    a. 目的語への繰り上げ適用後の名詞化

*our [_N' belief of John to be innocent]

(John は名詞 belief の項ではない) cf. *John's belief to be innocent (by us)

b. 主語への繰り上げ適用後の名詞化

*our team's [_N' certainty to win the championship]

(our team は名詞 certainty の項ではない)

*our team's [_N' [_N having] won/to win/of winning the championship]

(having は完了助動詞の名詞化のつもり，属格 NP の our team's と [_N having] の補部とはどちらも having の項ではない)

c. tough 移動適用後の名詞化

*John's [_N' ease/easiness to please]

(John と to please とはどちらも ease/easiness の項ではない)

ここまでで，助動詞がその派生名詞を持たないことがほぼ説明できた．しかし，原形を有する助動詞（完了 have と進行・受身の be）が，その深層構造で主語への繰り上げを適用せずに，補文を取る 1 項述語として名詞化される可能性（この場合には，派生名詞の補部として that 節などの Comp' が現れるはず）をまだ排除していない．以下，この点を補足する．

完了 have については，深層構造では [_0 Past] で，これが E+R+TR を受けて [_V have] に変わる（第 2 章 (9) を参照）．したがって，完了 have が現れた時点では，[_S NP [_V' have [_V' V-en …]]] という構造に成っていて，1 項述語 have の補文の S 節点はすでに失われている．進行 be についても，この be が補部 V' の主要部 V を -ing 形に変えるのは E+R 適用後である（第 3 章 (8) を参照）．したがって，この場合にも be V-ing が現れた時点で補文の S 節点はすでに失われている．

受身 be については，この be は深層構造に存在せずに，派生の途中で受身変形適用に合わせて，SCR [_V' V V'] を満たすように挿入される（第 3 章 (14) を参照）．この時点では補文 S は存在しない．以上により，意味的に 1 項動詞としての助動詞の名詞化が仮に存在したとしても，主語への繰り上げのために補文（Comp' ないし S）を伴って現れる可能性がないことが説明できた．

5. 派生名詞を修飾する形容詞

この節では次の 2 点を考察する．名詞化の深層構造の S‾ 内に副詞が含まれ

る場合には，その副詞はどうなるのか．また，派生名詞が形容詞で修飾されている場合には，その形容詞は何に由来するのか．

　まず，名詞化の深層構造 S⁻ 内に副詞が含まれる場合を考察する．深層構造の S⁻ にその S⁻ を修飾する副詞（Ad-S）や V′ を修飾する副詞（Ad-V′），V を修飾する副詞（Ad-V）などが含まれる場合には，名詞化変形により S, V′, V はそれぞれ N′, N′, N に統語範疇が変わるので，その出力（表層構造）は N′ や N に関する SCR を満たさなければならない．N′ や N に関しては副詞を許す SCR は存在しないので（つまり，*[$_{N'}$ N′, Adv′], *[$_N$ N, Adv′] ただし，[A, B] におけるコンマは A と B の間に順序が定まっていないことを表す），副詞を含む N′ は排除される．したがって，このままでは，深層構造は well-formed だが，名詞化後の well-formed な表層構造は存在しないということになる．

　さらに，McCawley は派生途中での統語範疇変更を認めていたので，名詞化変形で動詞が名詞に，V′ が N′ に範疇が変わるのに合わせて，深層構造 S⁻ 内の V や V′ を修飾する副詞が N や N′ を修飾する形容詞に変わると考えることもできる．この場合には SCR [$_{N'}$ A N′], [$_N$ A N] を満たす表層構造に至る．Ad-S と Ad-V′ は Ad-N′ として，また，Ad-V は Ad-N（つまり [$_N$ A N]）として現れるはずである．したがって，McCawley は [315] の SCR のリストに Ad-N 形容詞の場合の SCR [$_N$ A N] を追加する必要がある．この Ad-N 形容詞は，Ad-V 副詞に対応する形容詞としても（例えば，the severe criticism of Skinner by Chomsky），また the king of England from France の言い換えとしての the English king from France などの形容詞でも必要になる．

　この副詞による修飾とは対照的に，名詞化深層構造の S⁻ やその V′ が P′ により修飾されている場合には，名詞化変形適用後もそのまま P′ の修飾語として残ることが可能である．これは，SCR として [$_{N'}$ N′ P′] が存在しているからである．McCawley が指摘しているように，ゼロ P（[$_P$ Ø]）の成す P′（下線部）も同様に名詞化変形適用後に引き続きゼロ P の成す P′ のままで現れることが可能である．

(10)　名詞化におけるゼロ P の成す P′（[420] より）

　　a.　Your brother's arrival [$_{P'}$ last week] was unexpected.
　　　　(cf. Your brother arrived [$_{P'}$ last week].)

　　b.　The repression of free speech [$_{P'}$ this way] is reprehensible.
　　　　(cf. repress free speech [$_{P'}$ this way])

　次に，名詞化による派生名詞が形容詞で修飾されている場合について，その形容詞が何に由来するのかを考察する．一般的に名詞直前に置かれた形容詞

(prenominal adjective) は，SCR [_{N'} A N'] により表層構造で許されている．
この形容詞は，McCawley の分析によれば，制限的関係節に関係節縮約 (Relative Clause Reduction, RCR) [395] が適用されて，次いで（もし形容詞が限定用法を許すのならば）修飾語前置 (Modifier preposing) [397] により名詞直前の位置に（[_{N'} A N'] という統語構造として）現れる．例えば次のような派生を McCawley は考えていた [398]．

(11) 名詞直前の形容詞 (prenominal adjective) の制限的関係節からの派生

a [_{N'} linguist] who is famous now → RCR により→

a [_{N'} linguist] (being) famous now → Modifier preposing により→

a [_{N'} now famous [_{N'} linguist]]

この例の now のように，Ad-S 副詞が名詞修飾の形容詞に伴うことが可能である [398]．これは，もともと深層構造に関係節としての S が存在し，その S が Ad-S 副詞を伴っていたからであると McCawley は分析した．ただし，RCR → Modifier preposing として分析できない名詞修飾の形容詞も多いとして，McCawley は次のような例を挙げている [397-8]．

(12) Ad-V' 副詞に由来する名詞直前の形容詞（下線部）

a <u>frequent</u> visitor of the school（＝a person who visits the school frequently／a person who frequently visits the school）

この言い換えが示すように，動作主名詞 visitor を修飾している形容詞 frequent は名詞化変形適用前に深層構造の関係節 S⁻ の [_{V} visit the school] を修飾する頻度副詞 frequently であったと理解できる．もしこのように考えた場合には，名詞化変形に伴って [_{V'} Adv V'] という構造が SCR で許されている [_{N'} A N'] という構造に変わることになったと分析できる．（McCawley は派生過程における統語範疇の変更を認めていた点に注意．）

まとめ

この章では，*SPhE*² の名詞化変形 (nominalization) に関する Chapter Twelve The Structure of Noun Phrases の Section d. Nominalizations [406-20] の内容について，筆者の見解を交えつつ McCawley の名詞化変形による分析を検討した．

「はじめに」では，McCawley の名詞化変形について予備的な事項を考察し

た．第1節では彼の downwards version の名詞化変形を検討し，(Chomsky (1970) に対する McCawley の反論を踏まえたとしても) 筆者にとって依然として疑問点と思われる事項を指摘した．またこの中で，これらの問題点を避けて動詞とその派生名詞の関係を捉えるためには，名詞化という変形 (これは統語論的語形成) を破棄して，継承階層によるレキシコンへの語彙登録によるべきであるという筆者の見解を述べた．第2節では，McCawley の Article Replacement を検討し，属格 NP に関する2つの SCR を提案した．第3節では，動作主名詞化と受動者名詞化について，McCawley の方針にしたがって具体的にその派生を検討した．また，この場合なぜ深層構造の関係節は Comp′ ではなく非定形 S⁻ でなければならないのかを説明した．第4節では，名詞化変形適用に際して主要部 N に伴う S⁻ にかかっている制限 (文法関係変更を伴う移動変形は除かれるという制約) について，global constraint に依らない (名詞化変形の適用条件としての) 新たな説明を提案した．第5節では，派生名詞を修飾する形容詞や P′ について，その派生を検討した．また，Ad-N 形容詞の SCR [$_N$ A N] を提案した．

　最後に，名詞化深層構造の S⁻ 内に束縛変数が現れる可能性がある点をコメントする．McCawley は明確に論じなかったが (ただし，[420 exercise 2d] を参照)，名詞化変形の分析では，次の例からも分かるように，名詞化深層構造の S⁻ 内に束縛変数が現れる派生を認める必要がある．しかも，この場合の Q′ は名詞化に伴う S⁻ 内だけをスコープに取るのではなく，文全体をスコープに持つことがある．

> [$_{NP}$ Every composer's performance of his music] is admired by his friends.
> [$_{NP}$ Every politician's criticism of himself] is admired by his supporters.

これらの例では，名詞化に伴う S⁻ 内では束縛変数が現れており (x perform x's music, x criticize x)，一連の派生後に文全体をスコープに取る [$_{Q'}$ every composer／politician] が Q′L により，主語 NP 内の属格 NP の変数位置に降りて来るという分析になる．(ただし，composer 自体が動作主名詞なので，[$_Q$ every composer] 内で動作主名詞化が最初にかかることになる．)

第11章　不連続構造

はじめに

　この第11章では，$SPhE^2$ の Chapter 2 Overview of the Syntactic Analysis Adopted Below に述べてある McCawley の樹形図（ordered labeled trees）の公理（axioms）[46-8] を検討し，さらに，彼の統語分析の特徴である表層構造における不連続構造について考察する．以下の論述におけるかぎかっこ付きの数字は $SPhE^2$ の該当ページを表す．

1.　不連続構造とは

　節点 X が成す構成素 [x Y Z] が不連続構成素（discontinuous constituent）であるとは，節点 X の娘構成素 Y と Z の間に X の娘ではない構成素 W が現れているような統語構造のことである [46].

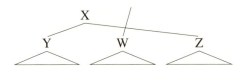

この場合，W が Y と Z の間に挿入されたとも（insertion），Z が W の後ろに後置されたとも（postposing），または，Y が W の前に前置されたとも（preposing）理解できる．以下，不連続構成素 [x Y Z] とそこに介在する構成素 W とを合わせて不連続構造と呼ぶことにする．
　一般の移動変形（movement transformation）の場合には，構成素が移動する際に支配関係（dominance）も先行関係（precedence）（つまり順序）も共に変更される．一方，不連続構造を引き起こす変形の場合には，構成素が移動する際に，支配関係は保ったままで先行関係だけが変更される．したがって，この場合には構成素構造（constituent structure）や c-command 関係など支配関係

のみに依存する関係は移動の前後で保たれる．この点に関して，McCawley は次のように述べている [308 note 11]．

> The structure given in (25b) [Stripping の表層構造] is given discontinuous in view of the assumption that <u>movements which do not alter grammatical relations do not alter constituency relations either.</u>

（注と下線は筆者による）

この記述から，McCawley は文法関係変更を伴わない移動（例えば，後述の RNR，HCS，制限的関係節の外置など）は不連続構造を引き起こすと考えていたことが分かる．この基準を当てはめると，wh 移動や Q′L，繰り上げ，受身変形に伴う NP 前置と NP 後置などは不連続構造を引き起こさないので，文法関係変更を伴っているということになる．

例えば，McCawley (1982a: 91) では Wells (1947) から様々な不連続構造の例を挙げている．次はそのうちの2つである．丸で囲んだ節点が不連続構成素を成す．（なお，各節点の統語範疇は McCawley の統語範疇に合わせて筆者が書き加えた．）

(1) 不連続構造の例

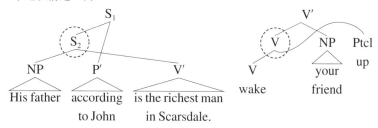

左側の樹形図では，P′ が主語 NP と述語 V′ の間に挿入されたと一般に解釈される例である．右側は句動詞の particle が目的語 NP の後ろに後置されたと一般に解釈される例である．

ただし，変形の中には不連続構造を生じる変形とは逆の変形（つまり，移動する際に先行関係はそのままで支配関係だけを変更するもの）も存在する．例えば，文末の P′ などに対する Ad-S to Ad-V′ の適用 [58, 254]，目的語への繰り上げ（第1章 (17)），主語 NP の話題化や wh 移動，主語位置への Q′L の適用などである．これらの変形では，支配関係だけが変更になり先行関係はそのままなので，見た目には移動が起こっていないように見えるという特徴がある．

したがって何を変更するのかという観点から移動変形を見ると，不連続構造

340

を引き起こす変形（先行関係だけを変更）やその逆の変形（支配関係だけを変更）の方が一般の移動変形（先行関係と支配関係の両方を変更）よりも移動にかかる「コストが安い」とも考えられる．であるのならば，様々な不連続構造を引き起こす変形やその逆の変形が存在しても何ら不思議ではない．

実際，McCawley は様々な表層構造で不連続構造を用いた．不連続構造を有する表層構造として $SPhE^2$ で議論されたものは次の現象である．

> [47] verb + particle
> [94] Heavy Constituent Shift（Heavy NP Shift を含む）
> [282] stripping
> [284, 436, 476] right node raising（double mother を有する fusion の例）
> [357] preposing complement or Ad-V′ P′（P′ の前置）
> [449, 450] nonrestrictive relative clause
> [535] extraposition of relative clause from N′
> [695–6, 759] extraposition of P′$_{than}$ from comparative adjective

Wells など 1940 年代から 50 年代のアメリカ構造言語学（[47], McCawley (1982a: 91) 参照）や Jespersen（McCawley (1973/76: 230) 参照）では不連続構造を積極的に認めていたにもかかわらず，主流派生成文法（mainstream generative grammar, MGG）ではその初期から今日に至るまで不連続構造を認めずに，連続な樹形図だけを扱ってきた．McCawley によればこの原因は単なる歴史的偶然とのことである．次は McCawley（1982a: 92）から引用である．（注と下線は筆者による．）

> As best I can determine, the prevalence of that belief [that belief とは strings are more basic than trees and trees are available only as a side-product of derivations that operate in terms of strings という想定のこと] resulted only from the historical accident that early transformational grammarians knew some automata theory but no graph theory; that is, they had the mathematical prerequisites for talking with some precision about sets of strings but not about sets of trees.

この string 重視という MGG の姿勢について，McCawley（1982b: 118 note 36）でも次のように述べている．

> He [Chomsky のこと] subscribes to the position that strings rather than trees are basic in syntax and wishes to reduce trees to classes of

strings, and operations on trees to operations on classes of strings.

この string 重視という姿勢は，構造記述（SD）と構造変化（SC）による変形定式化の表記法にはっきりと表れている（例えば，[311 (1)，312 (2)] や梶田（1974: 207）の受身変形）．SD も SC もともに樹形図を string として記述している．

しかし，McCawley にとっては，変形とはもちろん tree から tree への写像であった（McCawley (1973/76: 244)）．この点について，McCawley (1982b: 7) から引用する．（下線は筆者による．）

> Third, I have become much more consistent than I had been in taking linguistic structures not to be strings but topological objects such as trees and thus in taking the question of <u>underlying constituent structure</u> to have more substance and importance than the question of <u>underlying constituent order</u>. I accordingly <u>reject notational schemes (such as the standard schemes for formulating transformations)</u> in which the often totally irrelevant factors of constituent order and adjacency are made necessary parts of the formulations of all transformations;

もちろん McCawley (1982b) が出版された 1982 年の時点では，McCawley が 1970 年に提案した VSO の深層構造（McCawley (1970) 参照）はすでに破棄している（McCawley (1982b: 7) 参照）．一方，主流派の立場は次の引用（梶田優 (1974: 643) から）に明瞭に現れている．（下線は筆者による．）

> 我々は §§3–5 で「変形」という概念が，「<u>樹から樹への写像</u>」というような広い定義を与えられるべきものではなく，様々な条件（例えば，構造記述・構造変化の記述形式に関する条件，…）によって極めて狭く限定されるべき概念であることを見たのであるが，…

2. McCawley の樹形図公理とその問題点

この節では，まず McCawley の 2 つの樹形図公理を掲げ，次いでその問題点を考える．

SPhE^2 における樹形図公理 [46]

A tree consists of a set of objects (the **nodes**), two relations ("directly dominates" and "is to the left of") between the nodes, and a function associating each node with a **label**, such that:

i. There is a node (a **root** of the tree) that is not dominated by any other node of the tree.

ii. A tree has only one root.

iii. The tree has no "loops," that is, a node can be directly dominated by at most one other node, whence there can be at most one path leading from a higher node to a lower node.

iv. "Is the left of" is a **partial ordering**, that is, it is antisymmetric (if x is to the left of y, then y is not to the left of x) and transitive (if x is to the left of y and y is to the left of z, then x is to the left of z).

v. If two nodes are terminal, that is, do not dominate any other nodes, then one of them must be to the left of the other. That is, with respect to the terminal nodes, "is to the left of" is a **total ordering**.

vi. If one node dominates another, then it is neither to the left nor to the right of it.

vii. A nonterminal node is to the left of another nonterminal node if and only if every terminal node that it dominates is to the left of every terminal node that the other dominates.

【補足】 McCawley の "dominates" の定義 ([54] note 32 より)

'Dominates' is defined in terms of 'directly dominates' in the obvious way: x dominates y if x directly dominates y, or directly dominates a node that directly dominates y, or directly dominates a node that directly dominates a node that directly dominates y, etc.

McCawley (1982a: 92-93) における樹形図公理
(McCawley (1973 / 76: 37) の訂正版)

A tree is understood as a set N (the nodes), with two binary relations ρ 'directly dominates' and λ 'is to the left of' on N and a function α from N into a set of "labels", satisfying the following axioms:

a. There is an $x_0 \in N$ such that for every $x \in N$, $x_0 \rho^* x$ (that is, the tree has a root; ρ^* is the minimal reflexive and transitive relation containing ρ; thus, $x\rho^* y$ can be read 'x dominates or is identical to y').

b. For every $x \in N$, $x_0 \rho^* x$ (that is, the tree is connected).
c. For every $x_1 \in N$, there is at most one $x_2 \in N$ such that $x_2 \rho x_1$ (that is, the tree has no loops).
d. λ is transitive and antisymmetric (that is, λ is a partial ordering).
e. If x_1 and x_2 are two distinct terminal nodes (a node x is terminal if there is no $y \in N$ such that $x \rho y$), then either $x_1 \lambda x_2$ or $x_2 \lambda x_1$ (that is, the terminal nodes are totally ordered).
f. For any x_1, $x_2 \in N$, if $x_1 \rho^* x_2$, then neither $x_1 \lambda x_2$ nor $x_2 \lambda x_1$ (that is, a node has no order relationship to nodes that it dominates).
g. For any x_1, $x_2 \in N$, $x_1 \lambda x_2$ if and only if for all terminal x'_1, x'_2 such that $x_1 \rho^* x'_1$ and $x_2 \rho^* x'_2$, $x'_1 \lambda x'_2$ (that is, nonterminal nodes stand in an ordering relationship if and only if all their descendants stand in the same relationship).

この2つの樹形図公理は同じ内容である．McCawley は不連続構造を許すようにこの樹形図公理を述べたはずである．それは次のことば [46] から伺える．

> Axioms v-vii might be given in a simpler form if it were not that I want to allow for the possibility of **discontinuous constituent structure**, that is, for trees in which a node dominates two items without dominating everything that is between them.

しかし，筆者の理解では公理 vii（＝公理 g）のために，McCawley の不連続構造は（彼の意図に反して）除外されてしまうように思えてならない．この公理によれば，もし節点 A と節点 B との間に A＜B の関係（つまり「A が B に先行する」）があると，それぞれが支配する終端節点（terminal nodes）にも同じ関係（A が支配するすべての終端節点は B が支配するすべての終端節点に先行する）が成り立つことになる（下図参照）．また，この公理は必要十分条件（if and only if）として書いてあるので，この逆も成り立つ．以下の例で示すように，McCawley の不連続構造は公理 vii（＝公理 g）に違反する．

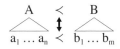

(2) 公理 vii 違反の例：verb particle の不連続構造 [47]

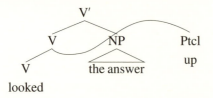

[ᵥ looked up] と [ₙₚ the answer] とは表層構造で SCR [ᵥ' V NP] [315] により順序が定まっている．したがって，公理 vii (=公理 g) によれば，この V が支配する終端節点 [ᵥ looked] も [ₚ up] も共に目的語 [ₙₚ the answer] に先行していなければならない．上の不連続構造はこの公理に違反している．

(3) 公理 vii 違反の例：Heavy Constituent Shift (HCS) の不連続構造 [94]

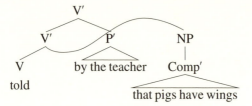

この場合も，表層構造では SCR [ᵥ' V' P'] [315] により V' と付加詞 P' とは順序が指定されている．したがって，V' が支配するすべての終端節点 ([ᵥ told] と [ₙₚ Comp'] の終端節点) は P' のすべての終端節点に先行しなければならないことになる．つまり，McCawley の HCS による不連続構造は公理 vii (=公理 g) に違反している．

(4) 公理 vii 違反の例：制限的関係節外置の不連続構造 [47, 535]
Several persons have filed suits [who were injured in the accident]. [47]

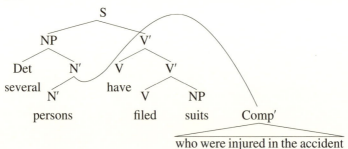

この場合も，表層構造において SCR [ₛ NP V'] [315] により主語 NP と V' と

の間の順序が決まっている．したがって，この NP に支配されるすべての終端節点（制限的関係節 Comp′ の終端節点を含む）は V′ が支配する終端節点（have filed suits）の前に現れなければならないにもかかわらず，上の樹形図では関係節 Comp′ が V′ の後ろに現れているので，公理 vii (= 公理 g) に違反している．

　McCawley 晩年の統語論の枠組み (5) では表層構造は SCR (Surface Structure Combinatoric Rules) のリストを満たすことになっていた．当然，表層構造は上に掲げた樹形図公理も満たさなければならないはずである．したがって，表層構造における不連続構造を許すためには，McCawley の公理 vii (= 公理 g) を破棄しなければならないと筆者は考える．問題は，SCR のリストは不連続構造を許すかという点である．

(5)　McCawley 晩年の統語論の枠組み ([56, 174], McCawley (1999: 39))

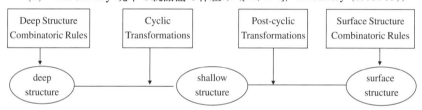

　そもそも，表層構造は SCR のリスト（ともろもろの変形の出力と）で規定されることになっているにもかかわらず，SCR のリストとは別に樹形図公理が必要なのかという疑問がある．樹形図公理は深層構造から表層構造に至る派生のすべての段階の樹形図が満たすべき条件であると理解したとしても，深層構造は DCR (Deep Structure Combinatoric Rules) のリストで規定されることになっているし，派生途中の樹形図はそれぞれの変形の入力条件 (SD)・出力条件 (SC) で規定されている．(McCawley にとっての変形は，樹形図から樹形図への写像である点に注意．) したがって，本書では McCawley の樹形図公理は（そもそも彼の統語論の枠組み (5) に位置づけられていないので）すべて破棄するという方針を採る．言い換えれば，深層構造から表層構造に至る派生の各段階における樹形図の適格性 (well-formedness) は，DCR のリスト，変形の入力条件・出力条件，SCR のリストで保障されていると考える．

　特に，表層構造を規定する SCR のリストとは，言い換えれば，表層構造に現れる局所樹形図 (local tree) のことである．これは，統語範疇が指定された母節点とそれが直接支配する娘節点の統語範疇の指定と，その娘節点間の順序の指定からなる ([315] の SCR のリストを参照)．Ueno (2014: 22, 2015: 14) や上野 (2016: 51, 2017: 23, 2020: 29) で論じたように，どのような発話でも，

その表層構造は局所樹形図の積み重ね（張り合わせ）から出来ていると見ることができる．そこで，発話の表層構造が適格（well-formed）であるとは，その表層構造を構成しているすべての局所樹形図がSCRのどれかにより認可されているときであると定義する．しかも，ある局所樹形図が2つ以上の局所樹形図を支配するときに，公理 vii（= 公理 g）に相当する条件は設けないことにする．つまり，先行関係の指定は1つの局所樹形図内の娘節点間だけの指定であり，それを超えての先行関係の指定は一切存在しないと仮定する．実際，SCRのリストは（先行関係は個々のSCR内の娘節点間だけなので）この仮定を満たしている．

個々のSCRの解釈については，娘節点間の先行関係を隣接条件付きで解釈することも（例えばSCR [$_{V'}$ V NP Comp′]において，VとNPは隣接し，かつNPとComp′も隣接するという解釈），隣接条件をはずして解釈することもできる．これにより，表層構造を認可するすべてのSCRを隣接条件付きで解釈した場合には，不連続構造を含まない連続な表層構造になる．このときの終端節点の語順を「無標の語順」と呼ぶことにする．一方，表層構造を認可するSCRのどれかについて隣接条件を外して解釈した場合には，不連続構造を含む表層構造になる．このときの語順を「有標の語順」と呼ぶことにする．つまり，隣接条件を外してSCRを解釈することで不連続構造を含む表層構造を適格と判定することができる．この点を，すでに見た公理違反の例に基づいて確認する．（丸で囲んだ節点は不連続構成素を表す．）

(6) 【再掲】verb particle の不連続構造 [47]

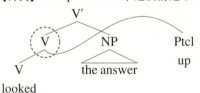

この例では，2つのSCR [$_V$ V Ptcl] と [$_{V'}$ V NP] が関わっているが，それぞれが局所的に満たされている．実際，終端節点 [$_V$ looked] と [$_{Ptcl}$ up] について見ると，両者ともに節点 V に直接支配されていて，[$_V$ looked] は [$_{Ptcl}$ up] に先行している．したがってSCR [$_V$ V Ptcl] は（隣接条件を外して）満たされている．また，[$_V$ looked] と [$_{Ptcl}$ up] を直接支配する節点 V と [$_{NP}$ the answer] とについて見ると，両者ともに節点 V′ に直接支配されている上に，この V は NP に先行している．したがって SCR [$_{V'}$ V NP] も満たされている．

(7) 【再掲】Heavy Constituent Shift（HCS）の不連続構造 [94]

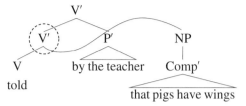

この例では，2つの SCR [$_V$ V NP] と [$_{V'}$ V′ P′] が関わっているが，それぞれが局所的に満たされている．実際，[$_V$ told] と [$_{NP}$ Comp′] について見ると，両者ともに節点 V′ に直接支配されている上に，[$_V$ told] は [$_{NP}$ Comp′] に先行している．したがって SCR [$_{V'}$ V NP] は（隣接条件を外して）満たされている．また，[$_V$ told] と [$_{NP}$ Comp′] を直接支配する節点 V′ と [$_{P'}$ by the teacher] とについて見ると，両者ともに節点 V′ に直接支配されている上に，told の成す V′ は P′ に先行している．したがって SCR [$_{V'}$ V′ P′] も満たされている．

(8) 【再掲】制限的関係節外置の不連続構造 [535]
Several persons have filed suits [who were injured in the accident].

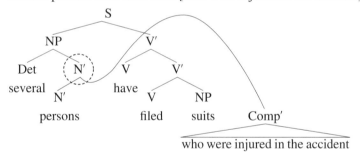

この表層構造では，制限的関係節の SCR [$_{N'}$ N′ Comp′] が（隣接条件を外して）満たされている．

これらの3例をまとめると，SCR のリストは適格な表層構造の局所樹形図が満たすべき規定であって，個々の SCR の娘節点間の先行関係の指定について隣接条件を外して適用することで不連続構造を含む表層構造が適格であると判定することが可能となる．

樹形図公理と SCR との関係について，また不連続構造と SCR との関係について McCawley が晩年どのように考えていたのか，残念ながら不明である．McCawley の 1980 年代初頭の考えでは（McCawley (1982b: 195-196)），姉妹間の順序が指定されている SCR は表層構造そのものに適用されるのではなく，

"some linguistic level close to surface structure" (McCawley (1982b: 195)) に適用されると述べていた (McCawley (1973: 295)) も参照). つまり, SCR は不連続構造を生み出す変形が適用される前にあらかじめ満たされていて, その後に不連続構造を生み出す変形が適用されると McCawley は考えていたようである. しかし, McCawley 晩年の枠組み (5) で考える限りこれには問題がある. SCR を満たした後に不連続構造を生み出す変形が適用されると考えた場合には, これらの変形は循環変形ではないことになる. (SCR 以後にかかっているので, これらの変形は循環後変形でもない.) しかし, $SPhE^2$ では不連続構造を生み出す変形は, (1) local ではない ([173, 263 note 18] を参照), (2) 循環後変形のリスト [172-3] には含まれていない, などの点から McCawley は循環変形として扱っていたと考えられる.

これまでの議論に関して, 興味深いことがある. SCR などの局所統語構造の表記法についてだが, 一般的に次のように解釈している.

[x Y Z] は, X が Y と Z を直接支配して, かつ, Y が Z に先行する.
[x Y, Z] は, X が Y と Z を直接支配して, かつ, Y と Z の間には先行関係が定まっていない.

実際には, [x Y, Z] の表記は「[x Y Z] または [x Z Y]」をまとめて表記するときに使われている. しかし, この解釈ではなく, [x Y, Z] をより狭く解釈することもできる. すなわち, [x Y, Z] を, X が Y と Z を直接支配し, かつ, 「[x Y Z] でもなく, [x Z Y] でもない」(Y と Z の間には先行関係が存在しない) という解釈である. この状況が起こりうるのは, Y の中に Z が入り込んでいるか (つまり Y が不連続構成素を成すか), または, Z の中に Y が入り込んでいるか (つまり Z が不連続構成素を成すか) の場合である. 前者を [x Y; Z] で, 後者を [x Z; Y] で表すことにする. この表記法を使えば, (1) の S に割り込んでいる P′ 挿入句は [s S; P′] と表せる. 下の図で丸で囲んだ節点が不連続構成素である.

この表記法を用いると, (6) では句動詞 V に目的語 NP が割り込んでいる

ので [$_{V'}$ V; NP] と表せる．(7) では V′ に付加詞 P′ が割り込んでいるので [$_{V'}$ V′; P′] と表せる．(8) では主語 NP に V′ が割り込んでいるので [$_S$ NP; V′] と表せる．ただし，この表記法の欠点は，どの位置に割り込むのかが指定できない点である．

3. SCR の公理化

前節では，McCawley の樹形図公理をすべて破棄するという提案を行った．これにより，表層構造を規定する条件は（もろもろの変形の出力条件と）SCR のリストだけになる．（深層構造は DCR のリストで規定され，派生途中の樹形図は関係する変形の入力条件・出力条件で規定される．）SCR は McCawley 晩年の枠組み (5) では DCR と並んで想定されており，また，どのような表層構造も SCR を満たす局所樹形図の積み重ね（張り合わせ）から出来ている．この節では，SCR のリストの公理化を考えてみる．

- ・SCR の公理化の要点
  - ➢ SCR は母節点とそのすべての娘節点から成る．
  - ➢ 母節点と娘節点の統語範疇が指定されている．母節点の統語範疇と主要部娘節点の統語範疇とは Head Feature Convention に従う．すなわち，H で主要部の範疇を表すと，[$_{H'}$ H …]，[$_{H'}$ H′, X] ということ．
  - ➢ 各 SCR 内の娘節点間には先行関係が指定されている．主要部 H とその補部については，H < NP < P′ < V′ or Comp′

    ただし，この順序が正しく適用されるためには，McCawley の SCR [$_{NP}$ Comp′] を破棄しなければならない．
  - ➢ 先行関係の指定は，個々の SCR の娘節点間に指定された先行関係以外には存在しない．
  - ➢ 発話の表層構造とは，その表層構造に含まれる局所樹形図の積み重ねであり，個々の局所樹形図は SCR のリストのどれかによって認可されなければならない．
  - ➢ 表層構造で不連続構造を許すために，SCR の娘節点間の先行関係は，単に先行関係だけの指定で，隣接性は含まれていないと解釈する．

なお，個々の SCR が指定する娘点間の先行関係自体がそもそも default な語順であると理解する必要がある．つまり，場合によっては何らかの条件がかかって娘間の先行関係に変更が起こりうる．例えば，SCR [$_{V'}$ V NP P′] では，NP の方が P′ と比べて長く複雑ならば（HCS により）[$_{V'}$ V P′ NP] として

(娘節点の順序が入れ替わって) 現れる．このような場合には，1つの SCR が階層を成していると考えることにする．

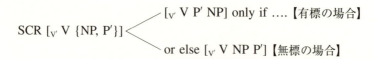

しかし，この方針の問題点は，かなり複雑で不自然な不連続構造までも適格として認めてしまう点である．例えば，SCR [$_S$ A B] と [$_A$ a$_1$ a$_2$ a$_3$] と [$_B$ b$_1$ b$_2$ b$_3$] とから次の不連続構造が適格と判定されてしまう．

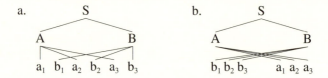

a では，SCR [$_A$ a$_1$ a$_2$ a$_3$] と [$_B$ b$_1$ b$_2$ b$_3$] を娘節点間の隣接条件を外して解釈することで適格となる．興味深いのは b の例である．3 つの SCR がすべて隣接条件付きで満たされている．この場合の異常さを捉えるために，次の条件を課す．これは McCawley の樹形図公理 vii を弱めたものである．

姉妹節点間の先行関係に関する条件
2 つの姉妹節点 A と B に関して
A<B ならば，A のすべての娘節点<B のすべての娘節点となるのが無標である．

本書では，不連続構造を含まない語順が最大限遵守されるべきであって (つまり個々の SCR は隣接条件付きで解釈することが無標であるということ)，不連続構造を含む語順 (有標の語順) は情報的・伝達的な動機付けがあって始めて可能になると考えることにする．また，どの程度複雑な不連続構造が許容されるのかは，当該言語の構造 (どの程度 nonconfigurational な言語なのか，屈折接辞を含む屈折形態論がどの程度発達しているのか) やそれぞれの言語使用者の言語運用能力，言語使用の文脈・場面などから経験的に決まるものと考えておく．

4. McCawley の RNR 分析について

McCawley の Right Node Raising (以下 RNR) の分析によれば，RNR 変形とは等位構造のそれぞれの等位項内の構成素 (多くの場合には等位項末尾の構成

素) が一致しているときに，その共通の構成素を等位構造の外側で等位構造の直後の位置にくくり出す ("factor out") 変形のことである．これは，McCawley によれば支配関係 (つまり構成素構造) を保ったまま，等位構造直後の位置に共通な構成素をくくり出す変形である．したがって，最後の等位項を除いてすべての等位項が不連続構成素になる．各等位項からくくり出された同一構成素が末尾で1つにまとまって ("fuse") 現れるので，McCawley はこの変形を「融合 (fusion)」と呼んだ [284]．(彼の一連の変形の中で，くくり出しを使うもう1つの変形は Conjunction Reduction である [272]．) このくくり出された構成素 ("factored out constituent") は各等位項内での支配関係を保っているので，RNR の表層構造はくくり出された構成素が複数の母 (multiple mothers) を持つことになる．このような表層構造は，McCawley の樹形図公理 iii (=c) に違反するので，この公理が定義する樹形図 (ordered labeled tree) には該当しない (McCawley (1982a: 99, 1982b: 201 note 6))．しかし，この場合でも，くくり出された構成素をそれぞれの等位項内で末尾要素と見なすと，それぞれの SCR が局所的に満たされているので，RNR を含む表層構造は SCR の観点からは適格ということになる．例えば，次の RNR の例では，それぞれの等位項の中で，SCR [$_{V'}$ V NP] を満たしていると見なすことができる．

(9) RNR を含む表層構造の例 ([284 (33)] から)
Joan sells and Fred knows a man who repairs [$_{NP}$ washing machines].

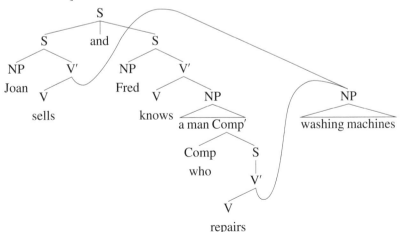

この例のように，RNR ではくくり出された構成素が各等位項と支配関係を保

ち，各等位項内での文法関係を担っている．つまり，くくり出された構成素は1つの構成素であるにもかかわらず，融合の結果，（それぞれの等位項内に由来する）複数の文法関係を同時に担っている（引きずっている）．

　このような状況が本当に許されるのか，また，もし許されるのならばほかにどのような例があるのか，興味のあるところである．このような状況に近いのが，McCawley が論じた名詞句 a deep blue necktie である（[768]，第8章第1節を参照）．この名詞句の blue は直前の形容詞 deep に対しては名詞（ここでSCR [N' A N'] を満たしている），直後の名詞 necktie に対しては形容詞として振舞っている（同様に，ここでも SCR [N' A N'] を満たしている）．つまり，この blue は1つの統語構造内で2つの異なる機能（この場合には2つの異なる統語範疇）を担っている．RNR でくくり出された構成素もこれと同様に，各等位項に由来する複数の文法関係を同時に担っている（引きずっている）と考えることができる．さらには，修辞法としての掛詞も1つの語（音素列）が複数の品詞・意味を担う例であると考えられる．

　RNR の例（9）では，2番目の等位項 S は関係節 Comp' を含んでいて，くくり出された NP は関係節の中からである．しかし，CNPC の違反は起こっていない．ということは，この NP は関係節の中に留まっていることになる．その理由は RNR が支配関係（つまり構成素構造）を維持しているからであるとMcCawley は考えていた [285]．

　RNR でくくり出された構成素からの wh 移動は，次の例が示すように可能である（Ueno (2015: 347–348) を参照）．これは，RNR が各等位項と支配関係を保っているので，この場合の wh 移動は等位構造からの ATB wh 移動と何ら変わらないからである．

(10)　RNR と wh 移動

　　a. ?That's the meeting which [S1 I've been thinking that ___], and [S2 McCawley's been saying that ___], [S ___ could well be cancelled].　(Merchant (2001: 184), originally from de Chene (1995: 3))

　　b. Who does Mary buy and Bill sell—[pictures of ___]?

　　　　　　　　　　　　　　　　　　　　　　　　　　　　(Postal (1998: 145))

　　c. Which official did they say Bob suspected and Frank proved—[that Sally bribed ___]?　　　　　　　　(Postal (1998: 146))

　ただし，(10a) の例では，RNR でくくり出された定形節 S の主語からの wh 移動の例だが，興味深いことに，第1等位項 S1 でも第2等位項 S2 でも that-trace effect を免れている．これは，この節 S が等位構造の外にくくり出

されて [Comp that] との隣接関係が失われたためであると理解できる．さらに，空所化でも，RNR でくくり出された構成素が等位構造の外に存在するように振る舞う（Ueno (2015: 346) 参照）．

(11) RNR と空所化
a. *Fred sent the President a nasty letter, and Bernice the governor a bomb. [280]
b. Fred sent the President, and Bernice the Vice President, [a nasty letter about the CIA].
c. Harry told Sue, and Tom Sally, [that Albania is a lovely place for a vacation].

さらにまた，"focus bearing element" である too を使っても，RNR でくくり出された構成素が等位構造の外にあることを示すことができる．[v' [v' V ...] too] において動詞を焦点とする解釈が可能ならば，too はその動詞の成す V' の末尾に付加しているという性質 [70] を使う．次の例では，下線の付いた動詞を too の焦点として解釈する．

(12) RNR と focus bearing element の too
a. *He sent a copy of his book too to me. [70]
b. He recited the poem too for me. [70]
c. Mary sent me and showed me too, [NP a copy of her latest novel]. (Ueno (2015: 347))
d. Mary wrote a poem and read it too, [P' to that group of her friends]. (Ueno (2015: 347))

(12a) では to me は sent の補部で，この動詞は [v' V NP P'] という V' を成している．一方 (12b) では for me は V' への付加詞であるので，too は recited の成す V' の末尾に位置している．(12c) は，くくり出された目的語 NP が showed の成す V' の外に位置することを示す．(12d) は，read it は wrote a poem と V' 等位構造を成して，くくり出された補部 P' は V' 等位構造の外側に位置することを示す．

　これらのデータをまとめると，RNR でくくり出された構成素は，CNPC を免れる点とその構成素内からの wh 移動が可能である点から，各等位項との支配関係を保っているということになり，一方，that-trace effect を免れる点，動詞を焦点とした too が可能である点，さらに空所化の点からは，くくり出された構成素は等位構造の外側に位置していることが言える．したがって，

McCawley が RNR 変形を，不連続構造を成す融合 (fusion) として (9) のよ
うな表層構造で捉えたことには妥当性があると結論できる．

　最後に，RNR と Heavy Constituent Shift (HCS) の適用領域について考察
したい．McCawley は RNR と HCS を循環変形として扱った．このことは，
これらが循環後変形のリスト [172-3] に含まれていない点，また，McCawley
が循環後変形については「Pullum 予想 (Pullum's conjecture)」("A transfor-
mation is postcyclic if and only if it is local." ([173], McCawley (1999: 39)), ただ
し local transformation とは Emonds (1976) の意味 [173]) を支持していて，RNR
と HCS はその条件に該当しないという点の 2 点から結論できる．

　RNR は等位構造の各等位項に含まれる共通の構成素をその等位構造の外側
にくくり出す変形である．しかし，問題は等位構造に対して RNR が適用され
るからと言って，RNR の適用領域がその等位構造そのものとは言えないとい
うことである．例えば，(13) は V′ 等位構造の例で，各等位項 V′ から共通の
補文 Comp′ が RNR によりくくり出されたと見える例である．

(13)　John [$_{V'}$ [$_{V'}$ heard yesterday] and [$_{V'}$ was told by Mary today]] [$_{Comp'}$
　　　that Russia had invaded Ukraine].

しかしながら，V′ 等位構造に RNR が適用されたと見えるからといって，こ
の RNR の適用領域がこの V′ 等位構造そのものであるということはできない．
なぜならば，この文の深層構造の概形は次のようになる．

(14)　深層構造概形
　　　[$_{S1}$ [Past [John hear Comp′]] yesterday] and [$_{S2}$ [Past [Mary tell
　　　John Comp′]] today]

・S$_1$ 等位項内での派生は次のように進む．
　　E+R により [John Past [hear Comp′]] となり，次いで Ad-S to Ad-V′ に
　　より [$_S$ John [$_{0'}$ [$_{0'}$ Past [hear Comp′]] yesterday]] (yesterday は 0′ への付加
　　詞) となる．
・S$_2$ 等位項内での派生は次のように進む．
　　受身変形と be 挿入がかかり [$_S$ John [$_{V'}$ be [$_{V'}$ [$_{V'}$ tell-en Comp′] [by
　　Mary]]]] となり，次いで AT+E+R により [$_S$ John [$_{V'}$ be-Past [$_{V'}$ [$_{V'}$ tell-
　　en Comp′] [by Mary]]]] となり，Ad-S to Ad-V′ により [$_S$ John [$_{V'}$ [$_{V'}$ be-
　　Past [$_{V'}$ [$_{V'}$ tell-en Comp′] [by Mary]]] today] (today は V′ への付加詞) と
　　なる．
　・等位構造全体 ([$_S$ John [$_{0'}$ Past hear Comp′ yesterday]] and [$_S$ John [$_{V'}$ be-Past

第 11 章　不連続構造　　355

tell-en Comp′ by Mary today]]）を領域として，RNR で共通の Comp′ をく
くり出して，次いで CR により [$_S$ John [[$_{0′}$ Past hear yesterday] and [$_{V′}$
be-Past tell-en by Mary today]]] Comp′ となる．（CR の結果，0′ と V′ との
等位構造が現れる点に注意．）最後に循環後変形 TH がかかって表層構造に至
る．

　この派生では，S_1 and S_2 の等位構造全体を領域として RNR → CR の順で変
形を適用した．CR → RNR の順で適用すると節の一部である述部の等位構造
（0′ and V′）に対して RNR をかけることになり厳密循環適用原則に違反する恐
れがあるのでここでは避けた訳である．したがって，（13）の派生では RNR
は節の等位構造全体（S_1 and S_2）がその適用領域になっている．
　同様に，循環変形としての HCS の適用領域も問題になる．下の（15a）の
派生では S を領域として受身変形がかかるので，その出力（15b）に HCS が
かかる時にはこの S 全体が領域になっていると考えなければならない．（15a）
をただ単に（15b）の V′ 付加構造内に HCS がかかると分析すると厳密循環適
用原則の違反になってしまう．実際，McCawley は最終的に HCS は非有界
（unbounded）であると結論した [540]．（したがって，HCS は parasitic gap を許す
[540 (9b)]．）

（15）　HCS の適用
　　a.　I was told ___ [$_{P′}$ by my teachers] [$_{Comp′}$ that pigs have wings].
　　　　[92 (17)]
　　b.　受身変形の出力（この後に be 挿入と AT＋E＋R が適用）
　　　　I [$_{V′}$ [$_{V′}$ tell-en [$_{Comp′}$ that pigs have wings]] [$_{P′}$ by my teachers]].
　　c.　HCS が非有界であることを示す例 [540 (11c)]
　　　　I have wanted to know ___ for many years [exactly what hap-
　　　　pened to Rosa Luxemburg].

まとめ

　この章では，McCawley の統語論の特徴として知られている不連続構成素
構造（discontinuous constituent structure）について検討した．まず第 1 節で
は，不連続構成素の定義を確認し，彼が不連続構造を統語分析でどのように
使ったかを概観し，さらに，主流派生成文法ではなぜ不連続構造を用いなかっ
たかその原因について McCawley の見解を振り返った．第 2 節では，Mc-
Cawley の樹形図公理を検討し，筆者が問題と考える点を指摘した．また，こ

の問題点を避けるために，彼の樹形図公理を廃止して，彼の枠組み（5）で想定されている SCR（と DCS）に一本化すべきであるという筆者の提案を行った．第 3 節では，SCR への一本化を具体的に論じた．また，SCR への一本化に伴う問題点を論じた．第 4 節では，RNR の諸性質を検討し（詳しくは Ueno (2015) の Chapter 7 を参照），McCawley のくくり出し（factoring out）による融合（fusion）としての RNR の捉え方に妥当性があることを確認した．また，循環変形としての RNR と HCS の適用領域について考察した．

あとがき

　本書『McCawley の統語分析』の目的は，序章から第 11 章を通して Jim 晩年の統語分析の概要を読者の方々に紹介することであった．しかし，まえがきにも記したように，本書の内容は *SPhE*² のごく一部でしかない．ページ数で言うと，*SPhE*² の半分にも満たないであろう．本書できちんと扱うことができなかった内容で Jim がさまざまな授業でよく取り上げていたトピックは，*SPhE*² の以下の章である．

Chapter 3	Some Tests for Deep and Surface Constituent Structure
Chapter 6	Rule Interaction
Chapter 9	Coordination
Chapter 10	Surface Combinatoric Rules
Chapter 14	Interrogative Clauses
Chapter 15	Principles Restricting and Extending the Application of Transformations
Chapter 17	Negation
Chapter 19	Adverbs
Chapter 20	Comparative Constructions
Chapter 21	Discourse Syntax
Chapter 22	Patches and Syntactic Mimicry

興味を抱かれた読者には，引き続きこれらの章もぜひご自分でお読みになることをお勧めしたい．

　本文中でしばしば Automodular Grammar（AMG）について言及した．AMG とは，変形をすべて破棄した（つまり，派生を用いない）非主流派生成文法の一種であり，筆者の現時点での統語論に関する立場である．AMG は，文の統語構造・意味構造・音韻構造と各語の形態構造とを同時にしかも明示的に表示するという点や，発話行為論・認知的語用論とうまく接続するという点なども含めて，もっとも有望であると考えている．AMG による分析の詳細は，英語統語論については Sadock（2012）と Ueno（2014, 2015），日本語の形態論・統語論・意味論については上野（2016, 2017, 2020）を参照．

　最後に，Jim の深層構造とその基礎になる意味・論理構造（semantic／logical structure）をよりよく理解するためには，McCawley（1993）を読むことがどうしても必要であるということを読者にお伝えして筆を擱きたい．本書を世に出すうえで，開拓社の川田賢氏をはじめ出版部の方々には大変お世話になった．この場を借りて感謝申し上げる．なお，本書の内容は 2021 年から 2024 年まで『白鴎大学論集』と『白鴎大学教育学部論集』に連載した一連の論文が基になっている．今回の出版のために，それらの内容を吟味し，新たに書き下ろした．

【付記】

　本書を執筆中の 2022 年 4 月に高見健一先生のご訃報に，また 2023 年 3 月には長谷川欣佑先生のご訃報に接した．（両先生とも，この開拓社からご著書を出されている．）大変お世話になった両先生を偲び，衷心より哀悼の意を表したい．

　高見先生は筆者にとって 4 歳年上の憧れの兄のような存在であった．92 年だったと思うが，久野暲先生とご一緒に CLS に invited speakers としていらっしゃったときに初めてお会いした．その講演の内容は後に *Linguistic Inquiry* から "Remarks on Negative Islands" として発表された．その講演の際には Jim があの大きな体で珍しく起立し，直立不動の姿勢で質問していたのが思い出される．両先生に対する Jim 流の敬意の表し方である．後日，高見先生は発表後 Jim の自宅に招かれてよく分からない料理をふるまわれたと楽しそうに語っておられた．以来，先生からは論文のコピーをいただいたり，筆者がお贈りした拙論にきれいな几帳面な字でコメントとお礼のことばをいただいたり，ずっとお世話になりっぱなしだった．2021 年 10 月に「退職後の生活はどうですか」「とても楽しいですよ」などとメールでやり取りしたのが最後になってしまった．Jim は先生の 92 年のご著書 *Preposition Stranding* を高く評価していた．

　一方，長谷川先生には，筆者が早稲田の修士に入った 84 年からシカゴ大学に留学する 90 年まで東京言語研究所で（当時梶田優先生と交代して担当なさっていた）「生成文法入門」と「生成文法特論」，また 89 年夏季特別講座「文法の規則と一般原理」で大いに学ばせていただいた．先生が Jim のことを敬愛なさっていたことが，『東京言語研究所 40 年の歩み』での対談（p.63）からうかがえる．Jim の統語論の本（初版）が 88 年に出た翌年の授業で先生はこの本の第 3 章を教材として取り挙げられた．また，Jim が秋に来日して集中講義をするのでぜひ受講するようにと先生から勧められて，青山学院大学のキャンパスに通ったことがつい先日のように思い出される．この時が Jim との初

めての出会いであった．Jim は先生の 68 年の論文 "The passive construction in English" を高く評価していた（[645-6] 参照）．また，まだ修士の学生だったときに先生の『言語』連載講義「文法の枠組み——統語理論の諸問題——」を夢中になって読んだことも懐かしく思い出される．

1994 年 10 月 defense 終了後，左から
Jim McCawley, 上野尚美（筆者の妻），Amy Dahlstrom, 筆者,
Jan Faarlund, Richard Janda, Jerry Sadock

参考文献

Aarts, Bas (2011) *Oxford Modern English Grammar*, Oxford University Press, Oxford.

Abney, Stephen (1987) *The English Noun Phrase in Its Sentential Aspect*, Doctoral dissertation, MIT.

Barker, Chris and Geoffrey K. Pullum (1990) "The Smallest Command Relation," *Linguistics and Philosophy* 4, 159–219.

Bresnan, Joan W. (1972) *Theory of Complementation in English Syntax*, Doctoral dissertation, MIT.

Bresnan, Joan W. (1977) "Variables in the Theory of Transformations," *Formal Syntax*, ed. by Peter W. Culicover, Thomas Wasow and Adrian Akmajian, 157–196, Academic Press, New York.

Bresnan, Joan W. (1994) "Linea Order vs. Syntactic Rank," *CSL* 30 (1), 57–89.

Carden, Guy (1986a) "Blocked Forwards Coreference, Unblocked Forwards Anaphora," *CLS* 22, 262–276.

Carden, Guy (1986b) "Blocked Forward Coreference," *Studies in the Acquisition of Anaphora* 1, ed. by B. Lust, 319–357, Reidel, Dordrecht.

Chomsky, Noam A. (1957) *Syntactic Structures*, Mouton, The Hague.

Chomsky, Noam A. (1965) *Aspects of the Theory of Syntax*, MIT Press, Cambridge, MA.

Chomsky, Noam A. (1970) "Remarks on Nominalization," *Reading in English Transformational Grammar*, ed. by R. A. Jacobs and P. S. Rosenbaum, Ginn, Waltham, MA. [Chomsky (1972) に再録]

Chomsky, Noam A. (1972) *Studies on Semantics in Generative Grammar*, Mouton, The Hague. [McCawley (1982) の第 1 章に詳細な書評]

Diesing, M. (1992) *Indefinites*, MIT Press, Cambridge, MA.

Dougherty, Ray C. (1974) "The Syntax and Semantics of "each other" Constructions," *Foundations of Language* 12, 1–47.

Emonds, Joseph (1970) *Root and Structure-Preserving Transformations*, Doctoral dissertation, MIT.

Emonds, Joseph (1976) *A Transformational Approach to English Syntax*, Academic Press, New York.

Fraser, Bruce (1970) "Some Remarks on the Action Nominalization in English,"

Readings in English Transformational Grammar, ed. by R. A. Jacobs and P. S. Rosenbaum, 83–98, Ginn, Waltham, MA.

Geach, Peter T. (1962) *Reference and Generality*, Cornel University Press, Ithaca.

Hankamer, Jorge and Ivan Sag (1976) "Deep and Surface Anaphora," *Linguistic Inquiry* 7, 391–428.

Hasegawa, Kinsuke (1968) "The Passive Construction in English," *Language* 44, 230–243.

Heycock, Caroline (1995) "Asymmetries in Reconstruction," *Linguistic Inquiry* 26, 547–570.

Huddleston, Rodney and Geoffrey K. Pullum (2002) *The Cambridge Grammar of the English Language*, Cambridge University Press, Cambridge.

Huddleston, Rodney, Geoffrey K. Pullum and Brett Reynolds (2022) *A Student's Introduction to English Grammar*, 2nd ed., Cambridge University Press, Cambridge.

Hudson, Richard A. (1976) *Arguments for a Non-Transformational Grammar*, University of Chicago Press, Chicago.

梶田優 (1974)「変形文法」『文法論 II』英語学大系第 4 巻，太田朗・梶田優（著），大修館書店，東京.

Jackendoff, Ray (1972) *Semantic Interpretation in Generative Grammar*, MIT Press, Cambridge, MA.

Lakoff, George (1965) *Irregularity in Syntax*, Doctoral dissertation, Indiana University. [Published in 1970 by Holt, Rinehart & Winston.]

Lakoff, George (1968) "Pronouns and Reference." [McCawley (1976) に再録]

Langacker, Ronald W. (1969) "Pronominalization and the Chain of Command," *Modern Studies in English*, ed. by David A. Reibel and Sanford A. Schane, Prentice Hall, Englewood Cliffs, NJ.

Langacker, Ronald W. (1991) *Foundations of Cognitive Grammar*, Volume II, Sanford University Press.

Lappin, S. (1996) "The Interpretation of Ellipsis," *The Handbook of Contemporary Semantic Theory*, ed. by S. Lappin, Blackwell, Oxford.

Lawler, John (2003) "Memorial for James D. McCawley," *Language* 79(3), 614–625.

Lees, Robert B. (1960) *The Grammar of English Nominalizations*, Supplement to *International Journal of American Linguistics*.

Levi, Judith N. (1975) *The Syntax and Semantics of Nonpredicate Adjectives*, Doctoral dissertation, University of Chicago.

Levi, Judith N. (1978) *The Syntax and Semantics of Complex Nominals*, Academic Press, New York.

May, Robert (1985) *Logical Form*, MIT Press, Cambridge, MA.

McCawley, James D. (1968a) "Concerning the Base Component of a Transformational Grammar," *Foundations of Language* 4, 243-269. [Reprinted in McCawley (1973/1976).]

McCawley, James D. (1968b) "Lexical Insertion in a Transformational Grammar without a Deep Structure," *CLS* 4, 71-80. [Reprinted in McCawley (1973/1976).]

McCawley, James D. (1970) "English as a *VSO* Language," *Language* 46, 286-299. [McCawley, James D. (1973/76) に再録.]

McCawley, James D. (1973) "Syntactic and Logical Arguments for Semantic Structures," *Three Dimensions of Linguistic Research*, ed. by Osamu Fujimura, 259-376, TEC, Tokyo.

McCawley, James D. (1973/76) *Grammar and Meaning*, 1st ed. in 1973 and corrected edition in 1976, Academic Press and Taishukan.

McCawley, James D. (1975) "Review of Chomsky, *Studies on Semantics in Generative Grammar*," *Studies in English Linguistics* 3, 209-311. [注を追加した改訂版が McCawley (1982b) に再録]

McCawley, James D., ed. (1976) *Notes from the Linguistic Underground*, Syntax and Semantics 7, Academic Press, New York.

McCawley, James D. (1979) *Adverbs, Vowels, and Other Objects of Wonder*, University of Chicago Press, Chicago.

McCawley, James D. (1981a) "Notes on the English Present Perfect," *Australian Journal of Linguistics* 1(1), 81-90.

McCawley, James D. (1981b) "The Syntax and Semantics of English Relative Clauses," *Lingua* 53, 99-149.

McCawley, James D. (1982a) "Parentheticals and Discontinuous Constituent Structure," *Linguistic Inquiry* 13(1), 91-106.

McCawley, James D. (1982b) *Thirty Million Theories of Grammar*, University of Chicago Press, Chicago.

McCawley, James D. (1983) "Towards Plausibility in Theories of Language Acquisition," *Communication and Cognition* 16, 169-183.

McCawley, James D. (1988) *The Syntactic Phenomena of English*, University of Chicago Press, Chicago.

McCawley, James D. (1993) *Everything that Linguists Have Always Wanted to Know about Logic* *but Were Ashamed to Ask*, 2nd ed., University of Chicago Press, Chicago.

McCawley, James D. (1998) *The Syntactic Phenomena of English*, 2nd ed., University of Chicago Press, Chicago.

McCawley, James D. (1999) "Why Surface Syntactic Structure Reflects Logical Structure as Much as It Does, but Only that Much," *Language* 75, 34-62.

McCloskey, James (1991) "*There, It*, and Agreement," *Linguistic Inquiry* 22, 563-567.

Merchant, Jason (2001) *The Syntax of Silence*, Oxford University Press, Oxford.

中村捷 (1983)「解釈意味論」『意味論』英語学大系第 5 巻，大修館書店，東京.

Newmeyer, Frederic J. (1971) "The Source of Derived Nominals in English," *Language* 47, 786-796.

Partee, Barbara H., Alice ter Meulen and Robert E. Wall (1993) *Mathematical Methods in Linguistics*, Kluwer Academic Publishers, Dordrecht.

Postal, Paul M. (1966) "On So-called "Pronouns" in English," *Georgetown University Monograph Series on Languages and Linguistics* 19, 177-206.

Postal, Paul M. (1994) "A Novel Extraction Typology," *Journal of Linguistics* 30, 159-186.

Postal, Paul M. (1998) *Three Investigations of Extraction*, MIT Press, Cambridge, MA.

Reinhart, Tanya (1976) *The Syntactic Domain of Anaphora*, Doctoral dissertation, MIT.

Reinhart, Tanya (1983) *Anaphora and Semantic Interpretation*, Croom Helm, London.

Ross, John Robert (1967) "On the Cyclic Nature of English Pronominalization," *To Honor Roman Jakobson*, 1669-82, Mouton, The Hague. [Also in David A. Reibel and Sanford A. Schane, eds. (1969) *Modern Studies in English*, Prentice Hall, Englewood Cliffs, NJ.]

Ross, John Robert (1973) "Nouniness," *Three Dimensions of Linguistic Theory*, ed. by Osamu Fujimura, 137-257, TEC, Tokyo.

Ross, John Robert (1974) "Three Batons for Cognitive Psychology," *Cognition and the Symbolic Processes*, ed. by W. B. Weimer and D. S. Palermo, 63-124, Lawrence Erlbaum Associates, Hillsdale, NJ.

Sadock, Jerrold M. (1974) *Toward a Linguistic Theory of Speech Acts*, Academic Press, New York.

Sadock, Jerrold, M. (2012) *The Modular Architecture of Grammar*, Cambridge University Press, Cambridge.

Ueno, Yoshio (2014) *An Automodular View of English Grammar*, Waseda University Press, Tokyo.

Ueno, Yoshio (2015) *An Automodular View of Ellipsis*, Waseda University Press, Tokyo.

上野義雄 (1997)「Antecedent-Contained Deletion 構文を巡る諸問題」『大妻レヴュー (*Otsuma Review*)』30, 99-121.［論説資料保存会『英語学論説資料』第 31 号に再録］

上野義雄 (2016)『現代日本語の文法構造　形態論編』早稲田大学出版部，東京.

上野義雄 (2017)『現代日本語の文法構造　統語論編』早稲田大学出版部, 東京.

上野義雄 (2020)『意味の文法』早稲田大学出版部, 東京.

上野義雄 (2021)「現代日本語の受身動詞について」『言語研究の楽しさと楽しみ』, 岡部玲子・八島純・窪田悠介・磯野達也 (編), 232-242, 開拓社, 東京.

上野義雄 (近刊)「ル形発話の多義性」『講座言語研究の革新と継承　日本語文法』, 尾上圭介 (編), ひつじ書房, 東京.

Wells, R .S. (1947) "Immediate Constituents," *Language* 23, 81-117.

索　引

1. 日本語は五十音順に，英語（で始まるもの）はアルファベット順で並べている．
2. 数字はページ数を示す．

［あ行］

一致（agreement, AGR）　3, 23, 28, 37,
　43, 55-6, 60, 70-7, 82, 117, 160, 187,
　189, 190-2, 197, 311
意味構造（semantic structure）　10, 46,
　134, 266, 276, 287, 317
受身変形（passivization）　4, 33, 36, 72,
　76, 94-8, 100, 158-9, 173-5, 177, 179,
　184, 218, 286, 309, 328, 331, 354, 355

［か行］

外置（extraposition, E）　4, 24, 27-30,
　32-5, 41-6, 72, 79, 167, 192-3, 215, 266,
　280, 292, 313, 339, 344, 347
書き換え規則（rewriting rule）　12-14, 16
隠れ補文　201, 203, 204
下接の条件（subjacency condition）　222
仮定法現在（subjunctive present）　88,
　179-80, 204
刈り込み（tree-pruning）　6, 23, 34, 51-2,
　79-80, 92-3, 121, 137, 147, 166, 185,
　194-5, 197, 200, 202-3, 217-8, 220, 241,
　243, 260-5, 269, 320-2
関係決定詞（relative determinative）
　214, 224-5
関係節縮約（Relative Clause Reduction,
　RCR）　205, 215-8, 220, 240-1, 336
関係代名詞形成（Relative Pronoun
　Formation）　169-71, 206-7, 209, 210-
　1, 213-6, 225, 227, 237-9, 329
関係 wh 移動（Relative Wh-movement）

170-1, 205-6, 211-4, 217, 225, 227-8,
　236-40
疑似関係節（pseudo-relative clause）
　220-2
疑問文マーカー（interrogative marker,
　Q）　58, 149, 183, 195, 211, 298
疑問 wh 移動（Interrogative Wh-
　movement）　211
局所樹形図（local tree）　245-6, 345-7,
　349
空所化（gapping）　8, 194, 353
繰り上げ（raising, R）　3, 6, 20, 26-9,
　32-5, 37, 41, 44, 46, 75-6, 79, 142-3,
　157, 177, 181, 197, 248, 260-1, 325, 331,
　334, 339
繰り下げ（lowering）　3, 8, 10, 15, 93,
　109, 143, 147, 156, 160, 175, 291, 322
継承階層（inheritance hierarchy）　327,
　337
厳密循環適用原則（strict cyclic principle,
　the principle of struct cyclicity）　2-3,
　5, 22, 35-6, 38, 43, 48, 51-2, 57, 59, 62,
　72-3, 75, 91, 97, 103-4, 126, 134, 140,
　146-8, 151, 153, 156, 164, 177, 199, 215,
　246, 260, 263, 286, 291-2, 304, 313, 315,
　317, 355
語彙挿入（lexical insertion）　41, 244
語彙分解（lexical decomposition）　10,
　266, 287, 326
コントロール構文　101, 164, 173-5, 183,
　187, 195-6, 198, 200, 203, 217, 237-8,
　241

365

[さ行]

再帰代名詞化（Reflexivization） 272, 302-5, 316, 325, 331

指示指標（referential index） 145, 150, 169-70, 184, 186, 196, 198, 200, 204, 206-7, 209-11, 213-7, 224-6, 229, 232-3, 252, 271-3, 283, 309, 329, 330

修飾語前置（Modifier preposing） 219-20, 234, 336

樹形図公理（the axioms for ordered labeled trees） 245, 341-3, 345, 347, 349-51, 355-6

主語動詞一致（subject-verb agreement） 3, 60, 71-2, 82, 117, 160, 187, 189, 311

主語への繰り上げ（raising to subject） 20, 22-4, 26, 28-31, 35, 44, 46, 55, 160, 174, 181, 247, 334

述語繰り上げ（Predicate Raising） 10, 322, 326

受動者名詞化（patient nominalization） 324, 329-30, 337

主流派生成文法（mainstream generative grammar, MGG） 10, 12, 16, 18, 35, 142, 175, 200, 340, 355

循環変形（cyclic transformation） 1-5, 8, 10, 22, 26, 35, 47, 51-2, 54-5, 58, 60-1, 71, 77, 80, 82, 85, 93, 96, 98, 102-5, 114-8, 121-2, 127, 134, 137-8, 140, 147, 155, 160, 177-8, 188-9, 202-3, 215, 219, 234, 248, 255, 260-1, 272, 284, 286, 303-4, 317, 323, 348, 354-6

循環後変形（postcyclic transformation） 1, 5-6, 8, 23-4, 35, 43, 47, 55-6, 61, 63-5, 72, 77, 84-5, 94, 96, 98, 102, 104, 107, 109, 111, 114, 117, 119, 121, 124-6, 128, 130, 134, 147, 149, 151-2, 156-9, 163, 165, 167-8, 170-1, 178, 183,193-5, 197, 200, 203, 207, 213, 227, 232, 237-40, 244, 246, 255, 260-1, 284, 293, 308-9, 312, 317, 348, 354-5

循環出力条件（Condition on cyclic outputs） 151-4, 279, 284-94, 296-9, 301-5, 313-7

照応的ののしり語（anaphoric epithet, AE） 270, 289, 302

自律モジュール文法（automodular grammar, AMG） 11, 46, 115, 134, 205, 230, 268-9, 275-6, 317, 357

深層構造（deep structure） 1, 4-5, 7-11, 15, 21-2, 24-9, 31-2, 34, 36, 38, 40-2, 44, 46-7, 49, 56, 58, 60-2, 64-9, 71-8, 82-6, 89-92, 94-5, 98, 100, 104-6, 110-2, 114, 116-20, 123-7, 129-33, 135-6, 138, 140-2, 144-5, 148-71, 173-4, 176, 178-86, 189-90, 194-7, 199-203, 206-7, 209-12, 214-5, 217-8, 220, 224-8, 230, 232, 234, 237-40, 244-8, 250-1, 253-4, 257-60, 262, 264, 266-7, 269, 271-2, 274-6, 281, 284, 287-8, 293, 295, 297-8, 303-4, 306-9, 311-6, 318-21, 324-7, 329-37, 341, 345, 349, 354, 357

数量詞句繰り下げ（Quantifier Phrase Lowering, Q'L） 8, 10, 24, 38-9, 73, 75-7, 115, 117-21, 123, 125-6, 128-31, 133, 136-40, 142-3, 145-7, 149-57, 159-70, 173-5, 177, 183, 197, 226-7, 229-33, 277, 286-8, 291-8, 301, 304-9, 311-6, 337, 339

数量詞遊離（Quantifier Float, Q-float, QF） 4, 155-6, 158-60, 167, 175, 288, 305, 307, 311-2

制限的関係節（restrictive relative clause） 142, 169-71, 205-14, 216, 220, 222-3, 226, 233-4, 239, 241, 329, 336, 339, 344-5, 347

生成意味論（generative semantics） 1, 10, 12, 15-6, 19, 21, 142, 148, 248, 266, 268-9, 276, 324

接語（clitic） 63-4, 66, 77, 81, 83, 111-2,

118-9, 134

節点許容条件 (node admissibility condition) 12-3, 16

前置詞削除 (Preposition Deletion) 194-5, 200, 203, 262

前置詞挿入 (Preposition Insertion) 34, 321, 323, 328, 330, 332

前表層構造 (shallow structure) 5, 23, 28, 43, 56, 65, 84, 102, 107, 117, 119, 121, 124-6, 128, 130, 134, 151-2, 157-9, 163, 165-8, 170, 200, 232, 246, 250-1, 257, 259, 288, 293, 309

[た行]

定義域表現 (domain expression) 142, 147, 169, 226

等位構造縮約 (Conjunction Reduction, CR) 189-92, 201, 254, 355

等位構造制約 (Coordinate Structure Constraint, CSC) 17, 71, 188, 296

動作主名詞化 (agent nominalization) 324-5, 329, 337

統語範疇 (syntactic category) 9-10, 14, 20-1, 24, 30, 35-7, 47, 49, 54, 63, 65, 80-1, 85, 112, 126, 176, 185, 189, 197, 228, 238, 239, 242-5, 249, 255, 257-62, 266-9, 280, 322, 324, 328, 335-6, 336, 336, 345, 349

[は行]

派生制約 (derivational constraint) 119-20, 125-6, 128, 130-1, 136-7, 139-41, 143-6, 155, 159-60, 164-7, 169, 175, 230, 232, 293-4, 297, 312

裸関係節 (bare relative) 206-7, 212, 215, 228, 241

非制限的関係節 (non-restrictive relative clause) 206, 210-1, 214, 222-6, 236,

241

否定辞繰り上げ (Negative Raising, NR) 115, 132-4, 137

否定辞配置 (Negative Placement, NgP) 61-4, 66, 77, 81-2, 111-3, 118, 134, 192

否定辞編入 (Negative Incorporation, NI) 115-7, 119-21, 124-6, 128, 130, 135-7

否定倒置 (negative inversion) 58, 115-7, 123-30, 132-4, 136-7

表層構造条件 (Conditions on surface structure) 146, 151, 154, 279, 281-4, 288-90, 292-4, 296-8, 300-1, 314, 316

複合名詞句制約 (Complex NP Constraint, CNPC) 220-2, 325, 352

不定冠詞挿入 263

不定詞関係節 (infinitival relative) 236, 238-9, 241

不連続構造 (discontinuous structure) 6, 282, 296, 298-301, 338-40, 343-50, 354, 355

変形 (transformation) 1-4, 341

法動詞 (modal verb) 26, 29, 80, 177, 180

補文標識配置 (Complementizer placemen) 22, 25, 48, 92-4, 177, 181-2, 185, 262

本動詞 have 削除 201-3

[ま行]

右節点繰り上げ (Right Node Rasing, RNR) 6, 178-9, 208, 215, 339-40, 350-6

名詞化 (nominalization) 10, 41, 245, 258, 266, 318-20, 322-8, 330-7

命令文マーカー (imperative marker, IMP) 303

目的語への繰り上げ (raising to object) 3, 10, 20, 24, 26, 31, 33, 35, 44, 76,

160-1, 167-8, 181, 331, 333, 338

[や行]

融合 (fusion) 6, 208, 340, 351-2, 354, 356

[わ行]

話題化 (topicalization) 178, 225, 302, 339

[A]

ascension 24, 44

Ad-S to Ad-V′ 10, 24, 62, 64, 105-7, 111, 113, 129-30, 147-8, 199, 202, 231, 256, 265, 301, 339, 354

Adverbial Equi 186, 195, 198-9, 217

antecedent-contained deletion (ACD 構文) 142, 145, 169, 171, 175, 205, 226-9, 241

Article Replacement (AR) 258, 292, 323, 328, 332, 337

ATB wh 移動 (Across-the-Board wh-movement) 352

Attraction to Tense (AT) 22, 26, 37-40, 43-4, 47, 54-9, 61-3, 65-6, 68-9, 71-4, 76-7, 80, 84-6, 89, 91-3, 98, 102-4, 106-7, 111, 113-4, 136, 152, 154, 162-3, 168, 170, 174, 178-9, 190-1, 255, 263-4, 292, 354-5

[B]

Bach-Peters sentence (BP 文) 10-1, 18, 205, 229-30, 241, 274-7

be 削除 (be deletion) 95, 264

be 挿入 (be insertion) 30, 43, 96-8, 100, 114, 152, 154, 157, 161-3, 173-4, 179, 186, 190-1, 193, 200, 263, 265, 354-5

[C]

c- 統御 (c-command) 24, 122, 125-6, 128, 130-1, 141, 143-4, 146, 151, 154, 199, 210, 217, 270, 272, 279-84, 290, 292, 295-7, 300-1, 315, 338

chômeur 44

clausemate (S-mate) 270, 279, 281-2, 284, 293, 296, 300-1, 303

Complementizer Spreading 188

Crossover 現象 (Crossover phenomena) 154-5, 175

[D]

deep structure combinatoric rule (DCR) 1, 5, 7, 15, 64, 118, 246, 247, 345, 349

Do-support 41, 43, 47, 56-7, 61, 63-5, 72, 77, 83-4, 86, 96, 104, 107-8, 117, 119, 124-6, 128, 130, 134, 149, 152, 183, 228, 244, 298

[E]

Elsewhere Principle 3, 50, 52, 56-7, 61, 108, 180

Equi-NP-deletion (Equi) 3, 6, 41-4, 94, 111, 164, 166, 170, 173-4, 183-4, 186-7, 195-200, 202-4, 217-8, 220, 237, 240-1, 260-1, 294, 295, 299, 307-9, 325, 331

existential quantifier (∃) 72-3, 76, 82, 121, 136, 230, 245, 251

[F]

feeding order 3, 27, 29, 37, 44, 46, 53, 55, 57, 79-82, 124, 138

Fixed Subject Condition 25-6, 29, 181, 183

for 削除 (*for* Deletion) 24, 43, 111, 171, 183, 237-40, 261

[G]

governor 3, 24, 29, 30-3, 41-6, 94, 100,

134, 179, 197-9, 307

[H]

Have 削除 (*Have* deletion) 47-8, 52-4, 69-70, 77, 81, 88-9, 99, 113

Heavy Constituent Shift (HCS) 339-40, 344, 347, 349, 354-6

[I]

illocutionary force marker 314-5

Imperative Subject Deletion (ISD) 303

Internal S Constraint 12, 202, 252-3, 262

i-within-*i* 283-4

[L]

local 変形 (local transformation) 5, 11-2, 61, 65, 107, 348, 354

logophoric clause 295, 299

[M]

missing antecedent phenomena 276

[N]

negative polarity item (NPI) 110-1, 121-3, 132, 135

NP-mate 303

[O]

Only 分離 (*Only* Separation) 147, 159-60, 165-8, 172-5, 305

outrank 152-4, 268, 273, 279, 281, 284-91, 293-4, 296, 298-300, 303-4, 313-7

[P]

patch 174-5, 233-5

ϕ-command 279-80, 282

pronouns of laziness 276-8

Pullum の予想 (Pullum's conjecture) 354

[R]

retort 83, 85, 107

restricted quantification 138, 205

[S]

Some to *Any* 115-9, 121-2, 124-6, 128-9, 133, 135-7

strict subcategorization frame 5

structure preserving 6, 246

surface structure combinatoric rule (SCR) 5-7, 15, 30-1, 34, 43, 64-5, 71, 82, 94-8, 108-9, 112-6, 122-3, 128, 134, 137, 179-80, 183, 186, 190, 192, 194-5, 234, 236, 238-40, 243, 245-8, 253-4, 258, 264-5, 323, 328, 330-7, 344-52, 356

[T]

Tense Hopping (TH) 23-4, 28, 35, 47, 54-6, 61, 64-5, 72, 76, 80, 98, 102-4, 106-9, 114, 119, 121, 147, 151, 156-9, 165, 167-8, 170-1, 178, 190, 197, 203, 213, 227, 232, 245, 255, 284, 288, 293, 309, 312, 317, 355

Tense Replacement (TR) 27, 32, 36-7, 47-53, 62, 66, 68-9, 81, 88-9, 96, 98, 111, 113, 138, 151, 153, 157, 164, 170, 174-5, 177, 179, 184, 244, 262, 265, 307, 309

there 挿入 (*There* Insertion) 4, 10, 72, 74-8, 82, 135-7, 160-3, 167, 175, 245, 266-7

that 削除 (*that* deletion) 207, 215, 228, 236

that-trace effect 29, 183, 352-3

tough 移動 (*Tough* Movement, TM), *tough* 構文 4, 20, 27, 29, 41-4, 72, 96, 114, 266, 286, 292, 309, 313-4, 325, 331, 334

[U]

Unspec　94, 122, 163, 200, 238-40, 266

[V]

valence specification　5

V′ 削除（V′ deletion）　8, 11, 18, 26, 83, 103-6, 111, 121, 137, 142, 170-1, 194, 224, 227-32, 262-4, 272, 310, 317

[W]

wh 移動（wh movement）　8, 10, 25, 59, 93, 149-50, 152, 154-5, 170-1, 175, 183, 185, 205-6, 211-4, 216-7, 225, 227-9, 236-40, 297-8, 339, 352-3

[X]

X-bar syntax　9, 189, 248-9, 255

著者紹介

上野 義雄 （うえの よしお）

　1956 年生まれ．早稲田大学理工学部数学科卒業，理学士．大隈記念奨学金（全額支給）により早稲田大学文学研究科修士課程修了，修士．フルブライト大学院プログラム奨学金とシカゴ大学大学院全額支給奨学金によりシカゴ大学大学院言語学科博士課程修了，PhD（指導教授：James D. McCawley）．元早稲田大学理工学術院英語教育センター長・教授．現在，早稲田大学名誉教授．

　主な著書（単著）：*An Automodular View of English Grammar*（早稲田大学学術叢書，早稲田大学出版部，2014 年），*An Automodular View of Ellipsis*（早稲田大学学術叢書，早稲田大学出版部，2015 年），『現代日本語の文法構造　形態論編』（早稲田大学学術叢書，早稲田大学出版部，2016 年），『現代日本語の文法構造　統語論編』（早稲田大学学術叢書，早稲田大学出版部，2017 年），『意味の文法』（早稲田大学学術叢書，早稲田大学出版部，2020 年）．

　受賞：日本英語学会「学会賞」（2015 年），東京言語研究所「理論言語学賞（日本語文法論）」（2018 年，2019 年，2020 年）．

McCawley の統語分析

ISBN978-4-7589-2407-8　C3080

著　者	上野義雄
発行者	武村哲司
印刷所	日之出印刷株式会社

2024 年 11 月 14 日　第 1 版第 1 刷発行Ⓒ

発行所　　株式会社　開 拓 社

〒112-0003 東京都文京区春日 2-13-1
電話　（03）6801-5651（代表）
振替　00160-8-39587
https://www.kaitakusha.co.jp

JCOPY　＜出版者著作権管理機構　委託出版物＞

本書の無断複製は，著作権法上での例外を除き禁じられています．複製される場合は，そのつど事前に，出版者著作権管理機構（電話 03-5244-5088，FAX 03-5244-5089，e-mail: info@jcopy.or.jp）の許諾を得てください．